Die Benannte Stelle im Medizinprodukterecht

Europäische Hochschulschriften

European University Studies

Publications Universitaires Européennes

Reihe II **Rechtswissenschaft**

Series II Law

Série II Droit

Band/Volume **5864**

Niels Tacke

Die Benannte Stelle im Medizinprodukterecht

Rechtsstellung und Einbindung in die Verwaltungsstruktur sowie Amtshaftung

PL ACADEMIC RESEARCH

Bibliografische Information der Deutschen Nationalbibliothek
Die Deutsche Nationalbibliothek verzeichnet diese Publikation in der Deutschen Nationalbibliografie; detaillierte bibliografische Daten sind im Internet über http://dnb.d-nb.de abrufbar.

Zugl.: München, Univ., Diss., 2016

D 19
ISSN 0531-7312
ISBN 978-3-631-67545-8 (Print)
E-ISBN 978-3-653-06977-8 (E-Book)
DOI 10.3726/978-3-653-06977-8

PL Academic Research ist ein Imprint der Peter Lang GmbH.
Peter Lang – Frankfurt am Main · Bern · Bruxelles · New York · Oxford · Warszawa · Wien

Diese Publikation wurde begutachtet.

www.peterlang.com

Vorwort

Die vorliegende Arbeit wurde im Wintersemester 2015/2016 von der Ludwig-Maximilians-Universität in München als Dissertation angenommen. Rechtsprechung und Literatur konnten bis Oktober 2015 berücksichtigt werden.

Bedanken möchte ich mich zunächst bei meinem Doktorvater Herrn Prof. Dr. Matthias Krüger für die Betreuung der Arbeit sowie die zügige Erstellung des Erstgutachtens. Des Weiteren gilt mein Dank Herrn Prof. Dr. Martin Burgi für die Anfertigung des Zweitgutachtens. An dieser Stelle nicht zu vergessen sind schließlich auch die zahlreichen Menschen aus meinem privaten Umfeld, die als Diskussionspartner hilfreiche Denkanstöße zur Bearbeitung dieses Themas gegeben haben. Auch ihnen möchte ich hiermit herzlichst für das keinesfalls selbstverständliche Engagement danken.

Mein größter Dank gebührt jedoch meiner Familie, insbesondere meinem Bruder Tim und meinen Eltern Annette und Dr. Götz Tacke, die mich auch in schwierigen Zeiten dieser Arbeit immer wieder motiviert und unterstützt haben. Auch möchte ich mich an dieser Stelle für die stetige Förderung meiner Eltern und Großeltern während meiner gesamten Ausbildung bedanken – ohne diese wäre das Verfassen der vorliegenden Arbeit nicht möglich gewesen.

München im April 2016 — Der Autor

Inhaltsverzeichnis

Einführung 15

A. PIP-Skandal; Darstellung des Falles; Zahlen und Fakten 15

B. Problemstellung und Untersuchungsgegenstand 18

1. Kapitel: Rechtliche Grundlagen 21

A. Nationale Rechtsnormen 22

- I. Medizinproduktegesetz – MPG 22
- II. Verordnung über Medizinprodukte – MPV 24
- III. Medizinprodukte-Sicherheitsplanverordnung – MPSV 24
- IV. Verwaltungsvorschriften zur Durchführung des Medizinproduktegesetzes (MPGVwV) 25

B. Europarechtliche Regelungen 25

- I. 90/385/EWG über aktive implantierbare medizinische Geräte 25
- II. Richtlinie 93/42/EWG über Medizinprodukte 26
- III. Richtlinie 98/79/EG über In-vitro-Diagnostika 26
- IV. Leitlinien und Leitfäden 26

C. Zentrale Gesetzesbegriffe 27

- I. Definition des Begriffes „Medizinprodukt“ 27
  - 1. Abgrenzung AMG und MPG 30
  - 2. Abgrenzung zu Kosmetika 31
- II. Aktive implantierbare medizinische Geräte 32
- III. In-vitro-Diagnostika 33
- IV. Definition des Begriffes „Hersteller“ 34
- V. Herstellerverantwortlichkeit 35
- VI. Definition des Begriffes „Benannte Stelle“ 35

2. Kapitel: Zertifizierung und Akkreditierung 37

A. Konformitätsbewertung 38

I. Grundzüge des Verfahrens zur Konformitätsbewertung 38
II. Das Modulsystem des Konformitätsbewertungsverfahrens 40
III. Die einzelnen Module 41
1. Interne Fertigungskontrolle (Modul A) 42
2. EG-Baumusterprüfung (Modul B) 44
3. Konformität mit der Bauart (Modul C) 45
4. Qualitätssicherungssysteme (Module D, E und F) 45
5. Qualitätssicherung Produktionsprozess (Modul D) 46
6. Qualitätssicherung Produkt (Modul E) 48
7. Prüfung der Produkte (Modul F) 48
8. Einzelprüfung (Modul G) 49
9. Umfassende Qualitätssicherung (Modul H) 49
IV. Konformitätsbewertung von Medizinprodukten, aktiven implantierbaren medizinischen Geräten und In-vitro-Diagnostika 51
1. Klassifizierung 53
a) Bedeutung der Klassifizierung 53
b) Klassifizierungskriterien 53
2. Einteilung und Klassifizierung von Medizinprodukten 53
a) Medizinprodukte 54
b) Aktive implantierbare medizinische Geräte 58
c) In-vitro-Diagnostika 58
V. Zusammenfassung 59
VI. Die CE-Kennzeichnung 61
1. Allgemein 61
2. Aussagekraft der CE-Kennzeichnung 62
3. Straf- und Bußgeldvorschriften 63
VII. Zwischenfazit für die rechtliche Einordnung Benannter Stellen 63
B. Die Akkreditierung 64
I. Entwicklung der Akkreditierung 65
II. Voraussetzungen für eine Akkreditierung 66
III. Akkreditierung in Deutschland 67

IV. Aktuelle Entwicklungen 69
V. Rechtsnatur der Benennung und Rechtsschutz 69

3. Kapitel: Rechtliche Qualifizierung der Tätigkeiten der Benannten Stellen und der Benannten Stellen als solche 71

A. Mögliche anwendbare Rechtsinstitute 72
I. Rechtsform der Benannten Stellen 72
II. Beliehener 73
1. Die modifizierte Aufgabentheorie 74
2. Die Rechtsstellungstheorie 74
3. Zusammenfassung 76
4. Kritik an der Rechtsstellungstheorie 77
5. Sinn und Zweck einer Beleihung 78
6. Voraussetzungen einer Beleihung 78
7. Die Rechtsfolgen einer Beleihung 79
III. Stärkung privater Eigenverantwortung 80
1. Privatisierung und deren Erscheinungsformen 82
2. Formen der staatlich veranlassten gesellschaftlichen Selbstregulierung 83
a) Betriebsbeauftragte im Umweltschutz 84
b) ECO-Management und Audit Scheme (EMAS) 85
c) Geräte- und Produktsicherheitsgesetz 87
d) Fazit 87
3. Ergebnis 89
IV. Verwaltungshelfer 93
1. Begriff des Verwaltungshelfers 93
2. Abgrenzung zur Beleihung 94
3. Fazit 95

B. Gemeinschaftsrechtliche Vorgaben und nationale rechtliche Ausgestaltung 95
I. Europarecht 96

II. Fazit 98
III. Nationale rechtliche Ausgestaltung 98
1. MPG 99
2. § 18 Abs. 1 MPG 99
a) § 18 Abs. 2 101
b) Rechtsweg gegen Maßnahmen Benannter Stellen 101
(i) Verwaltungsrechtsweg 101
(ii) Zivilrechtsweg 103
(iii) Zwei-Stufen-Theorie 104
c) Der Grundsatz der Verhältnismäßigkeit 104
(i) Grundsatz der Verhältnismäßigkeit im öffentlichen Recht 105
(ii) Die Verhältnismäßigkeit im Privatrecht 107
(iii) Ergebnis 108
3. Preisbindung für Konformitätsbewertungen und Finanzierung der Benannten Stellen 109
4. Zusammenfassung 111
5. Haftpflichtversicherung, Regress und Haftungsausschluss 111
6. Fazit 115
7. Vertragliche Rechtsbeziehungen zu den Herstellern 115
IV. Gesamtergebnis 117
V. Gesetzesbegründung zum MPG 118
1. Begründung zu einem Gesetzesentwurf über den Verkehr mit Medizinprodukten vom 08. März 1994 119
2. Begründung zum Entwurf zum zweiten Gesetz zur Änderung des Medizinproduktegesetzes vom 15. Juni 2001 121
VI. Fazit 123
C. Die Überwachung Benannter Stellen 124
I. Die Kontrollinstrumentarien des § 15 Abs. 2 MPG 124
II. Das Kontrollinstrumentarium des § 16 Abs. 2 MPG 126
III. Überwachung durch „Dritte“ 128
IV. Rechtsfolgen eines Widerrufs oder Einschränkung der Benennung 128

V. Schlüsse für eine rechtliche Einordnung der Benannten Stellen ... 129

D. Befugnisse Benannter Stellen im Rahmen der Zertifizierung ... 131

I. Die Zertifizierung selbst ... 131

II. Einschränkung, Aussetzung und Zurückziehung ... 132

III. Weitere Befugnisse ... 135

IV. Fazit ... 135

E. Transnationale Aufgabenwahrnehmung und Befugnisse ... 137

I. Gebietshoheit von Drittstaaten ... 137

1. Tätigkeit der Benannten Stellen innerhalb Deutschlands ... 139

2. Modifikation der Souveränität ... 140

3. Das Anerkennungsprinzip ... 141

4. Wirkungsbezogene transnationale Verwaltungsakte ... 143

5. Die Möglichkeit extraterritorialer Zertifizierungen, Besichtigungen und Audits als transnationale Verwaltungsakte (adressaten- und behördenbezogene Transnationalität) ... 144

6. Physische Grenzüberschreitung ... 146

7. Konformitätsbewertung im europäischen Ausland ... 147

II. Fazit ... 148

F. Marktaufsicht ... 150

I. Die Schutzklausel ... 150

II. Das Schutzklauselverfahren ... 152

III. Zusammenfassung ... 153

IV. Koordinations- und Informationsmechanismen ... 153

V. Risikomanagement ... 155

1. Das Risiko ... 155

a) Risikoermittlung und Risikobewertung ... 157

b) Informationsgewinnung ... 157

c) Risikobewertung ... 158

2. Korrektive Maßnahmen ... 159

3. Zuständigkeit ... 160
4. Zentralnorm des § 26 MPG ... 160
5. Befugnisnormen ... 163
6. Verwaltungsvorschrift zur Durchführung des MPG (MPGVwV) ... 165
7. Aktuelle Entwicklungen ... 166
8. Fazit ... 167
VI. Abgrenzung/Einbindung der Benannten Stellen in die Marktaufsicht und Überwachung ... 168
VII. Fazit für die rechtliche Einordnung der Benannten Stellen ... 169
G. Expertise der Rechtsprechung ... 170
I. Staatlicher Einfluss auf das Handeln des Privaten ... 173
II. Zusammenhang mit behördlicher Entscheidung ... 174
III. Freiwilligkeit der Einschaltung ... 179
IV. Zusammenfassung ... 181
H. (Volks-)gesundheit als öffentliche Aufgabe und/oder (obligatorische) staatliche Aufgabe ... 182
I. Öffentliche Aufgaben ... 184
II. Staatliche Aufgaben ... 184
III. Abgrenzung staatlicher und öffentlicher Aufgabe ... 186
IV. Obligatorische Staatsaufgaben ... 187
1. Verfassungsrechtliche Pflichten ... 188
a) Gesundheit als Grundrecht? ... 189
b) Schutzpflichten ... 191
c) Leistungspflichten ... 192
d) Zusammenfassung ... 195
2. Ergebnis ... 195
V. Das Medizinprodukterecht als besonders sensibler Bereich ... 197
VI. Verfassungsrechtliche Bindung der Benannten Stellen ... 200
I. Öffentlich-rechtlich organisierte Benannte Stellen ... 201
J. Zusammenfassung der Untersuchungsergebnisse ... 201

4. Kapitel: Amtshaftung bei Pflichtverletzungen der Benannten Stellen 207

A. Haftung bei Amtspflichtverletzungen gemäß § 839 Abs.1 BGB i.V.m. Art. 34 GG 207

I. Voraussetzungen der Amtshaftung gemäß § 839 Abs. 1 BGB i.V.m. Art. 34 GG 208

1. Handeln in Ausübung eines öffentlichen Amtes 208

2. Verletzung von Amtspflichten 210

3. Amtspflichtverletzungen Benannter Stellen 210

a) Unrechtmäßige Verweigerung der Zertifizierung 211

b) Pflichtwidriges Handeln nach § 18 MPG 211

(i) Verletzung der Anhörungspflicht nach § 18 Abs. 2 MPG 211

(ii) Verletzung des Grundsatzes der Verhältnismäßigkeit nach § 18 Abs. 1 MPG 212

(iii) Fehlen der tatbestandlichen Voraussetzungen des § 18 Abs. 1 MPG 213

(iv) Zwischenfazit 214

c) Amtspflicht zur Verweigerung einer Zertifizierung, zu Maßnahmen nach § 18 MPG und zur Überwachung 214

(i) Pflicht zur Verweigerung der CE-Kenneichnung 214

(ii) Pflicht zur Überwachung und Maßnahmen nach § 18 MPG 216

d) Zusammenfassung 218

4. Der Schutzzweck der Amtspflichten 218

a) Drittbezogenheit der Amtspflicht 219

(i) Drittbezogenheit gegenüber Herstellern 220

(ii) Drittbezogenheit gegenüber Patienten 222

(iii) Schutzzweck der Konformitätsbewertung 223

(iv) Aussagekraft der CE-Kennzeichnung 224

(v) Das CE-Kennzeichen als Gütesiegel oder Qualitätszeichen? 225

b) Ergebnis 227

5. Verschulden des Amtsträgers 228

6. Rechtswidrigkeit 230

7. Kausalität, Mitverschulden, Schaden und Entschädigung 230
a) Allgemein 230
b) Kausalität, Zurechnung des Schadens 231
(i) Bestimmung der pflichtgemäßen Maßnahme beziehungsweise Entscheidung 233
(ii) Unterlassung oder Verzögerung der pflichtgemäßen Maßnahme beziehungsweise Entscheidung 234
c) Schadensersatz 235
(i) Personenschaden 236
(ii) Gesundheitsschaden (Heilungs-, Behandlungs- und Pflegekosten) 237
(iii) Schmerzensgeld 237
(iv) Entgangener Gewinn, Verdienstausfall 238
(v) Schadensminderungspflicht 241
(vi) Leistungsbeschränkung bei Selbstverschulden (§ 52 Abs. 2 SGB V) 241
8. Haftende Körperschaft 244
II. Haftungsausschlüsse und -beschränkungen 245
1. Fehlen anderweitiger Ersatzmöglichkeiten (Verweisungsprivileg, Subsidiarität) 246
a) Anforderungen an die „anderweitige Ersatzmöglichkeit“ 247
b) Darlegungs- und Beweislast 247
c) Entfallen des Verweisungsprivilegs 248
d) Schadensabwendung durch Gebrauch eines Rechtsmittels 249
2. Regress des Staates gegen den Amtsträger 251
3. Sondergesetzliche Haftungsausschlüsse und -beschränkungen 253
4. § 7 Abs. 1 RBHaftG 255
5. Fazit 256
B. Gesamtergebnis und Ausblick 256

Literaturverzeichnis 259

Einführung

A. PIP-Skandal; Darstellung des Falles; Zahlen und Fakten

Diese Untersuchung beschäftigt sich mit dem Thema „Die Benannte Stelle im Medizinprodukterecht – Rechtsstellung und Einbindung in die Verwaltungsstruktur sowie Amtshaftung". Anstoß zur Beschäftigung mit diesem Thema gab der Ende 2010 ans Licht gekommene sogenannte „PIP-Skandal". Die Firma Poly Implant Prothèse (PIP) war ein 1991 in Frankreich gegründetes Unternehmen, welches sich auf die Herstellung von inneren Brustprothesen (Brustimplantaten) spezialisiert hatte. Bereits Mitte der Neunzigerjahre war die Firma PIP eine der drei größten Hersteller von Brustimplantate weltweit. Seit 2001 war die Firma einer der Marktführer im Bereich von Silikonimplantaten. In den Jahren von 2000 bis 2009 gab es immer wieder Meldungen über Rupturen in den von PIP hergestellten Brustimplantaten. Im März 2010 stellte die französische Agentur für Gesundheitssicherung von Gesundheitsprodukten, Agence francaise de securite sanitaire des produits de sante (AFSSAPS), bei einer Begehung der Firma PIP erhebliche Mängel fest.[1]

Es hatte sich herausgestellt, dass die Firma PIP bei der Herstellung von Silikonimplantaten billiges Industriesilikon verwendete, dessen industrielle Inhaltsstoffe für den menschlichen Körper schädigend sein können und somit das implantierte Material als Medizinprodukt ungeeignet ist. Es war nicht auszuschließen, dass der konkrete Inhaltsstoff im Falle von Rupturen schwere Gesundheitsschäden hervorrufen könne und möglicherweise sogar Krebs erregend sei. Daraufhin untersagte die AFSSAPS unverzüglich die Verwendung von PIP-Implantaten europaweit.[2] Auf Grund von weiteren Informationen des französischen Gesundheitsministeriums, die am 23.12.2011 veröffentlicht worden waren, riet im Januar 2012 das Bundesinstitut für Arzneimittel- und Medizinprodukte (BfArM) den in Deutschland betroffenen Patientinnen, die vermeintlich schädlichen Silikon- Implantate entfernen zu lassen.[3]

Dieser Sachverhalt ist schon aufgrund seines Ausmaßes von großem Interesse. Man geht davon aus, dass 400.000 bis 500.000 dieser minderwertigen Brustimplantate

1 Sachstandsbericht zu den Kontrollen der Gesundheitsbehörden bei dem Unternehmen Poly Implant Prothèse, unter anderem abrufbar im Internet unter: http://www.bfarm.de/SharedDocs/1_Downloads/DE/Medizinprodukte/riskinfo/empf/PIP_Uebersetzung_afssaps-Bericht.pdf?__blob=publicationFile (aufgerufen am 30.07.2013).

2 Pressemitteilung 04/10 des Bundesinstitutes für Arzneimittel und Medizinprodukte abrufbar im Internet unter: http://www.bfarm.de/SharedDocs/Pressemitteilungen/DE/mitteil2010/pm04-2010.html (aufgerufen am 24.03.2015).

3 Pressemitteilung 01/12 des Bundesinstitutes für Arzneimittel und Medizinprodukte abrufbar im Internet unter: http://www.bfarm.de/SharedDocs/Pressemitteilungen/DE/mitteil2012/pm01-2012.html (aufgerufen am 24.03.2015).

von der Firma PIP weltweit verkauft und auch von Ärzten implantiert wurden.[4] In Deutschland sind nach Schätzungen von Experten fast 10.000 Frauen solche minderwertigen Implantate eingesetzt worden.[5]

Aus rechtlicher Sicht ist der Sachverhalt insbesondere in Deutschland von besonderem Interesse. Die mangelhaften Silikonimplantate der Firma PIP wurden nämlich durch den TÜV Rheinland LGA Products GmbH (TÜV Rheinland) als sogenannte „Benannte Stelle" für Medizinprodukte zertifiziert. Eine solche Zertifizierung ist für bestimmte Medizinprodukte, wie zum Beispiel Brustimplantate, verpflichtend, um diese in Europa überhaupt in den Verkehr bringen zu dürfen.[6] Im Jahre 1997 beauftragte die Firma PIP den TÜV Rheinland damit, ihre Silikonimplantate zu zertifizieren.[7] Der TÜV Rheinland führte daraufhin das nach der Medizinprodukterichtlinie notwendige Konformitätsbewertungsverfahren durch. In einem solchen Verfahren prüft eine Benannte Stelle, ob alle gesetzlichen Anforderungen an das Medizinprodukt erfüllt sind und alle technischen Standards beachtet werden. Endet ein solches Verfahren mit einer positiven Bewertung, wird dem Hersteller des Medizinprodukts die Anbringung des CE-Kennzeichens an das Produkt erlaubt. Damit wird kenntlich gemacht, dass dieses Produkt die gesetzlichen Anforderungen erfüllt, also die notwendigen Sicherheits- und Qualitätsstandards wahrt. Die CE-Kennzeichnung stellt somit quasi den „Warenpass" zum freien Vertrieb in der EU dar. Erst mit der CE-Kennzeichnung darf ein Medizinprodukt auf dem europäischen Markt verkauft werden.

Inzwischen sind die ersten Klagen deutscher Patientinnen, denen die mangelhaften Silikonimplantate eingesetzt worden waren, bei deutschen Gerichten eingegangen und bis zum Bundesgerichtshof vorgedrungen, der jedoch am 09. April 2015 in einem Beschluss zunächst entschied, drei Fragen im Wege eines Vorabentscheidungsverfahrens dem Europäischen Gerichtshof vorzulegen.[8] Alle durch den PIP-Skandal betroffenen und klagenden Patientinnen begehren Schmerzensgeld und Schadensersatz in einer Größenordnung von 20.000 bis 30.000 €. Dabei ist als primärer Anspruchsgegner natürlich an den Hersteller der Implantate zu denken. Im konkreten Fall ist dieser inzwischen insolvent. Dies hat zur Folge, dass die Klägerinnen nunmehr Schmerzensgeld und Schadensersatz von der Benannten Stelle,

---

4 Süddeutsche Zeitung Online am 27.01.2012, abrufbar unter http://www.sueddeutsche.de/panorama/PIP-gruender-im-visier-der-justiz-undurchschaubar-und-uneinsichtig-1.1268405 (aufgerufen am 24.03.2015).

5 Aerzteblatt.de am 12.01.2012, abrufbar im Internet unter: http://www.aerzteblatt.de/nachrichten/48722/Weniger-als-10-000-deutsche-Frauen-von-fehlerhaften-Brustimplantaten-betroffen (aufgerufen am 24.03.2015).

6 § 6 Abs. 1 Medizinproduktegesetz.

7 Website des TÜV Rheinland, abrufbar im Internet unter: http://www.tuv.com/de/deutschland/ueber_uns/presse/hintergrundinformation.html (aufgerufen am 24.03.2015).

8 Vorlage des BGH an den EuGH: BGH, Beschluss vom 09.04.2015, VII ZR 36/14 = BeckRS 2015, 08717.

in diesem Falle dem TÜV Rheinland, fordern. Hilfsweise wollen die Klägerinnen die Bundesrepublik Deutschland in Anspruch nehmen, weil das Bundesinstitut für Arzneimittel und Medizinprodukte Warnhinweisen nicht rechtzeitig nachgegangen sein soll.[9] Dies sind natürlich Tatsachenfragen, die des Beweises bedürfen.

Interessant ist in diesem Zusammenhang, ob nicht die Bundesrepublik Deutschland im Wege der Amtshaftung ohnehin in Anspruch zu nehmen ist und sich ein mögliches Verschulden des TÜV Rheinland zurechnen lassen muss. Dies hängt insbesondere davon ab, wie die Stellung der Benannten Stellen im Rechtssystem zu beurteilen ist. Die Frage, die sich im Medizinprodukterecht schon länger stellt, jedoch bis heute nicht abschließend geklärt wurde, ist, ob die Benannte Stelle gegenüber den Herstellern von Medizinprodukten in einem rein privatrechtlichen Verhältnis steht oder ob die Benannte Stelle hoheitliche Tätigkeiten wahrnimmt. Es ist damit auch nicht eindeutig, ob die Benannte Stelle ein Beliehener oder ein Verwaltungshelfer ist oder ob man es mit einer sogenannten „Stärkung der privaten Eigenverantwortung“[10] zu tun hat. Diese Fragestellungen sind maßgeblich für das Problem der Haftung. Das OLG Zweibrücken, welches sich als erstes Oberlandesgericht mit einer Berufung gegen ein Landgerichtsurteil in einem Rechtsstreit über die Haftung des TÜV für fehlerhafte Silikonimplantate zu beschäftigen hatte, äußerte sich in dieser doch strittigen Frage nur lapidar mit einem Hinweis auf die Literatur gegen ein hoheitliches Handeln, beschäftige sich jedoch nicht mit der Gegenauffassung.[11] In der Literatur wird diese Frage seit jeher diskutiert.[12] Es gibt also Grund genug, sich mit diesen Fragen eingehend zu beschäftigen, was in dieser Arbeit erfolgt.

Gerade am Wirtschaftsstandort Deutschland ist der Bereich der Medizintechnik mit einem weltweiten Umsatz von ca. 220 Milliarden Euro ein großer

9 Spiegel Online Panorama 2012, abrufbar im Internet unter: http://www.spiegel.de/panorama/justiz/prozess-um-brustimplantate-gericht-beauftragt-einen-gutachter-a-870165.html (aufgerufen am 20.03.2015).

10 Vgl. zu diesem Begriff ausführlich 3. Kapitel A. III.

11 OLG Zweibrücken, GesR 2014, S. 163, 165.

12 Vgl. für ein hoheitliches Tätigwerden der Benannten Stellen nach dem MPG Scheel, DVBl. 1999, S 442, 448; von Czettritz, in: Anhalt/Dieners, Hdb. des Medizinprodukterechts, § 15, Rn. 8 f.; ders., PharmaR 2002, S. 321, 322; ders./Strelow, in: Meier/von Czettritz/Gabriel/Kaufmann, Pharmarecht, Teil 3, § 5, Rn. 126 und § 6, Rn 57 ff.; Schmitz, in: Stelkens/Bonk/Sachs, VwVfG, § 1, Rn. 256; a.A. Ratzel, in: Deutsch/Ratzel/Lippert/Tag, MPG, § 3, Rn. 22, wobei dieser auch betont, dass es einem schwer fällt die Tätigkeiten als rein privatrechtlich zu qualifizieren; ebenso Deutsch, in: Deutsch/Ratzel/Lippert/Tag, MPG, § 15, Rn. 3, der dieses Ergebnis als „erstaunlich“ bezeichnet; Rehmann, in: Rehmannn/Wagner, MPG, Einf., Rn. 31, § 3, Rn. 26; Deutsch/Spickhoff, Medizinrecht, Rn. 881 und 2071; Lücker, in: Spickhoff, § 18 MPG, Rn. 1; Röhl, Akkreditierung und Zertifizierung, S. 26; Merten, DVBl. 2004, S. 1211 ff.; ders., Private Entscheidungsträger, S. 134 ff.; Kage, Das Medizinproduktegesetz, S. 185 ff.; Hiltl, PharmaR, 1997, S. 408, 411.

Wirtschaftssektor.[13] Im Jahre 2012 lag der Umsatz der deutschen Medizinproduktunternehmen bei ca. 22 Milliarden Euro.[14] Die Branche beschäftigt etwa 175.000 Personen.[15] Deutschland ist weltweit nach den USA und Japan der drittgrößte Markt für Medizinprodukte; als Produktionsstandort steht Deutschland ebenfalls an dritter Stelle.[16] Die haftungsrechtliche Frage ist in diesem Bereich besonders bedeutend, da die Branche stark durch den Mittelstand geprägt ist: Rund 95 % der medizintechnischen Unternehmen haben weniger als 250 Beschäftigte.[17] Es sind also weitere Fälle denkbar, in denen der Hersteller medizinischer Produkte auf Grund seiner begrenzten finanziellen Mittel bei Auftreten eines Haftungsfalles, wie im Beispiel der PIP-Brustimplantate, Insolvenz anmelden muss und die mit den Medizinprodukten behandelten Personen mögliche Schadensersatzansprüche nicht durchsetzen können.

B. Problemstellung und Untersuchungsgegenstand

Diese Arbeit soll sich nicht auf den Einzelfall der PIP-Brustimplantate beschränken, sondern es soll auf die bereits angesprochenen Fragestellungen im allgemeinen Bereich der Medizinprodukte eingegangen werden, wobei der PIP-Skandal an einigen Punkten jedoch als hilfreiches Beispiel dient. Diese Dissertation soll Licht ins Dunkel bringen, wie die Implementierung privaten Sachverstands der Benannten Stelle in die bestehenden deutschen Verwaltungsstrukturen rechtlich einzuordnen ist. Sie beschränkt sich dabei jedoch auf den Bereich des Medizinprodukterechts. Benannte Stellen finden sich auch in anderen Rechtsbereichen,[18] jedoch sind deren Aufgaben, Befugnisse und Ausgestaltung zumeist unterschiedlich und können damit nicht verallgemeinert werden.

---

13 Vgl. Bundesministerium für Gesundheit, abrufbar im Internet unter: http://www.bmg.bund.de/gesundheitssystem/medizinprodukte/definition-und-wirtschaftliche-bedeutung.html (aufgerufen am 01.10.2014).

14 Vgl. Bundesministerium für Gesundheit, abrufbar im Internet unter: http://www.bmg.bund.de/gesundheitssystem/medizinprodukte/definition-und-wirtschaftliche-bedeutung.html (aufgerufen am 01.10.2014).

15 Vgl. Bundesministerium für Gesundheit, abrufbar im Internet unter: http://www.bmg.bund.de/gesundheitssystem/medizinprodukte/definition-und-wirtschaftliche-bedeutung.html (aufgerufen am 01.10.2014); Webel, in: Bergmann/Pauge/Steinmeyer, Gesamtes Medizinrecht, Kap. 7, Vorb., Rn. 1.

16 Vgl. Bundesministerium für Gesundheit, abrufbar im Internet unter: http://www.bmg.bund.de/gesundheitssystem/medizinprodukte/definition-und-wirtschaftliche-bedeutung.html (aufgerufen am 01.10.2014).

17 Vgl. Bundesministerium für Gesundheit, abrufbar im Internet unter: http://www.bmg.bund.de/gesundheitssystem/medizinprodukte/definition-und-wirtschaftliche-bedeutung.html (aufgerufen am 01.10.2014).

18 Siehe dazu im 1. Kapitel C. VI.

Die Benannten Stellen sind im Bereich des Medizinprodukterechts zum einen im Bereich der Überprüfung technischer Standards eingebunden und nehmen des Weiteren auch Aufgaben im Bereich der Überwachung wahr. Diese aus Gemeinschaftsrecht gewachsene Struktur stellt die Rechtswissenschaft vor große Herausforderungen. Die Rechtsnatur der Aktivitäten der Benannten Stellen ist bis heute unklar. Sind sie als Privatrechtssubjekte zu sehen, welche auch privatrechtlich handeln, oder nehmen sie hoheitliche Aufgaben wahr und sind damit öffentlich-rechtlich tätig? Möglicherweise können sie auch keinem der beiden rechtlichen Einordnungen eindeutig zugewiesen werden und es bedarf eines rechtlichen Kompromisses. Dies gilt es zunächst zu klären. Welche Rechtsnatur den Tätigkeiten Benannter Stellen zukommt, hat weitreichende Auswirkungen. Bei einer privatrechtlichen Tätigkeit würden sich die Rechtsbeziehungen zwischen Hersteller und Benannter Stelle nach den Vorschriften des Werk- oder Dienstvertragsrechts des BGB richten. Damit wäre dann auch eine mögliche Haftung der Benannten Stelle nach diesen Vorschriften zu beurteilen. In diesem Falle müsste bei Streitigkeiten der Zivilrechtsweg beschritten werden. Außerdem könnte eine falsche Entscheidung der Benannten Stelle (zum Beispiel die Klassifizierung eines Produkts als Medizinprodukt, obwohl es sich tatsächlich um ein Arzneimittel handelt) durch andere Wettbewerber des Herstellers jederzeit rechtlich angegriffen werden, weil eine solche Entscheidung nicht in Bestandskraft erwachsen würde.[19] Qualifiziert man hingegen die Tätigkeit der Benannten Stelle als eine öffentlich-rechtliche, so würde sich das Verfahren nach dem Verwaltungsverfahrensgesetz (VwVfG) bestimmen. Die Bundesrepublik Deutschland könnte nach den Grundsätzen des Staatshaftungsrechts für Fehler der Benannten Stellen in Anspruch genommen werden. Zudem könnten Entscheidungen der Benannten Stelle in Bestandskraft erwachsen.

Diese Arbeit beschäftigt sich mit der rechtlichen Einordnung der Benannten Stellen und im Zuge dessen mit deren Einbindung in die Verwaltungsstruktur. Da sich zeigen wird, dass die Benannten Stellen im Medizinprodukterecht hoheitliche Tätigkeiten gegenüber den Herstellern ausüben und somit Beliehene sind, wird im Anschluss auf die besondere Folge dieses Ergebnisses, nämlich die Amtshaftung eingegangen.

---

19 OLG München, ZLR 2001, S. 614.

1. Kapitel: Rechtliche Grundlagen

Im Folgenden soll vorab kurz dargestellt werden, welche Rechtsnormen und Regelungen zur Bearbeitung des Themas aus dem Bereich des Medizinprodukterechts insbesondere einzubeziehen sind und wie diese zueinander in Beziehung stehen. Die folgenden internationalen und nationalen Regelungen bilden den Rahmen für das Handeln der Benannten Stellen und dafür, dass diese gar erst existieren. Damit soll jedoch nicht angedeutet werden, dass diese Aufzählung von Rechtsnormen abschließend ist, um die Benannten Stellen rechtlich einzuordnen. Hierfür werden insbesondere auch Normen aus dem Verwaltungsrecht, Verfassungsrecht und anderen Rechtsbereichen heranzuziehen sein. Wo immer weitere Normen zum Tragen kommen, wird auf diese an jeweiliger Stelle näher eingegangen werden.

Das Medizinprodukterecht und insbesondere das Medizinproduktegesetz (MPG) regeln nicht nur den Umgang mit Medizinprodukten, sondern behandeln auch die Bereiche der aktiven implantierbaren medizinischen Geräte und In-vitro-Diagnostika.[20] Auch wenn die Benannten Stellen es in den meisten Fällen mit der Zertifizierung von Medizinprodukten zu tun haben, so soll diese Arbeit am Rande auch die Tätigkeiten der Benannten Stellen bei aktiven implantierbaren medizinischen Geräte und In-vitro-Diagnostika behandeln. Dies geschieht zunächst einmal der Vollständigkeit halber, da Medizinprodukte, aktive implantierbare medizinische Geräte und In-vitro-Diagnostika gemeinsam den großen Bereich „medizinischer Konsumgüter" darstellen, bei dem es sinnvoll ist, diese drei Teilbereiche gemeinsam zu behandeln und auch, soweit möglich, für alle ein gemeinsames Ergebnis zu finden. Die Benannten Stellen zertifizieren sowohl im Bereich der Medizinprodukte als auch in den Bereichen der aktiven implantierbaren medizinischen Geräte und In-vitro-Diagnostika, wobei die Verfahren und die Aufgaben und Befugnisse der Benannten Stellen sich weitestgehend decken. Zudem lassen sich nicht nur in der Rechtsetzung zu Medizinprodukten, sondern auch in der Normsetzung zu aktiven implantierbaren medizinischen Geräte und In-vitro-Diagnostika Anhaltspunkte und Argumente für eine rechtliche Einordnung der Benannten Stellen finden. Darüber hinaus spricht das deutsche Recht im Medizinproduktegesetz (MPG) und in der Medizinprodukteverordnung (MPV), im Unterschied zur Ausdifferenzierung der unterschiedlichen Teilbereiche in den Richtlinien – alle drei Bereiche wurden durch einzelne Richtlinien geregelt – einheitlich von Medizinprodukten.[21] Daher ist es jedenfalls in Deutschland kaum möglich und auch nicht sinnvoll, diese Bereiche

20 Zur Definition und Abgrenzung dieser Begriffe und Bereiche untereinander vgl. 1. Kapitel C.

21 Lang, Gesetzgebung in eigener Sache, S. 271; Die Richtlinie 93/42/EWG des Rates vom 14. Juni 1993 über Medizinprodukte (ABl. Nr. L 169 vom 12.07.1993, S. 1 ff.) bezieht sich daher nur auf einen Teilbereich dessen, was Gegenstand des MPG und der MPV ist. Siehe im Folgenden in diesem Kapitel C. I. bis III.

strikt zu trennen, sondern sich, wie der Gesetzgeber auch, ihnen in ihrer Gesamtheit zu widmen und sie gemeinsam zu behandeln.

Im Folgenden soll für alle diese Produkte entsprechend der Entscheidung des deutschen Gesetzgebers der Oberbegriff „Medizinprodukte" verwendet werden, um eine Zusammenfassung der drei Bereiche unter einen Begriff zu ermöglichen. In Bezug auf die einzelnen Richtlinien wird jedoch weiterhin zwischen Medizinprodukten, aktiven implantierbaren medizinischen Geräte und In-vitro-Diagnostika unterschieden.

A. Nationale Rechtsnormen

I. Medizinproduktegesetz – MPG

Das Gesetz über Medizinprodukte (Medizinproduktegesetz – MPG) setzt die europäischen Richtlinien 93/42/EWG über Medizinprodukte, 90/385/EWG über aktive implantierbare medizinische Geräte und 98/79/EG über In-vitro-Diagnostika in deutsches Recht um.[22] Darüber hinaus enthält das MPG nationale Vorschriften zum Errichten, Betreiben, Anwenden, Instandhalten und Aufbereiten von Medizinprodukten.[23] Es trat am 01.01.1995 in Kraft und wurde zuletzt am 21.07.2014 geändert. Nach und nach wurden auf das MPG gestützte Verordnungen erlassen. Derzeit gibt es acht solcher Verordnungen.[24] Hierbei ist für den in dieser Arbeit zu behandelnden Themenbereich insbesondere die Verordnung über Medizinprodukte (MPV) von Bedeutung, da diese unter anderem Regelungen für den Ablauf von Konformitätsbewertungsverfahren enthält.[25]

Bis zum Inkrafttreten des MPG war ein großer Teil der Erzeugnisse (z.B. Verbandsstoffe und Implantate), die heute als Medizinprodukte einzustufen sind, unter die Regelungen des Arzneimittelgesetzes (AMG) als „fiktive" Arzneimittel zu subsumieren, obwohl sie eigentlich Medizinprodukte waren.[26] Andere Produkte,

---

22 Vgl. Vor Inhaltsübersicht des MPG; Zu den einzelnen Richtlinien siehe in diesem Kapitel B.

23 Frankenberger, in: Anhalt/Dieners, Hdb. des Medizinprodukterechts, § 4, Rn. 3 und 10.

24 Medizinprodukte-Verordnung (MPV), Medizinprodukte-Sicherheitsplanverordnung (MPSV), Medizinprodukte-Abgabeverordnung (MPAV), Verordnung über das Errichten, Betreiben und Anwenden von Medizinprodukten (Medizinprodukte-Betreiberverordnung – MPBetreibV), DIMDI-Verordnung (DIMDIV), Medizinprodukte-Gebührenverordnung (BKostV-MPG), Verordnung über klinische Prüfungen von Medizinprodukten (MPKPV), Allgemeine Verwaltungsvorschriften zur Durchführung des Medizinproduktegesetzes (MPGVwV).

25 Verordnung über Medizinprodukte (MPV) vom 20.12.2001, BGBl. I S. 3854; Diese Verordnung ersetzte die ursprüngliche Verordnung über Medizinprodukte vom 17.12.1997, BGBl. I S. 3138.

26 Deutsch/Lippert/Ratzel/Tag, MPG, Einleitung, S. 45; Rehmann, in: Rehmann/Wagner, MPG, Einf., Rn. 3.

die heute als Medizinprodukte bezeichnet werden, fielen unter andere Gesetzesvorschriften, wie beispielsweise das Lebensmittel- und Bedarfsgegenständegesetz (z.B. elastische Binden und Augenklappen), die Röntgenverordnung oder das Eichgesetz.[27] Medizinisch-technische Geräte, wie z.B. Dialysegeräte oder Hochfrequenz-Chirurgiegeräte, waren den Vorschriften des Gerätesicherheitsgesetzes mit der Medizingeräteverordnung (MedGV) unterworfen.[28] Mit dem MPG wurden diese Produkte unter dem übergeordneten Begriff der Medizinprodukte zusammengefasst und einem eigenen Regelungswerk unterworfen.

Da ein Großteil der Produkte, die heute unter den Oberbegriff der „Medizinprodukte" fallen, als Arzneimittel zulassungspflichtig waren, hat der Gesetzgeber die Regelungen des AMG als Vorlage für die Schaffung des MPG genutzt.[29] Dies ergibt sich eindeutig aus der Gesetzesbegründung. Hier heißt es:

„Dieses Gesetz regelt auch solche Produkte, die bisher dem Arzneimittelrecht unterlagen und auch solche, die Wirkstoffe im Sinne des Arzneimittelgesetzes enthalten. Aus diesem Grunde werden vergleichbare Regelungsinhalte aus dem Arzneimittelrecht entsprechend übernommen."[30]

So ist unter anderem § 5 MPG offensichtlich dem § 9 AMG nachempfunden. In Anlehnung an das Arzneimittelgesetz deckt sich der Wortlaut des § 26 MPG teilweise mit dem des § 64 AMG, der die Durchführung der Überwachung für Arzneimittel regelt.[31] Der Verbotsnorm des § 4 Abs. 1 Nr. 1 MPG hat § 5 Abs. 2 AMG als Vorbild gedient, um nur einige Beispiele zu nennen.

Mit den eigenen Worten des Gesetzes ist es das Ziel (§ 1 MPG):

„(...) den Verkehr mit Medizinprodukten zu regeln und dadurch für die Sicherheit, Eignung und Leistung der Medizinprodukte sowie die Gesundheit und den erforderlichen Schutz der Patienten, Anwender und Dritter zu sorgen".

Damit verfolgt das MPG letztlich zwei Ziele: Es soll für einen hohen technischen Standard bei Medizinprodukten sorgen und damit zugleich dem Schutz des Verbrauchers, Anwenders, Nutzers und besonders dem des Patienten dienen.[32] Es geht also um Produktsicherheit, womit das MPG eine Art Verbraucherschutzgesetz

---

27 Vgl. Begründung zum Regierungsentwurf eines Gesetzes über Medizinprodukte vom 08.03.1994, BT. Drucks. 12/6991, S. 27; Deutsch/Lippert/Ratzel/Tag, MPG, Einleitung, S. 45.

28 Vgl. Begründung zum Gesetzesentwurf der Bundesregierung über den Verkehr mit Medizinprodukten vom 08.03.1994, BT-Drs. 12/6991, S. 27.

29 Vgl. Begründung zum Gesetzesentwurf der Bundesregierung über den Verkehr mit Medizinprodukten vom 08.03.1994, BT-Drs. 12/6991, S. 27.

30 Vgl. Begründung zum Gesetzesentwurf der Bundesregierung über den Verkehr mit Medizinprodukten vom 08.03.1994, BT-Drs. 12/6991, S. 30.

31 von Czettritz/Strelow in: Meier/von Czettritz/Gabriel/Kaufmann, Pharmarecht, Teil 3, § 6, Rn. 46.

32 Deutsch/Lippert/Ratzel/Tag, MPG, Einleitung, S. 46.

ist.[33] Es soll jedoch auch den europaweiten Verkehr mit Medizinprodukten regeln, also dem freien Warenverkehr dienen.

II. Verordnung über Medizinprodukte – MPV

Die Medizinprodukteverordnung (MPV) regelt die Bewertung und Feststellung der Übereinstimmung von Medizinprodukten mit den grundlegenden Anforderungen gemäß § 7 MPG (Konformitätsbewertung), so ausdrücklich § 1 Hs. 1 MPV. Damit gibt § 1 MPV quasi eine Legaldefinition des Begriffs der Konformitätsbewertung.

Die MPV umfasst insgesamt nur 11 Paragraphen. In den §§ 1 bis 3 enthält sie zunächst einen „allgemeinen Teil" von Vorschriften, die für sämtliche Konformitätsbewertungsverfahren gelten. § 3 der MPV enthält insbesondere Vorschriften, die das Verhältnis Benannter Stellen zum Hersteller hinsichtlich des Konformitätsbewertungsverfahrens betreffen. In den §§ 4 bis 6 werden die einzelnen Konformitätsbewertungsverfahren geregelt. Insoweit knüpft die MPV jedoch nicht an den zentralen Begriff der Medizinprodukte an, sondern unterscheidet zwischen den Konformitätsbewertungsverfahren für aktive implantierbare Medizinprodukte (§ 4 MPV), für In-vitro-Diagnostika (§ 5 MPV) und für alle sonstigen Medizinprodukte (§ 7 MPV). § 6 der MPV regelt den besonderen Fall des Konformitätsbewertungsverfahrens von Medizinprodukten, die unter Verwendung von tierischem Gewebe hergestellt werden. Die Verordnung trägt somit dem Umstand Rechnung, dass die aktiven implantierbaren Medizinprodukte, In-vitro-Diagnostika und die sonstigen Medizinprodukte in unterschiedlichen Richtlinien behandelt werden und unterschiedliche Kombinationsmöglichkeiten von Verfahrensbausteinen für die Konformitätsbewertung vorsehen.[34]

Eine Regelung innerhalb der MPV ist gerade für das in dieser Arbeit unter anderem zu behandelnde Thema des PIP-Skandals zu erwähnen. In § 8 MPV legt der Gesetzgeber fest, dass Brustimplantate abweichend von den Klassifizierungsregelungen in § 13 Abs. 1 MPG mit dem dortigen Verweis auf Anhang IX der Richtlinie 93/42/EWG über Medizinprodukte[35] der Risikoklasse III zuzuordnen sind.[36]

III. Medizinprodukte-Sicherheitsplanverordnung – MPSV

Die Medizinprodukte-Sicherheitsplanverordnung (MPSV) befasst sich ausschließlich mit den Verfahren zur Erfassung, Bewertung und Abwehr von Risiken, die von

33 Deutsch/Lippert/Ratzel/Tag, MPG, Einleitung, S. 46.

34 Vgl. 2. Kapitel A.

35 Richtlinie 93/42/EWG des Rates vom 14. Juni 1993 über Medizinprodukte, ABl. Nr. L 169 vom 12.07.1993, S. 1 ff.

36 Vgl. Artikel 1 und 3 der Verordnung zur Änderung medizinprodukterechtlicher Vorschriften vom 16.02.2007, BGBl. I S. 155, wodurch die Verordnung über die Änderung der Klassifizierung von Brustimplantaten (BrustImplV) vom 11.07.2003, BGBl. I S. 1435, aufgehoben wurde.

Medizinprodukten ausgehen. Damit ergänzt diese Verordnung die entsprechenden Regelungen zur Produktüberwachung im MPG.[37]

IV. Verwaltungsvorschriften zur Durchführung des Medizinproduktegesetzes (MPGVwV)

In Folge des PIP-Skandals wurde in Deutschland die allgemeine Verwaltungsvorschrift zur Durchführung des Medizinproduktegesetzes (MPGVwV) beschlossen.[38] Die Verordnung trat zum 01. Januar 2013 in Kraft und soll für mehr Sicherheit bei Medizinprodukten sorgen. Gemeinsame Rahmenbedingungen der Bundesländer sollen bundesweit die Durchführung von Inspektionen und die Entnahme von Proben regeln. Neben routinemäßigen Kontrollen und Laborprüfungen nach dem Rahmenüberwachungsprogramm erfolgen bei Verdachts- beziehungsweise Gefährdungsfällen anlassbezogene Überprüfungen. Weitere Vorschriften beinhalten die Qualifizierung des beauftragten Personals sowie die Ausstattung und Zusammenarbeit der Behörden.

B. Europarechtliche Regelungen

I. 90/385/EWG über aktive implantierbare medizinische Geräte

Die Richtlinie 90/385/EWG des Rates vom 20. Juni 1990 zur Angleichung der Rechtsvorschriften über aktive implantierbare medizinische Geräte[39] bestimmt die Mindestvoraussetzungen für das Inverkehrbringen und die Inbetriebnahme dieser Produkte, wobei das Ziel die Gewährleistung eines hohen Schutzniveaus für die Sicherheit und die Gesundheit der Patienten, Anwender und Dritter ist.[40] Diese Richtlinie legt das Augenmerk vor allem auf Regelungen im Zusammenhang mit hochkomplexen technischen Medizinprodukten. Mit dieser Richtlinie begann der Gemeinschaftsgesetzgeber, sein Harmonisierungskonzept in den medizinischen Sektor einzuführen.

---

37 Webel, in: Bergmann/Pauge/Steinmeyer, Gesamtes Medizinrecht, Kap. 7, Anhang MPG, Rn. 1.

38 Vgl. von Czettritz/Strelow in: Meier/von Czettritz/Gabriel/Kaufmann, Pharmarecht, Teil 3, § 5, Rn. 12.

39 Richtlinie 90/385/EWG des Rates vom 20. Juni 1990 zur Angleichung der Rechtsvorschriften der Mitgliedsstaaten über aktive implantierbare medizinische Geräte, ABl. Nr. L 189 vom 20.07.1990, S. 17 ff.

40 Vgl. hierzu die Erwägungsgründe des Rates zur Richtlinie 90/385/EWG über aktive implantierbare medizinische Geräte am Anfang der Richtlinie.

II. Richtlinie 93/42/EWG über Medizinprodukte

Die Richtlinie 93/42/EWG des Rates vom 14. Juni 1993 über Medizinprodukte folgte der Richtlinie über aktive implantierbare medizinische Geräte. Mit dieser wurde die Harmonisierung in diesem Bereich deutlich vorangetrieben. Im Zuge dessen wurde die Kategorie der „Medizinprodukte" neu eingeführt, die als ein Oberbegriff für eine sehr breite Produktpalette dient.[41]

III. Richtlinie 98/79/EG über In-vitro-Diagnostika

Waren die In-vitro-Diagnostika anfangs aus dem Bereich der Richtlinie 93/42/EWG ausgeschlossen, so wurde der Harmonisierungsprozess mit der Richtlinie 98/79/EWG auf die In-vitro-Diagnostika[42] erstreckt. Die In-vitro-Diagnostika unterliegen einer exklusiven Regelung, da sie auf Grund der In-vitro-Untersuchung, also der Untersuchung außerhalb des menschlichen Körpers, andersartige Risiken bieten.[43] Das Risiko, welches von In-vitro-Diagnostika ausgeht, beruht entweder auf einem Fehler am Produkt selbst oder auf mangelnder Bedienung durch Personal, was einen besonderen Schutz von Patienten, aber auch Anwendern und Dritten verlangt.[44] Im Mittelpunkt steht, wie schon dem Wortlaut zu entnehmen ist, die Diagnose. Ist diese falsch, können daraus schwerwiegende Konsequenzen für den Patienten entstehen.

IV. Leitlinien und Leitfäden

Die Europäische Kommission gibt immer wieder sogenannte Leitlinien und Leitfäden heraus, die dem besseren Verständnis sowie einer einheitlichen und konsequenten Anwendung der Rechtsakte der Europäischen Union dienen sollen. Es handelt sich jedoch bei solchen Dokumenten lediglich um Leitlinien die Klarheit schaffen sollen – Rechtskraft kommt ausschließlich den jeweiligen Harmonisierungsrechtsakten der Union zu.[45]

Im Rahmen der Umsetzung des neuen Konzepts und dem Gesamtkonzept sowie der hierauf beruhenden Richtlinien, wie der Richtlinie 93/42/EWG über Medizinprodukte, der Richtlinie 90/385/EWG über aktive implantierbare medizinische Geräte und der Richtlinie 98/79/EWG über In-vitro-Diagnostika, wurden von der Kommission zwei Leitfäden herausgegeben,[46] die zur Einordnung der rechtlichen Tätigkeiten der Benannten Stellen hilfreich sind.

---

41 Webel, Medizinprodukterecht, S. 30 f. und S. 243.

42 Richtlinie 98/79/EG des Europäischen Parlaments und des Rates vom 27. Oktober 1998 über In-vitro-Diagnostika, ABl. Nr. L 331 vom 07.12.1998, S. 1 ff.

43 Webel, Medizinprodukterecht, S. 244.

44 Vgl. hierzu den 5. Und 22. Erwägungspunkt der Richtlinie 98/79/EG über In-vitro-Diagnostika; Webel, Medizinprodukterecht, S. 244.

45 Schwarze, EuR 2011, S. 3, 8.

46 Vgl. hierzu im Detail im 2. Kapitel unter A. I.

Der erste Leitfaden für die Umsetzung der nach dem neuen Konzept und dem Gesamtkonzept verfassten Richtlinien wurde im Jahr 2000 veröffentlicht und ist seither zu einem der wichtigsten Referenzdokumente geworden.[47] In ihm wird erläutert, wie die nach dem neuen Konzept verfassten Rechtsvorschriften umzusetzen sind. Vieles aus diesem Leitfaden des Jahres 2000 ist nach wie vor gültig.[48] Dennoch bedurfte es einer Aktualisierung, damit neue Entwicklungen, wie beispielsweise der Beschluss des Rates 768/2008/EWG[49] Berücksichtigung finden und für ein möglichst umfassendes allgemeines Verständnis der Umsetzung des neuen Rechtsrahmens für das Inverkehrbringen von Produkten gesorgt wird. Der aktualisierte Leitfaden der Kommission baut daher auf der Vorgängerversion auf, umfasst aber auch neue Kapitel.[50]

Die Leitfäden sind in erster Linie für die Mitgliedstaaten bestimmt. Darüber hinaus wenden sie sich aber auch an jeden, der über die Vorschriften zur Gewährleistung des freien Warenverkehrs von CE-gekennzeichneten Produkten und eines hohen Schutzniveaus innerhalb der Gemeinschaft informiert werden muss, wie beispielsweise die Hersteller von Medizinprodukten und insbesondere auch die Benannten Stelle.

C. Zentrale Gesetzesbegriffe

Einige Gesetzesbegriffe und deren Verständnis sind für diese Arbeit unverzichtbar. Sie bilden unter anderem das Grundgerüst, um zu verstehen, welche Produkte überhaupt unter den Begriff der Medizinprodukte, aktiven implantierbaren medizinischen Geräte und In-vitro-Diganostika zu subsumieren sind. Insbesondere ist der Bereich der Medizinprodukte zu definieren und von anderen Produkten abzugrenzen.

I. Definition des Begriffes „Medizinprodukt“

Zunächst muss geklärt werden, was eigentlich unter dem Begriff „Medizinprodukt“ im rechtlichen Sinne zu verstehen ist. Die Definition ist zum einen von Bedeutung, da sich diese Arbeit nur um Benannte Stellen im Zusammenhang mit dem

47 Der Leitfaden der Kommission 2000 ist bspw. abrufbar als pdf im Internet unter: http://europa.eu.int/comm/enterprise/newapproach/newapproach.htm (aufgerufen am 15.04.2015).

48 Der Leitfaden der Kommission 2014 ist bspw. abrufbar als pdf im Internet unter: http://ec.europa.eu/DocsRoom/documents/4942/attachments/1/translations/de/renditions/native (aufgerufen am 15.04.2015).

49 Beschluss Nr. 768/2008/EWG des Europäischen Parlaments und des Rates vom 09. Juli 2008 über einen gemeinsamen Rechtsrahmen für die Vermarktung von Produkten und zur Aufhebung des Beschlusses 93/465/EWG des Rates, ABl. Nr. L 218 vom 13.08.2008, S. 82 ff.

50 Leitfaden der Kommission 2014, S. 6.

Medizinprodukterecht befasst. Zum anderen ist insbesondere die Abgrenzung des AMG und des MPG von grundlegender Bedeutung, denn das Verfahren der Zulassung unterscheidet sich in beiden Gesetzen grundlegend. Gemäß § 2 Abs.1 MPG eröffnet der Begriff des Medizinproduktes erst den Anwendungsbereich des Medizinprodukterechts.[51] In § 3 Nr. 1 MPG werden Medizinprodukte wie folgt definiert:

„1. Medizinprodukte sind alle einzeln oder miteinander verbunden verwendeten Instrumente, Apparate, Vorrichtungen, Software, Stoffe und Zubereitungen aus Stoffen oder andere Gegenstände einschließlich der vom Hersteller speziell zur Anwendung für diagnostische oder therapeutische Zwecke bestimmten und für ein einwandfreies Funktionieren des Medizinproduktes eingesetzten Software, die vom Hersteller zur Anwendung für Menschen mittels ihrer Funktionen zum Zwecke
a) der Erkennung, Verhütung, Überwachung, Behandlung oder Linderung von Krankheiten,
b) der Erkennung, Überwachung, Behandlung, Linderung oder Kompensierung von Verletzungen oder Behinderungen,
c) der Untersuchung, der Ersetzung oder der Veränderung des anatomischen Aufbaus oder eines physiologischen Vorgangs oder
d) der Empfängnisregelung
zu dienen bestimmt sind und deren bestimmungsgemäße Hauptwirkung im oder am menschlichen Körper weder durch pharmakologisch oder immunologisch wirkende Mittel noch durch Metabolismus erreicht wird, deren Wirkungsweise aber durch solche Mittel unterstützt werden kann.“[52]

Sprachlich und rechtlich werden von dem Begriff eine Vielzahl unterschiedlichster Instrumente, Vorrichtungen, Stoffe und Zubereitungen aus Stoffen und zahlreiche andere Gegenstände umfasst. Dazu gehören unter anderem Implantate, Produkte

---

51 § 2 Abs.1 MPG lautet: *„Dieses Gesetz gilt für Medizinprodukte und dessen Zubehör. Zubehör wird als eigenständiges Medizinprodukt behandelt.“*

52 So definiert ebenfalls bereits Art. 1 Abs. 2a) der Richtlinie 93/79/EWG über Medizinprodukte und Art. 1 Abs. 2a) der Richtlinie 98/79/EWG über In-vitro-Diagnostika. Weiter heißt es in § 3 Nr. 2 und 3 MPG:
„2. Medizinprodukte sind auch Produkte nach Nummer 1, die einen Stoff oder eine Zubereitung aus Stoffen enthalten oder auf die solche aufgetragen sind, die bei gesonderter Verwendung als Arzneimittel im Sinne des § 2 Abs. 1 des Arzneimittelgesetzes angesehen werden können und die in Ergänzung zu den Funktionen des Produktes eine Wirkung auf den menschlichen Körper entfalten können. 3. Medizinprodukte sind auch Produkte nach Nummer 1, die als Bestandteil einen Stoff enthalten, der gesondert verwendet als Bestandteil eines Arzneimittels oder Arzneimittel aus menschlichem Blut oder Blutplasma im Sinne des Artikels 1 der Richtlinie 2001/83/EG des Europäischen Parlaments und des Rates vom 6. November 2001 zur Schaffung eines Gemeinschaftskodexes für Humanarzneimittel (ABl. L 311 vom 28.11.2001, S. 67), die zuletzt durch die Verordnung (EG) Nr. 1394/2007 (ABl. L 324 vom 10.12.2007, S. 121) geändert worden ist, betrachtet werden und in Ergänzung zu dem Produkt eine Wirkung auf den menschlichen Körper entfalten kann.“

zur Injektion, Infusion, Transfusion und Dialyse, humanmedizinische Instrumente, Katheter, Herzschrittmacher, Dentalprodukte, Verbandsstoffe, Sehhilfen, Röntgengeräte, Kondome, ärztliche Instrumente, Labordiagnostika, Produkte zur Empfängnisregelung sowie In-vitro-Diagnostika.[53] Zu den In-vitro-Diagnostika zählen unter anderem Reagenzien, Reagenzprodukte, Kits, Probenbehältnisse, Geräte und weitere Produkte, die zur In-vitro-Untersuchung von Proben aus dem menschlichen Körper bestimmt sind.[54]

Vereinfacht ausgedrückt, kann der Begriff des „Medizinprodukts" von einem einfachen Gegenstand wie einem Pflaster bis hin zu einem komplexen Gerät wie einem Herzschrittmacher reichen.[55] Mit dem 4. MPG-Änderungsgesetz wurde sogar die eingesetzte Software für das einwandfreie Funktionieren eines Medizinprodukts beziehungsweise die Software selbst gemäß § 3 Nr. 1 MPG einbezogen. Software ist danach ein Medizinprodukt, wenn sie spezifisch vom Hersteller für einen der in der Definition für Medizinprodukte genannten medizinischen Zwecke bestimmt ist.[56] Dagegen ist Software für allgemeine Zwecke (Textverarbeitungsprogramme, Tabellenkalkulationen, Betriebssysteme etc.) kein Medizinprodukt, auch wenn sie im Zusammenhang mit der Gesundheitspflege genutzt wird. Hersteller von spezifischen diagnostischen oder therapeutischen Softwareprogrammen (z.B. Bildauswertungsprogramme, Therapieplanungsprogramme etc.) müssen somit ihre Produkte als Medizinprodukte in Verkehr bringen.[57] In positiver Hinsicht ist der Anwendungsbereich des Medizinprodukterecht nur dann eröffnet, wenn das Produkt sich unter § 3 Nr. 1 lit. a-d MPG subsumieren lässt.[58] In negativer Hinsicht muss auf die Abgrenzungsbestimmungen des § 2 Abs. 5 MPG geachtet werden. Danach sind Medizinprodukte insbesondere von Arzneimitteln und Kosmetika abzugrenzen, da für solche Produkte der Anwendungsbereich des MPG ausdrücklich ausgeschlossen ist.

---

53 Vgl. Website des Bundesministeriums für Gesundheit, abrufbar im Internet unter: http://www.bmg.bund.de/gesundheitssystem/medizinprodukte/definition-und-wirtschaftliche-bedeutung.htm (aufgerufen am 12.09.2013).

54 Vgl. Website des Bundesministeriums für Gesundheit, abrufbar im Interent unter: http://www.bmg.bund.de/gesundheitssystem/medizinprodukte/definition-und-wirtschaftliche-bedeutung.htm (aufgerufen am 12.09.2013); vgl. unten 1. Kapitel C. III.

55 Vgl. auch die Beispielsliste bei Schorn, DÄBl. 95, A/2890, A/2893.

56 Begründung zum Gesetzesentwurf der Bundesregierung zur Änderung medizinprodukterechtlicher Vorschriften vom 16.03.2009, BT-Drs. 16/12258, S. 26.

57 Begründung zum Gesetzesentwurf der Bundesregierung zur Änderung medizinprodukterechtlicher Vorschriften vom 16.03.2009, BT-Drs. 16/12258, S. 26.

58 Webel, in: Bergmann/Pauge/Steinmeyer, Gesamtes Medizinrecht, Kap. 7, § 3, Rn. 3; § 3 Nr. 1 MPG ist nahezu indentisch dem Wortlaut des Art. 1 Nr. 2a der Richtlinie 93/42 EWG über Medizinprodukte.

1. *Abgrenzung AMG und MPG*

Ein einzelnes Produkt kann aufgrund der in § 2 Abs. 3 Nr. 7 AMG enthaltenen Negativdefinition niemals zugleich Arzneimittel und Medizinprodukt sein. Was nicht ausschließt, dass Medizinprodukte Arzneimittel enthalten können. Solche Produkte sind dann jedoch gemäß § 3 Nr. 2 MPG als Medizinprodukte zu qualifizieren. Da sich diese Abhandlung alleine mit Medizinprodukten befasst, stellt sich die Frage, wie eine Abgrenzung zu Arzneimitteln vorzunehmen ist. Allgemein lässt sich sagen, dass bei der Differenzierung zwischen Arzneimitteln und Medizinprodukten in erster Linie nicht die Zweckbestimmung des Produktes entscheidend ist, sondern die Art und Weise, wie diese Zweckbestimmung erreicht wird.[59] Medizinprodukte unterschieden sich von Arzneimitteln dadurch, dass der Zweck der Medizinprodukte vorwiegend auf mechanischem, physikalischem oder physio-chemischem Wege erreicht wird, während Arzneimittel ihren Zweck durch pharmakologische, immunologische und metabolische Wirkung entfalten (vgl. auch § 3 Nr. 1 a.E. MPG).[60] Mit dieser Abgrenzung ist dem Juristen für den Moment wenig geholfen. Eine detaillierte Abgrenzung würde den Rahmen dieser Arbeit jedoch sprengen. Die Einstufung als Arzneimittel oder Medizinprodukt hat der Praxis in der Vergangenheit erhebliche Schwierigkeiten bereitet und tut dies auch heute noch. Es bestehen alleine auf Grund des stetigen Innovationscharakters in diesen beiden Bereichen zahlreiche Abgrenzungsfragen, die inzwischen Teil einer weitreichenden Kasuistik geworden sind.[61] Mittlerweile wurde auf europäischer Ebene unter Federführung der Kommission eine Expertengruppe (Medical Device Expert Group in Borderline Classification – kurz MDEG) eingerichtet. Diese hat mit der Leitlinie zur Abgrenzung von Arzneimitteln und Medizinprodukten (sog. Borderline-Richtlinie)[62] ein interpretatorisches Dokument vorgelegt, das den nationalen Gerichten als Auslegungshilfe dienen soll.[63] Da gleichartige Produkte von den Behörden von Bundesland zu Bundesland unterschiedlich in Arzneimittel und Medizinprodukte eingestuft wurden, ist im Sinne einer bundeseinheitlichen Regelung in § 13 Abs. 2 MPG nunmehr festgelegt, dass bei Meinungsverschiedenheiten zwischen dem Hersteller und der beauftragten Benannten Stelle in Fragen der Abgrenzung künftig zentral durch das

---

59 Anhalt, in: Anhalt/Dieners, Hdb. des Medizinprodukterechts, § 3 Rn. 5, 6.

60 Anhalt, in: Anhalt/Dieners, Hdb. des Medizinprodukterechts, § 3 Rn. 6, 7; Rehmann, in: Rehmann/Wagner, MPG, Einf. Rn. 11; Dettling, PharmR 2006, S. 578, 585.

61 vgl. beispielhaft nur: BGH, GRUR 2010, S. 754 ff.; BGH, NJW-RR 2011, S. 49 ff.; OLG Köln, PharmaR 2010, S. 73 ff.; VG Köln, PharmaR 2010, S. 35 ff.; Eine detailliert Darstellung der Abgrenzungsproblematik findet sich bei Voit, Die Abgrenzung von Medizinprodukten zu Arzneimitteln – eine unlösbare Aufgabe?, PharmaR 2010, S. 501 ff.

62 MEDDEV 2.1/3 rev.3, abrufbar als pdf im Internet bspw. unter: http://ec.europa.eu/health/medical-devices/files/meddev/2_1_3_rev_3-12_2009_en.pdf (aufgerufen am 26.04.2015).

63 Webel, in: Bergmann/Pauge/Steinmeyer, Gesamtes Medizinrecht, Kap. 7, § 3, Rn. 9.

BfArM entschieden wird.[64] Zudem unterscheidet diese weiterhin auf Antrag einer zuständigen Stelle oder des Herstellers über die Klassifizierung einzelner Medizinprodukte oder über die Abgrenzung von Medizinprodukten zu anderen Produkten (vgl. § 13 Abs. 3 MPG).

Wie man schon daran sieht, dass eine eigene Expertengruppe zur Abgrenzung auf europäischer Ebene existiert, ist eine allgemeingültige einfache Abgrenzungsformel nicht zu definieren. Wegen der Einzelheiten zur Abgrenzung, sei hier auf die sog. Borderline-Richtlinie und die nationale Rechtsprechung verwiesen.

2. *Abgrenzung zu Kosmetika*

Ebenso wichtig und oftmals nicht eindeutig ist die Abgrenzung zu kosmetischen Mitteln, die gemäß § 2 Abs. 5 Nr. 2 MPG[65] ausdrücklich aus dem Anwendungsbereich des MPG ausgeschlossen sind. Dieser Ausnahmetatbestand entspricht der Regelung in § 2 Abs. 3 Nr. 2 AMG.[66] Nach § 2 Abs. 5 des Lebensmittel-, Bedarfsmittelgegenstände- und Futtermittelgesetzbuches (LFBG) sind kosmetische Mittel, Stoffe oder Gemische aus Stoffen, die ausschließlich oder überwiegend dazu bestimmt sind, äußerlich am Körper des Menschen oder in seiner Mundhöhle zur Reinigung, zum Schutz, zur Erhaltung eines guten Zustandes, zur Parfümierung, zur Veränderung des Aussehens oder dazu angewendet zu werden, den Körpergeruch zu verändern. Stoffe oder Gemische aus Stoffen, die zur Beeinflussung der Körperformen bestimmt sind, gelten nicht als kosmetische Mittel.[67] Maßgeblich für die Einordnung ist die medizinische Zweckbestimmung. Während Medizinprodukte – wie auch Arzneimittel – einem medizinischen Zweck dienen, dienen Kosmetika ihrer Definition nach ausschließlich oder überwiegend dem Zweck der Reinigung und/oder Pflege.[68] Dient ein Produkt hauptsächlich einem medizinischen Zwecke, so unterfällt es dem MPG.[69] Hat ein Produkt sowohl einen medizinischen als auch einen kosmetischen Zweck, ist die überwiegende Zweckbestimmung entscheidend.[70]

---

64 Begründung zum Gesetzesentwurf der Bundesregierung zur Änderung medizinprodukterechtlicher Vorschriften vom 16.03.2009, BT-Drs. 16/12258, S. 28.

65 § 2 Abs. 5 Nr. 2 MPG lautet: *„Dieses Gesetz gilt nicht für kosmetische Mittel im Sinne des § 2 Abs. 5 des Lebensmittel-, Bedarfsmittelgegenstände- und Futtermittelgesetzbuches*".

66 § 2 Abs. 3 Nr. 2 AMG lautet: *„Arzneimittel sind nicht kosmetische Mittel im Sinne des § 2 Abs. 5 des Lebensmittel- und Futtermittelgesetzbuches*".

67 Vgl. zur Definition von „Kosmetika" auch Artikel 1 der Richtlinie 76/768/EWG des Rates zur Angleichung der Rechtsvorschriften der Mitgliedsstaaten über kosmetische Mittel vom 27. Juni 1976, ABl. L 262 vom 27.09.1976, S. 169 ff.

68 Webel, Medizinprodukterecht, S. 322.

69 OLG Hamburg, GRUR-RR, S. 360 ff.; Rehmann in: Rehmann/Wagner, MPG, § 2, Rn. 9 und § 3, Rn. 1.

70 Rehmann, in: Rehmann/Wagner, MPG, § 2, Rn. 9; Rehmann, AMG, § 2, Rn. 27.

II. Aktive implantierbare medizinische Geräte

Wann ein aktives implantierbares medizinisches Gerät vorliegt, lässt sich durch einen Blick in die Richtlinie des Rates zur Angleichung der Rechtsvorschriften der Mitgliedsstaaten über aktive implantierbare medizinische Geräte bestimmen.[71] Der mehrgliedrige Begriff des „aktiven implantierbaren medizinischen Gerätes" ist dort legaldefiniert.

Art. 1 Abs. 2 lit. a) definiert zunächst den Oberbegriff des „medizinischen Geräts" als

> *„alle einzeln oder miteinander verbunden verwendete/n Instrumente, Apparate, Vorrichtungen, Software, Stoffe oder anderen Gegenständen samt der Zubehörteile, einschließlich der vom Hersteller speziell zur Anwendung für diagnostische und/oder therapeutische Zwecke bestimmten und für ein einwandfreies Funktionieren des medizinischen Geräts eingesetzten Software, die vom Hersteller zur Anwendung für Menschen für folgende Zwecke bestimmt sind:*
>
> - *Erkennung, Verhütung, Überwachung, Behandlung oder Linderung von Krankheiten,*
> - *Erkennung, Überwachung, Behandlung, Linderung oder Kompensierung von Verletzungen oder Behinderung,*
> - *Untersuchung, Ersatz oder Veränderung des anatomischen Aufbaus oder eines physiologischen Vorgangs,*
> - *Empfängnisregelung,*
>
> *und deren bestimmungsgemäße Hauptwirkung im oder am menschlichen Körper weder durch pharmakologische oder immunologische Mitte noch metabolisch erreicht wird, deren Wirkungsweise aber durch solche Mittel unterstützt werden kann."*

Der Begriff des „aktiven medizinischen Geräts" wird in Art. 1 Abs. 2 lit. b) bestimmt als

> *„jedes medizinische Gerät, dessen Betrieb auf eine elektrische Energiequelle oder eine andere Energiequelle als die unmittelbar durch den menschlichen Körper oder die Schwerkraft erzeugte Energie angewiesen ist."*

Übermittelt ein Produkt hingegen nur Energie, Parameter oder Stoffe, ohne dass dabei eine wesentliche Veränderung von Werten auftritt, wird dieses Produkt nicht als aktives Medizinprodukt angesehen.

Anknüpfend an die Definition dieser beiden Begriffe, bestimmt Art. 1 Abs. 2 lit. c) ein „aktives implantierbares medizinisches Gerät" wie folgt als

> *„jedes aktive medizinische Gerät, das dafür ausgelegt ist, ganz oder teilweise durch einen chirurgischen oder medizinischen Eingriff in den menschlichen Körper oder durch einen*

---

71 Richtlinie 90/385/EWG über aktive implantierbare medizinische Geräte.

medizinischen Eingriff in eine natürliche Körperöffnung eingeführt zu werden und dazu bestimmt ist, nach dem Eingriff dort zu verbleiben."

Beispiele für aktive implantierbare medizinische Geräte sind unter anderem Herzschrittmacher, Defibrillatoren, aktive künstliche Organe (wie künstliche Herzen) oder Überwachungsgeräte (wie z.B. intrakardiale EKG-Sender) sowie Zubehörteile und Software, die für das einwandfreie Funktionieren dieser Produkte von Bedeutung sind.[72] Das MPG spricht bei aktiven implantierbaren medizinischen Geräten nach der Richtlinie 90/385/EWG von aktiven implantierbaren Medizinprodukten.[73] Gemeint ist dasselbe, der deutsche Gesetzgeber stellt damit jedoch klar, dass es sich bei aktiven implantierbaren medizinischen Geräten im deutschen Recht um Medizinprodukte handelt.

III. In-vitro-Diagnostika

In-vitro-Diagnostika sind Produkte, die als Reagenz, Reagenzprodukt, Kontrollmaterial, Kit, Instrument, Apparat, Gerät, oder System einzeln oder in Verbindung miteinander zur Untersuchung von aus dem menschlichen Körper stammenden Proben, einschließlich Blut- und Gewebespenden in-vitro, d.h. exkorporal, bestimmt sind (so z.B. Cholesterin-, Schwangerschafts-, HIV-, Hepatitis- oder Gentests).[74]

Nach § 3 Nr. 4 MPG sind diese ebenfalls als Medizinprodukte anzusehen.[75] Zwar kommen In-vitro-Diagnostika in der Regel nicht in den direkten Kontakt mit dem Körper eines Patienten, da die medizinische Diagnose normalerweise mit Hilfe solcher Produkte außerhalb des menschlichen Körpers an vom Menschen entnommenen Proben durchgeführt wird. Jedoch sind diese Produkte wichtige Instrumente für die Diagnostizierung von Krankheiten, die Überwachung des Gesundheitszustands eines Patienten und des Therapieverlauf sowie für viele andere medizinische Anwendungen. Ein mangelhaftes Funktionieren solcher Produkte kann zu falschen Diagnosen führen, die aufgrund der Kontaminationsrisiken im Falle von Infektionskrankheiten ernsthafte gesundheitliche Risiken für Patienten und unbeteiligte Dritte darstellen können.[76] Voraussetzung ist, dass die Untersuchungen ausschließlich oder hauptsächlich Informationen im Sinne von § 3 Nr. 4 a, b, c oder d MPG liefern, namentlich über physiologische oder pathologische Zustände oder über angeborene Anomalien oder zur Prüfung der Unbedenklichkeit oder Verträglichkeit bei den potentiellen Empfängern oder zur Überwachung therapeutischer

72 Diese und weitere Beispiele finden sich bei: Schorn, Aktive implantierbare Medizinprodukte, S. 18, Schwarz, Klinische Prüfungen, S. 146.

73 Vgl. nur §§ 7 Abs. 1, 9 Abs. 1, 13 Abs. 1 MPG.

74 Lücker, in: Spickhoff, Medizinrecht, § 3 MPG, Rn. 9.

75 § 3 Nr. 4 MPG wiederholt nahezu identisch den Wortlaut des Art. 1 Nr. 2c) der Richtlinie 93/42 EWG über Medizinprodukte und des Art. 1 Nr. 2b) der Richtlinie 98/79 EG über In-vitro-Diagnostika.

76 Vorschlag für eine Richtlinie des europäischen Parlaments und des Rates über In-vitro-Diagnostika vom 19.04.1995, Kom 95/130 endg. –95/0013 (COD), S. 2.

Maßnahmen. Damit sollen solche Instrumente aus dem Anwendungsbereich des MPG ausgeschlossen werden, die ausschließlich zu Forschungszwecken eingesetzt werden, ohne dass hierdurch unmittelbar medizinische Zwecke beziehungsweise Informationen der in § 3 Nr. 4 a, b, c oder d MPG genannten Art zum Zwecke der Diagnose und Behandlung eines Patienten gewonnen werden.[77]

Ebenfalls nicht als Medizinprodukt gilt damit allgemeiner Laborbedarf, d.h. beispielsweise Pipetten, Reagenzgläser und Zentrifugen sind keine Medizinprodukte, wenn sie nicht explizit dazu bestimmt sind mit ihnen In-vitro-Untersuchungen menschlicher Proben mit der oben genannten Zielrichtung durchzuführen. Dies ist bei den meisten Laborgegenständen nicht der Fall, denn sie dienen in der Regel nur am Rande der Vorbereitung und Bearbeitung einer In-vitro-Diagnose, womit sie nicht als Medizinprodukte gelten.[78]

Auch zu Medizinprodukten zu zählen sind nach § 3 Nr. 5 MPG In-vitro-Diagnostika zur Eigenanwendung, sogenannte Selbstdiagnosegeräte. Dies sind solche, die auch von einem Laien in häuslicher Umgebung angewandt werden können.

§ 3 Nr. 7 Satz 1 MPG stellt klar, dass auch Kalibrier- und Kontrollmaterialien unter das MPG fallen, solange es sich nicht um Referenzmaterialen im Rahmen einer externen Qualitätssicherung handelt z.B. für Ringversuche (vgl. § 3 Nr. 7 Satz 2 MPG).[79]

Die Definition „neuer" In-vitro-Diagnostika in § 3 Nr. 6 MPG hat gemäß § 25 Abs. 3 MPG Auswirkung auf den Umfang und die Verantwortlichkeit der Anzeigepflichten im Rahmen des erstmaligen Inverkehrbringens.

IV. Definition des Begriffes „Hersteller"

Der Begriff des Herstellers ist ein überaus wichtiger im Bereich des Medizinprodukterechts, da ihm ebenfalls eine zentrale Funktion zukommt.

§ 3 Nr. 15 MPG definiert hierzu wie folgt:

> *„Hersteller ist die natürliche oder juristische Person, die für die Auslegung, Herstellung, Verpackung und Kennzeichnung eines Medizinproduktes im Hinblick auf das erstmalige Inverkehrbringen im eigenen Namen verantwortlich ist, unabhängig davon, ob diese Tätigkeiten von dieser Person oder stellvertretend für diese von einer dritten Person ausgeführt werden. Die dem Hersteller nach diesem Gesetz obliegenden Verpflichtungen gelten auch für die natürliche oder juristische Person, die ein oder mehrere vorgefertigte Medizinprodukte montiert, abpackt, behandelt, aufbereitet, kennzeichnet oder für die Festlegung der Zweckbestimmung als Medizinprodukt im Hinblick auf das erstmalige In Verkehr bringen im eigenen Namen verantwortlich ist. Dies gilt nicht für natürliche oder juristische Personen, die – ohne Hersteller im Sinne des Satzes eins zu sein – bereits in Verkehr gebrachte Medizinprodukte für einen namentlich genannten Patienten entsprechend ihrer Zweckbestimmung montieren oder anpassen."*

77 Lücker, in: Spickhoff, Medizinrecht, § 3 MPG, Rn. 9.
78 Lücker, in: Spickhoff, Medizinrecht, § 3 MPG, Rn. 9.
79 Ratzel, in: Deutsch/Lippert/Ratzel/Tag, MPG, § 3, Rn. 7.

Durch die weitreichende Definition des Herstellers und ihm gleichgestellter Personen wird ein umfassender Personenkreis in die Verantwortung genommen. Sinn und Zweck ist es, dadurch einen möglichst lückenlosen Rechtsgüterschutz zu gewährleisten.[80]

Soweit in dieser Arbeit die Rede von „Herstellern" ist, so handelt es sich immer um Hersteller von Medizinprodukten. Anderenfalls wird ausdrücklich darauf hingewiesen, dass es sich um Hersteller anderer Produkte handelt.

V. Herstellerverantwortlichkeit

Nach § 5 S. 1 MPG ist immer der Hersteller oder sein Bevollmächtigter für das Inverkehrbringen[81] von Medizinprodukten verantwortlich.[82] Der Begriff der Verantwortlichkeit ist als Sammelbegriff zu verstehen. Damit sind die zahlreichen im MPG enthaltenen und dem Hersteller auferlegten Verhaltenspflichten gemeint.[83] Zudem aber auch die zivilrechtliche und strafrechtliche Verantwortlichkeit des Herstellers für die von ihm in den Verkehr gebrachten Medizinprodukten.[84]

VI. Definition des Begriffes „Benannte Stelle"

Der Leitfaden der Kommission 2000[85] umschreibt die Benannten Stellen als mit technischem Sachverstand ausgestattete unabhängige Institutionen, die den Hersteller im Rahmen des Konformitätsbewertungsverfahrens unterstützen und die Produktzertifizierung vornehmen.[86]

---

80 Merten, Private Entscheidungsträger, S. 104.

81 Das Inverkehrbringen ist in § 3 Nr. 11 des MPG legaldefiniert.

82 Vgl. auch Beschluss 768/2008/EG, Erwägungsgrund Nr. 21 und 31.

83 Merten, Private Entscheidungsträger, S. 104.

84 Merten, Private Entscheidungsträger, S. 104; So auch ausdrücklich noch § 14 Abs. 5 des MPG von 1994: *„Die Durchführung von Konformitätsbewertungsverfahren lässt die zivil- und strafrechtliche Verantwortlichkeit der für das Inverkehrbringen des Medizinproduktes verantwortlichen Person unberührt."*

85 Zu den Leitfäden der Kommission und deren Rechtswirkungen siehe in diesem Kapitel B. IV.

86 Leitfaden der Kommission 2000, S. 44; Der „neue" Leitfaden der Kommission 2014 (auch „Blue Guide" genannt), S. 74 bezeichnet die Benannten Stellen nunmehr als „notifizierte Stellen", was wiederum an Beschluss Nr. 768/2008/EWG liegen dürfte, der anders als der bis dahin geltende Beschluss 93/465/EWG auch von „notifizierten Stellen" spricht. Auch die „notifizierten Stellen" werden wie die noch im Leitfaden von 2000 als „Benannte Stellen" bezeichneten Konformitätsbewertungsstellen akkreditiert. In der Durchführungsverordnung EU Nr. 920/2013 der Kommission vom 24.9.2013 über die Benennung und Beaufsichtigung Benannter Stelle gemäß der Richtlinie 90/358/EG des Rates über aktive implantierbare medizinische Geräte und der Richtlinie 93/42/EG des Rates über Medizinprodukte, Amtsblatt der Europäischen Union L 253/8 vom 25.09.2013 und Empfehlung der Kommission vom 24.9.2013 zu

Nach der Definition von § 3 Nr. 20 MPG ist eine Benannte Stelle

> *„eine für die Durchführung von Prüfungen und Erteilung von Bescheinigungen im Zusammenhang mit Konformitätsbewertungsverfahren nach Maßgabe der Rechtsverordnung nach § 37 Abs. 1 vorgesehene Stelle, die der Europäischen Kommission und den Vertragsstaaten des Abkommens über den Europäischen Wirtschaftsraum von einem Vertragsstaat des Abkommens über den Europäischen Wirtschaftsraum benannt worden ist."*

Diese Definitionen sind jedoch nicht aufschlussreich, was die Stellung der Benannten Stellen im deutschen Rechtssystem angeht und wie deren Tätigkeit rechtlich zu qualifizieren ist.[87] Der Begriff „Benannte Stelle" ist keine Wortschöpfung des deutschen Gesetzgebers. Er resultiert aus der Übersetzung des englischen Begriffes „notified body".[88] Es lässt sich daher aus der reinen Begrifflichkeit noch kein Schluss auf eine rechtliche Stellung der Benannten Stellen schließen. Fest steht hingegen und sei hier schon angemerkt, dass die Benannten Stellen ein Kernstück des gesamten europäischen (Medizin-)Produktzulassungsrechts bilden.[89]

Ist in dieser Arbeit die Rede von „Benannten Stellen", so handelt es sich immer um Benannte Stellen für die Konformitätsbewertung von Medizinprodukten. Anderenfalls wird ausdrücklich darauf hingewiesen, dass es sich um Benannte Stellen aus einem anderen Bereich handelt.[90]

---

den Audits und Bewertungen von Benannten Stellen im Bereich der Medizinprodukte durchgeführt werden, Amtsblatt der Europäischen Union L 253/27 vom 25.09.2013 ist wiederum weiterhin die Rede von „Benannten Stellen". Ein Unterschied zwischen beiden Begriffen ist nicht erkennbar. Sie werden synonym verwendet. Da es sich in dieser Arbeit um Konformitätsbewertungsstellen nach dem Medizinprodukterecht handelt und in diesem Bereich weiterhin von „Benannten Stellen" und nicht „notifizierten Stellen" die Rede ist, soll der Begriff „Benannte Stelle" in dieser Arbeit verwendet werden. Auch die deutschen Gesetze zum Medizinprodukterecht (MPG, MPV usw.; siehe in diesem Kapitel unter A.) sowie die einschlägige Literatur sprechen weiterhin von Benannten Stellen im Bereich des Medizinprodukterechts (vgl. aus der aktuelleren Literatur beispielhaft Spickhoff, MPG; Meier/von Czettritz/Gabriel/Kaufmann, Pharmarecht).

87 Kage, Das Medizinproduktegesetz, S. 180.

88 Kapoor/Klindt, EuZW 2009, S. 134, 135.

89 Röhl, Akkreditierung und Zertifizierung, S. 23.

90 Benannte Stellen gibt es bspw. auch im Rahmen der Konformitätsbewertung von Druckgeräten (vgl. Art. 12 der Richtlinie 97/23/EG des Europäischen Parlaments und des Rates vom 29. Mai 1997 zur Angleichung der Rechtsvorschriften der Mitgliedstaaten über Druckgeräte, ABl. L 181 vom 9.7.1997, S. 1) oder bei der Konformitätsbewertung von Aufzügen (vgl. Anhang VII der Richtlinie 95/16/EG des Europäischen Parlaments und des Rates vom 29. Juni 1995 zur Angleichung der Rechtsvorschriften der Mitgliedsstaaten über Aufzüge, ABl. L 213 vom 7.9.1995, S. 1).

2. Kapitel: Zertifizierung und Akkreditierung

Wie oben dargestellt, basiert das deutsche Recht der Medizinprodukte größtenteils auf einer Umsetzung von europäischen Richtlinien. Das System der Zertifizierung und die damit einhergehende „Erschaffung" der Benannten Stellen durch Akkreditierung entspringen ebenfalls europäischen Richtlinien. Der deutsche Gesetzgeber hat dabei nicht nur den Begriff der „Benannten Stelle" aus den Richtlinien entnommen, sondern auch die Bestimmungen zu den Benannten Stellen aus dem supranationalen Recht. Die Rechtsnatur der Tätigkeiten der Benannten Stellen, ob sie hoheitlich handeln oder ein rein privatrechtliches Verhältnis zwischen den Benannten Stellen und den sie beauftragenden Herstellern besteht, kann somit nicht alleine aus einer nationalen Perspektive bestimmt werden.

Um festzustellen, ob die Tätigkeiten der deutschen Benannten Stellen als öffentlich-rechtlich oder privatrechtlich zu qualifizieren sind, ist zunächst zu klären, wie eine Benannte Stelle in Deutschland überhaupt rechtlich entsteht. Des Weiteren sind die Aufgaben und Befugnisse einer Benannten Stelle zu umgrenzen und festzulegen, um diese rechtlich einordnen zu können. Im Folgenden wird dies dargestellt, um im Anschluss daran die daraus resultierenden Konsequenzen für eine rechtliche Einordnung der Tätigkeiten der Benannten Stelle.

Die bereits genannte Definition der Benannten Stellen[91] ist im Vergleich zu deren Bedeutung im Rahmen des Medizinproduktesrechts äußerst dürftig. Ihnen kommt innerhalb eines komplexen Systems von Richtlinien und darauf basierenden nationalen Normen die Aufgabe zu, Produkte und deren Herstellungsverfahren auf ihre Übereinstimmung mit nationalem und europäischem Recht, Normen und technischen Spezifikationen zu überprüfen.[92] Dieses Verfahren wird ganz allgemein als „Konformitätsbewertungsverfahren" bezeichnet. Die Konformitätsbewertung bildet die systematische Kontrolle für den Zugang eines Produkts zum europäischen Binnenmarkt.[93] Die Konformitätsbewertung stellt einen bedeutenden Bestandteil des europäischen Systems der Sicherheit von Medizinprodukten dar. Auf Grund der dürftigen Definition einer Benannten Stelle können deren Aufgaben nur aus den Strukturen des bestehenden Konformitätsbewertungsverfahrens und deren Einbindung in dasselbige aufgezeigt werden.

---

91 vgl. 1. Kapitel C. VI.

92 Tiede/Ryczewski/Yang, NVwZ 2012, S. 1213, 1213.

93 Dieners/Lützeler, in : Anhalt/Dieners, Hdb. des Medizinprodukterechts, § 1, Rn. 1 f.; Röhl, Akkreditierung und Zertifizierung, S. 8.

A. Konformitätsbewertung

I. Grundzüge des Verfahrens zur Konformitätsbewertung

Das System der Konformitätsbewertung entstammt nicht dem deutschen Recht, sondern fußt auf einem Konzept des europäischen Gesetzgebers. Die sogenannte „Neue Konzeption“[94] und des „Globale Konzept“[95] sind die Grundlagen auf dem dieses System basiert.[96] Ziel dieser Konzepte ist es, durch die Festlegung von wesentlichen Anforderungen an gewisse Produkte den freien Warenverkehr in der Gemeinschaft zu gewährleisten. Eine umgehende rechtliche Umsetzung entsprang diesen Konzepten noch nicht. Der Gemeinschaftsgesetzgeber hatte sich damit nur auf eine Harmonisierungsstrategie festgelegt, die er später unter anderem durch die Verabschiedung von verschiedenen Produktsicherheitsrichtlinien verwirklichte. Grundidee auch dieser Produktrichtlinien ist, die Verwirklichung der Warenverkehrsfreiheit voranzutreiben.

Ohne eine solche Harmonisierung der Anforderungen an gewisse Produkte fänden weiterhin die einzelnen Produktsicherheitsnormen der einzelnen Mitgliedstaaten Anwendung. Ein Hersteller müsste dann weiterhin die besonderen Anforderungen eines jeden Mitgliedstaates an sein Produkt erfüllen und gegebenenfalls ein erneutes Zulassungsverfahren in jedem der Mitgliedstaaten durchlaufen. Damit wäre es auf Grund von zumeist kostenintensiven und zeitaufwändigen Prozeduren kaum möglich, ein Produkt innerhalb des europäischen Wirtschaftsraumes frei zu vermarkten. Die Warenverkehrsfreiheit wäre in zweierlei Hinsicht behindert. Zum einen entstünden technische Handelshemmnisse für den freien Warenverkehr auf Grund der unterschiedlichen Vorschriften der Mitgliedstaaten an die technischen Anforderungen und Eigenschaften eines Produkts, also materiell-rechtliche Produktbeschaffenheitsanforderungen.[97] Zum anderen ergäben sich technische Handelshemmnisse durch die verschieden ausgestalteten Verfahrensvorschriften der Mitgliedstaaten, die eine Einhaltung der technischen Produktanforderungen des materiellen Rechts gewährleisten sollen.[98] Damit sind alle präventiven Kontrollen,

94 Entschließung des Rates vom 7.5.1985 über eine neue Konzeption auf dem Gebiet der technischen Harmonisierung und der Normung, ABl. EG Nr. C 136/01 vom 04.06.1985; Grundlegend zum „Neuen Konzept“ unter anderem Reihlen, EuZW 1990, S. 444 ff.; Klindt, EuZW 2002, S. 133 ff.

95 Mitteilung der Kommission über ein globales Konzept für die Zertifizierung und Prüfwesen vom 15.6.1989, KOM (89) 209 endg., ABl. EG 1989, Nr. C 267, S. 3 ff.; siehe dazu auch: Entschließung des Rates vom 21.12.1989 zu einem Gesamtkonzept für die Konformitätsbewertung, ABl. EG 1990, Nr. C 10, S. 1 ff.

96 Röhl, Akkreditierung und Zertifizierung, S. 3.

97 Klindt, EuZW 2002, S. 133, 133 f.; Joerges/Falke/Micklitz/Brüggemeier, Die Sicherheit von Konsumgütern in der Europäischen Gemeinschaft, S. 250; Scheel, Privater Sachverstand, S. 33 f.; Merten, Private Entscheidungsträger, S. 24.

98 Anselmann, RIW 1986, S. 936, 938; Joerges/Falke/Micklitz/Brüggemeier, Die Sicherheit von Konsumgütern in der Europäischen Gemeinschaft, S. 250; Merten, Private Entscheidungsträger, S. 24.

bevor ein Produkt für den Markt zugelassen wird, gemeint, wie auch die administrative Überwachung der Produkte, wenn sie einmal auf dem Markt sind.[99]

Dieses Bestreben war jedoch keine überraschende Neuerung innerhalb der Europäischen Gemeinschaft. Bereits im Jahre 1969 verabschiedete der Rat der Europäischen Gemeinschaften ein „allgemeines Programm", das darauf abzielte, technische Handelshemmnisse innerhalb der Gemeinschaft zu überwinden.[100] Die auf der Grundlage des allgemeinen Programms erlassenen Richtlinien sahen jedoch zumeist eine Festlegung technischer Anforderungen an einzelne Produktgruppen vor, die teilweise bis ins letzte Detail festgesetzt waren.[101] Dieses Konzept der „Totalharmonisierung" führte dazu, dass Richtlinienvorhaben oft blockiert wurden, da die Mitgliedsstaaten sich über die Detailfragen nicht einigen konnten.[102]

Das Neue Konzept änderte den Harmonisierungsansatz grundlegend. Es sollten in den sektoriellen Richtlinien (auch „Harmonisierungsrichtlinien" genannt) keine detaillierten Anforderungen festgelegt werden.[103] Man verständigte sich vielmehr darauf, nur noch grundlegende Sicherheitsanforderungen für Produkte festzulegen.[104] Nur wenn ein Produkt den Anforderungen der einschlägigen Richtlinien genügte, sollte es in den Verkehr gebracht werden dürfen. Die Einführung dieses neuen Harmonisierungsansatzes wurde noch im Jahre 1985 in dem von der Europäischen Kommission herausgegebenen „Weißbuch zur Vollendung des Binnenmarktes" zum Programm erhoben.[105] Das Weißbuch der Kommission führte unter anderem aus, dass in den sektoriellen Richtlinien nur noch die für Umwelt, Gesundheit und Sicherheit zwingenden Erfordernisse umfassend und im Detail zu regeln seien.[106]

Einer der Grundsteine des Konformitätsbewertungsverfahrens ist dessen Teilung in verschieden Module, was es sehr variabel macht. Dieses Konzept wurde bereits im Jahr 1989 durch die Entschließung des Rates zu einem „Gesamtkonzept für die Konformitätsbewertung" eingeführt.[107] Man bezeichnet es daher auch als „Modulares

---

99 Merten, Private Entscheidungsträger, S. 24.

100 Allgemeines Programm vom 28.05.1969 zur Beseitigung der technischen Hemmnisse im Warenverkehr, die sich aus Unterschieden in den Rechts- und Verwaltungsvorschriften der Mitgliedsstaaten ergeben, ABl. Nr. C 76 vom 17.06.1969, S. 1 ff.

101 Roßnagel, DVBl. 1996, S. 1181, 1181.

102 Leitfaden der Kommission 2000, S. 7 f.; Reihlen, EuZW 1990, S. 444, 445; Roßnagel, DVBl. 1996, S. 1181, 1181.

103 Vgl. hier auch Beschluss 768/2008/EG, Erwägungsgrund Nr. 8.

104 Entschließung des Rates vom 7.5.1985 über eine neue Konzeption auf dem Gebiet der technischen Harmonisierung und der Normung, ABl. EG 1985, Nr. C 136, S. 1, 2 ff.; Roßnagel, DVBl. 1996, S. 1181, 1181; Bieback, Zertifizierung und Akkreditierung, S. 44.

105 Kommission, Weißbuch zur Vollendung des Binnenmarktes an den Europäischen Rat vom 14.06.1985, KOM (85) 310 endg.

106 Kommission, Weißbuch zur Vollendung des Binnenmarktes, S. 19.

107 Entschließung des Rates vom 21.12.1989 zu einem Gesamtkonzept für die Konformitätsbewertung, ABl. EG 1990, Nr. C 10, S. 1 ff.

Konzept".[108] Der Hersteller hat danach die Wahl zwischen verschiedenen Konformitätsbewertungsverfahren, die sich wiederum aus verschiedenen Modulen für die Produktentwurfsphase und für die Produktfertigungsphase zusammensetzen.

II. Das Modulsystem des Konformitätsbewertungsverfahrens

Durch einen Beschluss des Rates aus dem Jahre 1993 wurde die Anbringung und Verwendung der CE-Kennzeichnung vereinheitlicht.[109] Dieser Beschluss enthält insgesamt acht Module, die die grundlegenden Verfahrensbausteine für die einzelnen Phasen der Konformitätsbewertung festlegen. Durch diesen Beschluss wurde der ursprüngliche sogenannte „Modul-Beschluss"[110], der bereits das modulare Konzept eingeführt hatte, aufgehoben und ersetzt.[111] Teilweise wird dieser Beschluss daher auch als „Änderungsbeschluss" bezeichnet. Der Änderungsbeschluss wiederum wurde am 09. Juli 2008 durch einen neuen Beschluss des Europäischen Parlaments und des Rates abgelöst, in welchem an den Änderungsbeschluss angeknüpft und die Module weiterentwickelt wurden.[112] Die Module sind abschließend dem Anhang des Änderungsbeschlusses beziehungsweise inzwischen weiterführend in Anhang II des Beschlusses Nr. 768/2008/EWG beigefügt.[113] Sie beziehen sich sowohl auf die Phase des Entwurfs als auch auf die Phase der Produktion.[114] Diese Module können teilweise miteinander kombiniert werden, wodurch das Modulsystem vergleichbar mit einer Art Baukasten ist. Inwiefern dies möglich ist, wird je nach der Art und dem Gefahrenpotential des jeweiligen Produkts in den sektoriellen Richtlinien festgelegt.[115] Dadurch kann der supranationale Gesetzgeber das Konformitätsbewertungsverfahren auf eine Produktgruppe oder auf das jeweilige Produkt individuell zuschneiden.[116]

---

108 Dieners/Lützeler in Anhalt/Dieners, Hdb. des Medizinprodukterechts § 1, Rn. 53.

109 Beschluss des Rates vom 22.07.1993 über die in den technischen Harmonisierungsrichtlinien zu verwendenden Module für die verschiedenen Phasen der Konformitätsbewertungsverfahren und die Regeln für die Anbringung und Verwendung der CE-Konformitätskennzeichnung (93/465/EWG), ABl. Nr. L 220 vom 30.08.1993, S. 23 ff.; Merten, Private Entscheidungsträger, S. 54.

110 Beschluss des Rates über die in den technischen Harmonisierungsrichtlinien zu verwendenden Module für die verschiedenen Phasen der Konformitätsbewerungsverfahren, ABl. Nr. L 380 vom 31.12.1990, S. 13 ff.

111 Siehe Artikel 2 des Beschlusses 93/465/EWG.

112 Beschluss Nr. 768/2008/EWG des Europäischen Parlaments und des Rates vom 09. Juli 2008 über einen gemeinsamen Rechtsrahmen für die Vermarktung von Produkten und zur Aufhebung des Beschlusses 93/465/EWG des Rates, ABl. Nr. L 218 vom 13.08.2008, S. 82 ff.

113 Zuvor noch Anhang des Ratsbeschlusses 93/465/EWG, ABl. EG 1993, Nr. L 220, S. 23 ff.

114 Röhl, Akkreditierung und Zertifizierung, S. 9; Webel, Medizinprodukterecht, S. 205.

115 Beschluss des Rates 768/2008/EG, Art. 4 Abs. 1.

116 Merten, Private Entscheidungsträger, S. 62.

Auch wird den Herstellern in der Regel die Wahl zwischen verschiedenen Verfahren ermöglicht.[117] Eine solche Wahlmöglichkeit zwischen zwei oder mehreren Konformitätsbewertungsverfahren für dasselbe Produkt im Rahmen einer Richtlinie ist insbesondere dann angebracht und gerechtfertigt, wenn sich in den Mitgliedsstaaten durch voneinander abweichende Rechtsvorschriften unterschiedliche Zertifizierungsinfrastrukturen herausgebildet haben.[118] Eine Wahlmöglichkeit bei Modulen kann auch dann sinnvoll sein, wenn ein Produkt den Bestimmungen mehrerer Richtlinien unterfällt. Der Hersteller soll in diesen Fällen ein allen Richtlinien gemeinsames Verfahren, zumindest aber miteinander zu vereinbarende Verfahren, anwenden können. Eine Wahlmöglichkeit kann auch dann gerechtfertigt sein, wenn die Infrastruktur des betroffenen Industriezweiges es erfordert, dass der Hersteller unter mehreren Verfahren das geeignetste und wirtschaftlichste auswählen kann.[119] Welche Module es gibt und welche Rolle die Benannten Stellen innerhalb der jeweiligen Module spielen, wird im Folgenden dargestellt.

III. Die einzelnen Module

Die verschiedenen Module variieren hinsichtlich der Verfahrensvoraussetzungen teilweise erheblich. Die Module sind jeweils mit einem Buchstaben von A bis H gekennzeichnet. Wobei jeder Buchstabe einem bestimmten Konformitätsbewertungsverfahren entspricht. In einem sind sie jedoch alle gleich: Am Ende eines jeden Verfahrens steht die abschließende Entscheidung in Form einer Konformitätsbewertung durch eine Benannte Stelle oder den Hersteller selbst. Vorausgesetzt, die materiellen Anforderungen der jeweils einschlägigen Richtlinie sind erfüllt.

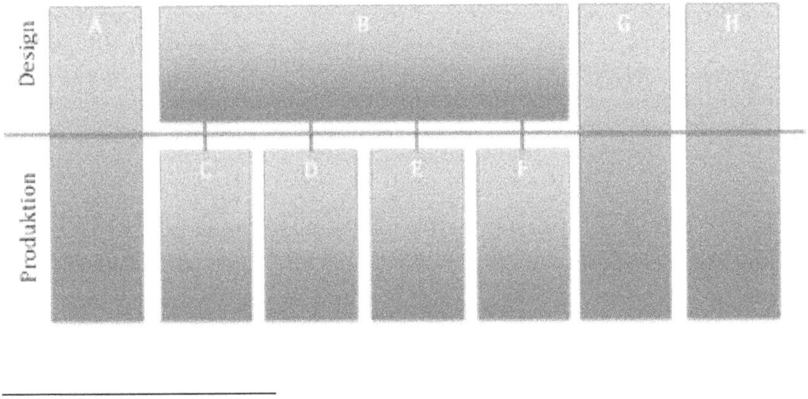

117 Beschluss des Rates 768/2008/EG, Art. 4 Abs. 5 Buchst. d); vgl. beispielhaft Art. 11 Abs. 1–3 der Richtlinie 93/42/EWG zu Medizinprodukten, Art . 9 Abs. 1 der Richtlinie 90/385/EWG über aktive implantierbare medizinische Geräte sowie Art. 9 Abs. 1–3 der Richtlinie 98/79/EG über In-vitro-Diagnostika.

118 Leitfaden der Kommission 2000, S. 34.

119 Leitfaden der Kommission 2000, S. 34 f.

1. *Interne Fertigungskontrolle (Modul A)*

Eine interne Fertigungskontrolle ist bei Produkten mit einem niedrigen Gefahrenpotential ausreichend. Der Hersteller muss dann lediglich eine technische Dokumentation erstellen und eine interne Fertigungskontrolle vornehmen.[120] Der Hersteller bescheinigt in diesen Fällen selbst, ohne die Beteiligung eines Dritten, wie beispielsweise einer Benannten Stelle, dass sein Produkt den Anforderungen der Richtlinien beziehungsweise deren Konkretisierung durch harmonisierte Normen genügt.[121] Der Hersteller stellt sich damit selbst eine Konformitätserklärung aus und bringt auch die CE-Kennzeichnung selbst an.[122] Die Einschaltung einer Benannten Stelle ist in diesem Verfahren nicht erforderlich. Eine externe Kontrollmöglichkeit ist jedoch dadurch gewährleistet, dass die technischen Dokumentationen den zuständigen Behörden zur Einsicht bereitgehalten werden müssen.[123] Diese können dann prüfen, ob die Anbringung des CE-Kennzeichens rechtmäßig erfolgt ist. Die Anbringung des CE-Kennzeichens erfolgt ohne eine Kennnummer einer Benannten Stelle, da eine solche nicht an dem Verfahren beteiligt ist.[124]

Die interne Fertigungskontrolle kann auch durch den Hersteller mit überwachten Produktprüfungen durchgeführt werden, die dieser ebenfalls selbst durchführt (Modul A1). Hier kann aber auch eine Benannte Stelle wahlweise mit der Produktprüfung beauftragt werden.[125]

Bei Medizinprodukten ist ein solches Vorgehen beispielsweise ausreichend, wenn ein Produkt der niedrigsten Risikoklasse vorliegt, es also bei sachgemäßem Gebrauch keine absehbaren Krankheiten oder Verletzungen verursachen kann. Dies können nur Produkte der Risikoklasse I sein, wie z.B. Tupfer, OP-Bekleidung oder Krankenpflegeartikel.[126] Die Zahl von Medizinprodukten, die unter die Risikoklasse I fallen, ist jedoch vergleichsweise gering. Eine größere Bedeutung hingegen hat die Herstellererklärung bei den In-vitro-Diagnostika, da diesen grundsätzlich nur ein geringeres Gefahrenpotential als anderen Medizinprodukten zuerkannt wird. Dies hat zur Folge, dass ein großer Teil der In-vitro-Diagnostika durch den Hersteller „selbst zertifiziert" wird. Anders hingegen ist dies bei den aktiven implantierbaren

120 Vgl. beispielhaft Anhang VII der Richtlinie 93/42/EWG über Medizinprodukte auf den § 7 Abs. 4 MPV verweist.

121 Röhl, Akkreditierung und Zertifizierung, S. 9; Webel, Medizinprodukterecht, S. 206.

122 Dieners/Lützeler, in: Anhalt/Dieners, Hdb. des Medizinprodukterechts, § 1 Rn. 72 hier wird die Herstellererklärung sogar als „Selbstzertifizierung" bezeichnet.

123 Beschluss 768/2008/EWG, Anhang II, S. 98 ff.; vgl. beispielhaft hierzu Anhang VII Nr. 2 Richtlinie 93/42/EWG zu Medizinprodukten.

124 von Czettritz/Strelow, in: Meier/von Czettritz/Gabriel/Kaufmann, Pharmarecht, Teil 3, § 5, Rn. 90.

125 Beschluss 768/2008/EWG, Anhang II, Modul A1, Ziff. 4.

126 Dieners/Lützeler, in: Anhalt/Dieners, Hdb. des Medizinprodukterechts, § 1 Rn.70.

medizinischen Geräten, denn die Richtlinie 90/385/EWG über diese Produkte sieht erst gar keine Möglichkeit einer Herstellererklärung vor.[127]

Die interne Fertigungskontrolle (Modul A und A1) kann durch eine Variante „mit überwachten Produktprüfungen in unregelmäßigen Abständen" ergänzt sein, die eine Einschaltung einer Benannten Stelle oder einer akkreditierten internen Stelle erfordert.[128] Diese Variante wird als Modul A2 bezeichnet und enthält zwei Möglichkeiten.[129] Je nach Entscheidung des Herstellers führt dabei eine akkreditierte interne Stelle oder eine von ihm gewählte Benannte Stelle in von ihr festgelegten unregelmäßigen Abständen Produktprüfungen durch beziehungsweise lässt sie durchführen, um die Qualität der internen Produktprüfungen zu überprüfen, wobei sie unter anderem der technischen Komplexität der Produkte und der Produktionsmenge Rechnung zu tragen haben. Vor dem Inverkehrbringen entnimmt die Benannte Stelle vor Ort eine geeignete Stichprobe der Endprodukte und untersucht sie; ferner führt sie geeignete Prüfungen entsprechend den einschlägigen Abschnitten der harmonisierten Norm und/oder den technischen Spezifikationen oder gleichwertige Prüfungen durch, um die Konformität des Produkts mit den geltenden Anforderungen der Rechtsvorschrift zu prüfen.[130]

- *Exkurs: Akkreditierte interne Stellen*

Eine akkreditierte interne Stelle kann bei Konformitätsbewertungstätigkeiten für das Unternehmen, dem sie angehört, für die Zwecke der Durchführung der in [Anhang II – Module A1, A2, C1 oder C2] ausgeführten Verfahren tätig werden.[131] Diese Stelle stellt einen eigenen und gesonderten Teil des Unternehmens dar und darf sich nicht an Entwurf, Produktion, Lieferung, Installierung, Verwendung oder Wartung der durch sie bewerteten Produkte beteiligen. Eine akkreditierte interne Stelle muss folgende Kriterien erfüllen: Sie ist gemäß der Verordnung (EG) Nr. 765/2008 akkreditiert. Die Stelle und ihre Mitarbeiter müssen von dem Unternehmen, dem sie angehören, organisatorisch unterscheidbar sein und darin über Berichtsverfahren verfügen, die ihre Unparteilichkeit gewährleisten und weisen diese gegenüber der nationalen Akkreditierungsstelle nach. Weder die Stelle noch ihre Mitarbeiter dürfen für Entwurf, Herstellung, Lieferung, Installation, Betrieb oder Wartung der von ihnen zu bewertenden Produkte verantwortlich sein und sie dürfen keiner Tätigkeit nachgehen, die der Unabhängigkeit ihres Urteils oder ihrer Integrität im Zusammenhang mit den Bewertungsaufgaben schaden könnten. Die internen akkreditierten Stellen erbringen ihre Leistungen ausschließlich für das Unternehmen, dem sie angehören.

In der hier vorliegenden Arbeit spielen sie keine Rolle, da sie im Medizinprodukterecht bisher nicht vorgesehen sind. Sie sind weder in den medizinprodukterechtlichen

---

127 Dieners/Lützeler, in: Anhalt/Dieners, Hdb. des Medizinprodukterechts, § 1 Rn. 70.

128 Zu akkreditierten internen Stelle vgl. den sogleich folgenden Exkurs.

129 Beschluss 768/2008/EWG, Anhang II, Modul A2; Leitfaden der Kommission 2014, S. 36 und S. 92.

130 Beschluss 768/2008/EWG, Anhang II, Modul A2, Ziff. 4.

131 Vgl. Beschluss 768/2008/EWG, Anhang I, Artikel R21.

Richtlinien noch in der Durchführungsverordnung Nr. 920/2013 vorgesehen. So bestimmt Artikel 1 der Durchführungsverordnung Nr. 920/2013 in Ziff. c) den Begriff die „benannte Stelle" ‚äußert sich jedoch nirgends zu einer internen akkreditierten Stelle. Auch der bisher veröffentlichte Vorschlag über eine neue Verordnung[132] sieht solche internen Stellen nicht vor. Es wäre auch verwunderlich, wenn diese im Medizinprodukterecht eingeführt würden. So ist die derzeitige Intention der Gesetzgebung im Medizinprodukterecht, angestoßen durch den PIP-Skandal, den Schwerpunkt mehr auf staatliche Überwachung zu setzen und die Benannten Stellen noch unabhängiger von den Herstellern zu machen, die Zertifizierung und Überwachung also gerade nicht weiter in den Bereich der Hersteller zu verlagern.

2. EG-Baumusterprüfung (Modul B)

Dieser Verfahrensbaustein betrifft lediglich die Produktentwurfsphase und muss daher durch ein Modul ergänzt werden, das eine Bewertung in der Fertigungsstufe vorsieht (Module C bis F).[133] Im Rahmen der EG-Baumusterprüfung ist eine Benannte Stelle einzubeziehen, die überprüft und bestätigt, dass ein repräsentatives Baumuster des später herzustellenden Produkts den Anforderungen der einschlägigen Richtlinie entspricht. Das Verfahren wird durch den Hersteller eingeleitet, indem er einen Antrag bei einer Benannten Stelle seiner Wahl stellt.[134] Dies kann jede Benannte Stelle innerhalb der europäischen Gemeinschaft sein. Der Antrag auf Erteilung muss neben Herstellerangaben insbesondere die technischen Unterlagen enthalten, die es der Benannten Stelle ermöglichen, eine Konformitätsbewertung des Entwurfs, der Fertigungsweise und der Funktionsweise durchzuführen. Die Benannte Stelle überprüft, ob das Baumuster in Übereinstimmung mit den technischen Unterlagen hergestellt worden ist. Ist dies der Fall, so stellt die Benannte Stelle dem Hersteller hierüber eine EG-Baumusterprüfung aus, die in allen EG-Mitgliedsstaaten gilt. Hierin liegt die eigentliche Zertifizierung. Sollten später Änderungen an dem bereits zertifizierten Produkt vorgenommen werden, die einer erneuten Baumusterprüfung bedürfen, so hat der Hersteller dies der Benannten Stelle, welche die ursprüngliche Zertifizierung vorgenommen hat, mitzuteilen. Diese neue Zulassung wird in Form einer Zusatzgenehmingung der ursprünglichen EG-Baumusterprüfbescheinigung

132 Vorschlag für eine Verordnung des europäischen Parlaments und des Rates vom 26.09.2012 über Medizinprodukte zur Änderung der Richtlinie 2001/83/EG, der Verordnung (EG) Nr. 178/2002 und der Verordnung (EG) Nr. 1223/2009, COM (2012) 542 final.

133 Leitfaden der Kommission 2000, S. 35; Leitfaden der Kommission 2014, Anhang 4; Zu den Modulen der Fertigungsphase: vgl. zu den Module C bis F im Folgenden in diesem Kapitel A. III. 4. bis 7.

134 Beschluss 768/2008/EWG, Anhang II, Modul B, Ziff. 3; Vgl. auch Anhang III, Ziff. 2 der Richtlinie 93/42/EWG über Medizinprodukte.

erteilt.[135] Die Benannte Stelle hat sich zudem über alle Änderungen des allgemein anerkannten Stands der Technik auf dem Laufenden zu halten; deuten diese darauf hin, dass das zugelassene Baumuster nicht mehr den geltenden Anforderungen der Rechtsvorschrift entspricht, entscheidet sie, ob derartige Änderungen weitere Untersuchungen nötig machen.[136]

3. *Konformität mit der Bauart (Modul C)*

Dieser Baustein kommt in der Fertigungsphase zur Anwendung und folgt auf das Modul B. In dem Verfahren nach Modul C soll sichergestellt werden, dass das Produkt der Bauart entspricht, wie es in der nach Modul B ausgestellten EG-Baumusterprüfbescheinigung beschrieben wird.[137] Dies geschieht durch den Hersteller selbst; die Einschaltung einer Benannten Stelle ist bei Modul C grundsätzlich nicht erforderlich. Der Hersteller bringt an jedem Produkt die CE-Kennzeichnung an und stellt eine schriftliche Konformitätserklärung aus.

Es besteht jedoch die Möglichkeit, eine Benannte Stelle auch in dieses Modul einzubeziehen, indem es, wie bei Modul A, um eine Variante ergänzt wird. Dies ist auf zwei Wegen möglich.[138] Entweder werden bestimmte Aspekte des Produkts vom Hersteller selbst oder auf dessen Rechnung einer oder mehreren Prüfungen unterzogen, die auch nach Wahl des Herstellers durch eine akkreditierte interne Stelle oder eine Benannte Stelle durchgeführt werden können (Modul C1). Oder eine akkreditierte interne Stelle oder eine Benannte Stelle führen in unregelmäßigenn Abständen stichprobenartige Produktprüfungen durch oder lassen solche durchführen.

4. *Qualitätssicherungssysteme (Module D, E und F)*

Die Module über die Qualitätssicherungssysteme haben einige Gemeinsamkeiten, unterscheiden sich jedoch teilweise, insbesondere hinsichtlich des Prüfungsumfangs und des Prüfungsgegenstandes, erheblich, wie im Folgenden gezeigt wird. Die Module D, E und F haben allesamt gemeinsam, dass sie in der Fertigungsphase zur Anwendung kommen. Sie folgen jeweils auf das Modul B.

Fallen die Überprüfungen im Rahmen dieser Module positiv aus, d.h. werden alle Anforderungen der für das jeweilige Produkt einschlägigen Richtlinien erfüllt, so ist der Hersteller berechtigt und verpflichtet, an jedem Produkt die CE-Kennzeichnung

135 Beschluss 768/2008/EWG, Anhang II, Modul B, Ziff. 7; Vgl. auch Anhang III, Ziff. 6 der Richtlinie 93/42/EWG über Medizinprodukte.

136 Beschluss 768/2008/EWG, Anhang II, Modul B, Nr. 7.

137 Leitfaden der Kommission 2000, S. 35; Leitfaden der Kommission 2014, S. 67, Ziff 5.1.5. und Anhang 4; Beschluss 768/2008/EWG, Anhang II, Modul C, Ziff. 1; Vgl. auch Anhang IV, Ziff. 1 der Richtlinie 93/42/EWG über Medizinprodukte.

138 Beschluss 768/2008/EWG, Anhang II, Modul C1 und C2.

mit der Kennnummer der Benannten Stelle, welche die Zertifizierung vorgenommen hat, anzubringen und eine schriftliche Konformitätserklärung auszustellen.[139]

5. *Qualitätssicherung Produktionsprozess (Modul D)*

Der Hersteller hat bei Modul D ein Qualitätssicherungssystem einzuführen und zu unterhalten, welches sich auf den Produktionsprozess bezieht. Auch hier gewährleistet und erklärt der Hersteller, dass die betreffenden Produkte dem in der EG-Baumusterprüfbescheinigung beschriebenen Baumuster und den für sie geltenden Anforderungen entsprechen.[140]

Eine Benannte Stelle hat das Qualitätssicherungssystem zu zertifizieren und zu überwachen. Die Kontrolle, ob ein Produkt den Anforderungen der einschlägigen Richtlinien entspricht, wird hier nicht durch eine Überprüfung der Produkte selbst, wie in Modul C, erreicht, sondern mit Hilfe der Zertifizierung und anschließenden Überwachung von Organisationsstrukturen und Handlungsabläufe im Betrieb des Herstellers.

Um ein Qualitätssicherungssystem zertifizieren zu lassen, bedarf es eines Antrags des Herstellers auf die Bewertung eines Qualitätssicherungssystems für ein bestimmtes Produkt bei einer Benannten Stelle.[141] Das Qualitätssicherungssystem muss die Übereinstimmung der Produkte mit der in der EG-Baumusterprüfbescheinigung bezeichneten Bauart und mit den für sie geltenden Anforderungen der Richtlinie gewährleisten. Der Hersteller hat hierzu sämtliche von ihm berücksichtigten Grundlagen, Anforderungen und Vorschriften systematisch und in ordnungsgemäßer schriftlicher Form zusammenzustellen. Diese Unterlagen, die umfassendes Dokumentationsmaterial sowie sämtliche relevanten technischen Unterlagen enthalten sollten, sind bei der für die Zertifizierung ausgewählten Benannten Stelle einzureichen.[142] Auf der Grundlage dieser Unterlagen bewertet die Benannte Stelle sodann das Qualitätssicherungssystem. Die Entscheidung über die Bewertung wird dem Hersteller von der Benannten Stelle mitsamt den Ergebnissen der Prüfung und einer Begründung mitgeteilt. Entspricht das Qualitätssicherungssystem den Anforderungen der anzuwenden Rechtsvorschriften, so wird es von der Benannten

139 Beschluss 768/2008/EWG, Anhang II, Modul D, Ziff. 5; Anhang II, Modul E, Ziff. 5; Anhang II, Modul F, Ziff. 6.

140 Beschluss 768/2008/EWG, Anhang II, Modul D, Ziff. 1.

141 Beschluss 768/2008/EWG, Anhang II, Modul D, Ziff. 3.1.

142 Beschluss 768/2008/EWG, Anhang II, Modul D, Ziff. 3.2. nennt hierzu beispielhaft unter anderem: Bescheinigungen über den organisatorischen Aufbau des Managements in Bezug auf Produktqualität, Fertigungsverfahren, systematische Untersuchungen und Prüfungen der Qualität, Berichte über Qualifikationen in bestimmten Bereichen tätiger Mitarbeiter.

Stelle durch eine Konformitätsbescheinigung zertifiziert beziehungsweise das Qualitätssicherungssystem zugelassen.[143]

Der Hersteller hat dafür Sorge zu tragen, dass das Qualitätssicherungssystem in seiner zugelassenen Form aufrechterhalten und angewendet wird, so dass es stets sachgemäß und effizient funktioniert.[144] Um sicherzustellen, dass der Hersteller seinen Verpflichtungen nachkommt, unterliegt das Qualitätssicherungssystem der kontinuierlichen Überwachung durch die Benannte Stelle, welche die Zertifizierung vorgenommen hat. Die Benannte Stelle führt hierzu in regelmäßigen Zeitabständen Audits beim Hersteller durch.[145] Der Verfahrensablauf erfolgt entsprechend Modul D.[146] Der Begriff „audit" entstammt dem vor allem in Großbritannien geläufigen Verfahren der Unternehmens-Audits.[147] Bekannt ist der Begriff des „audits" auch aus anderen EG – Verordnungen, wie beispielsweise der Umwelt-Audit-Verordnung 761/2001/EG.[148] Der Begriff „audit" wird in der Regel im Bezug auf Managementsysteme verwendet und beschreibt einen systematischen, unabhängigen und dokumentierten Prozess, der dem Erlangen von Fakten, Aufzeichnungen, Darlegungen oder anderen relevanten Informationen dient.[149] Um die Überwachung möglichst effizient zu gestalten, kann die Benannte Stelle dem Hersteller unangemeldete Besuche abstatten, um Prüfungen durchzuführen.[150] Der Hersteller hat der Benannten Stelle im Rahmen der Überwachung zu Inspektionszwecken Zugang zu allen erforderlichen Einrichtungen zu gewähren sowie alle notwendigen Unterlagen zur Verfügung zu stellen.[151] Stellt die Benannte Stelle fest, dass der Hersteller seinen

---

143 Beschluss 768/2008/EWG, Anhang II, Modul D Ziff. 7 spricht nicht von einer Zertifizierung, sondern einer auszustellenden „Zulassung" des Qualitätssicherungssystems.

144 Beschluss 768/2008/EWG, Anhang II, Modul D Ziff. 3.4. sowie Ziff. 4.3.

145 Beschluss 768/2008/EWG, Anhang II, Modul D Ziff. 4.3.

146 vgl. zu Modul D in diesem Kapitel A. III. 5.

147 Di Fabio, Produktharmonisierung durch Normung und Selbstüberwachung, S. 65; Sellner/Schnutenhaus, NVwZ 1993, S. 928, 928 f.; Merten, Private Entscheidungsträger, S. 69.

148 Verordnung 761/2001/EG des Europäischen Parlaments und des Rates über die freiwillige Beteiligung von Organisationen an einem Gemeinschaftssystem für das Umweltmanagement und die Umweltbetriebsprüfung (EMAS), Abl. EG, Nr. L 114 v. 24.04.2001, S. 1, 20. EMAS steht dabei für „Eco –Management und Audit Scheme". Diese sogenannte„EMAS II" Verordnung hat die „EMAS I" Verordnung (Verordnung 1836/93/EWG des Rates v. 10.07.1993, Abl. EG Nr. L 168 v. 31.12.1993, S. 1) abgelöst. Vgl. hierzu im Detail: Kloepfer, Umweltrecht, § 5, Rn. 450 ff.

149 Ensthaler/Strübbe/Bock, Zertifizierung und Akkreditierung technischer Produkte, S. 28.

150 Beschluss 768/2008/EWG, Anhang II, Modul D Ziff. 4.4.

151 Beschluss 768/2008/EWG, Anhang II, Modul D Ziff. 4.2.

Verpflichtungen im Rahmen des Qualitätssicherungssystems nicht nachkommt, so kann sie die Zertifizierung einseitig zurückziehen.[152]

Der Hersteller hat der Benannten Stelle geplante Änderungen und Aktualisierungen des zugelassenen Qualitätssicherungssystems mitzuteilen. Die Benannte Stelle prüft daraufhin, ob das geänderte Qualitätssicherungssystem den Anforderungen weiterhin entspricht, oder ob eine erneute Bewertung erforderlich ist.[153]

Zur Kontrolle durch die einzelstaatlichen Behörden hat der Hersteller nach Herstellung des letzten Produkts für mindestens zehn Jahre alle Unterlagen über das Qualitätssicherungssystem, über etwaige Aktualisierungen und über bestimmte Entscheidungen und Berichte der Benannten Stelle aufzubewahren.[154]

6. *Qualitätssicherung Produkt (Modul E)*

Ebenso wie Modul D, schreibt Modul E die Unterhaltung eines zugelassenen Qualitätssicherungssystems durch den Hersteller vor. Der große, aber auch einzige, Unterschied zu Modul D besteht darin, dass sich das Qualitätssicherungssystem auf das Produkt selbst, dessen Endabnahme und Prüfung bezieht und nicht auf den Bereich der Herstellung wie in Modul D.[155]

7. *Prüfung der Produkte (Modul F)*

Modul F sieht die Kontrolle einzelner Produkte mit der Übereinstimmung der Bauart vor und ist daher mit dem Modul C vergleichbar. Im Gegensatz zu Modul C wird jedoch die Konformität mit der Bauart durch eine Benannte Stelle überprüft und bescheinigt und nicht durch den Hersteller selbst.

Die Überprüfung der Konformität mit dem zertifizierten Baumuster kann auf zwei unterschiedlichen Wegen erfolgen. Es besteht die Möglichkeit der Kontrolle und Erprobung eines jeden einzelnen Produktes.[156] In diesem Falle werden alle Produkte einzeln auf ihre Konformität mit dem zertifizierten Baumuster von der Benannten Stellen überprüft. Die Benannte Stelle bringt daraufhin an jedem zugelassenen Produkt ihre Kennnummer an oder lässt diese anbringen und stellt eine schriftliche Konformitätsbescheinigung über die von ihr durchgeführten Prüfungen aus. Als zweite Möglichkeit steht die Überprüfung und Erprobung der Produkte auf statistischer Grundlage zur Verfügung.[157] Der Hersteller hat hierbei seine

---

152 Diese Möglichkeit geht aus dem Beschluss 768/2008/EWG, Anhang II, Modul D Ziff. 7 hervor, wonach jede Benannte Stelle den anderen Benannten Stellen mitzuteilen hat, wenn sie eine Zulassung für Qualitätssicherungssysteme zurückgezogen hat. Vgl. auch Merten, Private Entscheidungsträger, S. 68.

153 Beschluss 768/2008/EWG, Anhang II, Modul D, Ziff. 3.5.

154 Beschluss 768/2008/EWG, Anhang II, Modul D, Ziff. 6.

155 Leitfaden der Kommission 2014, S. 35.

156 Beschluss 768/2008/EWG, Anhang II, Modul F, Ziff. 4.

157 Beschluss 768/2008/EWG, Anhang II, Modul F, Ziff. 5.

Produkte in einheitlichen Losen vorzulegen und alle erforderlichen Maßnahmen zu treffen, damit der Herstellungsprozess die Einheitlichkeit aller produzierten Lose gewährleistet.

Der Hersteller hat alle Produkte in einheitlichen Losen für die Prüfung bereitzuhalten. Es wird dann jedem Los ein beliebiges Probestück entnommen. Die Probestücke werden daraufhin einzeln auf ihre Übereinstimmung mit den einschlägigen Anforderungen der Richtlinie überprüft, um zu entscheiden ob das Los akzeptiert oder abgelehnt werden muss. Wird ein Los akzeptiert, so bringt die Benannte Stelle ihre Kennnummer an jedem Produkt dieses Loses an oder lässt es anbringen und stellt eine schriftliche Konformitätsbescheinigung über die vorgenommenen Prüfungen aus. Der Hersteller kann dann alle Produkte aus dem Los in den Verkehr bringen mit Ausnahme derjenigen, die den Anforderungen nicht entsprechen. Wird ein Los abgelehnt, so trifft die Benannte Stelle geeignete Maßnahmen, um zu verhindern, dass das Los in den Verkehr gebracht wird. Bei gehäufter Ablehnung von Losen kann die statistische Kontrolle ausgesetzt werden.[158]

8. Einzelprüfung (Modul G)

Das Modul G sieht eine Prüfung durch eine Benannte Stelle sowohl in der Entwurfs- als auch in der Fertigungsphase vor. Die Benannte Stelle untersucht hierbei jedes einzelne Produkt und überprüft so dessen Übereinstimmung mit den Anforderungen der jeweils einschlägigen Rechtsvorschriften. Der Hersteller hat hierzu neben dem Produkt selbst umfangreiche technische Dokumentationen über die Konzeption, Herstellung und Funktionsweise des Produkts zusammenzustellen und zur Verfügung zu stellen.[159] Ein Exemplar der Konformitätserklärung ist den zuständigen Behörden zur Verfügung zu stellen.[160]

9. Umfassende Qualitätssicherung (Modul H)

Auch Modul H bezeichnet ein Verfahren, dass sowohl in der Entwurfs- als auch in der Fertigungsphase anzuwenden ist. Der Ablauf des Verfahrens erfolgt weitestgehend analog zu den oben bereits beschriebenen Verfahren der Module D und E. Der Hersteller hat im Rahmen des Moduls H ein umfassendes Qualitätssicherungssystem für Entwurf, Herstellung, Endabnahme und Prüfung der Produkte zu unterhalten, das von einer Benannten Stelle zertifiziert und überwacht werden muss.[161] In der Regel kann ein umfassendes Qualitätssicherungssystem, soweit zulässig, von einem Hersteller als Alternative zur Baumusterprüfung und Produktionskontrolle gewählt werden.[162] Die Bewertung des Qualitätssicherungssystems wird durch einen

---

158 Beschluss 768/2008/EWG, Anhang II, Modul F, Ziff. 5.4.
159 Beschluss 768/2008/EWG, Anhang II, Modul G, Ziff. 2.
160 Beschluss 768/2008/EWG, Anhang II, Modul G, Ziff. 5.2.
161 Beschluss 768/2008/EWG, Anhang II, Modul H, Ziff. 2.
162 Röhl, Akkreditierung und Zertifizierung, S. 10.

Antrag des Herstellers bei einer Benannten Stelle eingeleitet.[163] Der Hersteller hat dafür umfangreiche Unterlagen zusammenzustellen und einzureichen.[164] Ist die Bewertung des Qualitätssicherungssystems erfolgreich, so hat der Hersteller dafür Sorge zu tragen, dass es sachgemäß und effizient funktioniert und dass daraus resultierende Verpflichtungen eingehalten werden.[165]

Um sicherzustellen, dass der Hersteller seinen Verpflichtungen nachkommt, unterliegt das Qualitätssicherungssystem auch hier der kontinuierlichen Überwachung durch die Benannte Stelle, welche die Zertifizierung vorgenommen hat. Die Benannte Stelle führt hierzu in regelmäßigen Zeitabständen Audits durch.[166] Darüber hinaus kann die Benannte Stelle dem Hersteller unangemeldete Besuche abstatten, um Prüfungen durchzuführen.[167] Der Hersteller hat der Benannten Stelle im Rahmen der Überwachung zu Inspektionszwecken Zugang zu allen erforderlichen Einrichtungen zu gewähren sowie alle notwendigen Unterlagen zur Verfügung zu stellen.[168] Schließlich ist auch hier vorgesehen, dass die Benannte Stelle die Zertifizierung für das Qualitätssicherungssystem einseitig zurückziehen kann, wenn der Hersteller seinen Verpflichtungen nicht nachkommt.[169]

Etwaige geplante Änderungen und Aktualisierungen des zugelassenen Qualitätssicherungssystems hat der Hersteller der Bennanten Stelle mitzuteilen. Die Benannte Stelle prüft daraufhin, ob das geänderte Qualitätssicherungssystem den Anforderungen weiterhin entspricht, oder ob eine erneute Bewertung erforderlich ist.[170]

Der Hersteller hat für die einzelstaatlichen Behörden nach Herstellung des letzten Produkts für mindestens zehn Jahre alle Unterlagen über das Qualitätssicherungssystem, über etwaige Aktualisierungen und über bestimmte Entscheidungen und Berichte der Benannten Stellen aufzubewahren.[171]

---

163 Beschluss 768/2008/EWG, Anhang II, Modul H, Ziff. 3.1.
164 Beschluss 768/2008/EWG, Anhang II, Modul H, Ziff. 3.1.
165 Beschluss 768/2008/EWG, Anhang II, Modul H, Ziff. 3.4.
166 Beschluss 768/2008/EWG, Anhang II, Modul H, Ziff. 4.3. Vgl. hierzu auch Modul F in diesem Kapitel unter A. III. 7. behandelt.
167 Beschluss 768/2008/EWG, Anhang II, Modul H, Ziff. 4.4.
168 Beschluss 768/2008/EWG, Anhang II, Modul H, Ziff. 4.2.
169 Diese Möglichkeit geht aus Beschluss 768/2008/EWG, Anhang II, Modul H, Ziff. 7 hervor, wonach jede Benannte Stelle den anderen Benannten Stellen mitzuteilen hat, wenn sie eine Zulassung für Qualitätssicherungssysteme zurückgezogen hat.
170 Beschluss 768/2008/EWG, Anhang II, Modul H, Ziff. 3.5.
171 Beschluss 768/2008/EWG, Anhang II, Modul H, Ziff. 6.

IV. Konformitätsbewertung von Medizinprodukten, aktiven implantierbaren medizinischen Geräten und In-vitro-Diagnostika

Auch hier gilt der Grundsatz, dass die unter eine der europäischen Richtlinien über Medizinprodukte, aktive implantierbare medizinische Geräte und In-vitro-Diagnostika fallenden Produkte nur dann in den Verkehr gebracht werden dürfen, wenn eine Überprüfung ergeben hat, dass sie den Anforderungen der auf das jeweilige Produkt anzuwendenden Normen entsprechen. Es soll damit sichergestellt werden, dass ein Produkt den vom Hersteller zugesicherten technischen und medizinischen Leistungen entspricht.[172]

Welche Module für welche Produktgruppen zur Anwendung kommen können, wird grundsätzlich in den einzelnen Richtlinien festgelegt, die auf der Grundlage des Globalen Konzepts ergangen sind.[173] Der Ablauf und die Voraussetzungen der je nach Produkt unterschiedlichen Konformitätsbewertungsverfahren, sind in der Regel in den Anhängen der einzelnen Produktsicherheitsrichtlinien festgelegt. Dies gilt auch bei den Richtlinien über Medizinprodukte, aktive implantierbare medizinische Geräte sowie In-vitro-Diagnostika.[174]

Da eine gemeinschaftsrechtliche Richtlinie gemäß Art. 288 Abs. 3 AEUV jedoch „für die Mitgliedsstaaten" gilt und nicht „in den Mitgliedsstaaten", entfalten sie keinerlei innerstaatliche Rechtswirkung.[175] Es bedarf eines mitgliedsstaatlichen Umsetzungsakts, um den gemeinschaftlichen Vorgaben bindende Wirkung gegenüber Herstellern und anderen Personen zu verleihen. Eine Richtlinie ist daher binnen der in der jeweiligen Richtlinie selbst gesetzten Frist in mitgliedsstaatliches Recht umzusetzen.[176] Es gibt hier jedoch Ausnahmen, in denen eine Richtlinie direkte Wirkung für den Einzelnen auch ohne eine Umsetzung entfalten kann, auf die hier jedoch nicht weiter eingegangen werden soll.[177] In Deutschland erfolgte die Umsetzung in den speziellen Produktsicherheitsgesetzen und den darauf gestützten Rechtsverordnungen. Im Bereich des Medizinrechts sind dies das Medizinproduktegesetz (MPG) und die Medizinprodukte-Verordnung (MPV).[178] Ursprünglich sollten sich

---

172 Frankenberger, in: Anhalt/Dieners, Hdb. des Medizinprodukterechts, § 4, Rn. 10.

173 Dieners/Lützeler in: Anhalt/Dieners, Hdb. des Medizinprodukterechts § 1, Rn. 54.

174 Vgl. Anhang II bis VII der Richtlinie 93/42/EWG über Medizinprodukte, Anhang 2 bis 5 der Richtlinie 90/385/EWG über aktive implantierbare medizinische Geräte und Anhang III bis VII der Richtlinie 98/79/EG über In-vitro-Diagnostika.

175 Schroeder, in: Streinz, EUV/AEUV, Art. 288 AEUV, Rn. 101.

176 Geiger/Kahn/Kotzur, EUV/AEUV, Art. 288 AEUV, Rn. 11.

177 Zu den Details unter welchen Voraussetzungen eine Richtlinie direkte Wirkung entfalten kann, siehe z.B. Schroeder, in: Streinz, EUV/AEUV, Art. 288 AEUV, Rn. 101 ff. oder Geiger/Kahn/Kotzur, EUV/AEUV, Art. 288 AEUV, Rn. 17 ff.

178 Ein weiteres Beispiel ist das Produktsicherheitsgesetz (ProdSG) und die darauf basierenden Produktsicherheitsverordnungen (z.B. 9. ProdSV (Maschinenverordnung), 14. ProdSV (Druckgeräteverordnung)).

die Richtlinien darauf beschränken, wesentliche Anforderungen an die Sicherheit von Produkten zu stellen, die dem Allgemeininteresse dienen.[179] Im Ergebnis jedoch enthalten die Richtlinien über Medizinprodukte, wie die meisten anderen Produktrichtlinien, sehr detaillierte Vorgaben, was das Konformitätsbewertungsverfahren angeht.[180] Den nationalen Gesetzgebern wurde damit kaum Gestaltungsspielraum zur Umsetzung gelassen. So wiederholen die §§ 4 ff. MPV beispielsweise lediglich die in den Richtlinien über aktive implantierbare medizinische Geräte, In-vitro-Diagnostika und Medizinprodukte vorgesehenen Kombinationsmöglichkeiten. Als weitere Folge enthalten die deutschen Umsetzungsakte größtenteils Verweisungen auf die einschlägigen Anhänge der bereichsspezifischen Richtlinien.[181] So beschränken sich die §§ 4 ff. MPV wegen der Regelungsdichte der gemeinschaftlichen Vorgaben darauf, schlicht auf die in den Anhängen der Richtlinien geregelten Verfahren zurückzuverweisen. Die Anhänge der Richtlinien legen die Voraussetzungen, die an Produkte zu stellen sind fest und beziehen sich hinsichtlich der Konformitätsbewertung grundsätzlich wiederum auf den Beschluss 768/2008/EWG (früher auf den Änderungsbeschluss) des Rates. Mit diesem Prinzip der Verweisung können Mitgliedsstaaten ihrer Pflicht, eine Richtlinie förmlich und wörtlich in einer ausdrücklichen besonderen nationalen Gesetzesvorschrift umzusetzen anerkanntermaßen auch nachkommen.[182]

Ein Konformitätsbewertungsverfahren ist vom Hersteller in der Regel nur einmalig durchzuführen, nämlich dann, wenn er ein Produkt erstmals in den Verkehr bringt beziehungsweise in die EU einführen möchte. Das Aufarbeiten oder das Reparieren eines Produkts gilt nicht als erneutes Inverkehrbringen.[183] Die Durchführung eines Konformitätsbewertungsverfahrens aus diesem Anlass ist nicht notwendig.[184] Das von einer Benannten Stelle erteilte Zertifikat hat eine Gültigkeit von fünf Jahren, somit ist alle fünf Jahre eine „Rezertifizierung" notwendig, sofern das Produkt weiter vermarktet werden soll (vgl. § 17 MPG). Bei Medizinprodukten hängt die Auswahl des Konformitätsbewertungsverfahrens von ihrer jeweiligen Klassifizierung ab. Im Folgenden wird daher erörtert, wie Medizinprodukte, aktive implantierbare medizinische Geräte und In-vitro-Diagnostika zu klassifizieren sind, um dann darzustellen, auf welche Klassen welche Konformitätsbewertungsverfahren zur Anwendung kommen können.

---

179 Leitfaden der Kommission 2000, ausdrücklich unter anderem auf S. 9 und S. 29.

180 Merten, Private Entscheidungsträger, S. 61.

181 Siehe hierzu beispielhaft auch § 4 der 9. ProdSV (Maschinenverordnung); Merten, Private Entscheidungsträger, S. 61 ff.

182 König, in: Schulze/Zuleeg, Europarecht, § 2, Rn. 40; Calliess/Ruffert, EUV/AEUV, Art. 288 AEUV, Rn. 33; Zur Problematik bei sogenannten „dynamischen" Verweisungen, d.h. es wird auf die Richtlinie in der jeweils geltenden Verfassung verwiesen, vgl. Calliess, NVwZ 1998, S. 8 ff.

183 Hilger in DS 2006, 103, 104; Leitfaden der Kommission 2000, S. 15 f.

184 Hilger in DS 2006, 103, 104.

1. *Klassifizierung*

a) Bedeutung der Klassifizierung

Die Klassifizierung dient der Auswahl und der Festlegung des auf ein Produkt zulässigen Konformitätsbewertungsverfahrens. Das Ergebnis entscheidet damit auch über den Grad der Überwachung eines Herstellers von Medizinprodukten.[185] Vorgenommen wird die Klassifizierung vom Hersteller selbst, in Übereinstimmung mit der Benannten Stelle, nach den Klassifizierungsregeln.[186] Wird ein Medizinprodukt nicht zutreffend klassifiziert, insbesondere in dem Fall, in dem es einer zu niedrigen Risikoklasse zugeordnet wurde, so fehlt es an einem ordnungsgemäßen Konformitätsbewertungsverfahren.[187] In einem solchen Fall ist das CE-Kennzeichen zu Unrecht angebracht worden; das Inverkehrbringen kann untersagt werden.[188]

b) Klassifizierungskriterien

In § 13 Abs. 1 MPG, der auf Anhang IX der Richtlinie 93/42/EWG verweist, befinden sich Klassifizierungsregeln, die versuchen, die Medizinprodukte nach generellen Merkmalen den einzelnen Klassen zuzuordnen. Aufgrund der Mannigfaltigkeit von Medizinprodukten enthält Anhang IX insgesamt 18 verschiedene Klassifizierungsregeln.[189] So gehören beispielsweise implantierbare Produkte (wozu nach der im Anhang enthaltenen Legaldefinitionen jedes Produkt zählt, dass dazu bestimmt ist, durch einen chirurgischen Eingriff ganz in den menschlichen Körper eingeführt zu werden oder eine Epitheloberfläche oder die Oberfläche des Auges zu ersetzen) der Klasse IIb an. Es sei denn, sie sollen in die Zähne implantiert werden; in diesem Fall werden sie der Klasse IIa zugeordnet. Soll das implantierbare Produkt in direktem Kontakt mit dem Herzen, dem zentralen Kreislaufsystem oder dem zentralen Nervensystem eingesetzt werden, so ist es der Klasse III zuzuordnen. Es ist auch dann der Klasse III zuzuordnen, wenn es dazu bestimmt ist, eine biologische Wirkung zu entfalten oder vollständig oder in bedeutendem Umfang resorbiert zu werden. Dasselbe gilt, wenn das implantierbare Produkt im Körper eine chemische Veränderung erfahren oder es Arzneimittel abgeben soll – mit Ausnahme solcher Produkte, die in Zähne implantiert werden.

2. *Einteilung und Klassifizierung von Medizinprodukten*

Zu beachten ist, dass es einige Medizinprodukte, aktive implantierbare medizinische Geräte und In-vitro-Diagnostika gibt, die von der allgemeinen Klassifizierung

185 Frankenberger, in : Anhalt/Dieners, Hdb des Medizinprodukterechts, § 4, Rn.10.
186 Wagner, in: Rehmann/Wagner, MPG, § 13, Rn. 13.
187 Lippert, in: Deutsch/Lippert/Ratzel/Tag, MPG, § 13, Rn. 1.
188 Lippert, in: Deutsch/Lippert/Ratzel/Tag, MPG, § 13, Rn. 1.
189 Zur Klassifizierung von Medizinprodukten vgl. ausführlich Frankenberger, in : Anhalt/Dieners, Hdb. des Medizinprodukterechts, § 4, Rn. 21 ff.

ausgeschlossen und vom Konformitätsbewertungsverfahren ausgenommen sind.[190] Dies ist beispielsweise der Fall bei Sonderanfertigungen[191] oder Produkten zur Eigenherstellung gemäß § 7 Abs. 9 MPV. Für Systeme, Behandlungseinheiten und Verfahren für Sterilisation sieht Art. 12 der Richtlinie 93/42/EWG über Medizinprodukte ein Sonderverfahren vor.

Für alle anderen Medizinprodukte, die der Richtlinie 93/42/EWG unterliegen, sowie für In-vitro-Diagnostika nach 98/79/EG, hängt die Wahl des richtigen Konformitätsbewertungsverfahrens von der Klassifizierung ab. Aktive implantierbare Medizinprodukte werden hingegen nicht einheitlich klassifiziert; auf sie ist immer dasselbe Konformitätsbewertungsverfahren anwendbar.

Vorab sei bereits gesagt, dass in die Medizinprodukterichtlinien nicht alle verfügbaren Module aufgenommen worden sind. Beispielsweise sind die Module C und G bisher in keiner der Medizinprodukterichtlinien vorgesehen.

a) Medizinprodukte

Art. 9 und Anhang IX der Richtlinie 93/42/EWG bestimmen vier Klassen der Medizinprodukte (Klasse I, IIa, IIb, III). Die Produkte der Klasse I weisen ein eher geringes Gefährdungspotenzial auf. Mit den Klassen IIa und IIb nimmt das Gefährdungspotenzial stetig zu. Der Klasse III unterfallen schließlich solche Produkte mit besonders hohem Gefährdungspotential. Je nachdem wie ein Medizinprodukt zu klassifizieren ist, hat dies Auswirkungen auf die Anforderungen für die Konformitätsbewertung, die in § 7 MPV geregelt sind. Grundsätzlich lässt sich sagen: Je höher das Gefährdungspotential eines Produktes, desto höher ist es auch in einer Klasse angesiedelt. Je höher die gestaffelte Klasse, desto intensiver und komplexer ist das für die Konformitätsbewertung erforderliche Verfahren.

Im Folgenden wird dargestellt, bei welcher Klassifizierung welche Module zur Anwendung kommen beziehungsweise kommen können, je nachdem für welches Verfahren sich der Hersteller bei einer Auswahlmöglichkeit entscheidet und welche Anhänge in den jeweiligen Richtlinien hierzu präzisere Regelungen treffen.

---

190 Dieners/Lützeler, in: Anhalt/Dieners, Hdb. des Medizinprodukterechts, § 4, Rn. 21 ff.

191 Vgl. § 7 Abs. 5 MPV sowie Art. 11 Abs. 1–6 i.V.m. Anhang VIII der Richtlinie 93/42/EWG über Medizinprodukte; § 4 Abs. 2 MPV sowie Art. 9 Abs. 1, 2 i.V.m. Anhang 6 der Richtlinie 90/385/EWG über aktive implantierbare medizinische Geräte.

KLASSE I: Bei Medizinprodukten der Klasse I ist die Einschaltung einer Benannten Stelle nicht erforderlich. Es bedarf gemäß § 7 Abs. 4 MPV lediglich der Herstellererklärung nach Anhang VII der Richtlinie 93/42/EWG. Der Hersteller gibt dabei selbst die Konformitätserklärung entsprechend dem Modul A ab.

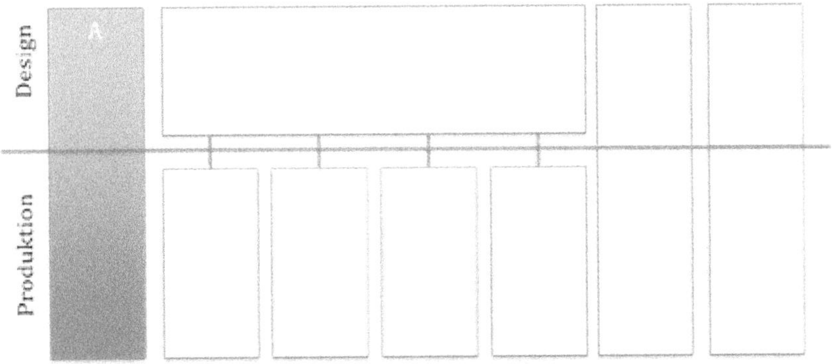

KLASSE I Steril: Werden Produkte der Klasse I in sterilem Zustand in den Verkehr gebracht, so müssen zusätzlich zur Konformitätserklärung des Herstellers die Herstellungsschritte im Zusammenhang mit der Sterilisation und der Aufrechterhaltung der Sterilität – und nur diese – durch ein Konformitätsbewertungsvefahren unter Einbeziehung einer Benannten Stelle abgedeckt sein.[192] Das Verfahren hat entweder nach Anhang V oder Anhang II (jedoch ohne Nr. 4)[193] der Richtlinie 93/42/EWG zu erfolgen.

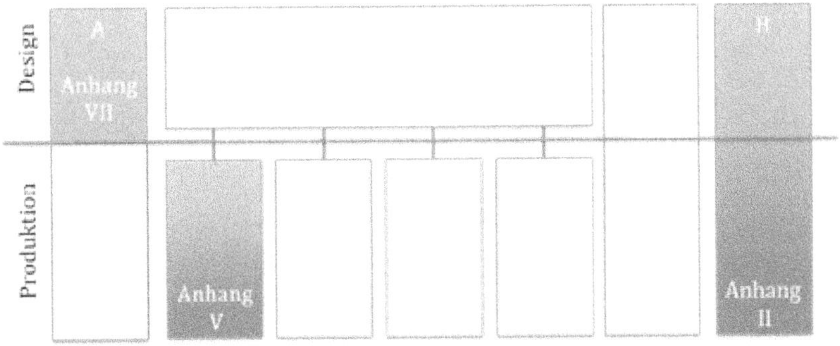

192 Vgl. Anhang VII Nr. 5 der Richtlinie 93/42/EWG über Medizinprodukte.

193 Nach Anhang II Nr. 4 der Richtlinie 93/42/EWG über Medizinprodukte ist noch eine Prüfung der Produktauslegung erforderlich.

KLASSE I Messfunktion: Bei Produkten der Klasse I, die über eine Messfunktion verfügen, muss neben der Konformitätserklärung des Herstellers eines der Verfahren nach den Anhängen IV, V oder VI der Richtlinie 93/42/EWG durchgeführt werden.[194] Alternativ ist auch hier ein Konformitätsbewertungsverfahren nach Anhang II ohne Nummer 4 möglich.[195] Die Auditierung durch die Benannte Stelle beschränkt sich jeweils ausschließlich auf die Herstellungsschritte im Zusammenhang mit der Konformität der Produkte mit den messtechnischen Anforderungen.

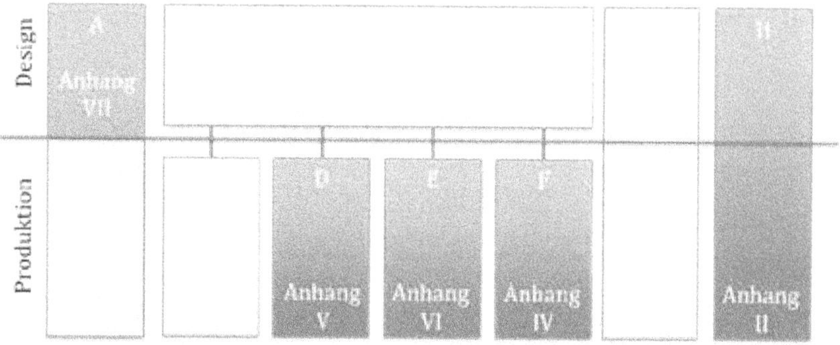

KLASSE IIa: Neben der Kombination aus dem Verfahren nach Anhang VII mit einem Verfahren nach den Anhängen IV (EG-Prüfung), V (Qualitätssicherung Produktion) oder VI (Qualitätssicherung Produkt) ist hier alternativ das Verfahren nach Anhang II (Vollständiges Qualitätssicherungssystem) ohne Nummer 4 möglich.[196] Damit sind für die Produkte der Klasse IIa folgende Konformitätsbewertungsverfahren möglich:

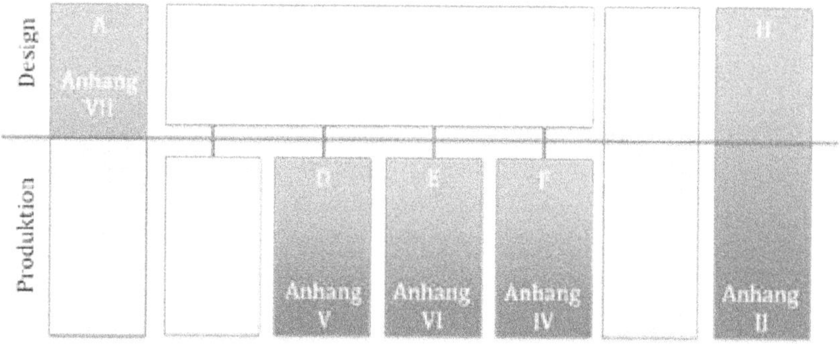

194 Vgl. Anhang VII Nr. 5 i.V.m. Anhang II Nr. 4 der RL 93/42/EWG über Medizinprodukte.

195 Zu Nr. 4 vgl. oben Fn. 194.

196 Vgl. § 7 Abs. 3 MPV sowie Art. 11 Abs. 2 der Richtlinie 93/42/EWG über Medizinprodukte.

KLASSE IIb: Bei Produkten der Klasse IIb ist die Konformitätserklärung des Herstellers durch eine EG-Baumusterprüfung nach Anhang III zu ersetzen.[197]

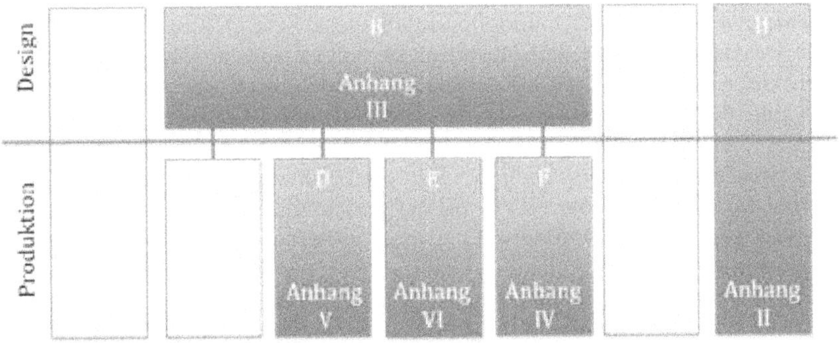

KLASSE III: Bei Produkten der Klasse III ist zusätzlich zur Zertifizierung des vollständigen Qualitätssicherungssystems nach Anhang II (einschließlich der Prüfung der Produktauslegung nach Nummer 4) für jedes Produkt die EG-Auslegungsprüfung von einer Benannten Stelle durchzuführen.[198] Alternativ hierzu besteht die Möglichkeit, das Verfahren der EG-Baumusterprüfung gemäß Anhang III in Verbindung mit dem Verfahren der EG-Prüfung gemäß Anhang IV oder dem Verfahren der EG-Erklärung zur Übereinstimmung mit dem Baumuster gemäß Anhang V durchzuführen.[199]

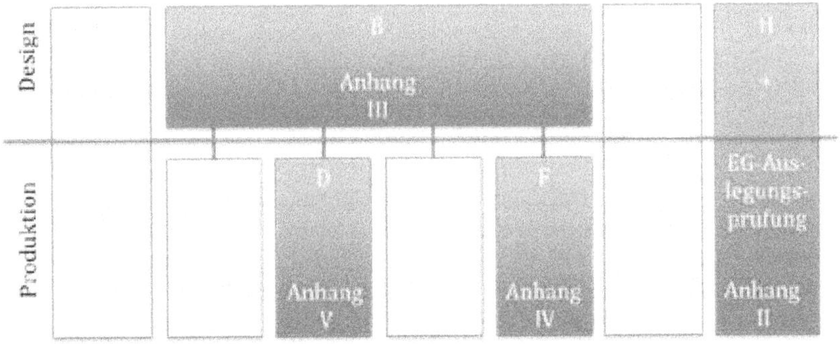

197 Vgl. § 7 Abs. 2 MPV sowie Art. 11 Abs. 3 der Richtlinie 93/42/EWG über Medizinprodukte.

198 Vgl. § 7 Abs. 1 MPV sowie Art. 11 Abs. 1 Nr. a) der Richtlinie 93/42/EWG über Medizinprodukte.

199 Vgl. Art. 11 Abs. 1 Nr. b) der Richtlinie 93/42/EWG über Medizinprodukte.

b) Aktive implantierbare medizinische Geräte

Produkte, die in den Regelungsbereich der Richtlinie 90/385/EWG über aktive implantierbare medizinische Geräte fallen, werden nicht einheitlich klassifiziert, d.h. sie werden nicht einheitlich unterteilt. Somit findet auf alle aktiven implantierbaren Produkte dasselbe Konformitätsbewertungsverfahren Anwendung. § 4 Abs. 1 MPV macht die Anbringung der CE-Kennzeichnung von der erfolgreichen Durchführung einer Konformitätsbewertung abhängig und verweist insoweit auf die in den Anhängen der Richtlinie festgelegten Verfahrensbausteine. Der Hersteller hat die Wahl zwischen zwei unterschiedlichen Konformitätsbewertungsverfahren. Er kann sich für das Verfahren einer vollständigen Qualitätssicherung nach Anhang 2 der Richtlinie entscheiden, das Modul H entspricht. Alternativ kann ein Verfahren der Baumusterprüfung nach Anhang 3, entsprechend Modul B der Richtlinie, durchgeführt werden. In der Produktfertigungsphase muss er dann das in Anhang 3 der Richtlinie geregelte, dem Modul C entsprechende, Verfahren oder das Verfahren zur Qualitätssicherung Produktion nach Anhang 5 der Richtlinie, welches dem Modul D entspricht, anwenden.

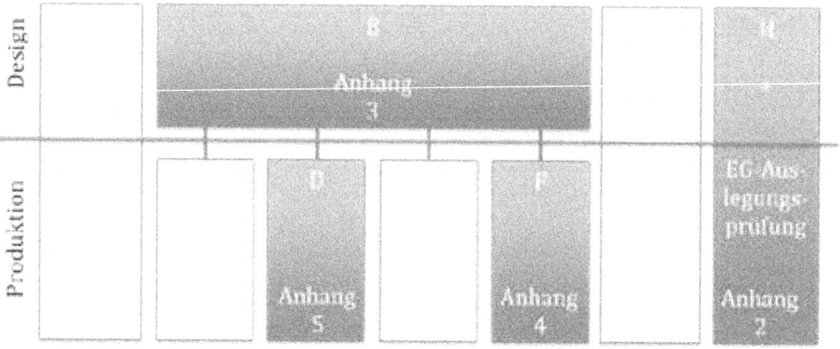

c) In-vitro-Diagnostika

Hinsichtlich der In-vitro-Diagnostika gilt jedoch eine gesonderte Form der Klassifizierung. Diese werden nicht gemäß § 13 Abs. 1 Satz 2 MPG i.V.m. Anhang IX der Richtlinie 93/42/EWG in vier Risikoklassen eingeteilt, sondern entsprechend § 5 MPV i.V.m. Anhang II der Richtlinie 98/79/EG in Liste A und B, sowie in die Gruppe der Produkte „zur Eigenanwendung“ und sonstige In-vitro-Diagnostika.[200]

Da die Bandbreite der In-vitro-Diagnostika im Vergleich zu den übrigen Medizinprodukten relativ gering ist, wird in Anhang II der Richtlinie 98/79 EG in zwei Listen nach relativ konkreten Merkmalen festgelegt, welche Produkte der Liste A und B angehören. So enthält die Liste A beispielsweise In-vitro-Diagnostika zum Nachweis, zur Bestätigung und zur quantitativen Bestimmung von HIV-Infektionen

200 Lücker, in: Spickhoff, Medizinrecht, § 3 Rn. 9.

sowie Hepatitis B, C, und D aus Proben menschlichen Ursprungs. Zur Liste B gehören unter anderen In-vitro-Diagnostika zum Nachweis von Infektionen mit Zytomegaloviren und Chlamydien, zur Einschätzung des Risikos von Trisomie 21 oder auch zur Bestimmung des Blutzuckers. In-vitro-Diagnostika zur Eigenanwendung sind all solche, die nach der vom Hersteller festgelegten Zweckbestimmung von Laien in der häuslichen Umgebung angewendet werden können und nicht unter eine der Listen in Anhang II der Richtlinie 98/79/EG fallen.[201] Ist ein Produkt als In-vitro-Diagnostikum zu qualifizieren und ist es weder ein solches zur Eigenanwendung noch in den Listen in Anhang II der Richtlinie 98/79/EG gelistet, so gehört es zur Kategorie der sonstigen In-vitro-Diagnostika. Dies sind solche mit dem niedrigsten Gefährdungspotential.[202]

§ 5 Abs. 1 MPV bestimmt für In-vitro-Diagnostika der Liste A die Möglichkeit, entweder ein Verfahren zur vollständigen Qualitätssicherung nach Anhang IV der Richtlinie, das dem Modul H entspricht, anzuwenden oder das dem Modul B entsprechende Verfahren der EG-Baumusterprüfung nach Anhang V, ergänzt um das Verfahren zur Qualitätssicherung Produktion nach Anhang VII der Richtlinie, welches dem Modul D entspricht.

Für In-vitro-Diagnostika der Liste B bestimmt § 5 Abs. 2 MPV, dass, wie bei Produkten der Liste A, ein Verfahren nach Anhang IV oder ein Verfahren nach Anhang V anzuwenden ist. Letzteres ist jedoch zu ergänzen. Wahlweise durch das Verfahren zur Erklärung der Konformität mit dem Baumuster nach Anhang VI, entsprechend Modul C, oder durch das Verfahren zur Qualitätssicherung Produktion nach Anhang VII.

Bei allen anderen In-vitro-Diagnostika, mit Ausnahme der Produkte zur Eigenanwendung nach § 5 Abs. 3 MPV, genügt eine Herstellererklärung über die Konformität eines Produkts gemäß Anhang III der Richtlinie 98/79/EWG, was dem Modul A entspricht.

V. Zusammenfassung

Das Konformitätsbewertungsverfahren stellt eine systematische Kontrolle für den Zugang medizinischer Konsumgüter zum europäischen Binnenmarkt dar. Wie gezeigt, erfolgt der Ablauf in den meisten Fällen unter der Einbeziehung einer Benannten Stelle, denen somit eine zentrale Funktion zugewiesen ist. Ist die Mitwirkung einer Benannten Stelle bei der Konformitätsbewertung zwingend vorgeschrieben, so dürfen solche Medizinprodukte nicht ohne deren positive, das Verfahren abschließende Entscheidung in der Europäischen Union vertrieben werden. Sie führen jedoch nicht nur die Konformitätsbewertung (Zertifizierung) durch, sondern bewerten im Zuge dessen auch technische Unterlagen und wirken zu Anfang bei der Produktklassifizierung mit.

201 Frankenberger, in: Anhalt/Dieners, Hdb. des Medizinprodukterechts, § 4, Rn. 4.
202 Frankenberger, in: Anhalt/Dieners, Hdb. des Medizinprodukterechts, § 4, Rn. 4.

Der Einsatz von Bennanten Stellen zur Konformitätsbewertung ermöglicht den Verzicht behördlicher Entscheidungen für den Marktzutritt. Die Benannten Stellen ersetzen die zuvor notwendigen staatlichen Zulassungsverfahren. Die systematische Kontrolle des Marktzugangs von Medizinprodukten durch staatliche Behörden der einzelnen Mitgliedsstaaten ist für einmal zertifizierte Medizinprodukte nach diesem europäischen Modell ausgeschlossen.[203]

Je nach Gefahrenpotenzial wird ein medizinischen Konsumgutes klassifiziert. Damit werden die auf das jeweilige Produkt anzuwendenden Module bestimmt und somit der Umfang und die Komplexität des präventiven Konformitätsbewertungsverfahrens festgelegt. Bis auf die Herstellererklärung entsprechend Modul A, die nur bei einigen Medizinprodukten der Klasse I und manchen In-vitro-Diagnostika möglich ist, ist bei jedem Konformitätsbewertungsverfahren eine Benannte Stelle hinzuzuziehen. Das Verfahren der Konformitätsbewertung variiert auf Grund der unterschiedlichen Verfahrensbausteine von der Bewertung einzelner Produkte über die Zulassung von Baumustern bis hin zur Zertifizierung komplexer Qualitätssicherungssysteme. Damit einhergehend variieren auch die den Benannten Stellen zur Erledigung ihrer Aufgaben zustehenden Mittel. Fest steht, dass sie eine zentrale Bedeutung in dem Recht über Medizinprodukte, aktive implantierbare medizinische Geräte und In-vitro-Diagnostika und dem diesem zugrundeliegenden Konzept haben.[204] Der Konformitätsbescheinigung kommt durch die damit verbundene Öffnung des europäischen Marktes eine hohe rechtliche und wirtschaftliche Relevanz zu. Daraus resultieren besonders hohe Anforderungen an die Arbeit und Zuverlässigkeit der Benannten Stellen. [205]

Es darf jedoch nicht übersehen werden, dass die Konformitätserklärung nach außen stets durch den Hersteller selbst erfolgt. Auch in den Fällen, in denen eine Herstellerzertifizierung alleine nicht ausreichend ist und eine Zertifizierung durch eine Benannte Stelle zu erfolgen hat, ist diese lediglich die notwendige Voraussetzung dafür, dass eine Konformitätserklärung ausgestellt und das CE-Kennzeichen durch den Hersteller angebracht werden darf.[206] Die Gesamtverantwortung für ein Produkt verbleibt damit immer beim Hersteller, selbst wenn die Einschaltung einer Benannten Stelle in das Verfahren der Konformitätsbewertung zwingend vorgeschrieben war.[207]

Mit der derzeitigen Ausgestaltung des europäischen Produktsicherheitsrechts unter Einsatz der Konformitätsbewertung als Marktzugangsinstrument entwickelt

---

203 Entschließung des Rates vom 7.5.1985 über eine neue Konzeption auf dem Gebiet der technischen Harmonisierung und der Normung, ABl. EG 1985, Nr. C 136, S. 1, 4.

204 Soltau, in: Anhalt/Dieners, Hdb. des Medizinprodukterechts, § 12, Rn. 3; von Czettritz/Strelow, in: Meier/von Czettritz/Gabriel/Kaufmann, Pharmarecht, Teil 3, § 5, Rn. 82.

205 Zu den Voraussetzungen für eine Akkreditierung vgl. in diesem Kapitel unter C.

206 Marburger/Enders, UTR 1994, S. 333, 345.

207 Vgl. § 5 S. 1 MPG; Leitfaden der Kommission 2000, S. 45; Leitfaden der Kommission 2014, S. 58; vgl. zur Herstellerverantwortlichkeit im 1. Kapitel C. V.

sich eine europäische Verwaltungsstruktur, die bislang so nicht dagewesen ist.[208] Die Konformitätsbewertung soll im gesamten europäischen Verwaltungsraum die Produktsicherheit garantieren.[209] Wie die Benannten Stellen in dieses System im Rahmen des Rechts über Medizinprodukte, aktive implantierbare medizinische Geräte und In-vitro-Diagnostika passen, wird im Folgenden zu klären sein. Es kann zu diesem Zeitpunkt jedoch schon festgestellt werden, dass die Benannten Stellen mit technischem Sachverstand ausgestattete unabhängige Institutionen sind, die den Hersteller im Rahmen eines Konformitätsbewertungsverfahrens begleiten und die Produktzertifizierung vornehmen.[210]

Es obliegen den Benannten Stellen jedoch nicht nur Aufgaben im Rahmen der Produktzulassung, sondern auch im Rahmen der Produktüberwachung. Sie haben die Hersteller im Hinblick auf die erteilten Zertifizierungen auch nach der Produktzulassung dauernd zu überwachen.[211] Zu diesem Zwecke führen sie bei den durch sie jeweils zertifizierten Herstellern Nachprüfungen, unangemeldete Besuche und Audits durch.

VI. Die CE-Kennzeichnung

1. Allgemein

Am Ende einer erfolgreichen Konformitätsbewertung steht das CE-Kennzeichen. CE bedeutet „Conformité Européenne".[212] Bis zur Einführung des Globalen Konzepts gab es verschiedene Konformitätsbewertungszeichen in den einzelnen Richtlinien, die CE-Kennzeichnung löst diese verschiedenen Konformitätsbewertungszeichen ab und stellt nunmehr die einzige Kennzeichnung im Rahmen der Richtlinien dar.[213] Sie hat jedoch kaum literale Bedeutung, sondern stellt vielmehr ein Symbol für die Freiverkehrsfähigkeit eines Produktes innerhalb der Europäischen Union dar. Nur solche Medizinprodukte, die nach einem entsprechenden Verfahren geprüft worden sind, dürfen mit einer CE-Kennzeichnung versehen werden, welche sie als zum freien Wahrenverkehr innerhalb der Europäischen Union freigegeben kennzeichnet.[214] Die Mitgliedsstaaten der Europäischen Union dürfen den freien

208 Röhl/Schreiber, Konformitätsbewertung in Deutschland, S. 174.

209 Röhl/Schreiber, Konformitätsbewertung in Deutschland, S. 174.

210 Leitfaden der Kommission 2000, S. 44; Leitfaden der Kommission 2014, S. 74 f.; Zu den Anforderungen für eine Akkreditierung vgl. in diesem Kapitel C. II.

211 Vgl. hierzu 3. Kapitel D. II. und F. VI.

212 Schorn, DÄBl. 95, A/2890; Deutsch, in: Deutsch/Lippert/Ratzel, MPG, § 27, Rn. 1, Fn. 1.

213 Vgl. Beschluss 93/465/EWG, S. 23 ff.; Beschluss 768/2008/EG, Erwägungsgrund Nr. 30; Leitfaden der Kommission 2000, S. 52; Ensthaler/Strübbe/Bock, Zertifizierung und Akkreditierung technischer Produkte, S. 186; Bieback, Zertifizierung und Akkreditierung, S. 50;.

214 Rehmann, in: Rehmann/Wagner, MPG, Einf. Rn. 27; Webel, in: Bergmann/Pauge/Steinmeyer, Gesamtes Medizinrecht, Kap. 7, § 6, Rn. 2.

Warenverkehr von mit dem CE-Kennzeichen versehenen Produkten nicht behindern, d.h. insbesondere keine systematischen Produktkontrollen vornehmen.[215] Man kann die CE-Kennzeichnung daher auch als „Warenpass“[216] für einen freien Marktzugang bezeichnen.

Die Anbringung der Kennzeichnung auf dem jeweiligen Produkt an sich wird grundsätzlich vom Hersteller eines Produktes vorgenommen, auch wenn eine Benannte Stelle eingeschaltet wurde.[217] Um eine CE-Kennzeichnung rechtmäßig an einem Produkt anbringen zu dürfen, muss für dieses ein erfolgreiches Konformitätsbewertungsverfahren durchgeführt werden.[218] Die Kennzeichnung darf nur von der Person angebracht werden, die in den Vorschriften zum Konformitätsbewertungsverfahren dazu bestimmt worden ist (vgl. § 9 Abs. 2 MPG).[219] Die Kennzeichnung muss deutlich sichtbar, gut lesbar und dauerhaft auf dem Produkt und, soweit verwendet, auf seiner Verpackung sowie auf der Gebrauchsanweisung angegeben werden (vgl. § 9 Abs. 3 Satz 1 MPG). Hinter der CE-Kennzeichnung steht bei Produkten, die von einer Benannten Stelle auditiert oder zertifiziert worden sind, die (vierstellige) Kennnummer der Benannten Stelle.

2. Aussagekraft der CE-Kennzeichnung

Die Kennzeichnung richtet sich zunächst an die nationalen Überwachungsbehörden, denen dadurch systematische Kontrollen untersagt werden.[220] Das CE-Kennzeichen signalisiert den zuständigen Stellen der Mitgliedsstaaten, aber auch anderen Betroffenen (insbesondere den Händlern, Verbrauchern und sonstigen Benutzern), dass die geltenden Normen und Anforderungen, die an (medizinische) Produkte gestellt werden, erfüllt sind und die vom Hersteller vorgegebene Zweckbestimmung erfüllt wird.[221] Die Kennzeichnung stellt also nicht lediglich ein Signal für die nationalen Überwachungsbehörden dar, dass ein Produkt richtlinienkonform und deshalb zum freien Warenverkehr zugelassen ist, sie hat auch Aussagekraft für andere Betroffene, insbesondere Verbraucher und Patienten.[222]

---

215 Di Fabio, VVDStRL 56 (1997), S. 47 ff.; Leitfaden der Kommission 2000, S. 8.

216 So bezeichnet unter anderem von Scheel, DVBl. 1999, S. 442, 444; Bieback, Zertifizierung und Akkreditierung, S. 51; Langner, in: Schorn, Aktive implantierbare Medizinprodukte, S. 33.

217 Leitfaden der Kommission 2000, S. 50; Leitfaden der Kommission 2014, S. 58; Moritz, Geräte- und Produktsicherheitsgesetz, S. 83.

218 Leitfaden der Kommission 2000, S. 49; Leitfaden der Kommission 2014, S. 57.

219 Deutsch/Spickhoff, Medizinrecht, Rn. 2065; Rehmann, in: Rehmann/Wagner, MPG, Einf. Rn.51.

220 Röhl, Akkreditierung und Zertifizierung, S. 6; Scheel, DVBl. 1999, S. 442, 444; Bieback, Zertifizierung und Akkreditierung, S. 51.

221 Leitfaden der Kommission 2000, S. 51.

222 A.A. Bieback, Zertifizierung und Akkreditierung, S. 50 und Moritz, Geräte- und Produktsicherheitsgesetz, S. 83; Ausführlich zur Aussagekraft der CE-Kennzeichnung und dessen Schutzzweck siehe 4. Kapitel A. I. 4. a) (iii) und (iv).

3. *Straf- und Bußgeldvorschriften*

Für den Vertrieb, das Inverkehrbringen und den Betrieb von Medizinprodukten innerhalb der Bundesrepublik Deutschland bestimmt § 6 Abs. 1 Satz 1 MPG ausdrücklich, dass dies nur für Medizinprodukte zulässig ist, welche mit einer CE-Kennzeichnung rechtmäßig versehen worden sind und versehen werden durften. Bei einem Verstoß gegen die Vorschrift des § 6 Abs. 1 Satz 1 MPG, wenn also jemand ein Produkt ohne CE-Kennzeichen in den Verkehr bringt, es jedoch eines solchen bedurft hätte, so ist bei vorsätzlichem Handeln die Strafvorschrift des § 41 Nr. 2 MPG erfüllt. Bei einem fahrlässigen Verstoß liegt immer noch eine Ordnungswidrigkeit gemäß § 42 Abs. 1 MPG vor.

VII. Zwischenfazit für die rechtliche Einordnung Benannter Stellen

Es zeigt sich bereits hier, dass den Benannten Stellen materiell-polizeiliche Aufgaben der Gefahrenabwehr übertragen sind. Sie sollen möglichen Gefahren vorbeugen, die beim Umgang mit Medizinprodukten auftreten können und diese durch eine präventive Kontrolle weitestgehend ausschließen. Dabei wird Ihnen eine Rechtsposition eingeräumt, in welcher sie zu einseitigen Entscheidungen gegenüber den Produktherstellern autorisiert sind. Die Hersteller kommen bei einem Großteil der Produktklassen nicht umher, eine Benannte Stelle in das Verfahren einzubeziehen. Ohne ein positives Ergebnis im Rahmen der Konformitätsbewertung kann ein Produkt nicht innerhalb der EU verkauft werden. Auch wenn die Benannten Stellen nicht eigenmächtig, sondern auf Antrag durch einen Hersteller, tätig werden, sind die Benannten Stellen dennoch für wesentliche Verfahrensschritte den Herstellern übergeordnet. Man kann hier fast von einer „Verfahrensherrschaft" der Benannten Stellen sprechen.[223] Dies lässt sich als ein Anzeichen dafür verstehen, dass die Benannten Stellen auf Grund des bestehenden Über-/Unterordnungsverhältnisses gegenüber den Herstellern hoheitlich handeln.[224]

Das eben dargestellte Verfahren und die daraus zu folgernde erste Tendenz einer rechtlichen Einordnung als hoheitliches Handeln, zeigt jedoch auch bereits eine Problematik dieser rechtlichen Einschätzung. Sie besteht in der europaweiten Wirkung der Konformitätsbewertungen Benannter Stellen beziehungsweise der Pflicht zur Anerkennung der Konformitätsbewertung durch die anderen Mitgliedsstaaten.[225] Dies führt zu einer transnationalen Wirkung der Entscheidungen der Benannten Stellen.[226] Hinzu kommt die Möglichkeit eines jeden Herstellers, eine Benannte Stelle in einem beliebigen Mitgliedsstaat der Europäischen Union mit der Zertifizierung zu beauftragen. Dies führt dazu, dass in Deutschland ansässige Benannte Stellen

223 Merten, Private Entscheidungsträger, S. 76.
224 Hiltl, PharmaR, 1997, S. 408, 411.
225 Zur EU-weiten Gültigkeit der Zertifizierung vgl. in diesem Kapitel A. I.
226 Vgl. 3. Kapitel E. I. 3.

in anderen Mitgliedsstaaten oder sogar in Drittstaaten Zertifizierungen vornehmen können. Im Umkehrschluss können selbstverständlich auch Benannte Stellen anderer Mitgliedsstaaten in der Bundesrepublik ihre Tätigkeiten ausüben.[227] Benannte Stellen können also auch Entscheidungen auf dem Hoheitsgebiet anderer Mitgliedsstaaten mit transnationaler Wirkung treffen. Mit dieser Problematik wird sich eingehend im 3. Kapitel auseinandergesetzt.[228]

B. Die Akkreditierung

Die Übertragung von Aufgaben auf die Benannten Stellen erfolgt durch die Akkreditierung. In dieser werden die Benannten Stellen auf deren Eignung zur Durchführung von Konformitätsbewertungsverfahren umfassend geprüft. Die Akkreditierungsstellen sind in allen Mitgliedsstaaten in bestimmter Weise an den jeweiligen Staat angebunden.[229] Auch wenn sie keine staatlichen Behörden oder Agenturen sind, sondern privatrechtlich ausgestaltet, so sind sie doch über Abkommen mit der Regierung verbunden. Die Akkreditierungsstellen sind in allen Mitgliedsstaaten entweder staatlich oder zumindest staatsnah.[230] Die Akkreditierungsstelle kann, wie beispielsweise in Schweden, eine selbstständige Verwaltungseinheit darstellen, die auch mit anderen Aufgaben der Gewerbeaufsicht betraut sein kann, oder sie kann unmittelbar einem zuständigen Ministerium angegliedert sein, wie dies etwa in Österreich, Belgien oder Dänemark der Fall ist.[231] In allen Fällen nehmen sie die Funktion einer nationalen Akkreditierungsstelle wahr, die das jeweilige Akkreditierungssystem des Mitgliedsstaates international repräsentiert.[232] Der Staat fungiert als eine Art Ankerpunkt, der einer Akkreditierung und damit der Konformitätsbewertung insgesamt Glaubwürdigkeit verleiht.[233]

Damit eine Benannte Stelle innerhalb eines Konformitätsbewertungsverfahrens tätig werden darf, ist eine Akkreditierung notwendig. Der europäische Gesetzgeber hat sich somit für ein zweistufiges System der Marktüberwachung, bestehend aus Akkreditierung und Konformitätsbewertung, entschieden, um die nötige Produktsicherheit zu gewährleisten. Die Akkreditierungsstellen überprüfen zunächst die fachliche Kompetenz und Eignung der einen Antrag auf Akkreditierung stellenden Konformitätsbewertungsstellen. Die Konformitätsbewertungsstellen dürfen nach

227 Röhl, Akkreditierung und Zertifizierung, S. 23.
228 Vgl. 3. Kapitel E.
229 Röhl/Schreiber, Konformitätsbewertung in Deutschland, S. 35; Scheel, DVBl. 1999, S 442, 445.
230 Scheel, DVBl. 1999, S. 442, 445.
231 Scheel, DVBl. 1999, S. 442, 445; Nähere Informationen zu den einzelnen Akkreditierungsstellen finden sich auf der Homepage der Dachorganisation der Akkreditierer EA unter: http://www.european-accreditation.org/ea-members (Stand: 17.02.2014).
232 Röhl/Schreiber, Konformitätsbewertung in Deutschland, S. 34.
233 Röhl/Schreiber, Konformitätsbewertung in Deutschland, S. 34.

erfolgreicher Akkreditierung die Hersteller von Produkten, wie z.B. Medizinprodukte, auf Antrag hin überprüfen. Am Ende einer „erfolgreichen Konformitätsbewertung" ist der Hersteller berechtigt, sein Produkt mit dem CE-Kennzeichen zu versehen.[234]

Im Rahmen des Akkreditierungsverfahrens überprüft eine Akkreditierungsstelle, ob die potenziellen Konformitätsbewertungsstellen die fachliche Eignung und die nötige Kompetenz besitzen, bestimmte Konformitätsbewertungsaufgaben wahrzunehmen.[235]

I. Entwicklung der Akkreditierung

Das System der Akkreditierung Benannter Stellen entsprang dem Globalen Konzept.[236] Es soll der Bildung von Vertrauen in die Qualität von Produkten dienen, indem sichergestellt wird, dass die Benannten Stellen selbst die erforderliche Qualität und Zuverlässigkeit besitzen, um die Hersteller zu überprüfen und zu überwachen. Die Akkreditierung stellt die Kompetenz der Benannten Stelle also durch überprüfte Prüfer sicher.[237] Auf Grund mangelnder hinreichender europäischer Harmonisierung waren die Verfahren der Akkreditierung von Konformitätsbewertungsstellen in den Mitgliedsstaaten jedoch unterschiedlich.[238] Dem nahm sich der supranationale Gesetzgeber im sogenannte „New Legislative Framework"[239] an und harmonisierte im Jahre 2008 erstmals auf europäischer Ebene die Anforderungen an die Organisation und Durchführung von Konformitätsbewertungsstellen.[240]

Das heutige deutsche Akkreditierungswesen, wie es am 31. Juli 2009 in Form des Akkreditierungsstellengesetzes (AkkStelleG) durch den Bundestag beschlossen wurde, existiert in dieser Form in Deutschland daher nicht alleine aufgrund einer freien Entscheidung des Gesetzgebers.[241] Auslöser war vielmehr Art. 4 Abs. 1 der Verordnung (EG) Nr. 765/2008, aufgrund dessen das bisherige Akkreditierungssystem in Deutschland nicht weiter aufrecht erhalten werden konnte. Vor Einführung dieser Verordnung und vor Erlass des Akkreditierungsstellengesetzes existierten in Deutschland mehrere Akkreditierungsstellen, die jeweils unterschiedliche Konformitätsbewertungstätigkeiten überprüften. Ein zentraler Punkt der neuen Verordnung war die Vorschrift, dass jeder EU-Mitgliedsstaat nur eine einzige nationale Akkreditierungsstelle errichtet, die unabhängig von gewerblichen

---

234 Vgl. auch 2. Kapitel A. VI.

235 Verordnung (EG) Nr. 765/2008, Art. 5 Abs. 1; DIN EN ISO/IEC 17011:2004, Abschn. 3.1.; vgl. im Folgenden unter II.

236 Leitfaden der Kommission 2000, S. 40.

237 Kapoor/Klindt, EuZW 2009, S. 134, 135.

238 Verordnung (EG) Nr. 765/2008, Erwägungsgrund 10.

239 Kapoor/Klindt, EuZW 2009, S. 134.

240 Verordnung (EG) Nr. 765/2008.

241 Ausführlich zu den Hintergründen der Neuregelung des Akkreditierungswesens vgl. Schorn, MPJ 2008 (Heft 3), S. 155 ff.

Konformitätsbewertungsstellen und ohne Gewinnorientierung arbeiten soll.[242] Dies zwang den Bundestag, das deutsche Akkreditierungswesen neu zu regeln. Mit der Verordnung über die Beleihung der Akkreditierungsstelle (AkkStelleGBV) nach dem Akkreditierungsstellengesetz (AkkStelleG) wurde am 21.12.2009 eine in Privatrechtsform organisierte Gesellschaft mit der Aufgabe der alleinigen nationalen Akkreditierungsstelle beliehen.[243] Dies ist die deutsche Akkreditierungsstelle GmbH (Dakks) mit Hauptsitz in Berlin.[244] Gesellschafter der nicht gewinnorientierten Dakks sind neben dem Bund auch die Länder.[245] Vor Erlass des AkkStelleG erfolgte die Akkreditierung für aktive Medizinprodukte durch die Zentralstelle der Länder für Sicherheitstechnik (ZLS) und für nicht aktive Medizinprodukte durch die Zentralstelle der Länder für Gesundheitsschutz bei Arzneimitteln und Medizinprodukten (ZLG).[246] Die ZLG wird gemäß § 2 Abs. 3 AkkStelleG i.V.m. § 4 AkkStelleGBV jedoch weiterhin im Auftrag der Dakks für Begutachtungen und Überwachungen herangezogen.[247]

Auf europäischer Ebene haben sich die Akkreditierungsstellen in einer Gesellschaft niederländischen Rechts, der „European co-operation for Accreditation (kurz: EA)" zusammengeschlossen.[248] Die EA ist offiziell dazu ernannt, sich um die Akkreditierungsstruktur innerhalb der Europäischen Union zu kümmern.[249]

II. Voraussetzungen für eine Akkreditierung

Damit innerhalb der Gemeinschaft an alle zu benennenden Stellen gleich hohe Anforderungen gestellt werden und somit im Ergebnis ein einheitlich hohes Maß an fachlicher Kompetenz besteht, geben die Richtlinien Mindestkriterien für eine Benennung vor, die von den zu benennenden Stellen erfüllt werden müssen.[250] So

---

242 Verordnung (EG) 765/2008, Art. 4 Abs. 1, Abs. 7 und Abs. 8; Schorn, MPJ 2009, S. 205, 205.

243 § 1 AkkStelleGBV.

244 Die Website der Dakks ist abrufbar unter http://www.dakks.de.

245 Lücker, in: Spickhoff, § 15, 15a MPG, Rn. 6.

246 Schorn, Medizinprodukte-Recht, M 2-3/5, Rn. 2.

247 Schorn, Medizinprodukte-Recht, M 2-3/5, Rn. 2; Lücker, in: Spickhoff, § 15, 15a MPG, Rn. 6.

248 Vgl. Articles of Association, abrufbar im Internet unter: http://www.european-accreditation.org/publication/articles-of-association (Stand. 17.02.2014).

249 Article 14, paragraph 6 of the Regulation (EC) No 765/2008 of the European Parliament and of the Council of 9 July 2008 setting out the requirements for accreditation and market surveillance relating to the marketing of products and repealing Regulation (EEC) No 339/93.

250 Siehe Anhang XI der Richtlinie 93/42/EWG über Medizinprodukte, Anhang 8 der Richtlinie 90/385/EWG über aktive implantierbare medizinische Geräte sowie Anhang IX der Richtlinie 98/79/EG über In-vitro-Diagnostika. Anzumerken ist hier, dass die Richtlinien in der jeweiligen Überschrift des Anhangs von „Kriterien für die *Beauftragung* der Benannten Stellen" sprechen.

muss beispielsweise eine zu benennende Stelle stets unabhängig von den Herstellern sein, diesen gegenüber neutral agieren und frei von jeder Einflussnahme durch die Hersteller und jeder anderen Person oder Personengruppe, die an den Entscheidungen der zu benennenden Stelle interessiert sind, sein. Es dürfen insbesondere keine persönlichen Bindungen oder Beziehungen zwischen dem Personal der Stellen und den Herstellern, Lieferanten oder von diesen zu beauftragenden Personen bestehen. Nie darf die Stelle mit einem in der Entwurfs- und/oder Produktionsphase eingebundenen Person auf Seiten des Herstellers identisch sein. Die zu benennende Stelle muss also völlig unabhängig sein, was insbesondere auch eine finanzielle Unabhängigkeit erfordert, die dadurch zu gewährleisten ist, dass keine wirtschaftliche Abhängigkeit in dem Sinne besteht, dass die Höhe der Bezüge jedes Prüfers sich nach der Anzahl der durchgeführten Prüfungen oder der Prüfungsergebnisse richten.

Schließlich muss die berufliche Zuverlässigkeit und die technische Sachkunde der Mitarbeiter der zu benennenden Stelle für das jeweilige zu zertifizierende Produkt gegeben sein. Es müssen ausreichend Auditoren mit entsprechender Erfahrung verfügbar sein, sowie die technische Ausrüstung zur bereit stehen.[251] Die zu benennende Stelle hat eine Haftpflichtversicherung abzuschließen, es sei denn, diese Haftpflicht wird bereits vom Staat auf Grund einzelstaatlichen Rechts gedeckt.[252]

III. Akkreditierung in Deutschland

Bis eine Benannte Stelle im Rahmen eines Konformitätsbewertungsverfahrens tätig werden kann, bedarf es einiger Verfahrensschritte. Hierfür ist zunächst eine förmliche Anerkennung entsprechender Stellen notwendig, die Sache der einzelnen Mitgliedsstaaten ist. Dieser Akt der Anerkennung wird in der deutschen Übersetzung der Richtlinien als „Benennung", „Bezeichnung" und „Beauftragung" bezeichnet.[253] In allen Richtlinien wird jedoch einheitlich von „Benannten Stellen" gesprochen, nachdem die förmliche Anerkennung erfolgt ist. In Deutschland wurden bis zum 4. MPG-Änderungsgesetz die Begriffe der Akkreditierung und der Benennung verwendet.[254] So sprach beispielsweise § 16 MPG bis dahin von einem Erlöschen und einem Entzug der Akkreditierung und der Benennung.[255] Die Gesetzessystematik machte

251 Lücker, in: Spickhoff, § 15, 15a MPG, Rn. 6.

252 Vgl. hierzu im 3. Kapitel B. III. 4.

253 Die Terminologie der Richtlinien ist nicht einheitlich, wobei im Ergebnis jeweils der sich innerhalb der Mitgliedsstaaten abspielende Akt der Akkreditierung gemeint ist, der in allen Richtlinien weitgehend gleich abläuft. Art. 11 Abs. 1 und 2 der Richtlinie 90/385/EWG über aktive implantierbare medizinische Geräte sprechen von „bezeichnen" und einer „Beauftragung", in Art. 16 Abs. 1 der Richtlinie 93/42/EWG über Medizinprodukte und in Art. 15 Abs. 1 der Richtlinie 90/385/EWG über aktive implantierbare medizinische Geräte wird von „benennen" gesprochen.

254 Rehmann, in: Rehmann/Wagner, MPG, § 15, Rn. 5.

255 Vgl. Gesetz zur Änderung medizinprodukterechtlicher Vorschriften vom 29.07.2009, BGBl. I, S 2326, 2328.

schon nach altem Recht klar, dass es sich zwar um zwei getrennte Verwaltungsakte handelte, die Akkreditierung jedoch immer die Grundlage für die Benennung ist und die Benennung im Grunde automatisch auf die Akkreditierung folgt.[256] Seit dem 4. MPG-Änderungsgesetz spricht das Medizinproduktegesetz insbesondere in §§ 15 und 16 MPG nur noch von der Benennung, die somit der Akkreditierung entspricht.[257]

Es besteht die Möglichkeit, sich für mehrere oder nur einzelne vollständige Module anerkennen zu lassen.[258] Nicht möglich ist es hingegen, nur für einen Teilbereich eines Moduls benannt zu werden.[259] Die Akkreditierung vollzieht sich dabei immer in einem öffentlich-rechtlichen Verfahren, das auf Antrag der später zu benennenden Stelle eröffnet wird und mit der Akkreditierung der zu benennenden Stelle unter Erteilung von Auflagen oder der Ablehnung der Akkreditierung endet.[260] Sind die Voraussetzungen für eine Akkreditierung gegeben, so besteht ein subjektiv-öffentliches Recht auf die Erteilung der Akkreditierung. Die Akkreditierung ist zu befristen. Stellt eine Benannte Stelle vor Ablauf keinen Verlängerungsantrag, so erlischt die Akkreditierung automatisch.

Wird das Verfahren erfolgreich abgeschlossen, so wird die Akkreditierung erteilt. Mit der Akkreditierung erhalten die Benannten Stelle eine Kennummer und sind fortan gemäß § 15 MPG berechtigt, die Einhaltung der wesentlichen Anforderungen bestimmter Richtlinien entsprechend der in dem jeweils einschlägigen Konformitätsbewertungsverfahren genannten Weise zu prüfen und zu bescheinigen (Zertifizierung).[261] Die Akkreditierung stellt zusammen mit der Konformitätsbewertung einen Bestandteil eines Gesamtsystems der Marktüberwachung dar, welches sicherstellen soll, dass bestimmte Waren und Dienstleistungen den gesetzlichen Anforderungen und Normen entsprechen.[262] Die Akkreditierung dient der Sicherung der Qualität der Konformitätsbewertung.[263] Zudem schafft sie die Grundlagen dafür, dass die Konformitätsaussagen möglichst weltweit anerkannt werden und damit der grenzüberschreitende Handelsverkehr erleichtert wird.[264] An die mitgliedsstaatliche Benennung schließt sich die Notifizierung an.[265] Dabei werden die Kommission und

---

256 Rehmann, in: Rehmann/Wagner, MPG, § 15, Rn. 5.

257 Vgl. Gesetz zur Änderung medizinprodukterechtlicher Vorschriften vom 29.07.2009, BGBl. I, S. 2326; Rehmann, in: Rehmann/Wagner, MPG, § 15, Rn. 5.

258 Leitfaden der Kommission 2000, S. 45 f.

259 Leitfaden der Kommission 2000, S. 45.

260 Deutsch, in: Deutsch/Lippert/Ratzel/Tag, MPG, § 15, Rn. 3 ff.

261 Kapoor/Klindt, EuZW 2009, S. 134, 135.

262 Tiede/Ryczewski/Yang, NVwZ 2012, 1212.

263 Röhl/Schreiber, Konformitätsbewertung in Deutschland, S. 31.

264 Röhl/Schreiber, Konformitätsbewertung in Deutschland, S. 32.

265 Art. 16 der Richtlinie 93/42/EWG über Medizinprodukte, Art. 11 der Richtlinie 90/385/EWG über aktive implantierbare medizinische Geräte sowie Art. 15 der Richtlinie 98/79/EG über In-vitro-Diagnostika; Die Terminologie ist jedoch nicht einheitlich. Der Leitfaden verwendet den Begriff „Notifizierung", während die

die anderen Mitgliedsstaaten darüber unterrichtet, dass eine neue Stelle benannt worden ist. Zu Informationszwecken veröffentlicht die Kommission im Amtsblatt der Europäischen Gemeinschaften eine Liste der Benannten Stellen samt deren von der Kommission zugewiesenen Kennnummern, die ständig aktuell gehalten wird. Dort wird auch aufgeführt, für welche Module eine Stelle benannt worden ist.

IV. Aktuelle Entwicklungen

Im Zuge des PIP-Skandals und der in diesem Rahmen aufgezeigten uneinheitlichen Auslegung der Kriterien für eine Benennung hat die Kommission im Zusammenhang mit den Benannten Stellen eine Durchführungsverordnung über die Benennung und Beaufsichtigung Benannter Stellen erlassen.[266] Eine neu zu benennende Stelle wird zukünftig zwar weiter durch die einzelnen Mitgliedsstaaten benannt, jedoch erst nachdem auch eine „gemeinsamen Bewertung" durch Sachverständige der Kommission und der Mitgliedstaaten erfolgt ist.[267] Die Bewertungsberichte hierüber werden im Anschluss allen übrigen Mitgliedstaaten zur Verfügung gestellt. Die Verordnung enthält zudem strengere Kriterien für die Benennung und Überwachung Benannter Stellen sowie deren Aufgaben. In Deutschland sind diese Kriterien jedoch auch schon zuvor durch das MPG festgelegt gewesen. Zudem sind die Benannten Stellen in bestimmten Abständen zu überwachen und zu überprüfen.[268]

V. Rechtsnatur der Benennung und Rechtsschutz

In Deutschland stellt die Akkreditierung gemäß § 1 Abs. 1 AkkStelleG eine hoheitliche Aufgabe des Bundes dar und wird durch die nationale Akkreditierungsstelle durchgeführt. Gemäß § 2 Abs. 1 Satz 1 AkkStelleG ist der gesetzliche Auftrag der Dakks die Akkreditierung von Konformitätsbewertungsstellen (Laboratorien, Inspektions- und Zertifizierungsstellen).[269] Die Akkreditierung stellt einen

---

einzelnen Richtlinien in diesem Zusammenhang von einer „Mitteilung" sprechen. In Anlehnung an die englische Version, die entsprechende Stellen als „notified bodies" bezeichnet, scheint jedoch der Begriff „Notifizierung" passender. Vgl. auch Art. R13 des Beschlusses 768/2008/EG und den Leitfaden der Kommission 2000, S. 42 f.

266 Durchführungsverordnung EU Nr. 920/2013 der Kommission vom 24.9.2013 über die Benennung und Beaufsichtigung Benannte Stelle gemäß der Richtlinie 90/358/EG des Rates über aktive implantierbare medizinische Geräte und der Richtlinie 93/42/EG des Rates über Medizinprodukte, Amtsblatt der Europäischen Union L 253/8 vom 25.09.2013.

267 Vgl. Erwägungsgrund Nr. 4 und Artikel 3 Abs. 2 der Durchführungsverordnung (EU) Nr. 920/2013.

268 Vgl. in diesem Kapitel C.

269 Zusätzlich zu ihren Akkreditierungsaufgaben ist die Dakks Zulassungsstelle nach der Verordnung über Sachverständige und Untersuchungsstellen im Sinne von § 18 des Bundes-Bodenschutzgesetzes (BInBodSUV) im Land Berlin; BInBodSUV

begünstigenden Verwaltungsakt dar, der nur auf Antrag erteilt wird. Die Dakks gibt den zu benennenden Stellen die Erlaubnis, im Rahmen des Medizinproduktegesetzes tätig zu werden und die entsprechenden Bescheinigungen, insbesondere die Befugnis zur Anbringung der CE-Kennzeichnung, zu erteilen.[270] Liegen die Erteilungsvoraussetzungen vor, so besteht ein Anspruch auf Akkreditierung, der mit der Verpflichtungsklage gemäß § 42 VwGO gesetzlich geltend gemacht werden kann.[271] Für Rechtsstreitigkeiten im Zusammenhang mit einer Akkreditierung sind die Verwaltungsgerichte zuständig.

ist unter anderem im Internet abrufbar unter: http://www.dakks.de/sites/default/files/Bln%20BodSUV.pdf (aufgerufen am 08.08.2013).

270 Deutsch, in: Deutsch/Lippert/Ratzel/Tag, MPG, § 15, Rn. 6.

271 Rehmann, in: Rehmann/Wagner, MPG, Einf. Rn. 17.

3. Kapitel: Rechtliche Qualifizierung der Tätigkeiten der Benannten Stellen und der Benannten Stellen als solche

Es ist umstritten, wie die Benannten Stellen im Medizinprodukterecht in Deutschland rechtlich einzuordnen sind. Eine höchstrichterliche Rechtsprechung hierzu gibt es bis heute nicht. Die Literatur ist sich nicht einig und vertritt sowohl die Ansicht eines rein privatrechtlichen Handelns Benannter Stellen als auch eines öffentlich-rechtlichen.[272] Einige ordnen die Benannten Stellen im Ergebnis folglich der Rechtsfigur der Beleihung zu, andere sprechen sich für eine Stärkung der Eigenverantwortung Privater aus und lehnen somit die Beleihung ab. Die Argumentationen für die jeweilige Entscheidung sind oft unterschiedlich, jedoch oftmals nicht ausführlich oder, wie sich im Folgenden zeigen wird, teilweise nicht überzeugend.

Es kommen in Deutschland drei Rechtsinstitute in Frage, unter die man die Benannten Stellen einordnen könnte. Dies sind die Beleihung, die schlichte Verwaltungshilfe und die staatlich veranlasste gesellschaftliche Selbstregulierung. Gemeinsam ist ihnen, dass in allen drei Fällen Private in den Bereich der öffentlichen Aufgabenerfüllung einbezogen werden. Öffentlich-rechtlich beziehungsweise hoheitlich könnten die Tätigkeiten der privatrechtsförmig organisierten Benannten Stelle jedoch nur dann sein, wenn sie als Beliehene zu qualifizieren wären. Im Folgenden sollen die eben genannten drei Rechtsinstitute vorgestellt, abgegrenzt und deren Folgen einer Zuordnung dargestellt werden.

---

272 Vgl. für ein hoheitliches Tätigwerden der Benannten Stellen nach dem MPG: Scheel, DVBl. 1999, S 442, 448; von Czettritz, in: Anhalt/Dieners, Hdb. des Medizinprodukterechts, § 15, Rn. 8 f.; ders., PharmaR 2002, S. 321, 322; ders./Strelow, in: Meier/von Czettritz/Gabriel/Kaufmann, Pharmarecht, Teil 3, § 5, Rn. 126 und § 6, Rn 57 ff.; Schmitz in: Stelkens/Bonk/Sachs, VwVfG, § 1, Rn. 256; a.A. Ratzel, in: Deutsch/Ratzel/Lippert/Tag, MPG, § 3, Rn. 22, wobei dieser auch betont, dass es einem schwer fällt die Tätigkeiten als rein privatrechtlich zu qualifizieren; ebenso Deutsch, in: Deutsch/Ratzel/Lippert/Tag, MPG, § 15, Rn. 3, der dieses Ergebnis als „erstaunlich" bezeichnet; Rehmann, in: Rehmannn/Wagner, MPG, Einf., Rn. 31, § 3, Rn. 26; Deutsch/Spickhoff, Medizinrecht, Rn. 881 und 2071; Lücker/Listl, in: Spickhoff, MPG, § 18, Rn. 1; Röhl, Akkreditierung und Zertifizierung, S. 26; Merten, DVBl. 2004, S. 1211 ff.; ders., Private Entscheidungsträger, S. 134 ff.; Kage, Das Medizinproduktegesetz, S. 185 ff.; Hiltl, PharmaR, 1997, S. 408, 411.

A. Mögliche anwendbare Rechtsinstitute

I. Rechtsform der Benannten Stellen

In den meisten Mitgliedsstaaten sind die Benannten Stellen private Prüfungs- und Zertifizierungsorganisationen, die auch privatwirtschaftliche Dienstleistungen anbieten.[273] Ein Großteil der in Deutschland im Rahmen des Medizinprodukterechts Benannten Stellen sind privatrechtsförmig organisierte Einheiten, wie privatrechtsförmige technische Überwachungsvereine und vor allem Gesellschaften mit beschränkter Haftung (GmbH).[274] Da es nach den europarechtlichen Vorgaben jedoch auch möglich ist, öffentlich-rechtliche Einheiten zu benennen,[275] agieren in Deutschland auch staatliche Stellen, z.B. Materialprüfungsämter, Landesgewerbeanstalten und dergleichen, als Benannte Stellen für die Zertifizierung von Medizinprodukten. Die Benannten Stellen reichen insofern von der DEKRA über verschiedene technische Überwachungsvereine, dem Verband deutscher Elektrotechniker bis hin zum Materialprüfungsamt NRW.[276] Das Medizinproduktegesetz und die Medizinprodukteverordnung unterscheiden nicht zwischen der privat- und öffentlich-rechtlichen Organisationsform Benannter Stellen.

Die Rechtsform in der eine Benannte Stelle organisiert ist, ist für eine rechtliche Zuordnung der Tätigkeiten jedoch unerheblich.[277] So müssen öffentlich-rechtlich organisierte Einheiten nicht zwangsweise in ihrer Eigenschaft als Träger hoheitlicher Gewalt handeln, sondern sie können auch wie ein Privatrechtssubjekt berechtigt und verpflichtet sein.[278] Genauso können privatrechtlich organisierte Einheiten, auch wenn diese Organisationsform anfangs in der Regel eine Vermutung für ein privates Handeln begründet, hoheitlich handeln.[279] Im Ergebnis kommt es jedoch nicht darauf an, ob die Benannten Stellen privatrechtlich oder öffentlich-rechtlich organisiert sind, d.h. als GmbH, AG, eingetragener Verein oder Körperschaft beziehungsweise Anstalt des öffentlichen Rechts.[280]

Die Untersuchungen in dieser Arbeit beziehen sich grundsätzlich nur auf privatrechtsförmig organisierte Stellen. Die Tatsache, dass es auch öffentlich-rechtlich

---

273 Scheel, DVBl. 1999, S. 442, 445.

274 Merten, Private Entscheidungsträger, S. 123.

275 Vgl. im 3. Kapitel B. I.

276 Vgl. Deutsch/Spickhoff, Medizinrecht, Rn. 2071; Listen der deutschen sowie aller europäischen Benannten Stellen für Medizinprodukte, aktive implantierbare medizinische Geräte und In-vitro-Diagnostika finden sich bspw. auf der Website des Deutschen Instituts für Medizinische Dokumentation und Information unter: http://www.dimdi.de/static/de/mpg/adress/benannte-stellen/ (aufgerufen am 25.03.2015).

277 Hill/Schmitt, WiKo Medizinprodukterecht, § 3, Rn. 90.

278 Röhl, Akkreditierung und Zertifieruung, S. 24; Beiback, Zertifizierung und Akkreditierung, S. 246; Merten, Private Entscheidungsträger, S. 175.

279 BVerwGE 61, 222, 224; Rennert, in: Eyermann, VwGO, § 40, Rn. 87.

280 Hill/Schmitt, WiKo Medizinprodukterecht, § 3, Rn. 90.

organisierte Stellen gibt, wird jedoch an einigen Stellen in die Argumentation mit einzubeziehen sein, sie bleiben damit nicht völlig außen vor. Auf die Folgen der Einordnung der Tätigkeiten der privatrechtsförmig organisierten Benannten Stellen für die rechtliche Einordnung der Tätigkeiten der öffentlich-rechtlich organisierten Stellen wird am Ende dieses Kapitels noch eingegangen.[281]

II. Beliehener

Der Staat bedient sich schon lange des Instruments der Beleihung als einer Form der staatlichen Privatisierungsmaßnahmen. Beliehene kommen klassischerweise vor allem im Bereich der staatlichen Gefahrenabwehr vor.[282] Sie könnten in diesem Bereich auch treffenderweise als „Quasi-Polizisten" bezeichnet werden.[283] Umso überraschender ist es, dass bis heute viele dogmatische Fragen um die Beleihung herum noch nicht vollständig geklärt sind. Man könnte davon ausgehen, dass sich der Gesetzgeber der Beleihung inzwischen umfassend angenommen haben müsste, was jedoch nicht der Fall ist. Obwohl das Institut der Beleihung von großer praktischer Bedeutung ist, steht ihm nur eine geringe Regelungsdichte gegenüber.[284] Weder das Grundgesetz noch das Verwaltungsverfahrensgesetz (VwVfG) normieren das Rechtsinstitut des Beliehenen.

Die Beleihung ist die älteste Form der Beteiligung Privater an der Wahrnehmung öffentlicher Aufgaben.[285] Sie wurde insbesondere in der ersten Hälfte des 19. Jahrhunderts im Zuge der industriellen Revolution entwickelt, um dem Staat die Bewältigung der damals entstehenden völlig neuen Aufgabenfelder zu erleichtern. Während sie in den 70er Jahren nahezu verschwand, erfreut sie sich seit Ende der 90er Jahre neuer Beliebtheit; in der Literatur wird ihr vielfach geradezu eine „goldene Zukunft" vorhergesagt.[286] Aus diesem Grund gibt es auch mehrere Theorien darüber, wann eine Beleihung gegeben sein soll. Hierbei sind insbesondere zwei Theorien anzuführen und zu unterscheiden, die, teilweise in ihren Details leicht abgewandelt, vertreten werden.

---

281 Vgl. in diesem Kapitel unter I.

282 So bspw. Seeschifffahrtskapitäne nach § 106 Abs. 2 SeemG, Luftfahrzeugführer nach § 12 Abs. 1 LuftSiG, Jagdaufseher nach § 25 BJagdG oder auch zivile Wachpersonen für militärische Anlagen nach § 1 Abs. 3 UZwGBW.

283 Freitag, Das Beleihungsrechtsverhältnis, S. 15.

284 Schmidt, ZG 2002, S. 353, 354; Freitag, Das Beleihungsrechtsverhältnis, S. 15 ff.

285 Heintzen, VVDStRL 62 (2003), S. 220, 241; Schmidt am Busch, DÖV 2007, S. 533, 533; Ossenbühl, VVDStRL 29 (1971), S. 137, 138 der hier in Fn. 1 einen umfassenden Nachweis älterer Literatur aufgeführt hat.

286 Burgi, in: FS für Hartmut Maurer, S. 581, 581 f.; Steiner in: FS für Friedrich Koja, S. 605; Freitag, Das Beleihungsrechtsverhältnis, S. 15; Heintzen, VVDStRL 62 (2003), S. 220, 241; Schmidt am Busch, DÖV 2007, S. 533, 533.

1. Die modifizierte Aufgabentheorie

Die Vertreter der Aufgabentheorie in ihrer ursprünglichen Form gehen davon aus, dass es bestimmte öffentliche oder staatliche Aufgaben gibt und die Beleihung über eine Übertragung solcher Aufgaben zur Erledigung auf einen Privaten definiert werden könne.[287] Diese reine Aufgabentheorie wird auf Grund eines veralteten materiellen Verständnisses eines für alle Zeiten feststehenden staatlichen Aufgabenbestandes heutzutage nicht mehr vertreten.[288]

Die modifizierte Aufgabentheorie knüpft an die ursprüngliche Aufgabentheorie an, legt jedoch den heute vorherrschenden formalen Staatsaufgabenbegriff zugrunde.[289] Nach diesem Ansatz soll eine Beleihung immer dann vorliegen, wenn der Staat eine Aufgabe im Rahmen der geltenden Verfassungsordnung für sich in Anspruch nimmt und als Staatsaufgabe durch einen Privaten erledigen lässt.[290] Nach der Aufgabentheorie kommt es nicht darauf an, ob die Übertragung staatlicher Aufgaben an einen Privaten mit der Ermächtigung öffentlich-rechtlicher Befugnisse gegenüber Dritten einhergeht, so dass auch die Erfüllung einer staatlichen Aufgabe mit privatwirtschaftlichen Mitteln Beleihungsgegenstand sein kann.[291]

2. Die Rechtsstellungstheorie

Die Rechtsstellungstheorie stellt entgegen der Aufgabentheorie nicht auf die Übertragung staatlicher Aufgaben ab. Sie setzt die Übertragung echter Hoheitsbefugnisse voraus. Während die Anhänger der Rechtsstellungstheorie im ursprünglichen Sinne forderten, dass es sich um die Übertragung von obrigkeitlichen Befehls- und Zwangsbefugnissen auf Private handeln müsse, genügt es den heutigen Vertretern der Rechtsstellungstheorie größtenteils auch, wenn schlicht-hoheitliche Befugnisse übertragen werden. Die Hinzunahme auch schlicht-hoheitlicher Befugnisse ist unentbehrlich, um gerade die im modernen Sozialstaat anzutreffende Erfüllung von (i.d.R. Leistungs-)Aufgaben im Wege schlicht-hoheitlichen Handelns zu erfassen.[292] Denn auch in diesen Fällen wird öffentlich-rechtlich und damit hoheitlich agiert.[293]

Nach der Rechtsstellungstheorie ist das Institut der Beleihung dadurch gekennzeichnet, dass der Staat sich zur Erfüllung seiner Aufgaben privater Rechtsträger

---

287 Die (modifizierte) Aufgabentheorie geht insbesondere auf Steiner zurück, der diese in seiner Habilitationsschrift „Öffentliche Verwaltung durch Private“, S. 42 ff. entworfen hat; siehe hierzu auch Steiner, Jus, 1969, S. 69 ff. und Steiner, DÖV 1970, S. 526 ff.; Steiner hält bis heute an dieser Ansicht fest, vgl. Steiner in: FS für Friedrich Koja, S. 603 f.

288 Stadler, Die Beleihung in der neueren Bundesgesetzgebung, S. 7 f. m.w.N.

289 Freitag, Das Beleihungsrechtsverhältnis, S. 30; Stadler, Die Beleihung in der neueren Bundesgesetzgebung, S. 7.

290 Steiner, Öffentliche Verwaltung durch Private, S. 46; Steiner, DÖV 1970, S. 526, 528 f.

291 Steiner, Öffentliche Verwaltung durch Private, S. 46 f.

292 Stadler, Die Beleihung in der neueren Bundesgesetzgebung, S. 12.

293 Stadler, Die Beleihung in der neueren Bundesgesetzgebung, S. 12.

bedient und diesen dazu hoheitliche Befugnisse, d.h. obrigkeitlich-hoheitliche Befugnisse, wie den Erlass von Verwaltungsakten oder unmittelbaren Zwang (so z.B. bei Seeschifffahrtskapitänen[294] und Luftfahrzeugführern[295]) oder schlicht-hoheitliche Befugnisse wie etwa öffentlich-rechtliche Realakte oder den Abschluss von Verträgen (so z.B. bei Prüfingenieuren für Baustatistik[296]) zur selbständigen Wahrnehmung überträgt beziehungsweise diese damit „beleiht".[297]

Vereinzelt werden bestimmte Begriffsmerkmale noch ergänzt, um den Beleihungstatbestand zu konkretisieren.[298] So wird teilweise hinzugefügt, dass durch die Beleihung ein Privater befugt sein müsse, staatliche Aufgaben mit hoheitlichen Befugnissen „selbstständig"[299] oder „in eigenem Namen"[300] auszuüben. Diese Merkmale sollen eine Abgrenzung zu den Verwaltungshelfern und Beamten ermöglichen.[301] Nach anderer Ansicht sind diese Merkmale zur Abgrenzung überflüssig, da die beliehenen Privatrechtssubjekte nach einer Beleihung ohnehin im Gegensatz zu den Beamten und den Verwaltungshelfern in eigener staatlicher Zuständigkeit handeln.[302] Zum Teil wird als eine Alternative zum Begriff der hoheitlichen Befugnisse auch darauf abgestellt, ob der Private ermächtigt wird, in den Handlungsformen des öffentlichen Rechts tätig zu werden.[303] Im Ergebnis werden damit die Anforderungen an eine Beleihung jedoch nicht verändert, da sich die Handlungsformen des öffentlichen Rechts mit denen eines hoheitlichen Handelns decken, soweit man auch die Einbeziehung eines schlicht-hoheitlichen Verwaltungshandelns anerkennt.[304]

Das entscheidende Merkmal der Rechtsstellungstheorie, wann eine Beleihung vorliegt, ist also die Frage nach der Übertragung von hoheitlichen Befugnissen. Es ist damit die Form der Aufgabenerfüllung und nicht die Qualifizierung der wahrzunehmenden Aufgabe entscheidend.[305] Die Rechtsstellungstheorie ist die

294 § 106 Abs. 2 SeemG.
295 § 12 Abs. 1 LuftSiG.
296 BVerwG, DÖV 1972, S. 500 ff.
297 Wolff/Bachof/Stober, VerwR III, § 90, Rn. 14 ff.; Burgi, in: FS für Hartmut Maurer, S. 581, 585; Krebs, in: Isensee/Kirchhof, Hdb. des Staatsrechts III –Das Handeln des Staates, § 69, Rn. 39; Hermes, in: Dreier, GG III, Art. 86, Rn. 35; v. Heimburg, Verwaltungsaufgaben und Private, S. 34; Frenz, Die Staatshaftung in den Beleihungstatbeständen, S. 27 ff.; aus der Rspr. vgl. etwa BVerwG, DÖV 1972, S. 500, 501; BVerwG, NVwZ-RR 1991, S. 330 ff.; BVerwGE 98, 280, 297; BVerwGE 106, 272, 274.
298 Freitag, Das Beleihungsrechtsverhältnis, S. 21.
299 So bspw. Burgi, in: FS für Hartmut Maurer, S. 581, 585.
300 So bspw. Dreier, in: ders., GG I, Art. 1 Abs. 3, Rn. 39.
301 Freitag, Das Beleihungsrechtsverhältnis, S. 21.
302 Freitag, Das Beleihungsrechtsverhältnis, S. 21; Klement, VerwArch 2010, S. 112, 119.
303 Vgl. Burgi, in: FS für Hartmut Maurer, S. 581, 585; Heintzen, VVDStRL 62 (2003), S. 220, 241; Heitsch, DÖV 2007, S. 770, 776.
304 Steiner, Öffentliche Verwaltung durch Private, S. 67 f.; Heitsch, DÖV 2007, S. 770, 776.
305 Stadler, Die Beleihung in der neueren Bundesgesetzgebung, S. 9.

heute absolut herrschende Meinung zur Qualifizierung einer Beleihung.[306] Insbesondere, da auch die Anhänger der Rechtsstellungstheorie inzwischen die Übertragung schlicht-hoheitlicher Befugnisse auf Private ausreichen lassen, was früher ein treffendes Argument gegen diese Theorie darstellte.[307] Daher wird in dieser Arbeit der Rechtsstellungstheorie gefolgt. Eine eingehende Beschäftigung mit den Theorien zur Beleihung würde den Rahmen dieser Arbeit sprengen.[308] Es wird im Folgenden noch auf die Staatsaufgabendogmatik einzugehen sein, weshalb auch aus diesem Grund eine Entscheidung des Streits im Zusammenhang mit dieser Arbeit nicht notwendig ist.[309]

3. Zusammenfassung

Kurz zusammengefasst wären nach dem Verständnis der herrschenden Meinung Beliehene in jedem Falle solche Privatrechtssubjekte, die mit der hoheitlichen Wahrnehmung bestimmter Verwaltungsaufgaben betraut sind, d.h. dazu befugt sind, Staatsaufgaben in den Handlungsformen des öffentlichen Rechts selbständig wahrzunehmen.[310] Was die Beleihung von allen anderen Formen der Beteiligung Privater an der Erfüllung öffentlicher Aufgaben abgrenzt, ist die Übertragung von

---

306 So ausdrücklich unter anderem Klement, VerwArch 2010, S. 112, 120 f.; Jesteadt, in: Hoffmann-Riem/Schmidt-Aßmann/Voßkuhle, VerwR Band I, § 14, Rn. 31; Freitag, Das Beleihungsrechtsverhältnis, S. 21; Heitsch, DÖV 2007, S. 770, 776.

307 Eine andere Ansicht nimmt an, dass es einer weiteren Theorie bedürfe, um eine umfassende und genaue Definition der Beleihung zu erreichen. So geht bspw. Stadler davon aus, dass es sich dann um eine eigene Theorie namens „Kombinationstheorie" handele (Stadler, Die Beleihung in der neueren Bundesgesetzgebung, S. 6 ff.). Die Kombinationstheorie grenzt jedoch im Ergebnis den Beliehenenbegriff von der Aufgabentheorie lediglich durch das zusätzliche Merkmal der „Übertragung öffentlicher Gewalt" ab. Aus der Übertragung öffentlicher Gewalt zur Erfüllung einer Aufgabe folgt jedoch zwangsweise deren Staatlichkeit und somit hat das Merkmal der „Übertragung einer staatlichen Aufgabe" keine eigene Bedeutung mehr, was im Grunde der Rechtsstellungstheorie entspricht, soweit man schlicht-hoheitliche Befugnisse ausreichen lässt (vgl. Frenz, Die Staatshaftung, S. 25; Steiner, Öffentliche Verwaltung durch Private, S. 12 ff.)

308 Für eine detaillierte Beschäftigung mit Argumenten für und gegen die einzelnen Theorien und die Entwicklung neuer Theorien, wie bspw. die „Kombinationstheorie", vgl. unter anderem Stadler, Die Beleihung in der neueren Bundesgesetzgebung, S. 6 ff.; Freitag, Das Beleihungsrechtsverhältnis, S. 21 ff.; v. Heimburg, Verwaltungsaufgaben und Private, S. 30 ff.; Die Kombinationstheorie setzt sich aus einer Kombination von Elementen der Aufgabentheorie und der Rechtsstellungstheorie zusammen. Ihr „eigentlicher Zweck" ist es, eine Beleihung auch im Falle schlicht-hoheitlichen Handelns eines Privaten annehmen zu können (Stadler, Die Beleihung in der neueren Bundesgesetzgebung, S. 10).

309 Vgl. in diesem Kapitel H. II. und IV.

310 So definiert Burgi, in: FS für Hartmut Maurer, S. 581, 585; ders., In Erichsen/Ehlers, Allg. VerwR, § 10, Rn. 24.

Hoheitsbefugnissen.[311] Kommt es zu einer Übertragung von Hoheitsbefugnissen auf Private, so kann daraus auf die Wahrnehmung von Staatsaufgaben rückgeschlossen werden, jedoch nicht umgekehrt, wie eben gezeigt.[312]

4. *Kritik an der Rechtsstellungstheorie*

Beide Theorien haben jedoch nicht zu vernachlässigende Schwachstellen. Die der Aufgabentheorie wurden bereits aufgezeigt. Auch wenn die Rechtsstellungstheorie es vermeidet, sich mit der schwierigen Bestimmung von Staatsaufgaben zu befassen, indem sie nicht auf die Aufgabe, sondern auf die Mittel als ausschlaggebendes Merkmal abstellt, so hat auch diese Schwachpunkte. Die Mittel der Aufgabenwahrnehmung lassen sich oft nicht eindeutig dem hoheitlichen oder dem privaten Bereich zuordnen.[313] Eine Zuordnung kann nach dem Kriterium der hoheitlichen Befugnisse nur dann klar vorgenommen werden, wenn der Private selbst Verwaltungsakte erlässt oder er typisch obrigkeitliche Befehls- und Zwangsgewalt ausüben kann.[314] Jedoch kann schon die Einordnung bestimmter Befugnisse als „obrigkeitliche Gewalt" durchaus schwierig sein.[315] Entscheidend ist in diesen Fällen dann die Gesamtschau der Einzelregelungen zu den übertragenen Befugnissen nach Inhalt und Zweck, um daraus eine öffentlich-rechtliche Kompetenzübertragung herleiten zu können.[316] Offensichtlich ist die Zuordnung nur, wenn die Entscheidung des Privaten klar als Verwaltungsakt gekennzeichnet oder ausgestaltet ist oder dem Privaten unmittelbare Zwangsrechte ohne einen weiteren privatrechtlichen Akt eingeräumt sind.[317] Noch komplizierter ist eine Beleihung zu ermitteln, wenn sie lediglich mittels schlichthoheitlicher Befugnisse erfolgt.[318] Schlichte Hoheitsmacht unterscheidet sich in ihrer Ausübung zumeist nicht anhand ihres äußeren Erscheinungsbildes von einem rein privaten Handeln.[319] Im Ergebnis führt somit das Kriterium der Übertragung von Hoheitsbefugnissen nicht in allen Fällen zu einer eindeutigen Abgrenzung, da die Hoheitsbefugnisse oftmals selbst schwer zu qualifizieren sind. In solchen Fällen

---

311 Frenz, Die Staatshaftung, S. 52; Heintzen, VVDStRL 62 (2003), S. 220, 240; Schmidt am Busch, DÖV 2007, S. 533, 533.

312 Burgi, Funktionale Privatisierung, S. 80 f.; Stadler, Die Beleihung in der neueren Bundesgesetzgebung, S. 146.

313 Bieback, Zertifizierung und Akkreditierung, S. 231.

314 Steiner, Öffentliche Verwaltung durch Private, S 68 f.; Kämmerer, Die Umsetzung des Umwelt-Audit Rechts, S. 41;.

315 Bieback, Zertifizierung und Akkreditierung, S. 231.

316 BVerwG, NJW 1981, S. 2482, 2482.

317 Bieback, Zertifizierung und Akkreditierung, S. 231.

318 Stadler, Die Beleihung in der neueren Bundesgesetzgebung, S. 27; Bieback, Zertifizierung und Akkreditierung, S. 231.

319 Vgl. zu den Schwierigkeiten der Abgrenzung von schlichthoheitlichem und privatrechtlichem Handeln etwa, Steiner, JuS 1969, S. 69, 71; ders., Öffentliche Verwaltung durch Private, S. 47 f.

ist dann eine Gesamtschau der Einzelregelungen zu den übertragenen Befugnissen nach Inhalt und Zweck vorzunehmen.

5. Sinn und Zweck einer Beleihung

Während früher die klassischen Gründe für eine Beleihung die Situationsnähe und die damit einhergehende Situationsbeherrschung (beispielsweise bei Flugkapitänen) sowie die Sachnähe (beispielsweise bei Schornsteinfegern) waren, so ist heute eine Verschiebung der dominierenden Legitimationsgründe hin zur Nutzbarmachung des privaten Verwaltungspotenzials und der Staatsentlastung zu beobachten.[320] Die Beleihung dient damit heute zumeist dem Zweck, die öffentliche Verwaltung zu dezentralisieren und zu entlasten sowie technische und andere Sachkenntnis Privater zu nutzen und dadurch die Verwaltung effektiver zu gestalten und selbstverständlich auch öffentliche Finanzmittel einzusparen.[321] In Zeiten des technischen Fortschrittes und den damit immer steigenden Anforderungen an die Verwaltung, ist es schon aus finanzieller Sicht nicht immer möglich, für jedes Gebiet Fachleute vorzuhalten. Es ist sowohl ein legitimes als auch ein notwendiges Mittel der Verwaltung, sich der Sachkunde Privater zu bedienen. Auch ist nicht von der Hand zu weisen, dass die Verwaltung in einigen Fällen dadurch bürgernäher und transparenter wird.[322] Gleichzeitig soll jedoch nicht auf die hoheitliche Form der Aufgabenwahrnehmung verzichtet werden.[323]

6. Voraussetzungen einer Beleihung

Durch die Beleihung wird natürlichen oder juristischen Personen des Privatrechts die Zuständigkeit eingeräumt, bestimmte öffentlich-rechtliche Aufgaben und Befugnisse im eigenen Namen und in den Handlungsformen des öffentlichen Rechts wahrzunehmen.[324] Damit wird staatsorganisationsrechtlich vom Regelbild der Verfassungsordnung des Art. 33 Abs. 4 GG abgewichen, wonach hoheitliche Befugnisse in der Regel Angehörigen des öffentlichen Dienstes zu übertragen sind, die in einem öffentlich-rechtlichen Dienst- und Treueverhältnis stehen. Auf Grund dessen hat das Bundesverwaltungsgericht ausdrücklich entschieden, dass eine Beleihung nur durch oder auf Grund eines Gesetzes erfolgen darf.[325] Damit kann eine Beleihung nur durch eine indirekte Parlamentsentscheidung oder indirekt auf der Grundlage einer

---

320 Burgi, Public-Private-Partnerships und Sicherheitspartnerschaften, S. 80; Steiner in: FS Koja, S. 606 ff.

321 Wolff/Bachof/Stober/Kluth, VerwR II, § 90, Rn. 2; Schmidt, Allg. VerwR, Rn. 112; Peine, DÖV 1997, 353, 361; Freitag, Das Beleihungsrechtsverhältnis, S. 17.

322 Wolff/Bachof/Stober/Kluth, VerwR II, § 90, Rn. 3;.

323 Freitag, Das Beleihungsrechtsverhältnis, S. 17; Schmidt am Busch, DÖV 2007, S. 533, 533.

324 BVerwG, DVBl. 1990, S. 712; Wolff/Bachof/Stober/Kluth, VerwR II, § 90, Rn. 4.

325 BVerwG, NVwZ 1985, S. 48; BVerwG, NVwZ 2011, S. 368, 370.

Parlamentsentscheidung durch Rechtsverordnung, Verwaltungsakt oder öffentlich-rechtlichen Vertrag erfolgen.[326] Für eine Beleihung gilt somit ein institutioneller Gesetzesvorbehalt.[327] Insbesondere muss die gesetzliche Regelung Art und Umfang der übertragenen Befugnisse bestimmen – „ohne Befugnisse keine Beleihung".[328]

Dies heißt nicht, dass eine Beleihung ausdrücklich aus dem Gesetz hervorgehen muss. Sie kann sich auch aus einer Gesamtschau der gesetzlichen Regelungen ergeben.[329] Dabei ist jedoch Zurückhaltung geboten, denn es gilt weiterhin die Vermutung, dass Private auch privatrechtlich handeln.[330]

7. *Die Rechtsfolgen einer Beleihung*

Durch die Beleihung wird die Rechtsstellung des beliehenen Privatrechtssubjekts von der privaten in die staatliche Rechtssphäre bewirkt. Dies lässt bereits die Begrifflichkeit der „Rechtsstellungstheorie" anklingen. Das Privatrechtssubjekt wird ein Teil des hoheitlich handelnden Staates.[331] Es wird, soweit die Beleihung reicht, zu einem staatlichen Verwaltungsträger, der selbst ein Zuordnungsobjekt öffentlich-rechtlicher Rechtssätze und staatlicher Aufgabenträger ist und nicht (lediglich) eine Behörde im Sinne eines selbständigen, nicht-rechtsfähigen Organs des Staates oder eines anderen Trägers öffentlicher Verwaltung.[332] Aus der Beleihung folgt jedoch nicht, dass Beliehene dem staatlichen Bereich zuzuordnen sind, sie werden keine juristischen Personen des öffentlichen Rechts. Der Beliehene wird in die Verwaltungsorganisation eingebunden und der Staat nimmt durch ihn Staatsaufgaben wahr.[333] Dabei behält der Beliehene seinen privatrechtlichen Status; er erfüllt lediglich eine staatliche Funktion innerhalb der von ihm wahrgenommenen konkreten Aufgabe.[334]

Bei ihrer Tätigkeit als staatliche Verwaltungsträger sind die Beliehenen an das gesamte öffentliche Recht gebunden. Namentlich an das Europarecht, das Grundgesetz (der Beliehene ist Teil der vollziehenden Gewalt im Sinne des Art. 1 Abs. 3 GG),[335] das allgemeine Verwaltungsrecht und das spezielle Fachrecht, in dem sich zumeist auch die gesetzliche Grundlage für die Beleihung findet.[336] Diese Bindung

---

326 Steiner, JuS 1969, S. 69, 73 f. ; Peine, DÖV 1997, 353, 361; Maurer, Allg. VerwR, § 23, Rn. 57; Schmidt, Allg. VerwR, Rn. 113.

327 Bieback, Zertifizierung und Akkreditierung, S. 228.

328 Burgi, in: FS für Hartmut Maurer, S. 581, 588.

329 Rennert, in: Eyermann, VwGO, § 40, Rn. 87.

330 Rennert, in: Eyermann, VwGO, § 40, Rn. 87; Stadler, Die Beleihung in der neueren Bundesgesetzgebung, S. 26; Bieback, Zertifizierung und Akkreditierung, S. 237.

331 Freitag, Das Beleihungsrechtsverhältnis, S. 23.

332 Burgi, in: FS für Hartmut Maurer, S. 581, 593 f.; Frenz, Die Staatshaftung in den Beleihungstatbeständen, S. 53; Freitag, Das Beleihungsrechtsverhältnis, S. 24.

333 Burgi, Public-Private-Partnerships und Sicherheitspartnerschaften, S. 79.

334 Maurer, Allg. VerwR, § 23, Rn. 56; Schmidt, Allg. VerwR, Rn. 112.

335 Kunig in: v. Münch/Kunig, GG, Art. 1, Rn. 51.

336 Wolff/Bachof/Stober/Kluth, VerwR II, § 90, Rn. 49; Freitag, Das Beleihungsrechtsverhältnis, S. 23; Krebs, in: Isensee/Kirchhof, Hdb. des Staatsrechts V, § 108, Rn. 46.

an das öffentliche Recht und die Stellung als staatlicher Verwaltungsträger gehen jedoch nur soweit, wie auch die Beleihung reicht. Neben der Wahrnehmung staatlicher Aufgaben als Verwaltungsträger kann das beliehene Privatrechtssubjekt auch weiterhin als Privater in privatrechtlicher Form handeln.

Nach außen tritt der Beliehene als selbständiger Hoheitsträger auf.[337] Er ist eine Behörde im Sinne des § 1 Abs.4 VwVfG und kann im Rahmen seines Kompetenzbereichs Verwaltungsakte erlassen, Verwaltungsverträge schließen, Gebühren erheben und sonstige hoheitliche Maßnahmen treffen.[338] Beliehene sind wie die öffentliche Verwaltung auch an die Grundrechte und an den Grundsatz der Verhältnismäßigkeit gebunden.[339]

Die Beleihung stellt eine Alternative zur vollständigen Privatisierung im Sinne einer Aufgabenprivatisierung und Entstaatlichung dar.[340] Die Beleihung ist daher auch deutlich von der in den letzen Jahren immer mehr praktizierten Stärkung privater Eigenverantwortung abzugrenzen.[341] Diese Unterscheidung stellt sich jedoch oft als schwierig heraus, da sowohl die Beleihung als auch die Übertragung der Aufgabenwahrnehmung in die private Eigenverantwortung dadurch gekennzeichnet sind, dass der Staat sich und seine Behörden zugunsten der Tätigkeiten eines privaten zurückzieht.[342] Welches Rechtsinstitut vom Gesetzgeber den Benannten Stellen angedacht ist, wird im Verlauf der Arbeit geklärt werden.

III. Stärkung privater Eigenverantwortung

Neben der Einbeziehung Privater in die Erfüllung staatlicher Aufgaben, indem sie entweder selbst Staatsaufgaben wahrnehmen oder ihr Tätigwerden zumindest funktional im Zusammenhang mit der Erfüllung von Staatsaufgaben steht, können Private auch Gemeinwohlbeiträge leisten, ohne dass ein solcher Zusammenhang zu einer Staatsaufgabe beziehungsweise Verwaltungsaufgabe besteht.[343] Damit ist eine Organisationsform beschrieben, in der Privatrechtssubjekte zwar im öffentlichen Interesse, aber eben nicht im Zusammenhang mit der Wahrnehmung von

---

337 Maurer, Allg. VerwR, § 23, Rn. 58.

338 Maurer, Allg. VerwR, § 23, Rn. 58.

339 Gramm, Privatisierung und notwendige Staatsaufgaben, S. 118.

340 Wolff/Bachof/Stober/Kluth, VerwR III, § 90, Rn. 3; Schmidt, ZG 2002, S. 353, 353 f.; Burgi, in: FS für Hartmut Maurer, S. 581, 585; Gramm, Privatisierung und notwendige Staatsaufgaben, S. 118.

341 Burgi, in: FS für Hartmut Maurer, S. 581, 585.

342 Vgl. zu dieser Problematik auch Stuible-Treder, Der Beliehene im Verwaltungsrecht, S. 66 f.

343 Der Begriff der „Verwaltungsaufgaben“ beschreibt eine Kategorie, die einen Unterfall der Staatsaufgaben darstellt. Sie besagt dabei nichts weiter, als dass die Exekutive im Sinne des Schemas der staatlichen Gewaltenteilung tätig wird (Schoch, DVBl. 1994, S. 962, 962; Merten, Private Entscheidungsträger, S. 128).

Staatsaufgaben tätig werden.[344] Diese Phänomene werden oft als „staatlich veranlasste gesellschaftliche Selbstregulierung"[345] beziehungsweise „hoheitlich regulierte Selbstregulierung"[346] oder als „gesteuerte Selbstregulierung"[347] bezeichnet. Damit wird ein Trend beschrieben, privaten Sachverstand zur Erreichung von Gemeinwohlzielen zu nutzen, wobei der Private aber nicht zu einem staatlichen Verwaltungsträger wird, wie dies bei einem Beliehenen der Fall ist, sondern er auf eigene Initiative hin im öffentlichen Interesse tätig wird.

Hintergrund ist, dass die Gefahrenabwehr vermehrt nicht mehr nur als Staatszweck, öffentliches Gut oder natürliches Staatsmonopol angesehen wird, sondern auch unter Markt-, Wettbewerbs- und Qualitätsgesichtspunkten diskutiert wird, womit dann auch eine gewerberechtliche Erledigung in Frage kommt.[348] Damit werden die Privaten im Sinne einer verstärkten Eigen- und Mitverantwortung in die Gefahrenabwehr mit einbezogen.[349] Der Staat geht also zunehmend dazu über, Bürger und Unternehmen an ihre Verantwortung zur Eigenverantwortung und Eigensicherung zu erinnern.[350]

Die Motive für eine solche staatlich veranlasste gesellschaftliche Selbstregulierung entsprechen im Grunde denen der Beleihung. Der Staat bedient sich hier ebenfalls auf Grund der Zunahme der zu bewältigenden Herausforderungen, insbesondere im wissenschaftlich-technischen Bereich, Privater, um diese Aufgaben überhaupt erfüllen zu können und gleichzeitig um Kosten einzusparen.[351] Es soll das gesellschaftliche Potenzial erschlossen und ausgeschöpft werden.

Die Stärkung privater Eigenverantwortung kann auch durch die Auferlegung von Verhaltenspflichten geschehen, indem einem Privaten die Einschaltung eines (sachverständigen) Dritten auferlegt wird.[352] Dabei leiten diese Dritten ihre Aufgaben und Befugnisse nicht vom Staat ab, sondern werden auf Veranlassung des Aufgabenbetroffenen tätig.[353] Die Benannten Stellen im Bereich des Medizinprodukterechts könnten daher auch als eine solche Form staatlich veranlasster gesellschaftlicher Selbstregulierung anzusehen sein.[354] In diesem Fall hätte man es

344 Burgi, Funktionale Privatisierung, S. 88; Merten, Private Entscheidungsträger, S. 134.

345 Burgi, Funktionale Privatisierung, S. 87 ff.; Burgi, Public-Private-Partnerships und Sicherheitspartnerschaften, S. 71; Schmidt-Preuß, VVDStRL 56 (1997), S. 160 ff.; Di Fabio, VVDStRL 56 (1997), S. 235 ff.

346 Hoffmann-Riem, DÖV 1997, S 433, 436.

347 Schmidt-Preuß, VVDStRL 56 (1997), S. 160, 165.

348 Stober, NJW 1997, S. 889, 892.

349 Stober, NJW 1997, S. 889, 892.

350 Stober, NJW 1997, S. 889, 892.

351 Burgi, Funktionale Privatisierung, S. 5 ff.; Merten, Private Entscheidungsträger, S. 134.

352 Merten, Private Entscheidungsträger, S. 141.

353 Burgi, Funktionale Privatisierung, S. 88.

354 So im Ergebnis Merten, Private Entscheidungsträger, S. 163 ff.

mit einer Aufgabenprivatisierung zu tun.[355] Die Benannten Stellen würden nicht hoheitlich, sondern rein privatrechtlich gegenüber den Herstellern von Medizinprodukten tätig werden.

1. *Privatisierung und deren Erscheinungsformen*

Da jetzt schon mehrmals der Begriff der Privatisierung gefallen ist, soll auf diesen bereits an dieser Stelle zum besseren Verständnis der Beleihung und Selbstregulierung kurz eingegangen werden. Die Privatisierung wird in der weiteren Untersuchung, insbesondere bei der Frage, inwieweit eine Aufgabenprivatisierung im Bereich des Medizinprodukterechts respektive der Kontrolle und Überwachung von Medizinprodukten zulässig erscheint, noch relevant werden.[356] Zu den verschiedenen Formen der Privatisierung kann jedoch lediglich ein kleiner Überblick gegeben werden, ohne dabei auf den facettenreichen Begriff der Privatisierung näher eingehen zu wollen.[357]

Allgemein gesprochen, bedeutet Privatisierung eine Entstaatlichung.[358] Die Privatisierung kann nicht als ein allgemeiner Rechtsbegriff verstanden und verwendet werden. Die Möglichkeiten der Einbeziehung Privater in die Erfüllung von Aufgaben zum Gemeinwohl sind vielfältig. Es lassen sich jedoch drei Oberbegriffe für Arten der Privatisierung im Zusammenhang mit öffentlichen Aufgaben ausmachen. Dies sind die Organisationsprivatisierung, die funktionale Privatisierung und die Aufgabenprivatisierung.

Mit der Organisationsprivatisierung können alle Vorgänge bezeichnet werden, an deren Ende weiterhin die Erfüllung von Staatsaufgaben durch Private steht.[359] Sie wird auch als formelle Privatisierung bezeichnet.[360] Bei der formellen Privatisierung bedient sich der Staat oft lediglich der Organisations- und Rechtsformen des Privatrechts mittels Schaffung einer Eigengesellschaft, in der Regel einer AG oder GmbH.[361] Die Organisationsprivatisierung ist deshalb lediglich eine formelle, weil sie sich nur auf die Modalitäten der Organisation und des Verfahrens beschränkt, während die Sachentscheidung weiterhin den Anforderungen des öffentlichen

355 Burgi, in: Erichsen/Ehlers, Allg. VerwR, § 10, Rn. 36 ff.

356 Vgl. in diesem Kapitel H.

357 Der Begriff der Privatisierung dient heutzutage oft als ein Sammelbecken der unterschiedlichsten Phänomene, die sich nicht klar zuordnen lassen. Das Schrifttum ist daher kaum noch zu überschauen. Im Zusammenhang der „Privatisierung von Verwaltungsaufgaben“ vgl. daher vor allem, aber nicht abschließend bspw. Bauer, VVDStRL 54 (1995), S. 243; Di Fabio, JZ 1999, S. 585 ff.; Schoch, DVBl. 1994, S. 962 ff.; Gramm, Privatisierung und notwendige Staatsaufgaben.

358 Görgmeier, DÖV 1977, S. 356 ff., Di Fabio, JZ 1999, S. 585, 585.

359 Burgi, in: Erichsen/Ehlers, Allg. VerwR, § 10, Rn. 11.

360 Di Fabio, JZ 1999, S. 585, 588; Burgi in: Erichsen/Ehlers, Allg. VerwR, § 10, Rn. 11.

361 Vitzthum, AöR 104 (1979), S. 580, 588; Di Fabio, JZ 1999, S. 585, 588.

Rechts unterliegt.[362] Das Wort „formell“ thematisiert im öffentlichen Recht die Fragen der Zuständigkeit, der Form und des Verfahrens, also das „Wie“ der Erfüllung öffentlicher Aufgaben. Was in „materieller“ Hinsicht getan wird, bleibt weiter dem Staat als Aufgabe und dessen Zurechnungsverantwortung zugehörig.[363] Die Beleihung ist ebenfalls als eine Form der Organisationsprivatisierung einzustufen.[364]

Der Begriff der funktionalen Privatisierung ist im Grunde gleichbedeutend mit dem des Verwaltungshelfers.[365] Die funktionale Privatisierung ist dadurch gekennzeichnet, dass Teilbeiträge von einer umfassenden staatlichen Erfüllungsverantwortung abgetrennt und auf Private übertragen werden.[366] Es wird also nicht die Organisationsstruktur, sondern die Verantwortungsstruktur hinsichtlich einer Staatsaufgabe verändert.[367]

Von einer „echten“ Privatisierung lässt sich hingegen nur im Bereich der Aufgabenprivatisierung sprechen. Gemeint ist damit der hoheitliche Verzicht des Staates auf die Erfüllung einer öffentlichen Aufgabe und die Überlassung oder Rückgabe eines Sachgegenstandes in die privatrechtlich organisierte Gesellschaft.[368] Eine Aufgabenprivatisierung führt dazu, dass sich der Staat letztlich vollständig aus der Erfüllungsverantwortung zurückzieht und die ursprüngliche Staatsaufgabe von einem Privaten wahrgenommen wird. Hierzu zählt auch der Bereich der staatlich veranlassten gesellschaftlichen Selbstregulierung.[369] Eine Aufgabenprivatisierung ist jedoch nur dann möglich, wenn der Staat auf Grund verfassungsrechtlicher und/oder einfachgesetzlicher Bestimmungen nicht selbst zur Aufgabenerfüllung verpflichtet ist.[370] Jedoch kommt dem Staat auch im Bereich der Aufgabenprivatisierung grundsätzlich eine Gewährleistungsverantwortung, gerichtet auf die Verwirklichung des Gemeinwohls, zu, wenn auch unter veränderten Rahmenbedingungen.[371]

2. *Formen der staatlich veranlassten gesellschaftlichen Selbstregulierung*

Ausgehend von der bereits erwähnten Vermutung,[372] die bei Privatrechtssubjekten für ein privates Handeln streitet, drängt es sich auf, die Frage, ob die Tätigkeit der Benannten Stellen sich grundsätzlich als eine Form der staatlich veranlassten

362 Di Fabio, JZ 1999, S. 585, 588.
363 Di Fabio, JZ 1999, S. 585, 588.
364 Peine, DÖV 1997, S. 353, 362; Burgi, in: Erichsen/Ehlers, Allg. VerwR, § 10, Rn. 25; Kneuper, Privatisierung kommunaler Pflichtaufgaben, S. 42.
365 Burgi, in: Erichsen/Ehlers, Allg. VerwR, § 10, Rn. 32.
366 Burgi, in: Erichsen/Ehlers, Allg. VerwR, § 10, Rn. 31.
367 Burgi, in: Erichsen/Ehlers, Allg. VerwR, § 10, Rn. 31.
368 Bauer, VVDStRL 54 (1995), S. 243, 250; Ronellenfitsch, NVwZ 1998, S. 1021, 1023; Di Fabio, JZ 1999, S. 585, 585.
369 Burgi, in: Erichsen/Ehlers, Allg. VerwR, § 10, Rn. 38.
370 Burgi, in: Erichsen/Ehlers, Allg. VerwR, § 10, Rn. 39.
371 Burgi, in: Erichsen/Ehlers, Allg. VerwR, § 10, Rn. 39.
372 Siehe in diesem Kapitel unter A. I. 6.

gesellschaftlichen Selbstregulierung qualifizieren ließe, näher zu untersuchen. Dies würde die Vermutung bekräftigen und ließ diese Erwartung wohl nur durch eine ausdrückliche gegenteilige Regelung des Gesetzgebers entfallen.

Die Erscheinungsformen staatlich veranlasster gesellschaftlicher Selbstregulierung sind relativ neu und überaus vielfältig.[373] Somit haben sich weder in der Rechtsprechung,[374] noch in der Literatur[375] bis jetzt klare Konturen und Kriterien herausgebildet, wann eine Selbstregulierung vom Gesetzgeber gewollt und anzunehmen ist. Um eine mögliche Zuordnung zu dieser „Rechtsform" zu erleichtern, sollen im Folgenden einige anerkannte Beispiele zur staatlich veranlassten gesellschaftlichen Selbstregulierung näher betrachtet werden, um zu prüfen, ob eine Parallele zur Tätigkeit der Benannten Stellen im Medizinproduktrecht gezogen werden kann. Die angeführten Beispiele erheben dabei keinen Anspruch auf Vollständigkeit, wie bereits gesagt sind die Erscheinungsformen der Selbstregulierung äußerst vielfältig. Es handelt sich bei den folgenden Beispielen lediglich um besonders markante Fälle, die sich im Bezug auf das hier zu untersuchende Gebiet der Benannten Stellen nach dem Medizinprodukterecht als nützliche Systematisierungsansätze erweisen.

a) Betriebsbeauftragte im Umweltschutz

Im Bereich des Umweltrechts gibt es seit fast 30 Jahren die Einrichtung des Betriebsbeauftragten für Umweltschutz. Betriebsbeauftragte sind insbesondere im Immissions-, Wasser-, und Abfallrecht anzutreffen.[376] Ihre Aufgabe ist es, die Einhaltung der umweltrechtlichen Vorgaben innerhalb ihres Betriebes zu überwachen und auf die Förderung des betrieblichen Umweltschutzes hinzuwirken. Sie stellen einen inzwischen klassischen Fall der staatlich veranlassten gesellschaftlichen Selbstregulierung dar.[377] Die Betriebsbeauftragten beraten den Betreiber und die Betriebsangehörigen in Angelegenheiten des Umweltschutzes, bezogen auf den Bereich, für den sie jeweils zuständig sind (Abfall, Immissionen, Gewässerschutz usw.).[378] In diesem Zusammenhang stehen ihnen einige Rechte zu und obliegen ihnen gleichzeitig verschiedene Pflichten. So haben sie unter anderem auf die Entwicklung und Einführung umweltfreundlicher Verfahren hinzuwirken und mitzuwirken und Betriebsangehörige über schädliche Umwelteinwirkungen der Betriebsanlagen

---

373 Merten, Private Entscheidungsträger, S. 136.

374 Vgl. in diesem Zusammenhang aber die Expertise der Rspr. in diesem Kapitel unter G. in welcher Abgrenzungskriterien eines privaten zu einem hoheitlichen Handeln herausgearbeitet werden.

375 Seidel, Privater Sachverstand, S. 16.

376 Vgl. etwa §§ 53 ff. BImschG (Betriebsbeauftragter für Umweltschutz), §§ 64 ff. WHG (Betriebsbeauftragter für Gewässerschutz), §§ 59 f. KrW-/AbfG (Betriebsbeauftragter für Abfall).

377 Merten, Private Entscheidungsträger, S. 137.

378 Vgl. § 54 Abs. 1 S. 1 BImschG, § 65 Abs. 1 S. 1 WHG, § 60 Abs. 1 S. 1 KrW-/AbfG.

aufzuklären und diese nach Möglichkeit zu verhindern.[379] Über solche Maßnahmen hat der Betriebsbeauftragte dem Betreiber jährlich Bericht zu erstatten.[380] Die Betriebsbeauftragten haben sich für die Abwehr und zur Vorsorge von (Umwelt) gefahren einzusetzen, womit sie Aufgaben wahrnehmen, die im öffentlichen Interesse liegen.

Diese Betriebsbeauftragten sind vom Betreiber zu bestellende Private, die jedoch in aller Regel selbst Betriebsangehörige sind und sogar sein müssen.[381] Dieser Konzeption zufolge ist ein Betriebsbeauftragter in die interne und private Betriebsorganisation eingebunden. Es ist offensichtlich, dass dieser Organisation das Prinzip der Eigenüberwachung und Selbstkontrolle zugrunde liegt.[382] Der Betreiber selbst wird hier in die Pflicht genommen, für die Bestellung eines Betriebsbeauftragten zu sorgen, was einen typischen Fall der staatlich veranlassten gesellschaftlichen Selbstregulierung darstellt.[383]

b) ECO-Management und Audit Scheme (EMAS)

Das System des „ECO-Management and Audit-Scheme" (kurz: Umwelt-Audit) wurde im Jahre 2001 durch eine Verordnung des Rates eingeführt.[384] Es handelt sich dabei um ein freiwilliges Instrument zur Verbesserung des betrieblichen Umweltschutzes, welches in Deutschland in Form des Umweltauditgesetzes (UAG) umgesetzt worden ist. Mit der Möglichkeit eines Umwelt-Audit sollen Unternehmen Anreizmechanismen zur Verbesserung des betrieblichen Umweltschutzes gesetzt werden. Verpflichtet sich ein Unternehmen selbst zu einer konkreten Umweltpolitik, entwirft es hierzu ein detailliertes Umweltprogramm und richtet am jeweiligen Standort des

---

379 Vgl. § 54 Abs. 1 S. 2 BImschG, § 65 Abs. 1 S. 2 WHG, § 60 Abs. 1 S. 2 KrW-/AbfG.

380 Vgl. § 54 Abs. 2 BImschG, § 65 Abs. 2 S. 1 WHG, hier ist der Bericht dem Gewässernutzer zu erstatten, § 60 Abs. 2 KrW-/AbfG.

381 Siehe § 1 Abs. 1 der fünften Verordnung zur Durchführung des Bundes-Immissionsschutzgesetzes (Verordnung über Immissionsschutz- und Störerfallbeauftragte –5. BImSchVO). Die Bestellung eines externen Betriebsbeauftragten kann nur auf Antrag bei der zuständigen Behörde nach § 5 der 5. BImschVO zugelassen werden.

382 Merten, Private Entscheidungsträger, S. 138.

383 Seidel, Privater Sachverstand, S. 272 f.; Burgi, in: Erichsen/Ehlers, Allg. VerwR, § 10, Rn. 38; Kloepfer, Umweltrecht, § 5, Rn. 425.

384 Verordnung Nr. 761/2001 des Rates vom 19.03.2001 über die freiwillige Beteiligung von Organisationen an einem Gemeinschaftssystem für das Umweltmanagement und die Umweltbetriebsprüfung (EMAS), ABl. Nr. L 114 vom 24.04.2001, S. 1 ff., welche die Verordnung Nr. 1836/93 vom 26.06.1993 ersetzte. Heute liegt bereits die sogenannte EMAS-III Verordnung als aktuelle vor (vgl. Verordnung (EG) Nr. 1221/2009 des europäischen Parlaments und des Rates vom 25.11.2009 über die freiwillige Teilnahme von Organisationen an einem Gemeinschaftssystem für Umweltmanagement und Umweltbetriebsprüfung und zur Aufhebung der Verordnung (EG) Nr. 761/2001, sowie der Beschlüsse der Kommission 2001/681/ EG und 2006/193/EG, ABl. L 342 vom 22.12.2009, S. 1ff.).

Unternehmens ein Umweltmanagementsystem ein, so kann es eine abschließende Umwelterklärung abgeben. In dieser Erklärung müssen angestrebte Verbesserungen des betrieblichen Umweltschutzes enthalten sein. Im Anschluss daran überprüft ein zugelassener Umweltgutachter das Managementsystem und die Umwelterklärung. Genügen diese den Anforderungen der EMAS-Verordnung, so erklärt der Umweltgutachter sie für gültig (sogenannte „Validierung"). Der Hersteller ist jedoch weiterhin zur Einhaltung der allgemeinen umweltrechtlichen Vorschriften verpflichtet.

Mit der Validierung kann sich das Unternehmen bei der zuständigen Registrierungsstelle (in Deutschland sind dies die IHK und die HWK) im EMAS-Verzeichnis eintragen lassen. Damit ist das Unternehmen berechtigt, dass EMAS-Logo (Geprüftes Umweltmanagement) z.B. auf Briefköpfen, Websites, Plakaten usw. (nicht jedoch auf Produkten und Verpackungen, die zu Verwechslungen mit anderen Umwelt-Kennzeichnungen führen könnten) zu nutzen. Eine Validierung mit anschließender Eintragung des Standortes bringt für das teilnehmende Unternehmen Vorteile mit sich. In der Regel geht mit der Umwelterklärung eine öffentlichkeitswirksame Imageverbesserung einher, die sich auf das Verhalten von Verbrauchern und Vertragspartnern positiv auswirkt und von Banken und Versicherungen bei Vertragsabschlüssen honoriert wird. Der inzwischen größte Vorteil dürften die durch die EMASPrivelegV[385] geschaffenen Erleichterungen für registrierte Unternehmen im Bereich der ordnungsrechtlichen Überwachung und (verfahrens-)rechtliche Erleichterungen sein.[386]

Umweltgutachter kann nur werden, wer die gesetzlich geforderten Nachweise über Zuverlässigkeit, Fachkunde, Unabhängigkeit und Neutralität erbringt.[387] In diesem Falle kann derjenige nach Abschluss des Zulassungsverfahrens für Umweltgutachter durch die mit Hoheitsmacht beliehene Deutsche Akkreditierungs- und Zulassungsgesellschaft für Umweltgutachter mbH (DAU)[388] staatlich anerkannter

---

385 Verordnung über immisions- und abfallrechtliche Überwachungserleichterungen für nach der Verordnung (EG) Nr. 761/2001 registrierte Standorte und Organisationen (EMAS-Privilegierungs-Verordnung –EMASPrivilegV) vom 24.06.2002 (BGBl. I S. 2247), zueletzt geändert durch Art. 8 Abs. 4 der Verordnung vom 02.05.2013 (BGBl. I S. 1021).

386 So ergeben sich bspw. Überwachungserleichterungen im Wasserrecht (vgl. die Ermächtigungsgrundlage für Verordnungen in § 24 „Erleichterungen für EMAS-Standorte" WHG) und im Imissions- und Abfallrecht (vgl. unter anderem § 52a Abs. 2 Nr. 3 BImschG oder § 4 Abs. 1 Nr. 2 BImschV und die Ermächtigungsgrundlage für Verordnungen nach § 55a „Erleichterungen für auditierte Unternehmensstandorte" KrW-/AbfG) sowie steuerliche Entlastungen (vgl. § 55 Energiesteuergesetz und § 10 Stromsteuergesetz).

387 Vgl. §§ 4 ff. UAG.

388 Vgl. § 1 der Verordnung über die Beleihung der Zulassungsstelle nach dem Umweltauditgesetz (UAG-Beleihungsverordnung – UAGBV) vom 18.12.1995 (BGBl. I S. 2013), zuletzt geändert durch Artikel 1 der Verordnung vom 13.12.2011 (BGBl. I S. 2727).

Umweltgutachter werden. Der Umweltgutachter wird alleine auf Grund eines zivilrechtlichen Vertrages mit dem Unternehmer tätig. Er nimmt keine behördlichen Kontrolltätigkeiten wahr und ist nicht als ein Beliehener zu qualifizieren. Der Umweltgutachter nimmt damit nach herrschender Meinung keine behördlichen Kontrolltätigkeiten wahr, sondern wird alleine auf Grund eines zivilrechtlichen Vertrages mit dem eine Validierung anstrebenden Unternehmen tätig.[389]

c) Geräte- und Produktsicherheitsgesetz

Das dem System der Zulassung von Medizinprodukte wohl ähnlichste Konstrukt der staatlich veranlassten gesellschaftlichen Selbstregulierung ist das der Zuerkennung eines GS-Zeichens nach dem ehemaligen GPSG.[390] Auch bei einem GS-Zeichen handelt es sich um eine Kennzeichnung, welche von einer Prüfungsstelle auf Antrag vergeben wird, wenn ein Produkt den einschlägigen gesetzlichen Anforderungen entspricht. Nachdem umstritten war, ob es sich bei der Vergabe des GS-Zeichens um einen rein privatrechtlichen Prüfungsauftrag handelt oder ob die Prüfungsstelle bei der Vergabe hoheitlich handelt, hat der BGH diesen Streit nunmehr entschieden.[391] Nach Ansicht des BGH liegt keine Beleihung vor. Damit wurde im Umkehrschluss gleichzeitig entschieden, dass es sich um eine Form der Stärkung privater Eigenverantwortung handeln muss. Neben anderen Argumenten stellte der Bundesgerichtshof in seinen Urteilsgründen insbesondere darauf ab, dass die GS-Kennzeichnung keine Pflichtkennzeichnung darstellt, sondern lediglich freiwillig beantragt werden kann. Auch bei einer Nichterteilung des Zeichens kann ein Produkt weiter auf den Markt gebracht werden. Das GS-Zeichen hat damit keine legalisierende Funktion. Hier zeigt sich die Eigenverantwortung des Herstellers, der ohnehin Sorge dafür zu tragen hat, dass sein Produkt den gesetzlichen Anforderungen entspricht.

d) Fazit

Stellt man die Konzeption des Betriebsbeauftragten im Umweltschutz nun mit der Einbindung Benannter Stellen im Rahmen des Medizinproduktegesetzes gegenüber, so fällt zunächst auf, dass die Benannten Stellen gerade keine Verbindung zum Hersteller haben dürfen. Sie müssen absolut unabhängig vom Hersteller sein. Denkbar wäre ein Fall der staatlich veranlassten gesellschaftlichen Selbstregulierung in Anlehnung an die oben genannte Konzeption des Betriebsbeauftragten lediglich bei der Zertifizierung von Produkten mit einem niedrigen Gefahrenpotenzial, die mit

---

389 Pape, Umweltmanagementsysteme zwischen Anspruch und Wirklichkeit, S. 87 ff.; Röhl, Akkreditierung und Zertifizierung, S. 26 ff.; Merten, Private Entscheidungsträger; Klement, VerwArchiv 2010, S. 123; Kritisch hierzu: Kadelbach, Allgemeines Verwaltungsrecht unter europäischem Einfluß, S. 331.

390 Die Prüfungsstellen nach dem GPSG als Beispiel für eine staatlich veranlasste gesellschaftliche Selbstregulierung genannt von Burgi, in: Erichsen/Ehlers, Allg. VerwR, S. 328.

391 BGH, NVwZ-RR 2011, S. 556 ff.

einer Herstellererklärung (Modul A)[392] zertifiziert werden können. In diesen Fällen zertifiziert der Hersteller sein Produkt selbst. Er ist nicht verpflichtet, eine Benannte Stelle einzuschalten. Schaltet er dennoch eine Benannte Stelle ein, so übernimmt diese quasi die Eigenüberwachung und Selbstkontrolle des Herstellers für diesen. Jedoch muss auch in diesem Falle die Benannte Stelle ihre Unabhängigkeit wahren und darf sich nicht in die Sphäre des Herstellers einbeziehen lassen. Die Benannte Stelle wird nicht etwa Angestellte des Herstellers und darf dies auch nicht werden. Es besteht des Weiteren keine Informationspflicht des umweltrechtlichen Betriebsbeauftragten gegenüber den Überwachungsbehörden bei festgestellten Mängeln oder Rechtsverstößen.[393] Dies ist hingegen bei Benannten Stellen, auch im Rahmen der Zertifizierung nach Modul A, der Fall.[394] Vergleichbar mit einem Betriebsbeauftragten für Umweltschutz ist nicht die Benannte Stelle, sondern der Sicherheitsbeauftragte für Medizinprodukte, der nach § 30 MPG von jedem Verantwortlichen nach § 5 Satz 1 und 2 MPG zu beschäftigen ist.

Stellt man die Tätigkeit der Benannten Stellen im Rahmen des Medizinproduktrechts der eines Umweltgutachters gegenüber, so ist zunächst einmal festzustellen, dass in beiden Fällen eine Akkreditierungsstelle tätig wird. Zudem basieren beide auf einer europarechtlichen Idee. Sowohl im Rahmen eines Umwelt-Audits als auch bei einem Konformitätsbewertungsverfahren (mit Ausnahme der Herstellererklärung), ist ein externer Dritter (Umweltgutachter, Benannte Stelle) in den Prozess einzubeziehen und stehen diesem Dritten Entscheidungsbefugnisse zu. Grundlegender Unterschied ist jedoch, dass ein Unternehmen ein Umwelt-Audit nicht zwangsweise durchführen muss, sondern lediglich freiwillig daran teilnehmen kann. Ein Hersteller von Medizinprodukte kann seine Produkte ohne eine Zertifizierung hingegen gar nicht auf dem europäischen Markt vertreiben. Auch wenn auf Grund der immer weiter zunehmenden (verfahrens-)rechtlichen Bevorzugung der Druck, sich einer Validierung zu unterziehen, auf die Hersteller immer größer wird, so reicht dies alleine (noch) nicht aus, eine faktische Pflicht zur Validerung anzunehmen. Anders wäre dies wohl zu beurteilen, wenn ein Unternehmen ohne die Durchführung eines Umwelt-Audits auf dem Markt nicht mehr bestehen könnte, wenn es beispielsweise auf Grund allzu langwieriger Prozesse oder unzumutbarer finanzieller Belastungen nicht mehr konkurrenzfähig wäre. Dies ist jedoch noch nicht zu beobachten. Auch kann man aus der verfahrensrechtlichen Bevorteilung keine Beziehung zu staatlichem Handeln herstellen.[395] Damit unterscheidet sich die Tätigkeit der Benannten Stellen von denjeningen eines Umweltgutachters erheblich. Die Prüfung des Umweltgutachters ist lediglich freiwilliger Natur. Zudem hat das

392 Vgl. 2. Kapitel A. III. 1. Und A. IV. 1.
393 Kloepfer, Umweltrecht, § 5, Rn. 424.
394 Vgl. zu Modul A im 2 Kapitel A. III. 1.
395 Merten, Private Entscheidungsträger, S. 143.

EMAS-Logo im Gegensatz zur CE-Kennzeichnung bei Medizinprodukten keine legalisierende Funktion.[396]

Die Pflicht, ein Produkt überprüfen zu lassen und bei einem negativen Ergebnis ohne die zu erteilende Kennzeichnung nicht auf den Markt bringen zu können, stellt die Grenze der staatlich veranlassten gesellschaftlichen Selbstregulierung dar.[397] Jedenfalls ist sie nicht typisch für eine Form der Selbstregulierung. Anhand der Rechtsprechung zur Qualifizierung eines hoheitlichen Handelns und damit einer Beleihung zeigt sich dieses Abgrenzungskriterium, welches auch im Beschluss des BGH[398] zu den Prüftätigkeiten nach dem GPSG angeführt wurde, erneut.[399] Im Falle der Übertragung von Befugnissen auf Private, die mit einer Entscheidung so weitgehend in die Rechte eines Herstellers eingreifen können, dass ein Produkt nicht verkauft werden darf, ist eine Übertragung von hoheitlichen Befugnissen und damit eine Beleihung naheliegender. Dies gilt umso mehr, da ein Hersteller nach dem Auftrag einer Benannten Stelle zur Zertifizierung eines bestimmten Medizinproduktes bei einem negativen Ergebnis keine andere Benannte Stelle zur Zertifizierung desselben Produktes beauftragen kann.[400]

3. Ergebnis

Die Tätigkeit der Benannten Stellen im Medizinprodukterecht lässt sich nicht klar einer der anerkannten Erscheinungsformen der staatlich veranlassten gesellschaftlichen Selbstregulierung zuordnen. Es gibt, wie eben gezeigt, Parallelen, aber auch erhebliche Unterschiede. Die staatlich veranlasste gesellschaftliche Selbstregulierung ist eine auf dem Vormarsch und im stetigen Wandel befindliche noch neuartige rechtliche Erscheinung. Die Tätigkeit der Benannten Stellen im Medizinprodukterecht jedoch als eine neue Form der Stärkung privater Eigenverantwortung zu verstehen, ist hingegen meiner Ansicht nach nicht richtig. Das zwingende Verfahren der Konformitätsbewertung im Medizinprodukterecht passt nicht auf die Konstruktion der „gesteuerten Selbstregulierung“.[401] Es wird lediglich die Kontrolle

---

396 Vgl. zur legalisierenden Funktion der CE-Kennzeichnung im 2. Kapitel A. VI.

397 Zur Qualifizierung einer Beleihung nach dem Kriterium der Verpflichtung zu einer Präventivkontrolle und derer Bindungswirkung vgl. Peine, Gesetz über technische Arbeitsmittel S. 226; ähnlich: Pünder, ZHR 170 (2006), 567, 578 f.

398 BGH, NVwZ-RR 2011, S. 556, 557.

399 Siehe auch in diesem Kapitel, G. III.

400 Siehe 93/42/EWG über Medizinprodukte, Anhang II, Nr. 3.1. tir. 3; Röhl, Akkreditierung und Zertifizierung, S. 9 und 24; Bieback, Zertifizierung und Akkreditierung, S. 241.

401 Anders Merten, Private Entscheidungsträger, S. 134 ff., der die Tätigkeiten der Benannten Stellen im Medizinprodukterecht unter dieses Phänomen subsumieren möchte. Zu demselben Ergebnis wie Merten gelangt Seidel, Privater Sachverstand, S. 269 f., der allgemein bei der Zertifizierung durch akkreditierte Sachverständige eine hoheitlich regulierte Selbstregulation annimmt. So auch Seidel, Europäische

der Produkte, bevor sie in den Verkehr gebracht werden dürfen, auf private Dritte übertragen, die selbst innerhalb des Verfahrens der Akkreditierung überprüft und im Folgenden überwacht werden, wobei sie auf eine gemeinwohlkonforme Ausübung ihrer Tätigkeiten ausgerichtet sind.[402] Der Staat verzichtet lediglich teilweise auf die direkte Kontrolle und Überwachung.[403] Durch die genauen Vorgaben der rechtlich verpflichtenden Anforderungen an Medizinprodukte, die Schaffung des Konformitätsbewertungsverfahrens durch Richtlinien beziehungsweise Umsetzungsgesetze und die Anbindung der Benannten Stellen über die Benennung und Überwachung überwiegt im gesamten System der Anteil der Steuerung gegenüber dem Anteil der „Selbst"regulierung doch deutlich.[404]

Durch die Annahme der Stärkung privater Eigenverantwortung würde die Benannte Stelle aus dem staatlichen Bereich in den Bereich des Herstellers „verschoben".[405] Sie stünde dann nicht mehr im staatlichen „Lager" sondern im „Lager" des Herstellers.[406] Würde man die Konformitätsbewertung als eine Form der „Selbstregulierung" einordnen, so ließe sich die Zertifizierung durch die Benannte Stelle als „ausgelagerte Stelle des Unternehmens für Zwecke der Qualitätssicherung" umschreiben.[407] Maßgeblich ist, ob die Benannten Stellen ihre Aufgabenwahrnehmung von den Aufgabenbetroffenen ableiten. Gegen eine solche Einordnung der Benannten Stelle in den Unternehmensbereich des Herstellers spricht bereits die vorgeschriebene Unabhängigkeit von den Herstellern, die eine Benannte Stelle zu wahren hat und insbesondere auch ihre hoheitsähnlich ausgestalteten Befugnisse gegenüber den Herstellern.[408] Des Weiteren wird sowohl aus den Richtlinien als auch aus dem Sinn und Zweck des MPG (§ 1) ersichtlich, dass die Zertifizierung nicht als eine reine Selbstaufgabe der Wirtschaft verstanden wird, sondern insbesondere gemeinwohlbezogene Aspekte eine Rolle spielen.

Die Benannte Stelle ist vielmehr im staatlichen Lager anzusiedeln. Dies zeigen auch die weitreichenden Folgen der von einer Benannten Stelle gefundenen Ergebnisse im Konformitätsbewertungsverfahren und die damit den Benannten Stellen

---

Einwirkungen, S. 201 f. für die Konformitätsbestätigung einer akkreditierten Prüfinstitution und Schmidt-Preuß, VVDStRL 56 (1997), S. 160, 173 (Fn. 38).

402 Röhl/Schreiber, Konformitätsbewertung in Deutschland, S. 62.

403 Scholl, Private Sachverständige, S. 287; Röhl/Schreiber, Konformitätsbewertung in Deutschland, S. 62.

404 Röhl/Schreiber, Konformitätsbewertung in Deutschland, S. 62.

405 Vgl. hierzu auch, Hiltl, PharmaR 1997, S. 408, 410.

406 Siehe auch Seidel, Privater Sachverstand und staatliche Garantenstellung im Verwaltungsrecht, S. 272.

407 So etwa Nöthlichs/Weber, Sicherheitsvorschriften für Medizinprodukte, Ziff. 9060, S. 7, die davon ausgehen, dass ein ordentlicher Hersteller schon wegen seiner Verpflichtung aus dem Produkthaftungsgesetz sein Produkt einer Sicherheitsprüfung durch einen Sachverständigen unterziehen lassen würde.

408 Röhl, Akkreditierung und Zertifizierung, S. 26; Kage, Das Medizinproduktegesetz, S. 190; Vgl. zur Einordnung der Befugnisse als hoheitliche in diesem Kapitel D. IV.

zugewiesenen weitreichenden Regelungsbefugnisse, die sich nicht ohne weiteres als Ausdruck privater Selbstregulierung verstehen lassen.[409] Die Hersteller unterliegen zudem auch nach einer Konformitätsbewertung weiterhin der Überwachung durch die Benannten Stellen. Eine solch permanente Überwachung ist in keinem der anerkannten Systeme staatlich veranlasster gesellschaftlicher Selbstregulierung vorgesehen. Diese anschließende Überwachung geht weit über das hinaus, was man als eine Art der Selbstregulierung bezeichnen könnte, und was privatrechtlich agierenden sachverständigen Dritten, wie etwa im deregulierten Bauordnungsrecht, bisher zugestanden wurde.[410]

Auch kann man bei der erforderlichen Zertifizierung im Medizinprodukterecht nicht von der alleinigen (Eigen-)Verantwortung des Herstellers sprechen, denn er kann die Beauftragung einer Benannten Stelle nicht umgehen.[411] An dieser Stelle könnte nun eingewendet werden, dass die Verantwortung, dass ein Medizinprodukt den rechtlichen Anforderungen entspricht, doch gerade immer beim Hersteller verbleibt und nicht auf die Benannte Stelle übergeht, wenn diese in das Konformitätsbewertungsverfahren einbezogen wird.[412] Aus diesem Grund wird teilweise angenommen, die Konformitätsbewertungsstellen würden Aufgaben wahrnehmen, die alleine im Verantwortungsbereich des Herstellers liegen.[413] Es werde alleine der Hersteller – wenn auch unter der obligatorischen Einschaltung privater Dritter – in die Pflicht genommen. Dies würde gerade dafür sprechen, dass eine Stärkung der Eigenverantwortung in Form der Selbstregulierung vorliegt. Mit diesen Argumenten wird die Einordnung der Tätigkeiten der Benannten Stellen als hoheitliche von Einigen abgelehnt.[414] Es handelt sich nach dieser Auffassung nicht um eine „hoheitliche Präventivkontrolle", sondern um die bloße Bescheinigung der Richtlinienkonformität, auf deren Grundlage der Hersteller zu der in seiner Verantwortung liegenden Anbringung der CE-Kennzeichnung berechtigt werde.

Hiergegen ist einzuwenden, dass die einseitigen Entscheidungsbefugnisse der Benannten Stellen und die Tatsache, dass bei einer Ablehnung der Zertifizierung

---

409 Röhl/Schreiber, Konformitätsbewertung in Deutschland, S. 60 f.; Röhl, Konformitätsbewertung im Europäischen Produktsicherheitsrecht, in: Schmidt-Aßmann/Schöndorf-Haubold, Der Europäische Verwaltungsverbund, S. 153 ff. und 164 ff.

410 Dies zugestehend auch Merten, Private Entscheidungsträger, S. 168 f.

411 Röhl, Konformitätsbewertung im Europäischen Produktsicherheitsrecht, in: Schmidt-Aßmann/Schöndorf-Haubold, Der Europäische Verwaltungsverbund, S. 164.

412 § 5 S. 1 MPG; Leitfaden der Kommission 2000, S. 45; Leitfaden der Kommission, 2014, S. 58; zur Herstellerverantwortlichkeit siehe auch im 1. Kapitel C. V.

413 BPatG, BeckRS 2011, 29621; Schmidt-Aßmann, Das allgemeine Verwaltungsrecht als Ordnungsidee, Kap. 3, Rn. 57; Ähnlich auch Peine, Gesetz über technische Arbeitsmittel, § 9, Rn. 21.

414 BPatG, BeckRS 2011, 29621; Schorn, Medizinprodukte-Recht, § 3, Rn. 74 ff.; Deutsch, in Deutsch/Lippert/Ratzel/Tag, MPG, § 15, Rn. 3.

keine andere Benannte Stelle erneut beauftragt werden darf,[415] sehr wohl auf eine hoheitliche Präventivkontrolle hindeuten. Die Regelung, dass die Verantwortung des Inverkehrbringens immer beim Hersteller verbleibt, ist zudem nicht so zu verstehen, dass Benannten Stellen damit keine Verantwortung auferlegt wird, wenn ihnen bei der Zertfizierung ein Fehler unterläuft. Die Benannte Stelle bei Fehlern ihrerseits völlig aus der Verantwortung zu nehmen, würde dem Sinn und Zweck der Regelungen zu Medizinprodukten widersprechen. Sie würde im Umkehrschluss dazu führen, dass die Benannten Stellen in der Regel frei von jedweder Verantwortung wären. Die Regelungen des Medizinprodukterechts sollen aber die Patienten schützen und ihnen in diesem Zuge im Schadensfalle einen liquiden Schuldner an die Hand geben. Alleine aus diesem Grunde stellt der Gesetzgeber klar, dass der Hersteller auch weiterhin die Verantwortung zu tragen hat. Die Verantwortung soll jedoch nicht gänzlich bei den Herstellern liegen. Dies würde schon dem hohen Stellenwert des Verbraucherschutzes widersprechen, der sich bei Pflichtverletzungen Benannter Stellen nur an den Hersteller halten könnte und ihm somit ein möglicher Haftungsschluldner wegfallen würde. Zudem lässt sich eine der Herstellerverantwortung nach dem MPG ähnliche Regelung, in der „der Überprüfte" auch direkt nach der Überprüfung wieder verantwortlich ist und die Prüfung dennoch hoheitlich abläuft, in der StVZO zur Untersuchung eines Kfz nach § 29 StVZO durch einen TÜV-Sachverständigen finden. Die dem Halter eines Kfz obliegende Pflicht, nach § 31 Abs. 2 StVZO für einen ordnungsgemäßen Zustand seines Fahrzeugs zu sorgen, besteht hier unberührt von der Untersuchung nach § 29 StVZO weiter.[416] Dies gilt sogar, wenn ein Prüfer aus Oberflächlichkeit oder anderen Gründen einen Mangel übersehen hat.[417] Ebenso wenig kann er sich nicht darauf verlassen, dass nicht schon auf der Fahrt vom Grundstück des TÜV ein Mangel entsteht oder ein Mangel schlicht nicht erkennbar war aber bald darauf hervortritt. Diese zu jeder Zeit bestehende Halterverantwortung macht die Untersuchung nach § 29 StVZO nicht zu einer staatlich veranlassten gesellschaftlichen Selbstregulierung, der TÜV-Sachverständige handelt hoheitlich und ist ein Beliehener.[418] Dasselbe Prinzip gilt auch für den Hersteller von Medizinprodukten. Er soll sich nicht darauf verlassen können, dass die Benannte Stelle keine Fehler bei der Überprüfung macht und bleibt deshalb immer in der Verantwortung.

Lediglich bei Medizinprodukten der geringsten Gefahrenstufe lässt der Gesetzgeber eine Selbstzertifizierung des Herstellers zu.[419] Nur in diesen Fällen könnte eine Form der Selbstregulierung anzunehmen sein. So nimmt der Hersteller in diesen

---

415 Z.B. 93/42/EWG über Medizinprodukte, Anhang II, Nr. 3.1. tir. 3; Röhl, Akkreditierung und Zertifizierung, S. 9 und 24; Bieback, Zertifizierung und Akkreditierung, S. 241.

416 OLG Hamm, VRS Bd. 46, S. 469, 471; OLG Köln, NJW 1989, S. 2065, 2065.

417 OLG Köln, NJW 1989, S. 2065, 2065.

418 Siehe hierzu die Rechtsprechung zu den TÜV-Sachverständigen für Kfz in diesem Kapitel unter G.

419 Vgl. hierzu im 2. Kapitel A. IV. 2.

Fällen keine hoheitlichen Befugnisse gegenüber sich selbst wahr und erlässt auch keinen Verwaltungsakt an sich selbst. Lediglich bei Gefahrenpotenzial auf der geringsten Stufe überlässt der Gesetzgeber die Kontrolle dieser Produkte als eine Selbstaufgabe der Wirtschaft. Nur in diesen Fällen ließe sich nach der hier vertretenen Ansicht eine staatlich veranlasste gesellschaftliche Selbstregulierung auch unter der freiwilligen Einbeziehung einer Benannten Stelle begründen. Problematisch wären jedoch auch in diesem Falle die damit einhergehenden weitreichenden Befugnisse der Benannten Stellen gegenüber den Herstellern.

Hiermit ist noch nicht gesagt, dass damit automatisch eine Beleihung vorliegt. Eindeutig festgestellt werden kann zu diesem Zeitpunkt lediglich, dass ein Rechtsakt vorliegt, der eine Indienstnahme Privater beinhaltet. Es wurde an dieser Stelle aufgezeigt, dass die Indienstnahme der Benannten Stellen nach dem MPG in die bisher anerkannten Systeme staatlich veranlasster gesellschaftlicher Selbstregulierung nicht passt und auch grundsätzlich eine Zuordnung zur Konstruktion der gesteuerten Selbstregulierung nicht adäquat erscheint. Dies spricht jedenfalls gegen die Vermutung, dass Private in der Regel auch privatrechtlich handeln. Es ist auch bereits ein erstes Indiz dafür, dass keine Form der Selbstregulierung und damit kein rein privatrechtliches Handeln der Benannten Stellen nach dem MPG gegenüber den Herstellern von Medizinprodukten vorliegt.

Ob eine Indienstnahme Privater jedoch eine Beleihung enthält oder enthalten soll, ist weiter im Zweifel durch Auslegung zu ermitteln.[420] Bevor jedoch im Detail darauf eingegangen wird, ist zunächst die Verwaltungshilfe als ebenfalls in Frage kommendes Rechtsinstitut zu behandeln.

IV. Verwaltungshelfer

1. Begriff des Verwaltungshelfers

Unter Verwaltungshilfe versteht man eine Situation, in der die Bundesrepublik, ein Bundesland oder eine andere juristische Person des öffentlichen Rechts (Verwaltungsträger) eine Privatperson mit der tatsächlichen Wahrnehmung einer Aufgabe beauftragt, zu deren Erfüllung der Verwaltungsträger selbst rechtlich verpflichtet ist, so dass er im Ergebnis durch die beauftragte Privatperson handelt.[421] Die Aufgabenzuständigkeit und -verantwortung bleibt beim Verwaltungsträger.[422] Es soll also nicht die rechtliche Verantwortung des Verwaltungsträgers für die Aufgabenerfüllung,

420 Ossenbühl, VVDStRL 29 (1971), S. 156; Heitsch, DÖV 2007, S. 700, 777; Voßkuhle, in: Isensee/Kirchhof, Hdb. des Staastrechts III –Demokratie, Bundesorgane, § 43, Rn. 63, Fn. 243; Klement, VerwArch 2010, S. 112, 124; BVerwG DVBl. 1970, 735 f.; Dazu, dass diese Auslegung strikt von der Frage der Rechtmäßigkeit einer Beleihung zu trennen ist, siehe Klement, VerwArch 2010, S. 112, 124.

421 Stelkens, JZ 2004, 656; Schmitz, in: Stelkens/Bonk/Sachs, VwVfG, § 1, Rn. 134.

422 Schmitz, in: Stelkens/Bonk/Sachs, VwVfG, § 1, Rn. 134; Maurer, Allg. VerwR, § 23, Rn. 59.

sondern nur die tatsächliche Wahrnehmung der Aufgabe verlagert werden.[423] Der Verwaltungshelfer ist lediglich in den Verwaltungsvollzug eingeschaltet und tritt damit nach außen rechtlich nicht in Erscheinung.[424] Eine eigene Rechtsstellung in der Rechtsbeziehung zwischen dem Verwaltungsträger und dem Bürger kommt dem Verwaltungshelfer nicht zu.[425] Dies ist einer der bedeutenden Unterschiede zu einem Beliehenen, der typischerweise in einer unmittelbaren Rechtsbeziehung zu Dritten steht.[426]

Die früher vertretene sogenannte „Werkzeugtheorie", wonach der Verwaltungshelfer nur „Hilfstätigkeiten im Auftrag und nach Weisung der Behörde" wahrnehme, so dass er nur ein „Werkzeug" oder „verlängerter Arm der Behörde" sei, ist eine heute in dieser Form nicht mehr vertretene Ansicht.[427] Die Verwaltungshilfe stellt einen typischen Fall der funktionalen Privatisierung dar, bei der die Vorbereitungs- und/oder Durchführungsverantwortung abgetrennt wird, die Leistungsverantwortung hingegen beim Staat verbleibt.[428] Eine gesetzliche Grundlage für die Verwaltungshilfe ist nicht erforderlich, jedoch möglich.[429] Die Verwaltungshilfe beruht meist auf einem privatrechtlichen Vertrag oder einem Verwaltungsvertrag.

Das wohl bekannteste Beispiel ist der Abschleppunternehmer, der im Auftrag der Polizei nach den behördlichen Vorgaben und Weisungen handelt.[430] Der Abschleppunternehmer handelt nur auf Grund eines privatrechtlichen Dienstvertrages zwischen dem Unternehmer und der öffentlichen Hand.[431]

2. *Abgrenzung zur Beleihung*

Gemeinsam haben der Verwaltungshelfer und der Beliehene, dass sie Privatpersonen sind, die von der Verwaltung zur Erledigung von Verwaltungsaufgaben

---

423 Stelkens, JZ 2004, S. 656, 656.

424 Maurer, Allg. VerwR, § 23, Rn. 59.

425 Stelkens, JZ 2004, S. 656, 656; Wolff/Bachof/Stober/Kluth, VerwR II, § 91, Rn. 2.

426 Wolff/Bachof/Stober/Kluth, VerwR II, § 91, Rn. 2.

427 Entwickelt wurde diese Theorie 1967 vom BGH (vgl. BGHZ 48, 98, 103). Nicht nur in der Literatur, sondern auch vom BGH selbst ist von dieser Theorie, die durch die Unselbständigkeit und Steuerbarkeit des Privaten gekennzeichnet war, abgewichen worden (vgl. BGHZ 121, 161 ff.; 161, 6, 11). Zu den Einzelheiten der Werkzeugtheorie vgl. ausführlich Ossenbühl/Cornils, Staatshaftungsrecht, S. 23 f.

428 Ausführlich hierzu: Burgi, Funktionale Privatisierung, S. 71 ff., 100 ff., 145 ff.; Burgi, Public-Private-Partnerships und Sicherheitspartnerschaften, S. 75; Stelkens, JZ 2004, S. 656 ff.; Wolff/Bachof/Stober/Kluth, VerwR II, § 91, Rn. 2; Burgi, in: Erichsen/Ehlers, Allg. VerwR, § 10, Rn. 32.

429 Maurer, Allg. VerwR, § 23, Rn. 59; Burgi, Funktionale Privatisierung, S. 153 ff.; Schulze-Fielitz, in: Hoffmann-Riem/Schmidt-Aßmann/Voßkule, VerwR Band I, § 12, Rn. 105.

430 Burgi, JuS 1997, S. 1106, 1107; Maurer, Allg. VerwR, § 23, Rn. 59; BGHZ 121, 161 ff.

431 Wolff/Bachof/Stober/Kluth, VerwR II, § 91, Rn. 3; Würtenberger in JZ 1993, S. 1003; BGHZ 121, 161, 164.

herangezogen werden. Der entscheidende Unterschied zwischen beiden besteht darin, dass der Beliehene in eigener Zuständigkeit und Verantwortung die ihm übertragenen hoheitlichen Aufgeben wahrnimmt, wohingegen der Verwaltungshelfer lediglich in den Verwaltungsvollzug der Behörde tatsächlich eingeschaltet wird, die Zuständigkeit und Verantwortung jedoch bei der Verwaltung verbleiben.[432] Der Verwaltungshelfer handelt stets nur vorbereitend und durchführend, nicht aber entscheidend.[433] Handelt es sich bei der privaten Tätigkeit nicht lediglich um die Vorbereitung oder Durchführung, sondern eine vollständige Eigenwahrnehmung, so kommt nur eine Beleihung in Betracht.[434] Zudem endet der Einsatzbereich der Verwaltungshilfe immer dort, wo öffentlich-rechtliche Befugnisse abschließend wahrzunehmen sind.[435] Verwaltungshelfer sind nicht zum Einsatz öffentlich-rechtlicher Befugnisse berechtigt.[436] Auf Grund dieser Kriterien ist die Verwaltungshilfe von der Beleihung abgrenzbar.

3. Fazit

Wie aus der Darstellung des Konformitätsbewertungsverfahrens und der weiteren Befugnisse Benannter Stellen zu erkennen ist, haben die Benannten Stellen weitreichende Entscheidungsbefugnisse, die nicht lediglich vorbereitend oder durchführend sind, sondern den Benannten Stellen eigene Entscheidungen ermöglichen und sogar abverlangen. Die Benannten Stellen handeln in eigener Zuständigkeit und Verantwortung und treten somit rechtlich nach außen in Erscheinung. Es entsteht eine eigene Rechtsbeziehung zwischen der Benannten Stelle und dem Hersteller. Somit kann bereits an diesem Punkt die Verwaltungshilfe als rechtliches Zuordnungsobjekt für die Tätigkeiten der Benannten Stellen im Rahmen des Medizinprodukterechts ausgeschlossen werden.[437]

B. Gemeinschaftsrechtliche Vorgaben und nationale rechtliche Ausgestaltung

Ausgehend von der Vermutung, dass Private in der Regel auch privatrechtlich handeln und für eine Beleihung der institutionelle Gesetzesvorbehalt gilt, liegt es nahe, zunächst die gesetzlichen Regelungen zu überprüfen. Dies hat im Hinblick darauf zu erfolgen, ob sich Anzeichen für eine Beleihung, möglicherweise durch eine ausdrückliche Nennung des Begriffes oder darauf, dass ausdrücklich von hoheitlichen

---

432 Maurer, Allg. VerwR, § 23, Rn. 59, 62; Burgi, in: Erichsen/Ehlers, Allg. VerwR, § 10, Rn. 32; Kopp/Ramsauer, VwVfG, § 1, Rn. 64.

433 Wolff/Bachof/Stober/Kluth, VerwR II, § 91, Rn. 24; Burgi, JuS 1997, S. 1106, 1107; Burgi, Public-Private-Partnerships und Sicherheitspartnerschaften, S. 73.

434 Burgi, Public-Private-Partnerships und Sicherheitspartnerschaften, S. 74 f.

435 Wolff/Bachof/Stober/Kluth, VerwR II, § 91, Rn. 24.

436 Burgi, in: Erichsen/Ehlers, Allg. VerwR, § 10, Rn. 32.

437 Vgl. auch Bieback, Zertifizierung und Akkreditierung, S. 227.

Befugnissen gesprochen wird, finden lassen. Ist dies nicht der Fall, so wäre weiter zu prüfen, ob sich aus der Gesamtschau der gesetzlichen Regelungen ein Ergebnis finden lässt.

Dabei ist vorneweg zu klären, ob nicht die europarechtlichen Quellen des Medizinprodukterechts, auf welchen das System der Konformitätsbewertung und somit auch die Benannten Stellen zurückgehen, nicht schon festlegen, ob die Benannten Stellen ihre Tätigkeiten privatrechtlich oder öffentlich-rechtlich wahrnehmen. Weiter wird geprüft, ob sich zumindest Anhaltspunkte finden lassen, die auf ein öffentlich-rechtliches oder privatrechtliches Tätigwerden hinweisen.

I. Europarecht

Bei Untersuchung der europarechtlichen Bestimmungen kommt man zu keinem Ergebnis. Weder die allgemeinen Gemeinschaftsrechtsakte, wie der Modul- oder Änderungsbeschluss, noch die die Medizinprodukte, aktiven implantierbaren Geräte und In-vitro-Diagnostika betreffenden Richtlinien der neuen Konzeption sind für eine Einordnung aufschlussreich.[438] Obwohl die einzelnen Richtlinien hinsichtlich der Verfahren zur Konformitätsbewertung noch so präzise und detailliert sind, so äußern sie sich gerade nicht zu einer Ausgestaltung des Verfahrens als privatrechtlich oder hoheitlich.[439]

Die Kommission stellte in ihrer Mitteilung an den Rat vom 15. Juni 1989 über ein globales Konzept für Zertifizierung und Prüfwesen zwar fest, dass in den Mitgliedsstaaten sowohl private als auch staatliche Prüflaboratorien, Zertifizierungs- und Überwachungsstellen existierten, sie machte jedoch keine Aussage darüber, ob und wenn ja, wie diese Situation geändert werden sollte.[440] Bei der Entwicklung des globalen Konzepts wurde sich vielmehr auf das Problem der Sicherstellung der Kompetenz und Leistungsfähigkeit dieser Stellen konzentriert und beschränkt.[441]

In einigen Richtlinien wird jedoch festgeschrieben, dass der Abschluss einer Haftpflichtversicherung zu den Mindestkriterien für eine Benannte Stelle gehört, wenn nicht die Haftpflicht aufgrund innerstaatlicher Rechtsvorschriften bereits vom Staat gedeckt wird oder der Staat die Prüfungen selbst durchführt.[442] Dies deutet darauf hin, dass der supranationale Gesetzgeber sowohl private als auch in den Formen

438 Vgl. zum Modul- und Änderungsbeschluss sowie zur neuen Konzeption im 2. Kapitel A. I. und II.

439 Vgl. auch Merten, Private Entscheidungsträger, S. 151; Lang, Gesetzgebung in eigener Sache, S. 272.

440 Mitteilung der Kommission an den Rat vom 15.6.1989 über ein globales Konzept für Zertifizierung und Prüfwesen, S. 12.

441 Scheel, DVBl. 1999, S. 443, 445.

442 Vgl. etwa Anhang XI Nr. 6 der Richtlinie 93/42/EWG über Medizinprodukte; Anhang XI Nr. 6 der Richtlinie98/79/EWG über In-vitro-Diagnostika; Anhang V Nr. 6 der Richtlinie 91/263/EWG vom 29.04.1991 zur Angleichung der Rechtsvorschriften der Mitgliedsstaaten über Telekommunikationsendeinrichtungen

des öffentlichen Rechts organisierte Einheiten als Benannte Stellen im Sinn hatte.[443] Die von der Kommission herausgegebenen Leitfäden bestätigen die Annahme, dass sowohl privatrechtliche als auch öffentlich-rechtliche Einheiten als Benannte Stellen fungieren können.[444] Es ist den Mitgliedsstaaten also offensichtlich anheimgestellt, ob sie staatliche oder private Stellen benennen.[445] Nach den Vorgaben des supranationalen Gesetzgebers scheint zumindest beides möglich. Diese Annahme ist auch gerechtfertigt, da es dem supranationalen Gesetzgeber in der Regel im Zuge eines möglichst weitreichenden Verbraucherschutzes wohl darum geht, am Ende den Patienten, Anwendern und sonstigen Dritten einen liquiden Schuldner an die Hand zu geben. Wie dies im jeweiligen nationalen Recht bewerkstelligt wird, ist für den supranationalen Gesetzgeber unerheblich. Der supranationale Gesetzgeber will die Auswahl der Risikosteuerungsformen und der Gefahrabwendungsvorschriften, mit denen die Risiken und Gefahren für Patienten, Anwender und Dritte ausgeschlossen, minimiert und abgewendet werden sollen, offensichtlich den nationalen Gesetzgebern überlassen. Dies bestätigen auch die jeweiligen Art. 2 Satz 1 der Richtlinie über aktive implantierbare medizinische Geräte, der Richtlinie über Medizinprodukte der Richtlinie über In-vitro-Diagnostika in Form einer Art Generalklausel. So lautet beispielsweise Art. 2 Satz 1 der Richtlinie über Medizinprodukte wie folgt:

„Die Mitgliedstaaten treffen alle erforderlichen Maßnahmen, damit die Produkte nur in den Verkehr gebracht werden und/oder in Betrieb genommen werden dürfen, wenn sie bei sachgemäßer Lieferung, Installation, Instandhaltung und ihrer Zweckbestimmung entsprechender Verwendung die Anforderungen dieser Richtlinie erfüllen „.[446]

Es obliegt damit dem einzelnen Mitgliedstaat unter Berücksichtigung der eigenen historisch gewachsenen Sicherheitsvorstellungen und der jeweiligen administrativen Sicherheitskonzepte, diesen Schutz zu bewerkstelligen.[447]

---

einschließlich der gegenseitigen Anerkennung ihrer Konformität, ABl. Nr. L 128 vom 23.05.1991, S. 1.

443 Scheel, DVBl. 1999, S. 443, 445; Merten, Private Entscheidungsträger, S. 122.

444 Leitfaden der Kommission 2000, S. 44: *„Die Rechtsform der um die Benennung nachsuchenden Stellen, d.h. ob sie privat oder staatlich sind, ist unerheblich.“*; Merten, Private Entscheidungsträger, S. 122; Auch der Leitfaden der Kommission 2014 äußert sich nicht weitergehend und konkretisiert lediglich, dass es sich bei der Benennung ersuchenden Stelle um eine *„juristische Person“* handeln muss, damit eine solche benannt werden kann. Es findet sich jedoch keine Aussage, ob dies eine zivilrechtliche juristische Person oder eine juristische Person des Öffentlichen Rechts sein soll (vgl. Leitfaden der Kommission 2014, S. 74).

445 Vgl. auch: Gesetzentwurf der Bundesregierung zum Entwurf eines Gesetzes über den Verkehr mit Medizinprodukten (Medizinproduktegesetz-MPG), BT-Drucks. 12/6991, S. 28: *„In der Regel werden sie nichtstaatliche Stellen sein, Behörden sind jedoch nicht ausgeschlossen.“*

446 Vgl. hierzu auch Leitfaden der Kommission 2014, S. 95, Ziff. 7.1.

447 Ratzel/Lippert, Medizinproduktegesetz: Eine Einführung, Rn. 25.

Fraglich ist letzten Endes in diesem Zusammenhang auch, ob die Gemeinschaft überhaupt die Kompetenz besäße, Vorgaben hinsichtlich einer privaten oder staatlichen Ausgestaltung eines solchen Verfahrens für die Mitgliedsstaaten vorzugeben oder ob dieses Recht nicht den Mitgliedsstaaten selbst zustehen muss.[448] Andererseits gab es bereits europäische Rechtsakte, die in einigen Bereichen Privatisierungsimpulse gesetzt haben, die auch auf das nationale Recht wirken.[449]

II. Fazit

Die Rechtsquellen des Europarechts, die die Benannten Stellen erst „erschaffen" haben, bieten keine konkreten Anhaltspunkte für die Bestimmung der Rechtsform der Benannten Stellen und für eine Zuordnung ihrer Tätigkeit als eine privatrechtliche oder hoheitliche. Der supranationale Gesetzgeber lässt auch nicht erkennen, ob er den Vorgang der Konformitätsbewertung als staatliches Verfahren ansieht, in das Private eingeschaltet werden können oder ob er diesen Vorgang in die Verantwortung der Wirtschaft übertragen sehen möchte.[450] Es lässt sich den gemeinschaftsrechtlichen Vorgaben nur entnehmen, dass es offensichtlich den einzelnen Mitgliedsstaaten, unter Berücksichtigung der im eigenen Land historisch gewachsenen Sicherheitsvorstellungen und administrativen Sicherheitskonzepte, offen steht, ob sie staatliche oder private Stellen in ihrem Land benennen und wie diese den hinreichenden Schutz vor von Medizinprodukten ausgehenden Risiken und Gefahren für Patienten, Anwender und Dritte gewährleisten.

III. Nationale rechtliche Ausgestaltung

Nachdem das Europarecht nicht weiter aufschlussreich für eine Zuordnung ist, soll nunmehr das nationale Recht mit Blick auf die Qualifizierung der Tätigkeiten der Benannten Stellen untersucht werden. Dies ist umso notwendiger, als der supranationale Gesetzgeber es den Mitgliedsstaaten offensichtlich offen lassen wollte, wie sie die Benannten Stellen einführen und ausgestalten. Es ist zu klären, wie der deutsche Gesetzgeber diesen Spielraum, der ihm gegeben worden ist, umgesetzt hat.

Für eine Beleihung beziehungsweise hoheitliche Aufgabenwahrnehmung ist es nicht erforderlich, dass in einem Gesetzestext ausdrücklich das Wort „Beleihung" oder „Beliehener" steht.[451] Wird ausdrücklich das Wort „beleihen" oder beispielsweise „hoheitlich" benutzt, so kann damit eine rechtliche Einordnung unzweifelhaft

448 Burgi, EWS 1999, S. 327, 331.

449 Siehe etwa Skouris, EuR 1998, S. 111, 122 hinsichtlich der Aufgabenprivatisierung im Gefolge der gemeinschaftsrechtlich vorgegebenen Liberalisierung des Telekommunikationssektors.

450 Vgl. Röhl/Schreiber, Konformitätsbewertung in Deutschland, S. 174.

451 Burgi, in: FS für Hartmut Maurer, S. 581, 589; vgl. auch in diesem Kapitel A. I. 6.

getroffen wurden.[452] Wird jedoch nicht von einer „Beleihung" als solcher gesprochen, so lassen sich hieraus noch keine eindeutigen Schlüsse ziehen, dass eine solche nicht vorliegt und ein rein privatrechtliches Handeln anzunehmen ist. In diesen Fällen ist durch Auslegung zu ermitteln, ob ein Rechtsakt eine Beleihung enthält oder nicht.[453] Insofern sind die gesetzlichen Regelungen in ihrer Gesamtschau zu bewerten.[454] Dabei ist ein besonderes Augenmerk unter anderem auf den Wortlaut des Gesetzes zu legen, welcher als Ausgangspunkt jeder Interpretation dient.[455] Es liegt in der Natur der Sache, dass bei der Interpretation eines Textes gerade von diesem Text auch auszugehen ist.[456]

1. MPG

Das Medizinproduktegesetz gibt in § 3 Nr. 20 lediglich eine Legaldefinition der Benannten Stelle,[457] äußert sich jedoch über die Rechtsstellung und zu den Tätigkeiten der Benannten Stellen und deren rechtlicher Einordnung im Medizinprodukterecht nicht ausdrücklich. Es existieren aber einige Regelungen im MPG, die mögliche Rückschlüsse zulassen.

2. § 18 Abs. 1 MPG

Eine dieser Regelungen ist § 18 Abs. 1 MPG. Dieser lautet wie folgt:

> *„Stellt eine Benannte Stelle fest, dass die Voraussetzungen zur Ausstellung einer Bescheinigung vom Hersteller nicht oder nicht mehr erfüllt werden oder die Bescheinigung nicht hätte ausgestellt werden dürfen, schränkt sie unter Berücksichtigung des Grundsatzes der Verhältnismäßigkeit die ausgestellte Bescheinigung ein, setzt sie aus oder zieht sie zurück, es sei denn, dass der Verantwortliche durch geeignete Abhilfemaßnahmen die*

---

452 Wie bspw. in § 44 Abs. 3 Bundeshaushaltsordnung (BHO) der ausdrücklich von einer „Beleihung" spricht.

453 BVerwGE 98, 280, 297; 106, 272, 274; Klement, VerwArchiv 2010, S 112, 122; Ossenbühl, VVDStRL 29 (1971), S. 137, 156; Seidel, Privater Sachverstand, S. 29, 221; Voßkuhle, in: Isensee/Kirchhof, Hdb. des Staatsrechts III –Demokratie, Bundesorgane, § 43, Rn. 63, Fn. 243; Stadler, Die Beleihung in der neueren Bundesgesetzgebung, S. 19.

454 vgl. in diesem Kapitel A. I. 6.

455 Blasius/Büchner, Verwaltungsrechtliche Methodenlehre, S. 159; Stadler, Die Beleihung in der neueren Bundesgesetzgebung, S. 19.

456 Blasius/Büchner, Verwaltungsrechtliche Methodenlehre, S. 159.

457 § 3 Nr. 20 MPG lautet: *„Benannte Stelle ist eine für die Durchführung von Prüfungen und Erteilung von Bescheinigungen im Zusammenhang mit Konformitätsbewertung sverfahren nach Maßgabe der Rechtsverordnung nach § 37 Abs. 1 vorgesehene Stelle, die der Europäischen Kommission und den Vertragsstaaten des Abkommens über den Europäischen Wirtschaftsraum von einem Vertragsstaat des Abkommens über den Europäischen Wirtschaftsraum benannt worden ist."*

Übereinstimmung mit den Voraussetzungen gewährleistet. Die Benannte Stelle trifft die erforderlichen Maßnahmen unverzüglich.“

Die Rücknahmemöglichkeit einer Bescheinigung aus § 18 Abs. 1 MPG ist ganz offensichtlich den Rücknahmevorschriften über Verwaltungsakte in §§ 48, 49 VwVfG nachgebildet.[458] Die Benannte Stelle kann nach § 18 MPG selbständig, ohne die Mitwirkung einer Behörde oder anderer staatlicher Institutionen, gegen den Hersteller tätig werden und diesem gegenüber einschneidende Maßnahmen erlassen.[459] Im Ergebnis hat der Entzug der CE-Kennzeichnung dieselbe Wirkung wie ein Verbot des Inverkehrbringens durch eine Überwachungsbehörde, die bei einem solchen Verbot einen Verwaltungsakt erlässt.[460] Dies lässt darauf schließen, dass der Gesetzgeber die Benannte Stelle mit hoheitlichen Befugnissen ausgestattet hat, damit sie öffentlich rechtliche Aufgaben ebenfalls durch Erlass von Verwaltungsakten erfüllen.[461]

Stellt man den heute einschlägigen § 18 Abs. 1 MPG in Vergleich zur früher entsprechenden Regelung in § 4 Abs. 1 MPV[462], so spricht dies ebenfalls dafür, dass die Benannte Stelle hoheitlich tätig wird. Während § 4 Abs. 1 MPV vorsah, dass die Benannte Stelle ihre Berechtigung zur Ungültigerklärung vertraglich sicherstellen musste, ist dies in § 18 Abs. 1 MPG nicht mehr der Fall. Dies spricht dafür, die Maßnahmen nach § 18 Abs. 1 MPG als hoheitliche Maßnahmen in Form eines Verwaltungsaktes anzusehen. Die von einigen in der Literatur früher angeführte Argumentation, es handele sich nicht um ein hoheitliches Tätigwerden in Form eines Verwaltungsaktes, da die Maßnahmen nicht im Gesetz vorgesehen seien, sondern nur durch eine vertragliche Vereinbarung seitens des Herstellers eingeräumt würden, hat sich damit ins Gegenteil verkehrt.[463]

---

458 Hiltl, PharmaR 1997, S. 408, 411; von Czettritz, in: Anhalt/Dieners, § 15, Rn. 10; Rehmann, in: Rehmann/Wagner, MPG, § 18, Rn. 2.

459 Siehe auch in diesem Kapitel D. II.

460 Hiltl, PharmaR 1997, S. 408, 411; von Czettritz, in: Anhalt/Dieners, § 15, Rn. 10.

461 von Czettritz, in: Anhalt/Dieners, Hdb. des Medizinprodukterechts, § 15, Rn. 10.

462 Vgl. die inzwischen außer Kraft getretene Verordnung über Medizinprodukte (Medizinprodukte-Verordnung –MPV) vom 17.12.1997, BGBl. I S. 3138 ff.; § 4 Abs. lautete hier noch: *„Die benannte Stelle ist berechtigt, ihre Mitteilung einer Entscheidung oder eine von ihr erteilte Bescheinigung für ungültig zu erklären, wenn die Voraussetzungen zur Mitteilung einer Entscheidung oder zur Erteilung der Bescheinigung nicht erfüllt worden sind oder nicht mehr erfüllt werden oder wenn aus anderen Gründen eine Mitteilung einer Entscheidung oder eine Bescheinigung nicht hätte ausgestellt werden dürfen. Sie hat ihre Berechtigung vertraglich sicherzustellen. Eine von einer benannten Stelle für ungültig erklärte Mitteilung einer Entscheidung oder Bescheinigung darf nicht weiter verwendet werden.“*

463 So argumentier(t)en bspw.: Bieback, Zertifizierung und Akkreditierung, S. 243; Röhl, Akkreditierung und Zertifizierung, S. 24; Hiltl, PharmaR 1997, S. 408 ff.; Pünder, ZHR 170 (2006), S. 567, 576.

a) § 18 Abs. 2

§ 18 Abs. 2 MPG lautet:

> *„Vor der Entscheidung über eine Maßnahme nach Absatz 1 ist der Hersteller von der Benannten Stelle anzuhören, es sei denn, dass eine solche Anhörung angesichts der Dringlichkeit der zu treffenden Entscheidung nicht möglich ist."*

Es wird eine Anhörungspflicht des Herstellers normiert, bevor eine Benannte Stelle einseitige Maßnahmen nach § 18 Abs. 1 MPG trifft. Eine Anhörungspflicht gegenüber einem Adressaten einer für ihn nachteiligen Maßnahme ist eine Besonderheit des Verwaltungsrechts und gleichzeitig ein Grundsatz im Verwaltungsverfahren beim Erlass eines Verwaltungsakts.[464] Die Anhörung ist eine formelle Voraussetzung für die Rechtmäßigkeit eines zu erlassenden Verwaltungsaktes und basiert auf dem Grundsatz des rechtlichen Gehörs aus Art. 103 Abs. 1 GG.

§ 18 Abs. 2 MPG ähnelt §§ 28 VwVfG und 30 Abs. 3 AMG. Beides sind Vorschriften des Verwaltungsrechts. Dies spricht für eine Zuordnung der Vorschrift des § 18 Abs. 1 MPG zu einem verwaltungsrechtlichen Verfahren. Die Anhörung in § 18 Abs. 2 MPG hat auch dieselbe Funktion, wie im allgemeinen Verwaltungsverfahren. Sie soll dazu dienen, auf die richtige beziehungsweise angemessene Sachentscheidung hinzuwirken, indem einem Hersteller die Möglichkeit der Äußerung geboten wird, wodurch voreilige Entscheidungen und Entscheidungen auf der Basis falscher oder unvollständiger Tatsachengrundlagen vermieden werden sollen.[465] Auch kommt der Anhörung eine Hinweis- und Warnfunktion zu, die den Hersteller vor überraschenden Entscheidungen schützen soll.[466] Die Dringlichkeitsbestimmung als eine Ausnahme erinnert an das Merkmal der Gefahr im Verzug im Sinne des §§ 28 VwVfG und 30 Abs. 3 AMG. Eine Anhörungspflicht vor einer zu treffenden Maßnahme ist in zivilrechtlichen Parteibeziehungen in dieser Form nicht vorgesehen.

Es spricht somit einiges dafür, § 18 Abs. 2 MPG als eine spezialgesetzlich normierte behördliche Anhörungspflicht zu sehen, welche die subsidiäre Vorschrift des § 28 VwVfG verdrängt.[467]

b) Rechtsweg gegen Maßnahmen Benannter Stellen

(i) Verwaltungsrechtsweg

Vor diesem Hintergrund fällt auch auf, dass der Verwaltungsrechtsweg in diesen Fällen als der passende erscheint.[468] Sofern die Benannte Stelle für eine Maßnahme

464 Jachmann/Drüen, Allg. VerwR, S. 47, Rn. 61.
465 Kallerhoff, in: Stelkens/Bonk/Sachs, VwVfG, § 28, Rn. 16.
466 Für die Anhörung nach § 28 VwVfG vgl. nur BVerwG, NJW 1976, S. 588, 588 f.
467 A.a. Merten, Private Entscheidungsträger, S. 164; a.A. ebenfalls Deutsch, in: Deutsch/Lippert/Ratzel, MPG, § 18, Rn. 4, der das Anhörungsrecht aber auch als „erstaunliches Recht" in diesem Falle ansieht.
468 von Czettritz, in: Anhalt/Dieners, Hdb. des Medizinprodukterechts, § 15, Rn. 20.

nach § 18 Abs. 1 MPG keinen Sofortvollzug angeordnet hat, entfaltet ein gegen diese Entscheidung eingelegter Widerspruch oder eine Anfechtungsklage aufschiebende Wirkung gemäß § 80 Abs. 1 VwGO. Das betroffene Produkt könnte dann weiter in den Verkehr gebracht werden. Hat die Benannte Stelle den Sofortvollzug der Maßnahme angeordnet, so kann hiergegen ein Antrag auf Erlass einer einstweiligen Anordnung gemäß § 80 Abs. 5 VwGO gestellt werden, wodurch die aufschiebende Wirkung wieder hergestellt werden kann. Begründet werden könnte die Anordnung des Sofortvollzugs beispielsweise gemäß § 80 Abs. 2 Nr. 4 mit der Volksgesundheit als ein öffentliches Interesse.[469]

Stuft man die Maßnahmen als rein privatrechtliches Handeln ein, wäre dagegen der Zivilrechtsweg zu beschreiten. Damit wären entweder die Zivilkammern oder die Kammern für Handelssachen zu einer Entscheidung berufen. Ein Widerruf der CE-Kennzeichnung wäre bei Zugrundelegung einer zivilrechtlichen Rechtsbeziehung zwischen der Benannten Stelle und dem Hersteller von Medizinprodukten mit Zugang des Widerrufs wirksam. Wollte also ein Hersteller seine Produkte trotz Widerrufs in den Verkehr bringen, so müsste er versuchen, bei dem zuständigen Zivilgericht den Widerruf mithilfe einer einstweiligen Verfügung außer Kraft zu setzen.[470] Die Erfolgsaussichten dürften allerdings in Anbetracht der für Zivilgerichte nicht alltäglichen Rechtsmaterie gering sein.[471] Von Czettritz stellt zudem zu Recht die Frage, wie ein solcher Antrag überhaupt zu formulieren sei.[472]

Des Weiteren fehlt es im Zivilprozess an einer dem § 113 VwGO vergleichbaren Kassationswirkung gerichtlicher Entscheidungen. Würde ein Hersteller im Rahmen eines Zivilprozesses ein entsprechendes Urteil erstreiten, so wäre er auf die Mitwirkung der Benannten Stelle angewiesen beziehungsweise könnte seine Produkte erst nach erfolgter Zwangsvollstreckung (wieder) vermarkten.

Auch der vor den Zivilgerichten geltende Verhandlungsgrundsatz,[473] welcher dazu führen würde, dass die Darlegungs- und Beweislast grundsätzlich den Hersteller trifft und ihm somit einen erheblichen Zeit- und Kostenaufwand auferlegt, ist in der bestehenden Machtposition der Benannten Stellen gegenüber den Herstellern unangebracht, was ebenfalls für eine Eröffnung des Verwaltungsrechtsweges unter dem dort geltenden Untersuchungsgrundsatz nach § 86 Abs. 1 VwGO spricht.[474]

Der Verwaltungsrechtsweg, dessen Grundsätze im Verhältnis der Benannten Stellen zu den Herstellern adäquat sind und womit der Rechtsschutz der Medizinproduktehersteller in geregelten Bahnen verlaufen würde, verlangt nach § 40

469 Vgl. zur Volksgesundheit in diesem Kapitel unter H.
470 von Czettritz/Strelow, in: Meier/von Czettritz/Gabriel/Kaufmann, Pharmarecht, Teil 3, § 6, Rn. 60.
471 von Czettritz, in: Anhalt/Dieners, Hdb. des Medizinprodukterechts, § 15, Rn. 18; von Czettritz/Strelow, in: Meier/von Czettritz/Gabriel/Kaufmann, Pharmarecht, Teil 3, § 6, Rn. 60.
472 von Czettritz, in: Anhalt/Dieners, Hdb. des Medizinprodukterechts, § 15, Rn. 18.
473 Vgl. zum Verhandlungsgrundsatz bspw.: Musielak/Voit, ZPO, § 516, Rn. 37 ff.
474 Vgl. zum Untersuchungsgrundsatz im Detail: Kopp/Schenke, VwGO, § 86, Rn. 1 ff.

Abs. 1 VwGO eine öffentlich-rechtliche Streitigkeit. Nach ständiger Rechtsprechung richtet sich die Frage, ob eine öffentlich-rechtliche oder eine privatrechtliche Streitigkeit vorliegt, nach der Natur des Rechtsverhältnisse aus dem der Klageanspruch sich herleitet.[475] Immer öffentlich-rechtlich ist eine Streitigkeit bei einem existenten hoheitlichen Über- und Unterordnungsverhältnis,[476] wie dies gerade auch bei Maßnahmen Beliehener der Fall ist,[477] nicht hingegen wenn die Benannte Stelle rein privatrechtlich handeln würde und damit zwischen den Parteien ein rein privatrechtliches Rechtsverhältnisse vorliegt.[478] Was wiederum dafür spricht, dass die Benannten Stellen als Beliehene einzuordnen sind.

Es steht der Annahme des Verwaltungsrechtsweges auch nicht entgegenstehen, dass es sich bei der Beauftragung einer Benannten Stelle durch einen Hersteller von Medizinprodukten über die Konformitätsbewertung um einen zivilrechtlichen Vertrag handelt. Hier wird lediglich ein zivilrechtlicher Vertrag geschlossen, bei dem die vereinbarten Leistungen genau durch öffentlich-rechtliche Normen festgelegt werden. Öffentlich-rechtliche Streitigkeiten sind gegeben, wenn eine Streitigkeit die Folge eines Sachverhaltes ist, der nach öffentlichem Recht zu beurteilen ist.[479] Den Teil, den die Vertragsparteien, bei einer Konformitätsbewertung frei regeln können, ist gering. Die Konformitätsbewertung und deren Ablauf sowie die Rücknahme oder Einschränkung einer Zertifizierung sind weitestgehend durch öffentlich-rechtliche Vorschriften, insbesondere das MPG, vorgegeben. Das Klagebegehren eines Herstellers wird in der Regel immer öffentlich-rechtlicher Natur sein, denn er begehrt eine positive Zertifizierung beziehungsweise deren Wiederherstellung, welche sich nach öffentlichem Recht bestimmt.

(ii) Zivilrechtsweg

Lediglich hinsichtlich des Vertragsteils, den die Benannten Stellen zivilvertraglich frei regeln können, ist an die Einschlägigkeit des Zivilrechtsweges zu denken. Eine solche „Zersplitterung" des Rechtsweges ist möglich. Werden mehrere selbstständige Klageansprüche geltend gemacht, ist für jeden Anspruch die Zulässigkeit des Rechtswegs getrennt zu untersuchen.[480] Es besteht also die Möglichkeit, dass bei einzelnen klageweise geltend gemachte Ansprüche der ordentliche Rechtsweg zu beschreiten ist. Dies gilt jedoch lediglich bei eher unwahrscheinlichen Streitigkeiten

475 BGH, NJW 1986, S. 2359, 2359; BGH, NJW 1990, S. 1527, 1527; BVerwG 74, 368, 370; BVerwG 96, 71, 73.

476 BGH, NJW 1990, S. 1527, 1527; BVerwG 74, 368, 370.

477 BayVGH, DÖV 1982, S. 371, 372; BverwG, DÖV 1984, S. 1025, 1025; Steiner, NJW 1975, S. 1795, 1797 f.

478 Reimer, in: Posser/Wolff, Beck'scher Online Kommentar, VwGO, § 40, Rn. 76.

479 BGH, NJW 1986, S. 2359, 2359; BGH, NJW 1990, S. 1527, 1597; Kopp/Schenke, VwGO, § 40, Rn. 11.

480 Ehlers/Schneider, in: Schoch/Schneider/Bier, VwGO, § 40, Rn. 203; Kissel/Mayer, GVG, § 17 Rn. 55.

zwischen einer Benannten Stelle und einem Hersteller über Vertragsklauseln, die keinen Bezug zur Konformitätsbewertung aufweisen. Mit Blick darauf, dass wohl jede Streitigkeit zwischen einem Hersteller und einer Benannten Stelle einen Bezug zur Konformitätsbewertung haben dürfte und bei der Zulässigkeit des Verwaltungsrechtsweges auch der Gesichtspunkt der Sachnähe zu einem öffentlich-rechtlich geregelten Rechtsverhältnis zu berücksichtigen ist,[481] wird man auch in diesen Fällen den Verwaltungsrechtsweg als eröffnet erachten.

(iii) Zwei-Stufen-Theorie

Streng von den Ansprüchen aus einem bereits geschlossenen Vertrag zu trennen sind die Ansprüche auf Abschluss eines Vertrags. Diese können nach der Zwei-Stufen-Lehre[482] auch dann öffentlich-rechtlichen Charakter haben, wenn Inhalt des behaupteten Anspruchs der Abschluss eines privatrechtlichen Vertrags ist.[483] Die Zwei-Stufen-Theorie im Verhältnis der Benannten Stellen zu den Herstellern von Medizinprodukten ist jedoch unpassend. So ist diese Theorie entwickelt worden, um Ansprüche auf den Zugang zu öffentlich-rechtlichen Einrichtungen und Subventionen, auf die ein Anspruch des Zugangs beziehungsweise der Bewilligung nach öffentlichem Recht bestehen kann, einem Rechtsweg zuzuordnen. Es besteht jedoch kein Anspruch darauf, dass eine Benannte Stelle einen Auftrag eines Herstellers annimmt. Erst nach Annahme der Beauftragung kann ein Anspruch auf eine positive Konformitätsbewertung bestehen, der sich wiederum nach öffentlich-rechtlichen Normen bestimmt. Der Inhalt des Vertrages, das „wie", ist zudem öffentlich-rechtlich weitestgehend festgelegt, während das „ob" des Vertragsschlusses den Vertragsparteien überlassen bleibt. Der Hersteller kann eine Benannte Stelle nicht auf Abschluss eines Vertrages über eine Konformitätsbewertung verklagen. Die Abgrenzung nach der Zwei-Stufen-Theorie ist daher im Verhältnis der Benannten Stellen zu den Herstellern nicht geeignet, eine Abgrenzung des einschlägigen Rechtsweges vorzunehmen.

c) Der Grundsatz der Verhältnismäßigkeit

Bereits in Art. 16 Abs. 6 S. 1 der Richtlinie 93/42/EWG über Medizinprodukte und in Art. 15 Abs. 6 S. 1 der Richtlinie 98/79/EG über In-vitro-Diagnostika wird von den Benannten Stellen verlangt, dass sie bei nachteiligen Maßnahmen gegenüber den Herstellern nach dem Grundsatz der Verhältnismäßigkeit zu handeln haben.[484]

---

481 BVerwG, NJW 2013, S. 2298, 2299; Kopp/Schenke, VwGO, § 40, Rn. 6.

482 vgl. zur Zwei-Stufen-Theorie: Kopp/Schenke, VwGO, § 40, Rn. 16 und 20; kritisch gegenüber der Zwei-Stufen-Theorie bspw. Ossenbühl, DVBl. 1973, S. 289 ff.; Ehlers, Jura 2012, S. 692, 695 f.

483 OVG Hamburg, ZUM 2015, S. 352, 353; Sodan, in: Ziekow/Sodan, VwGO, § 40 Rn. 271 f.

484 Art. 16 Abs. 6 S. 1 der Richtlinie 93/42/EWG über Medizinprodukte und in Art. 15 Abs. 6 S. 1 der Richtlinie 98/79/EG über In-vitro-Diagnostika sind wortgleich

Die Tatsache, dass der Grundsatz der Verhältnismäßigkeit von den Mitgliedsstaaten auch als allgemeiner Rechtsgrundsatz (Art. 5 Abs. 4 EUV gilt nur für Gemeinschaftsorgane) beim Vollzug von Gemeinschaftsrecht zu beachten ist, spricht für eine staatlich Aufgabenwahrnehmung.[485] Es fällt jedoch schwer, alleine daraus zu schließen, dass der supranationale Gesetzgeber von einer öffentlich-rechtlichen Aufgabenwahrnehmung der Benannten Stellen ausgeht. Zu beachten ist in diesem Zusammenhang insbesondere, dass der supranationale Gesetzgeber in anderen Aussagen ganz offensichtlich davon ausgeht, dass es zur Disposition der Mitgliedsstaaten stehen soll, in welcher Rechtsform sie die Benannten Stellen errichten.[486]

(i) Grundsatz der Verhältnismäßigkeit im öffentlichen Recht

Aufschlussreicher ist es da schon sein, dass auch der deutsche Gesetzgeber bei der Umsetzung in nationales Recht in § 18 Abs. 1 MPG[487] von der Beachtung des Grundsatzes der Verhältnismäßigkeit spricht. Seit dem 2. MPG-ÄndG hat eine Benannte Stelle bei ihrer Entscheidung, ob sie eine Bescheinigung einschränkt, aussetzt oder in erforderlichen Fällen sogar zurückzieht, den Grundsatz der Verhältnismäßigkeit zu beachten.[488] Die früher die Benannten Stellen zu solchen Maßnahmen berechtigende Regelung des § 4 Abs. 1 MPV enthielt einen solchen Passus über die Beachtung des Grundsatzes der Verhältnismäßigkeit noch nicht.[489] Wie ist diese Wortwahl des deutschen Gesetzgebers also zu verstehen? Der Grundsatz der Verhältnismäßigkeit ist in Deutschland ein aus dem Öffentlichen Recht bekannter Begriff, der im Rahmen jeder hoheitlichen Maßnahme gegenüber einem Privaten zu beachten ist.[490] Die Beachtung des Verhältnismäßigkeitsgrundsatzes kennzeichnet gerade den hoheitlichen Vollzug von Verwaltungsrecht durch staatliche Behörden.[491]

---

und lauten: „*Stellt eine Benannte Stelle fest, dass einschlägige Anforderungen dieser Richtlinie vom Hersteller nicht erfüllt wurden oder nicht länger erfüllt werden, oder hätte eine Bescheinigung nicht ausgestellt werden dürfen, so setzt sie – unter Berücksichtigung des Grundsatzes der Verhältnismäßigkeit – die ausgestellte Bescheinigung aus oder widerruft sie oder erlegt Beschränkungen auf, es sei denn, dass der Hersteller durch geeignete Abhilfemaßnahmen die Übereinstimmung mit diesen Anforderungen gewährleistet.*"

485 Lienbacher in: Schwarze, EU-Kommentar, EUV Art. 5, Rn. 39 ff.; Pache, NVwZ 1999, S. 1033, 1038; Merten, Private Entscheidungsträger, S. 155.

486 Siehe in diesem Kapitel B. II; vgl. auch Merten, Private Entscheidungsträger, S. 155.

487 Zum Wortlaut des § 18 Abs. 1 MPG siehe in diesem Kapitel B. III. 1. a).

488 Vgl. Entwurf eines zweiten Gesetzes zur Änderung des Medizinproduktegesetzes der Bundesregierung vom 15.06.2001, BT-Drucks. 14/6281 und Bekanntmachung der Neufassung des Medizinproduktegesetzes vom 07.08.2002, BGBl. I, S. 3146 ff.

489 Vgl. Verordnung über Medizinprodukte (Medizinprodukte-Verordnung-MPV) vom 17.12.1997, BGBl. I, S. 3138 ff.

490 Rehmann, in: Rehmann/Wagner, MPG, § 18, Rn. 2.

491 Röhl/Schreiber, Konformitätsbewertung in Deutschland in Deutschland, S. 60.

Der Grundsatz der Verhältnismäßigkeit hat seine Wurzeln im Verwaltungsrecht, genauer gesagt im Gefahrenabwehrrecht, d.h. im Polizeirecht.[492] Die Anwendung des Grundsatzes der Verhältnismäßigkeit ist auf Grund seiner Zweck-Mittel-Prüfung der Sache nach in der Regel auf zielgerichtete Eingriffe des Staates beschränkt.[493] Er wird aus dem Rechtsstaatsprinzip, dem Wesen der Grundrechte an sich oder sonstigen Verfassungsprinzipien abgeleitet.[494] Die Herleitung kann jedoch dahingestellt bleiben. Fest steht jedenfalls, dass es sich bei der Verhältnismäßigkeit um einen verfassungsrechtlichen Grundsatz handelt, der eine strikte Bindung für staatliches Handeln gegenüber seinen Bürgern darstellt.[495] Das Bundesverfassungsgericht führt hierzu aus: *„Dem Grundsatz der Verhältnismäßigkeit (...) kommt eine die individuelle Rechts- und Freiheitssphäre verteidigende Funktion zu"*.[496] Die öffentliche Gewalt soll den Bürger nur soweit in seinem allgemeinen Freiheitsanspruch beschränken, wie es zum Schutze öffentlicher Interessen unerlässlich ist.[497] Heute stellt der Verhältnismäßigkeitsgrundsatz innerhalb aller Polizei-, Sicherheits- und Ordnungsgesetze sowie in den Verwaltungsvollstreckungsgesetzen einen festen Bestandteil dar.[498] Es handelt sich inzwischen um einen der tragenden Grundsätze des Verwaltungsrechts in Deutschland.[499] Man kann also annehmen, dass die Wortwahl des Gesetzgebers auf eine öffentlich-rechtliche Aufgabenwahrnehmung der Benannten Stellen hindeuten soll.

Das Argument, der Grundsatz der Verhältnismäßigkeit als ein allgemeiner Verwaltungsrechtsgrundsatz gelte ohnehin bei jeder hoheitlichen Tätigkeit und daher sei für die Tätigkeiten der Benannten Stellen anzunehmen, dass der Gesetzgeber den Grundsatz der Verhältnismäßigkeit bewusst ausdrücklich in das Gesetz geschrieben hat, um dadurch erst festzulegen, dass die Benannten Stellen trotz ihrer privatrechtlichen Handlungsweise an diesen Grundsatz gebunden sein sollen und dies nicht nur in einem privatrechtlichen Sinne, kann nicht überzeugen.[500] Es wird schon durch die Tatsache widerlegt, dass die ausdrückliche Festlegung der Beachtung des Grundsatzes der Verhältnismäßigkeit im Verwaltungsrecht keine Seltenheit

492 Götz, Allgemeines Polizei- und Ordnungsrecht, § 11, Rn. 12 und 14; Ossenbühl, Jura 1997, S. 617, 617.

493 Ossenbühl, in: FS für Peter Lerche, S. 159; Vgl. zur Zweck-Mittel Relation ausführlich Jarass/Pieroth, GG, Art. 20, Rn. 80 ff. oder auch Detterbeck Allg. VerwR, § 6, Rn. 229 ff.

494 Ossenbühl, Jura 1997, S. 617, 617; Jarass/Pieroth, GG, Art. 20, Rn. 80; Schulze-Feilitz, in: Dreier, GG, Band II, Art. 20, Rn. 179 ff; BVerfGE 6, 389, 439; BVerfGE 19, 342, 348 f.; BVerfGE 23, 127, 133.

495 Schulte, DVBl. 1995, S. 130, 135; Merten, Private Entscheidungsträger, S. 225.

496 BVerfGE 79, 311, 341; BVerGE 81, 310, 338; Jarass/Pieroth, GG, Art. 20, Rn. 80.

497 Jarass/Pieroth, GG, Art. 20, Rn. 80.

498 Ossenbühl, Jura 1997, S. 617, 617.

499 Maurer, Allg. VerwR, § 7 Rn. 23; Dreier, in: ders., GG I, Vorbem. Rn. 145 ff.; von Czettritz, in:Anhalt/Dieners, S. 411.

500 So argumentierend Mertens, Private Entscheidungsträger, S. 163 f. und S. 224 ff.

ist.[501] Es kann daraus also keine Tendenz für privatrechtliches Handeln herleiten. Im Gegenteil: Der Wortlaut des „Grundsatzes der Verhältnismäßigkeit“ findet sich so nur in Normen des Verwaltungsrechts. Dies wiederum spricht für ein öffentlich-rechtliches Handeln.

Auf Grund der Tatsache, dass der Begriff des „Grundsatzes der Verhältnismäßigkeit“ in Deutschland so eng mit dem Verwaltungsrecht verbunden ist, lässt sich der Schluss ziehen, dass die Maßnahmen nach § 18 Abs. 1 MPG auf Grund der Beachtung des Grundsatzes der Verhältnismäßigkeit dem öffentlichen Recht zuzuordnen sein dürften.[502] Diese Annahme bestätigt sich, wenn man sich mit der Verhältnismäßigkeit im deutschen Privatrecht genauer beschäftigt. Ausdrücklich findet sich der Wortlaut des „Grundsatzes der Verhältnismäßigkeit“ nur in Normen des Verwaltungsrechts.[503]

(ii) Die Verhältnismäßigkeit im Privatrecht

Ohne Frage spielt auch im deutschen Privatrecht die Verhältnismäßigkeit eine gewisse Rolle.[504] So ist der Begriff der Verhältnismäßigkeit auch dem Bürgerlichen Gesetzbuch nicht völlig fremd.[505] Durch die Rechtsprechung hat die Verhältnismäßigkeit zudem insbesondere im Arbeits- und Gesellschaftsrecht Einzug gehalten. Dies gilt beispielsweise im Kündigungsrecht, wo das BAG eine außerordentliche Kündigung nur nach der Maßgabe der Verhältnismäßigkeit zulässt.[506] Im Gesellschaftsrecht dient die Verhältnismäßigkeitsprüfung unter anderem der Kontrolle von Ausschlüssen aus Gesellschaften und Vereinen.[507]

Grundsätzlich ist das Privatrecht jedoch, im Gegensatz zum Öffentlichen Recht, durch die formale Gleichordnung der Rechtssubjekte gekennzeichnet.[508] Es gibt im Privatrecht keinen Grundsatz, nach dem die Rechtsfolgen einer Pflichtverletzung

501 Vgl. beispielhaft Art. 8 LStVG, § 15 BPolG, Art 4 PAG Bay, § 2 PolG NRW.

502 Vgl. auch von Czettritz, in: Anhalt/Dieners, § 15, Rn. 11.

503 Vgl. beispielhaft und jeweils ausdrücklich mit dem Wortlaut „Grundsatz der Verhältnismäßigkeit“ Art. 8 LStVG, § 15 BPolG, Art 4 PAG (Bayern), § 2 PolG NRW.

504 Vgl. hierzu nur Roth/Schubert, in: MüKo, BGB, 2. Band, § 242, Rn. 114 und Rn. 417 ff. oder Grüneberg, in: Palandt, BGB, § 242, Rn. 53 f.

505 So findet sich bspw. in § 320 Abs. 2 BGB der Begriff der „verhältnismäßigen Geringfügigkeit“; § 635 Abs. 3 spricht von „unverhältnismäßigen Kosten“; in § 651 c Abs. 2 S. 2 findet sich der „verhältnismäßige Aufwand“ und § 903 S. 1 spricht von einem „unverhältnismäßig großen Schaden“. Zur allgemeinen Verhältnismäßigkeit im Schuldvertragsrecht vgl. Stürner, Der Grundsatz der Verhältnismäßigkeit im Schuldvertragsrecht.

506 BAGE 30, 309; Weitere Beispiel sind das Recht des Arbeitskampfes (St. Rspr. des BAG seit BAGE 23, 292), Betriebvereinbarungen (BAGE 83, 293, 300) oder Tarifverträge (BAGE 93, 100, 110).

507 BGHZ 6, 113, 117 (zur Personengesellschaft); BGHZ 16, 317, 322 (zur GmbH).

508 Stürner, Der Grundsatz der Verhältnismäßigkeit im Schuldvertragsrecht, S. 15.

in einem angemessenen Verhältnis zur Schwere des Verstoßes stehen müssten.[509] Im Privatrecht stehen in der Regel auf beiden Seiten Privatrechtssubjekte, die innerhalb der Grenzen der Gesetze ihre Privatautonomie völlig frei ausüben können. Es gibt keinen allgemeinen Grundsatz, dass geringfügige Pflichtverletzungen ohne Rechtsfolgen zu bleiben haben.[510] Soweit bei einer Pflichtverletzung mehrere Verhaltensweisen möglich sind, kann lediglich § 242 BGB, insbesondere bei Dauerschuldverhältnissen oder dem Bestehen einer besonders engen Bindung, dazu verpflichten, die mildere Reaktion zu wählen.[511] Darüber hinaus spielt die Rechtssicherheit im Privatrecht eine besonders wichtige Rolle.[512] Es kann daher eine Ergebnisfindung mit Hilfe des Verhältnismäßigkeitsgrundsatzes nicht die Regel, sondern nur die Ausnahme bei eindeutigen Ergebnissen sein.[513] So führt auch der Bundesgerichtshof aus, dass der Verhältnismäßigkeitsgrundsatz nur unter gewissen Umständen in das Zivilrecht hineinwirken darf.[514] Eine solche Einwirkung soll nur unter ganz besonderen, selten vorkommenden Umständen möglich sein.

(iii) Ergebnis

Im Ergebnis ist festzuhalten, dass die Anwendbarkeit des Grundsatzes der Verhältnismäßigkeit für ein hoheitliches Tätigwerden spricht.[515] Schon der Wortlaut „Grundsatz der Verhältnismäßigkeit" ist so nur im Öffentlichen Recht zu finden. Die Beachtung des Verhältnismäßigkeitsgrundsatzes kennzeichnet zudem gerade den hoheitlichen Vollzug des Verwaltungsrechts durch staatliche Behörden. Das deutsche Privatrecht kennt keinen Verhältnismäßigkeitsgrundsatz in diesem Sinne. Dieser Grundsatz soll bei privatrechtlichen Rechtsbeziehungen nur unter bestimmten Umständen anwendbar sein und eine Ausnahme bilden.

Auf Grund der einseitigen Befugnisse der Benannten Stellen aus § 18 Abs. 1 MPG, die erhebliche Eingriffe in die Rechtssphäre der Hersteller ermöglichen und gravierende Konsequenzen mit sich bringen können, ist davon auszugehen, dass der deutsche Gesetzgeber unter dem Grundsatz der Verhältnismäßigkeit in § 18 Abs. 1 MPG eine umfassende Abwägung nach den aus dem Verwaltungsrecht bekannten Regeln des Verhältnismäßigkeitsgrundsatzes von einer Benannten Stelle erwartet. Es können damit in Anlehnung an die Vorschriften des §§ 48, 49 VwVfG, denen § 18 MPG ohnehin nachempfunden ist, deren Grundsätze für den Widerruf und die Rücknahme von Verwaltungsakten genutzt werden.

509 Grüneberg, in: Palandt, BGB, § 242, Rn. 54; Medicus, AcP 192. Band, S. 35 ff.
510 BGHZ 88, 92, 95; Grüneberg, in: Palandt, BGB, § 242, Rn. 53.
511 BayObLG, NJW-RR, S. 332, 333; Grüneberg, in: Palandt, BGB, § 242, Rn. 54.
512 Medicus, AcP 192. Band, S. 35, 69.
513 Medicus, AcP 192. Band, S. 35, 69.
514 BGHZ 109, 306, 313; Canaris, JZ 1987, S. 993, 993 f.
515 So im Ergebnis wohl auch Röhl/Schreiber, Konformitätsbewertung in Deutschland, S. 64.

3. *Preisbindung für Konformitätsbewertungen und Finanzierung der Benannten Stellen*

Die Benannten Stellen finanzieren sich durch ihre Zertifizierungen, deren Entgelt sie individuell in den Verträgen über die Zertifizierung mit den Herstellern vereinbaren. Eine am Einzellfall orientierte Aushandlung des Entgeltes ist eher für zwei auf einer Ebene sich gegenüber stehende, privatrechtlich handelnde Individuen typisch. Beliehene hingegen sind in der Regel zur einseitigen Erhebung von Gebühren berechtigt. Nach einer ausdrücklichen gesetzlichen Ermächtigung kann ihnen sogar die Befugnis zugesprochen werden, sich selbst eine Gebührenordnung zu geben.[516] Eine Berechtigung zur Gebührenerhebung oder die Möglichkeit, sich selbst eine Gebührenordnung zu erlassen, wären ein klares Signal für eine Beleihung. Sind solche Berechtigungen jedoch nicht vorgegeben, so bedeutet dies nicht zwingend, dass keine Beleihung vorliegt.

Der Beleihungsbegriff verhält sich neutral zur finanziellen Situation und Refinanzierung der Tätigkeiten im Rahmen der Beleihung.[517] Da es nicht entscheidend ist, dass der Private eine Überprüfung nicht auf Ansuchen der Behörde, sondern auf Veranlassung des Antragsstellers vornimmt, ist es auch nicht ausschlaggebend für eine rechtliche Zuordnung, dass er keine Vergütung von der Verwaltungsbehörde erhält, sondern die Zahlung für seine Tätigkeit direkt von den Herstellern der Medizinprodukte als jeweilige Antragsteller geleistet wird.[518] Beliehene können sich durch vom Antragsteller zu zahlende Gebühren finanzieren, durch staatliche Stellen finanziert werden oder ihre Aufgaben sogar (auch) im eigenen Interesse durchführen und mit eigenen Mitteln finanzieren.[519] In Folge dessen werden teilweise durch die jeweiligen gesetzlichen Ausgestaltungen die Beliehenen zur Erhebung von Gebühren berechtigt, wie etwa der Bezirksschornsteinfeger[520] oder der Vermessungsingenieur in einzelnen Ländern.[521] Es gibt jedoch auch Konzeptionen, in denen eine Finanzierung nicht vorgegeben ist. Anzutreffen sind solche Fälle beispielsweise bei beliehenen Subventionsmittlern nach § 44 Abs. 3 Bundeshaushaltsordnung, der Beleihung von Flughafenkoordinatoren gemäß § 31 a Luftverkehrsgesetz oder im Bereich der Tierkörperbeseitigung.[522] Den in der Tierkörperbeseitigung tätigen beliehenen privaten Unternehmern, die keine Gebühren erheben dürfen, kommt

516 Burgi, in: FS für Hartmut Maurer, S. 588.

517 Burgi, in: FS für Hartmut Maurer, S. 587; Röhl/Schreiber, Konformitätsbewertung in Deutschland, S. 228.

518 BGH, NJW 1967, S. 443, 445.

519 Röhl/Schreiber, Konformitätsbewertung in Deutschland, S. 228.

520 BGHZ 62, 372, 379.

521 Burgi, in: FS für Hartmut Maurer, S. 587; Zu den Voraussetzungen für eine Gebührenordnung und Rechtsfragen in diesem Zusammenhang, Seidel, Privater Sachverstand, S. 314 f.

522 Röhl/Schreiber, Konformitätsbewertung in Deutschland, S. 228; Grünewald, Hdb. des Tierkörperbeseitigungsrechts, S. 194.

sogar ein einseitiges Leistungsbestimmungsrecht zu.[523] Ohne spezielle gesetzliche Bestimmungen oder ausdrückliche Vereinbarungen mit dem Beleihenden zur Finanzierung der Aufgaben, können jedoch auch Ansprüche aus einem „öffentlich-rechtlichen Auftragsverhältnis" in Betracht kommen, wenn der Beliehene sich ohne einen Anspruch gegen die verantwortliche staatliche Stelle, dies ist in der Regel die beleihende, nicht finanzieren kann.[524]

Die Situation, dass es für die Benannten Stellen keine Gebührenordnung gibt und sich diese unmittelbar durch die Zahlungen ihrer Auftraggeber finanzieren, dürfte dem europarechtlichen System geschuldet sein. Da es einem Hersteller offen steht, in welchem Mitgliedsstaat er eine Benannte Stelle beauftragt, stehen diese in direkter Konkurrenz zueinander. Es muss also für die deutschen Benannten Stellen möglich sein, je nach Einzelfall einen am Markt angemessenen Preis anzubieten, um beauftragt zu werden. Auf Grund der europaweiten Tätigkeiten der Benannten Stelle wäre es auch kaum möglich, einen immer geltenden Gebührenrahmen festzulegen, wie z.B. zusätzliche Reisekosten, Dolmetscherkosten usw. bei Zertifizierungen im Ausland nur sehr schwer pauschal geltend festgesetzt werden können. Des Weiteren kann auf Grund der Vielzahl unterschiedlicher Medizinprodukte und deren teilweiser Komplexität keine allgemeingültige Aussage über deren Zertifizierungskosten getroffen werden. Es steht den Benannten Stellen frei, im Wege des Vertrages mit Auftraggebern einen Preis für die Zertifizierung zu vereinbaren, was notwendig ist, um wettbewerbsfähig zu sein und gegebenenfalls bei komplizierten Medizinprodukten und aufwendigen Zertifizierungen einen angemessenen Preis verlangen zu können. Eine Gebührenordnung für Zertifizierungen könnte sinnvoll wohl lediglich auf europäischer Ebene mit europaweiter Geltung geschaffen werden. Hierzu hat der deutsche Gesetzgeber jedoch keine Kompetenz.

Dass keine Zertifizierungen zu „Dumping-Preisen" vorgenommen werden und darunter die Qualität leidet oder sich die Benannten Stellen durch reine Gefälligkeitszertifizierungen Aufträge akquirieren, wird durch die kontinuierliche Überwachung der Benannten Stellen gewährleistet. Durch die jederzeitige Möglichkeit der Entziehung der Akkreditierung, sind die Benannten Stellen im eignen Interesse angehalten, ihre Arbeit gewissenhaft zu erledigen. Ein Hersteller hat die Wahl, ob er eine Benannte Stelle beauftragt, die eine Zertifizierung möglicherweise zu einem höheren Preis anbietet, jedoch auch korrekt und gewissenhaft erledigt oder ob er eine Benannte Stelle beauftragt, die zwar eine Zertifizierung mit einem positiven Ergebnis günstig vornimmt, er jedoch Gefahr läuft, dass ihm das Zertifikat im Rahmen der Marktaufsicht umgehend wieder entzogen wird. Auch die nach einer Zertifizierung immer weiter bestehende Herstellerverantwortung stellt hier sicher, dass der Hersteller eine korrekt arbeitende Benannte Stelle wählt, da er weiterhin

523 Grünewald, Hdb. des Tierkörperbeseitigungsrechts, S. 194.
524 Steiner, in: FS für Freidrich Koja, S. 603, 611 f.; Burgi, in: FS für Hartmut Maurer, S. 587.

für sein Produkt verantwortlich ist und diese Verantwortung nicht auf die Benannte Stelle abwälzen kann.[525]

4. *Zusammenfassung*

Zusammenfassend bedeutet dies, dass die Möglichkeit zur Erhebung von Gebühren auf eine Beleihung hindeutet. Beliehene können sich und ihre Tätigkeiten jedoch auch anders finanzieren. Dass die Benannten Stellen sich unmittelbar durch Zahlungen ihrer Auftraggeber finanzieren, heißt somit nicht, dass eine Beleihung ausgeschlossen werden kann. Der Beleihungsbegriff ist neutral zur finanziellen Situation und Refinanzierung der Tätigkeiten im Rahmen der Beleihung. Diese Situation lässt sich mit dem europarechtlichen System der Zertifizierung und der damit verbundenen länderübergreifenden Konkurrenz der Benannten Stellen sowie der Schwierigkeit, eine allgemein geltende Gebührenordnung gerade für transnationale Zertifizierungen aber auch schon allgemein für die bestehende Bandbreite der mannigfachen Medizinprodukte festzusetzen, erklären. Eine allgemeine Gebührenordnung könnte sinnvollerweise lediglich auf europäischer Ebene geschaffen werden.

5. *Haftpflichtversicherung, Regress und Haftungsausschluss*

Die Pflicht der Benannten Stellen zum Abschluss einer Haftpflichtversicherung könnte ein Indiz für eine privatrechtliche Tätigkeit der Benannten Stellen sein.[526] Eine solche Pflicht wäre vor allem auf der Grundlage einer zivilrechtlichen Verantwortlichkeit der Benannten Stellen geboten.[527] Sinn und Zweck des Abschlusses einer Haftpflichtversicherung ist es, bei Schadensfällen auf Grund eines zurechenbaren Fehlverhaltens einen solventen Haftungsschuldner zur Verfügung zu stellen. Bei einer Beleihung wäre eine Haftpflichtversicherung im Grunde nicht notwendig, da der Staat ohnehin für aus fehlerhaften Zertifikaten entstandene Schäden nach Art. 34 S. 1 GG haften würde und somit ein solventer Schuldner zur Verfügung stehen würde.[528] Auch wenn von vielen fälschlicherweise angenommen wird, dass eine Pflicht zum Abschluss einer Haftpflichtversicherung für die Benannten Stellen nach dem Medizinprodukterecht, ebenso wie es bei GS-Prüfstellen der Fall ist, bestehen würde, ist eine solche jedoch nicht vorgesehen.[529]

Der Abschluss einer Haftpflichtversicherung ist lediglich in den Anhängen der Richtlinien über Medizinprodukte, aktive implantierbare medizinische Geräte und In-vitro-Diagnostika vorgesehen, auf welche das MPG in § 15 Abs. 1 S. 3 verweist.

525 Siehe zur Herstellerverantwortlichkeit auch im 1. Kapitel C. V.
526 BGH, NVwZ-RR 2011, S. 556, 557; Kapoor, in: Klindt, ProdSG, §§ 9 ff., Rn. 24.
527 BGH, NVwZ-RR 2011, S. 556, 557.
528 BGH, NVwZ-RR 2011, S. 556, 557.
529 Eine Versicherungspflicht der Benannten Stellen für Medizinprodukte annehmend bspw.: Deutsch, in: Deutsch/Lippert/Ratzel/Tag, MPG, § 15, Rn. 9 und Merten, Private Entscheidungsträger, S. 191.

Diese Pflicht zum Abschluss einer Versicherung besteht nach den Anhängen der Richtlinien jedoch nur, wenn der Staat nicht ohnehin die Haftpflicht auf Grund nationalen Rechts abdeckt.[530] Diese wäre im Falle einer Beleihung auf Grund der dadurch entstehenden Amtshaftungspflicht für Fehler der Beliehenen jedoch gegeben. Es ist also nicht klar, ob der Gesetzgeber eine Haftpflichtversicherung vorschreibt oder ob er davon ausgeht, dass der Staat ohnehin die Haftung auf Grund der Amtshaftung übernimmt.[531] Der Verweis ist nicht eindeutig. Lediglich in den Unterlagen der Dakks zum Verfahren der Benennung wird der Abschluss einer Haftpflichtversicherung gefordert.[532] Es wird hingegen keine Pflichtversicherung gemäß § 113 Versicherungsvertragsgesetz (VVG) für die Benannten Stellen als Voraussetzung für eine Benennung vorgeschrieben. Auch das MPG sieht eine solche Pflichtversicherung nicht vor. Hätte der Gesetzgeber den Abschluss einer Haftpflichtversicherung für die Benannten Stellen zur Voraussetzung machen wollen, so hätte er dies im Gesetz ausdrücklich vorsehen müssen.[533] Die reine Praxis der Verwaltung, eine solche zu fordern, kann kein Indiz sein, welches auf den Willen des Gesetzgebers hindeuten könnte. Diese Praxis dürfte sogar rechtswidrig sein, da § 113 Abs. 1 VVG eine Pflichtversicherung nur auf Grund einer Rechtsvorschrift vorsieht. Eine Pflichtversicherung bedarf nämlich auf Grund des Eingriffes in Art. 12 GG immer einer gesetzlichen Grundlage.[534]

---

530 Vgl. auch Anhang I Punkt 4.1. der Durchführungsverordnung EU Nr. 920/2013 der Kommission vom 24.9.2013 über die Benennung und Beaufsichtigung Benannte Stelle gemäß der Richtlinie 90/358/EG des Rates über aktive implantierbare medizinische Geräte und der Richtlinie 93/42/EG des Rates über Medizinprodukte, Amtsblatt der Europäischen Union L 253/8 vom 25.09.2013.

531 Vgl. auch Schorn, Medizinprodukte-Recht, M 2-3/6, Rn. 7; a.A. Deutsch, in: Deutsch/Lippert/Ratzel/Tag, MPG, § 15, Rn. 9, der jedoch ohne eine Begründung von einer Pflicht zum Abschluss einer Haftpflichtversicherung ausgeht, indem er auf die Richtlinien verweist.

532 Vgl. zu den früher durch die ZLG durchgeführten Benennungen: Regeln für Zertifizierungsstellen, abrufbar unter anderem unter: https://www.zlg.de/index.php?eID=tx_nawsecuredl&u=0&file=fileadmin/downloads/MP/220_AR01_Akk Regeln_Zertstellen.pdf&hash=c64ea15e9cd48194e5f59dc38bae8a1967a55402 (aufgerufen am 18.10.2014); heute zur Benennung durch die Dakks: Regeln für die Akkreditierung von EQAS-Organisiationen nach RL 98/79/EG, abrufbar unter anderem unter: http://www.dakks.de/sites/default/files/71_sd_3_018_regeln-akk-eqas_20131016_v1.2_0.pdf (aufgerufen am 18.10.2014). Dabei wird jedoch nur von einer „angemessenen Haftpflichtversicherung" gesprochen. Dies ist wenig konkret und dürfte ohnehin den Anforderungen an den zu erreichenden Schutz für Patienten nicht genügen.

533 Ein Beispiel in dem der Gesetzgeber eine solche Regelung zum Abschluss einer Haftpflichtversicherung für Konformitätsbewertungsstellen getroffen hat findet sich in § 13 Abs. 8 ProdsG.

534 Schorn, Medizinprodukte-Recht, M 2-3/6, Rn. 7.

Dass der Gesetzgeber die Regelung einer Verpflichtung zum Abschluss einer Haftpflichtversicherung nicht schlichtweg übersehen hat, zeigt sich, bei einem Vergleich mit den Vorschriften über klinische Prüfungen im MPG. Hier hat der Gesetzgeber in § 20 Abs. 1 S. 3 Nr. 9, Abs. 3 eine detaillierte Regelung zur Haftpflichtversicherung getroffen und den Abschluss eindeutig zur Voraussetzung gemacht.[535] Er hat sich also offensichtlich Gedanken über den Abschluss von Haftpflichtversicherungen gemacht. Im Sinne der Richtlinienumsetzung, die es den Mitgliedsstaaten offen lässt, ob eine Haftpflichtversicherung abzuschließen ist oder der Staat selbst haftet, hätte es nahe gelegen, diese auch gleich mit zu regeln. Es finden sich auch keinerlei Regelungen im MPG, etwa über die Höhe einer Haftpflichtversicherung der Benannten Stellen oder mit wem sie abzuschließen ist. Ohne die Normierung einer Haftpflichtversicherung kann der Staat der Umsetzung der Richtlinien nur nachkommen, wenn er selbst haftet. Somit ist auch im Hinblick auf eine korrekte Richtlinienumsetzung davon auszugehen, dass ein hoheitliches Handeln vorliegt, denn nur in diesem Falle hat der deutsche Staat automatisch für Pflichtverletzungen der Benannte Stellen im Wege der Amtshaftung einzustehen. All dies deutet darauf hin, dass der Gesetzgeber offensichtlich davon ausgeht, eine Beleihung der Benannten Stellen vorgenommen zu haben, womit die Haftung ohnehin im Rahmen der Amtshaftung abgedeckt ist.[536]

Selbst wenn eine Pflicht zum Abschluss einer Haftpflichtversicherung vorgesehen wäre, so würde dies nicht zwangsweise auf ein privatrechtliches Tätigwerden hinweisen.[537] Dass die Pflicht zum Abschluss einer Pflichthaftpflichtversicherung unter anderem auch bei hoheitlicher Tätigkeit vorgesehen sein kann, ergibt sich beispielsweise bei einem Blick auf die Bundesnotarordnung.[538] Notare üben hoheitliche Tätigkeiten aus[539] und sind dennoch zum Abschluss einer Haftpflichtversicherung verpflichtet (vgl. §§ 19 a, 67 Abs. 3 Nr. 3 BNotO). Dies ist insbesondere damit zu begründen, dass die Staatshaftung gemäß § 19 Abs. 1 S. 4 BNotO ausgeschlossen ist.[540] Ein Haftungsausschluss im Verhältnis des Staates zu den Benannten Stellen ist

535 Retter, in: Schwintowski/Brömmelmeyer, Versicherungsvertragsrecht, Vorb. zu §§ 100 bis 112 VVG, Rn. 18.

536 Vgl. ausführlich zur Amtshaftung das 4. Kapitel.

537 Vgl. hierzu BVerwG , NVwZ 2011, S. 368, 370, wonach bei gesetzlichen Regelungen der Rückgriffshaftung des Staates gegen einen Beliehenen zu berücksichtigen ist, ob der Beliehene sich gegen Schäden Haftpflichtversichern kann. Siehe auch im. 4. Kapitel A. II. 2.

538 Eine Übersicht der wichtigsten Pflichthaftpflichtversicherung findet sich unter anderem in Schwintowski/Brömmelmeyer, Versicherungsvertragsrecht, Vorb. zu §§ 100 bis 112 VVG, Rn. 18.

539 BVerfGE 73, 280, 294; ebenso schon BVerGE 17, 371, 376; Frenz, in: Eylmann/Vasen, Kommentar BNotO, BeurkG, § 1, Rn. 18 ff.; Bracker, in: Schippel/Bracker, BNotO Kommentar, § 1, Rn 8.

540 Zimmermann/Ganter, in: Limmer/Hertel/Frenz/Mayer, Würzburger Notarhandbuch, Teil 1 Kap. 6, Rn. 2; Es sei darauf hingewiesen, dass in Baden-Württemberg

im Medizinprodukterecht jedoch an keiner Stelle geregelt worden. Insofern könnte man annehmen, dass es in diesem Falle nur konsequent sei, auch den Abschluss einer Haftpflichtversicherung nicht vorzusehen.

Es ist jedoch überraschend, dass der Gesetzgeber diesen doch wichtigen Punkt nicht ausgemacht hat, zumal er in diesem Falle für Pflichtverletzungen der Benannten Stellen selbst haftet.[541] Auch eine Regelung des Regresses gegenüber den Benannten Stellen ist nicht vorhanden, falls der Staat für deren Pflichtverletzungen einzustehen hat. Dass solche Regelungen nicht vorliegen, könnte wiederum dafür sprechen, dass eine Beleihung vom Gesetzgeber nicht gewollt ist. In der Rechtsprechung wird jedenfalls das Fehlen einer Regelung des Innenregresses zum Teil als ein Indiz gegen eine Beleihung gesehen. In einem Beschluss des BGH sieht es dieser gerade als ein Argument gegen eine Beleihung an, dass eine Regressnorm fehle.[542] In anderen Fällen nimmt der BGH an, dass es ohne Belang für die Qualifizierung, ob eine Beleihung vorliege oder nicht, sei, dass eine Regressnorm zugunsten des Staates bei Pflichtverletzungen des Privaten fehle.[543] Eine klare Linie lässt sich also in diesem Falle nicht erkennen.

Studiert man die Fälle, in denen größtenteils eine Beleihung angenommen wird, so fällt auf, dass der Gesetzgeber in den seltensten Fällen eine Regelung hinsichtlich der Haftung bei Pflichtverletzungen eines Beliehenen getroffen hat.[544] Es scheint also nicht unüblich, dass der Gesetzgeber trotz der Alternative, sich von der Haftung frei zu machen oder jedenfalls den Regress zu regeln,[545] sich mit den Folgen der Haftung und den anwendbaren gesetzlichen Regelungen hinsichtlich der Haftungsbeschränkung und des Regresses zufrieden gibt. Daraus ist zu folgern, dass sich aus einer gesetzlichen Regelung des Innenregresses, des Haftungsrückgriffs oder der Pflicht zum Abschluss einer Haftpflichtversicherung keine wegweisenden Rückschlüsse ziehen lassen. Weiter relevant bleibt jedoch das eben Ausgeführte zur Haftpflichtversicherung, da diese Argumentation auf Grund der europarechtlichen Vorgaben weiterhin ein Indiz für ein hoheitliches Handeln darstellt und der Gesetzgeber es offensichtlich nicht schlichtweg übersehen hat, hier eine Regelung vorzunehmen.

Im Sinne des Patientenschutzes wäre es dennoch zu begrüßen, wenn eine Pflicht zum Abschluss einer genau bestimmten Haftpflichtversicherung für die Tätigkeiten der Benannten Stellen zumindest im Bereich der Risikoklassen II b und III beispielsweise analog der Kfz-Haftpflichtversicherung mit einem entsprechenden Entschädigungsfonds (§ 12 PflVG) geschaffen würde, um im Schadensfall eine schnelle Abwicklung zu

ausnahmsweise der Staat anstelle der Notare im Landesdienst für Amtspflichtverletzungen haftet (vgl. dazu bspw. Schramm, in: Schippel/Bracker, BNotO Kommentar, § 19, Rn. 151–153).

541 Vgl. zur Amtshaftung das 4. Kapitel.

542 BGH, NVwZ-RR 2011, S. 556, 557.

543 BGHZ 147, 169, 178 ; BGH, NJW 1978, S. 2548, 2549.

544 Stadler, Die Beleihung in der neueren Bundesgesetzgebung, S. 209.

545 Siehe im. 4. Kapitel A. II. 2. und 3.

gewährleisten.[546] Es sollte zudem dafür Sorge getragen werden, dass die Versicherung eine Deckungssumme in entsprechender Höhe umfassen muss. Dabei ist zu vermeiden, dass die Deckungssummen zu niedrig angesetzt werden oder die Versicherungsverträge eine Beschränkung auf eine bestimmte Anzahl von Versagensfällen vorsehen. Derartige Unterdeckungen wirken sich zu Lasten der Geschädigten aus. Solange solche Fondslösungen nicht zur Verfügung stehen, ist es im Sinne des Patientenschutzes gerade richtig, dass der Staat haftet, damit die Geschädigten nicht auf gesetzliche oder private Haftpflichthöchstsummen aus dem Versicherungsverhältnis der Benannten Stelle verwiesen bleiben.[547] Mit der Versicherungspflicht würde zudem erreicht, dass die Benannten Stellen nicht nur durch den Staat, sondern zusätzlich durch die Versicherer überwacht würden. Die Versicherer gewähren Versicherungsschutz nämlich in der Regel erst nach eingehender Prüfung, ob alle materiell-rechtlichen Vorgaben erfüllt sind, um Versicherungsfälle zu vermeiden. Damit würden die Benannten Stellen zu gesetzeskonformem Verhalten veranlasst.[548]

6. *Fazit*

Als Fazit lässt sich festhalten, dass für die Benannten Stellen nach dem MPG keine Pflicht zum Abschluss einer Haftpflichtversicherung besteht. Diese Tatsache lässt auf Grund der Vorgaben der Richtlinien und im Sinne des Patientenschutzes darauf schließen, dass der Staat für Pflichtverletzungen der Benannten Stellen haften soll, was automatisch nur bei einer hoheitlichen Aufgabenwahrnehmung der Benannten Stellen und nicht bei privatrechtlichem Handeln der Fall ist. Da der Gesetzgeber jedoch in den seltensten Fällen der Beleihung eine Regelung hinsichtlich der Haftung bei Pflichtverletzungen eines Beliehenen getroffen hat, folgt daraus, dass sich aus einer gesetzlichen Regelung des Innenregresses, des Haftungsrückgriffs oder der Pflicht zum Abschluss einer Haftpflichtversicherung keine wegweisenden Rückschlüsse ziehen lassen.

7. *Vertragliche Rechtsbeziehungen zu den Herstellern*

Die Benannten Stellen schließen mit den sie beauftragenden Herstellern einen schriftlichen Vertrag über die Konformitätsbewertung ab. Dieser Vertrag ist als ein privatrechtlicher Vertrag zu qualifizieren.[549] Daraus lässt sich jedoch nicht auf

---

546 Siehe hierzu bspw. die von Bohne, DVBl. 1994, S. 195 ff. vorgeschlagenen Versicherungsmodelle.

547 Vgl. in diesem Sinne entsprechend Kadelbach, Allgemeines Verwaltungsrecht unter europäischem Einfluss, S. 331 als Grund für eine Annahme der Beleihung bei Umweltgutachtern nach dem Umweltauditgesetz (UAG).

548 Bohne, DVBl. 1994, S. 195, 198.

549 Lücker, in: Spickhoff, MPG, § 18, Rn. 1; Nöthlichs/Weber, Sicherheitsvorschriften für Medizinprodukte, § 15, Anm. 9; Edelhäuser, in: Anhalt/Dieners, Hdb. des Medizinprodukterechts, § 52, Rn. 52; Merten, Private Entscheidungsträger, S. 213 f.

eine private Rechtsstellung der Benannten Stellen schließen.[550] Die vertraglichen Konditionen unter denen eine Konformitätsbewertung stattfinden, können nicht frei verhandelt und festgelegt werden. Insbesondere ist die Benannte Stelle an die in den medizinprodukterechtlichen Regelungen festgelegten Aufgaben gebunden und die im Vertrag festgelegten Tätigkeiten müssen den Anforderungen des auf ein Medizinprodukt anwendbaren Konformitätsbewertungsfverfahrens genügen.[551] Die Gestaltungsfreiheit der Vertragsbeteiligten ist damit nicht unerheblich eingeschränkt. Zudem unterliegen die Benannten Stellen bei ihrer Tätigkeit der Aufsicht durch die staatlichen Behörden.[552] Der zivilrechtliche Vertrag lässt sich also nur eingeschränkt mit den sonst üblichen Verträgen zwischen Subjekten des Privatrechts vergleichen.

Wesentlich ist, dass der privatrechtliche Vertrag zwischen Benannter Stelle und Hersteller nicht automatisch die Rechtsstellung der Benannten Stellen und derer Zertifizierungstätigkeiten als privatrechtlich qualifiziert. Die Rechtsstellung hängt von der Tätigkeit der Benannten Stellen ab.[553] Auch bei einer hoheitlichen Tätigkeit, kann beispielsweise ein amtlich anerkannter Sachverständiger mit dem Prüfpflichtigen einen privatrechtlichen Vertrag über die Prüftätigkeit schließen. [554]

Hinzuweisen ist auch darauf, dass ein zwischen einer öffentlich-rechtlich organisierten Stelle und einem Hersteller geschlossener Vertrag nicht automatisch ein öffentlich-rechtlicher Vertrag nach §§ 54 ff. VwVfG ist. Auch Hoheitsträger können in privatrechtlichen Formen handeln. Der öffentlich-rechtliche Vertrag ist von einem privatrechtlichen Vertrag abzugrenzen. Dies hat durch eine Auslegung des Vertragsgegenstandes, d.h. der im Vertrag geregelten Rechte beziehungsweise Pflichten, zu geschehen. Ein öffentlich-rechtlicher Vertrag setzt nach §§ 54 ff. VwVfG immer ein „Rechtsverhältnis auf dem Gebiet des öffentlichen Rechts" voraus. Damit wird eine Zuordnung der für die Beziehungen der Beteiligten maßgeblichen Rechtssätze zum öffentlichen Recht gefordert.[555] Für eine Abgrenzung öffentlich-rechtlicher Verträge von privatrechtlichen Verträgen sind damit die allgemeinen Zuordnungskriterien maßgeblich.[556] Eine relativ zuverlässige Abgrenzung lässt sich nach der sogenannten Sonderrechtstheorie vornehmen.[557] Nach dieser Theorie ist ein Vertrag

550 Vgl. zum Umweltgutachter Kämmerer, Die Umsetzung des Umwelt-Audit-Rechts, S. 51.

551 Vgl. zum Konformitätsbewertungsverfahren das 2. Kapitel A. IV.

552 Vgl. hierzu in diesem Kapitel C.

553 Vgl. zum Umweltgutachter Kämmerer, Die Umsetzung des Umwelt-Audit-Rechts, S. 51

554 Rhein, Das Gemeinschaftssystem für das Umweltmanagement und die Umweltbetriebsprüfung, S. 156; Kämmerer, Die Umsetzung des Umwelt-Audit-Rechts, S. 51 f.

555 Lange, NVwZ 1983, S. 313, 313 f.; Scherzberg, JuS 1992, S. 205, 206.

556 Ausführlich hierzu, Bonk/Naumann, in: Stelkens/Bonk/Sachs, VwVfG, § 54, Rn. 74 ff.; Höfling/Krings, JuS 2000, S. 625, 626.

557 Zu Inhalt und Bedeutung der Sonderrechtstheorie: Wolff/Bachof/Stober, VerwR I, § 22, Rn. 27; Maurer, Allgemeines Verwaltungsrecht, § 3, Rn. 13; Aus der Rspr. etwa BVerwGE 74, 368, 370.

als öffentlich-rechtlich anzusehen, wenn zumindest ein Zuordnungsobjekt der vertraglich geregelten Rechtsbeziehungen ausschließlich ein Träger öffentlicher Gewalt sein kann.[558] Aus dem Medizinproduktegesetz und der Medizinprodukte-Verordnung sowie der dort zugrunde gelegten Konzeption ergibt sich jedoch, dass ebenso gut privatrechtlich organisierte Benannte Stellen als Zuordnungssubjekte fungieren können. Öffentlich-rechtlich organisierte Benannte Stellen werden damit nicht in ihrer Eigenschaft als Träger hoheitlicher Gewalt, sondern wie ein privates Rechtssubjekt berechtigt und verpflichtet werden. Im Ergebnis ist somit auch das Rechtsverhältnis in Bezug auf die Beauftragung zwischen einer öffentlich-rechtlichen Benannten Stelle und den sie beauftragenden Herstellern als zivilrechtlicher Vertrag einzuordnen.

IV. Gesamtergebnis

Weder die medizinprodukterechtlichen Richtlinien noch andere der Zertifizierung zugrunde liegende europäische Rechtsakte im Zusammenhang mit den Aufgaben der Benannten Stellen äußern sich expressis verbis oder geben einen eindeutigen Hinweis zur rechtlichen Qualifizierung der Tätigkeiten der Benannten Stellen. Dies gilt auch für das Medizinproduktegesetz und andere nationale Normen, die Regelungen zu den Benannten Stellen und deren Tätigkeiten beinhalten.

Es hat sich jedoch gezeigt, dass der supranationale Gesetzgeber offensichtlich beide Tätigkeitsformen, die einer staatlichen und einer privatrechtlichen, für möglich erachtet und es den einzelnen Mitgliedsstaaten überlassen möchte, wie diese die Handlungsformen der Benannten Stellen rechtlich ausgestalten. Die Regelungen die der deutsche Gesetzgeber hierzu erlassen hat, legen den Handlungen der Benannten Stellen Entscheidungsmaßstäbe und -voraussetzungen zu Grunde, die auf eine staatliche Aufgabenwahrnehmung hindeuten.[559] Dies ergibt sich insbesondere aus § 18 Abs. 1 und 2 MPG und den darin enthaltenen Parallelen zur Rücknahme von Verwaltungsakten sowie der Pflicht zur Beachtung des Grundsatzes der Verhältnismäßigkeit bei Maßnahmen der Benannten Stellen. Die Maßnahmen der Benannten Stellen als hoheitliche einzuordnen, ist einmal mehr überzeugend, wenn man sich bewusst ist, dass der Verwaltungsrechtsweg der einzig passende ist, wenn es um einen hinreichenden Rechtsschutz gegen Maßnahmen Benannter Stellen geht.

Dass die Benannten Stellen direkt von den Herstellern beauftragt und auch von diesen bezahlt werden ist, wie sich gezeigt hat, unerheblich. Auch dass für die Tätigkeiten Benannter Stellen keine Gebührenordnung vorliegt und sich diese direkt durch die Bezahlungen ihrer Auftraggeber finanzieren, lässt keine Rückschlüsse in diesem Zusammenhang zu. Dasselbe gilt für die fehlenden Regelungen zum

558 Instruktiv hierzu: Lange, NVwZ 1983, S. 313, 316.

559 So auch Kage, Das Medizinproduktegesetz, S. 185; Vgl. zu den Entscheidungsmaßstäben als Abgrenzungskriterium auch Bieback, Zertifizierung und Akkreditierung, S. 238.

Abschluss einer Haftpflichtversicherung, des staatlichen Regresses und eines möglichen Haftungsausschlusses.

Eine Gesamtschau der gesetzlichen Regelungen beziehungsweise des Fehlens von Regelungen ergibt, dass die in der Literatur oft angeführten Argumente, wie das Fehlen einer Gebührenordnung und/oder die fehlenden Regelungen zum Abschluss einer Haftpflichtversicherung, des staatlichen Regresses und eines möglichen Haftungsausschlusses keine ausschlaggebenden Argumente gegen eine Beleihung darstellen. Das Fehlen kann sogar gut begründet werden, gerade auch im Hinblick auf eine anzunehmende Beleihung. Die Argumente und Indizien, die für ein hoheitliches Handeln und eine Beleihung sprechen, sind hingegen überzeugend.

Da sich jedoch kein Normtext expressis verbis zur Rechtsnatur der Tätigkeiten Benannter Stellen äußert, sind zu einer rechtlichen Qualifizierung weitere Auslegungskriterien für eine Abgrenzung öffentlich-rechtlicher von privatrechtlicher Tätigkeit unter besonderer Berücksichtigung der europarechtlichen Vorgaben und der europäischen Harmonisierungskonzeption heranzuziehen. Um in diesem Zusammenhang insbesondere den Willen des Gesetzgebers ausfindig zu machen, können oftmals die Gesetzesmaterialen hilfreich sein.

V. Gesetzesbegründung zum MPG

Teilweise wird aus den Gesetzesbegründungen zum MPG geschlossen, dass es der Wille des Gesetzgebers gewesen sei, die Tätigkeiten der Benannten Stellen nicht-hoheitlich und somit rein privatrechtlich auszugestalten.[560] Richtig dabei ist, dass bei einem Fehlen einer expliziten gesetzlichen Übertragung von Hoheitsbefugnissen bei der Auslegung von Vorschriften immer der Wille des Gesetzgebers zu berücksichtigen ist.[561] Hierfür bietet sich neben der eben erfolgten Auslegung der gesetzlichen Vorschriften auch die Einbeziehung der jeweiligen Gesetzesbegründungen an. Die Thematik der Gesetzesbegründungen ist jedoch nicht so einfach, wie es zu Anfang vielleicht scheinen mag. Ob sie einen Schluss auf den gesetzgeberischen Willen zulassen, muss stets geprüft und am Einzelfall entschieden werden.[562] Die Gesetzesbegründung kann und darf nicht blind als der gesetzgeberische Wille angesehen werden. Der Gesetzgeber würde ansonsten zu Gunsten der Ministerialbeamten entmachtet werden.[563]

Dass die Gesetzesbegründungen des MPG an zwei Stellen darauf schließen lassen könnten, dass der Gesetzgeber ein nicht-hoheitliches Tätigwerden der Benannten

560 So Merten, Private Entscheidungsträger, S. 164 f.; Rehmann/Wagner, MPG, Einführung, Rn. 18; a.A. von Czettritz, in: Anhalt/Dieners, Hdb. des Medizinprodukterechts, § 15, Rn. 10 f.; ders., PharmaR 2000, S. 321, 322.

561 BVerwG, NJW, 1981, S. 2482, 2484.

562 Schlehofer, JuS 1992, S. 572, 574 f.; Herzberg, JuS 2005, S. 1, 4.

563 Dorndorf, Grundriß der Methodenlehre, abrufbar im Internet unter: http://www.ganzrecht.de/index.php?einfuehrung (aufgerufen am 10.04.2015), Herzberg, JuS 2005, S. 1, 4.

Stellen will, wird im Folgenden behandelt. Es wird sich dabei jedoch auch zeigen, dass diese Gesetzesbegründungen nicht weiter aufschlussreich sind und somit nicht ausschlaggebend sein dürfen.

1. Begründung zu einem Gesetzesentwurf über den Verkehr mit Medizinprodukten vom 08. März 1994

Betrachtet man die Gesetzesbegründung zum ursprünglichen Medizinproduktegesetz von 1994, so könnte man annehmen, dass der Gesetzgeber die Konformitätsbewertung wohl nicht als eine hoheitliche Zulassung ausgestalten wollte. In der Begründung zu einem Gesetzesentwurf über den Verkehr mit Medizinprodukten vom 08.03.1994,[564] heißt es auf S. 29:

> *„Ein Grundelement der EG-Richtlinie nach der „Neuen Konzeption" sind die Konformitätsbewertungsverfahren. Hier handelt es sich nicht etwa um eine staatliche Zulassung wie z.B. bei Arzneimitteln, sondern um ein Verfahren, bei dessen Einhaltung die Konformitätsvermutung zum Tragen kommt."*

Einige Sätze weiter findet sich dann noch folgende Formulierung:

> *„Das Konformitätsbewertungsverfahren ist ein Mittel, um die Übereinstimmung mit den Anforderungen der Richtlinie nachzuweisen. Insoweit unterscheidet sich die Konzeption der Richtlinien nach der Neuen Konzeption der EG von der staatlichen Zulassung von Produkten."*

Diese Regierungsbegründung könnte darauf hindeuten, dass sich die Konformitätsbewertung von Medizinprodukten rein privatrechtlich und nicht hoheitlich vollziehen soll.[565]

Es ist bei Gesetzesbegründungen jedoch immer die Frage zu stellen, inwieweit eine Begründung auf den Willen des Gesetzgebers schließen lässt. Es ist zu beachten, dass eine Regierungsbegründung nicht zwangsweise den Willen des Gesetzgebers wiedergibt. Das Gesetz wird vom Parlament verabschiedet und nicht von den Verfassern eines Entwurfs und dessen Begründung. Die Verfasser eines Gesetzes und deren Begründung sind meistens nicht die Abgeordneten selbst, sondern Ministerialbeamte, Mitglieder von Gesetzgebungskommissionen oder sogar Anwaltskanzleien.[566] Billigt das Parlament aber den Entwurf in der Beratung und Beschlussfassung ohne eine Änderung, so kann aus der Begründung eine Indizwirkung für den Willen des

564 Begründung zu einem Gesetzesentwurf über den Verkehr mit Medizinprodukten vom 08.03.1994, BT-Drs. 12/6991.

565 So Merten, Private Entscheidungsträger, S. 165 und Nöthlichs/Weber, Sicherheitsvorschriften für Medizinprodukte, Ziff. 9030, S. 8.

566 Zur Privatisierung der Gesetzgebung durch die Erstellung von Gesetzesentwürfen durch Anwaltskanzleien, vgl. BT-Drucks. 17/9266 v. 05.02.2012.

Gesetzgebers entnommen werden (sogenannte „Paktentheorie").[567] Käme man also zu dem Ergebnis, dass der Wille des Gesetzgebers mit der Begründung übereinstimmt, so ist jedoch weiter zu fordern, dass dieser Wille zumindest andeutungsweise in dem verkündeten Gesetzeswortlaut Ausdruck gefunden haben muss, um von einem „klar erkennbaren Willen des Gesetzgebers sprechen zu können".[568] Es hilft nichts, wenn die Klärung einer Problematik lediglich in den Motiven „versteckt" ist.[569] Nach ständiger Rechtsprechung des Bundesverfassungsgerichts kann den Gesetzesmaterialien alleine, ohne jeglichen andeutungsweisen Niederschlag im Gesetz selbst, in der Regel keine ausschlaggebende Bedeutung zukommen.[570] Nur der Gesetzestext wird von der gesetzgebenden Körperschaft beschlossen, nicht aber die Vorstellungen der im Gesetzgebungsverfahren beteiligten Personen. Maßgeblich ist also der Gesetzestext an sich.

In dem auf dieser Begründung beruhenden Medizinproduktegesetz von 1994[571] lassen sich keine Anhaltspunkte im verkündeten Gesetzeswortlaut finden, die eine der Aussagen in der Gesetzesbegründung widerspiegeln würden. Damit helfen die Aussagen in der Gesetzesbegründung im hier vorliegenden Falle nicht sehr viel weiter. Des Weiteren schließt die Aussage, dass es sich nicht um „eine staatliche Zulassung" handelt, nicht aus, dass sie zwar durch Private aber dennoch hoheitlich ausgeführt wird. Eine eindeutige Aussage, wie etwa „die Benannten Stellen handeln nicht hoheitlich", findet sich nicht. Hinzu kommt, dass, je älter ein Gesetz ist und umso mehr Änderungen es ohne eine weitere Bestätigung der Aussagen in der ursprünglichen Gesetzesbegründung erfahren hat, umso mehr verblasst die Bedeutung von Aussagen in den „alten Gesetzesmaterialien".[572] Das MPG hat seit seiner ersten Fassung einige nicht unerhebliche Änderungen erfahren. So ist beispielsweise insbesondere die Regelung des § 18 MPG neu eingeführt worden, die auf ein hoheitliches Handeln der Benannten Stellen schließen lässt.[573] Dies bringt einen auch gleich zu einer weiteren Aussage in der Gesetzesbegründung, die sich zu § 18 MPG äußert.

---

567 Fleischer, Gesetzesmaterialien im Spiegel der Rechtsvergleichung, S. 15, in: Fleischer, Mysterium „Gesetzesmaterialien"; Seibert, „Gesetzesmaterialien" in der Gesetzgebungspraxis, S. 117, in: Fleischer, Mysterium „Gesetzesmaterialien".

568 Dies entspricht der sogenannten „Andeutungstheorie", die vom Bundesverfassungsgericht (vgl. BVerfGE 11, 126, 130) und weitestgehend auch in der Literatur (vgl. etwa Hassold, ZZP 94 (1981), S. 192, 108; Kramer, Juristische Methodenlehre, S. 129; Krüger, VersR 2009, S. 1048, 1048) vertreten wird.

569 Krüger, VersR 2009, S. 1048, 1048.

570 BVerfGE 6, 389, 431; 41, 291, 309; 45, 187, 227; 62, 1, 45; 111, 54, 91; Krüger, VersR 2009, S. 1048, 1048.

571 Gesetz über Medizinprodukte (Medizinproduktegesetz – MPG) vom 02.08.1994 (BGBl. I vom 09.08.1994, S. 1963 ff.)

572 Vgl. hierzu Seibert, „Gesetzesmaterialien" in der Gesetzgebungspraxis, S. 117, Fn. 21, in: Fleischer, Mysterium „Gesetzesmaterialien"; Sachs, DVBl. 1984, S. 73 ff.

573 Vgl. in diesem Kapitel B. III. 1. a).

2. *Begründung zum Entwurf zum zweiten Gesetz zur Änderung des Medizinproduktegesetzes vom 15. Juni 2001*

Bei einer Untersuchung der Änderungen des MPG und deren Begründungen, findet sich eine weitere Anmerkung in einer Gesetzesbegründung,[574] die ebenfalls die Annahme rechtfertigen könnte, dass die Benannten Stellen nicht hoheitlich handeln. Obwohl § 18 Abs. 1 MPG den Rücknahmevorschriften über Verwaltungsakte der §§ 48, 49 VwVfG nachgebildet ist,[575] so fällt doch auf, dass in § 18 Abs. 1 MPG vom „Zurückziehen" einer Bescheinigung die Rede ist. In §§ 48, 49 VwVfG sind hingegen die Termini der „Rücknahme" und des „Widerrufs" für Verwaltungsakte zu finden. Dass diese begrifflichen Unterschiede kein Zufall sein können, geht aus einem Entwurf zum zweiten Gesetz zur Änderung des Medizinproduktegesetzes hervor. Die Begründung zum Gesetzesentwurf erklärt, dass die nachträgliche Aufhebung von Bescheinigungen durch eine Benannte Stelle bewusst mit dem Terminus der „Zurückziehung" bezeichnet werde, da der im europäischen Recht verwendete Begriff des „Widerrufs" dem öffentlichen Recht zuzuordnen sei.[576] In diesem Falle hat die Begründung also auch ihren Niederschlag im Gesetzestext gefunden. Die Begründung erklärt zudem gerade, warum ein gewisser Wortlaut gewählt worden ist. Diese Gesetzesbegründung könnte also herangezogen werden, um den Willen des Gesetzgebers zu bestimmen. Danach wäre hier von einem nicht-hoheitlichen Handeln der Benannten Stellen auszugehen.[577] Dieses Ergebnis noch bestärkend kommt hinzu, dass bei einer Aufhebung der Akkreditierung und Benennung von Stellen, wobei es sich unstreitig um einen Verwaltungsakt handelt, § 16 MPG hingegen von einer „Rücknahme" und einem „Widerruf" spricht. Auch daraus ließe sich schließen, dass der Gesetzgeber bewusst den Begriff der „Zurückziehung" für die Maßnahmen Benannter Stellen gegenüber den Herstellern verwendet, um keine Assoziationen mit dem öffentlichen Recht zuzulassen. Ordnet man die Zurückziehung als ein rein privatrechtliches Handeln ein, so müsste dies natürlich erst recht für die weniger gravierenden Maßnahmen der Einschränkungen oder Aussetzung einer Bescheinigung gelten.[578] Dies würde im Wege des actus-contrarius-Gedankens dazu führen, dass auch die ursprüngliche Zertifizierung nicht im Wege eines hoheitlichen, sondern eines privaten Aktes ergeht.[579]

---

574 Begründung zum Entwurf zum zweiten Gesetz zur Änderung des Medizinproduktegesetzes vom 15.06.2001, BT-Drs. 14/6281.

575 Vgl. in diesem Kapitel B. III. 1. a).

576 Begründung zum Entwurf zum zweiten Gesetz zur Änderung des Medizinproduktegesetzes vom 15.06.2001, BT-Drs. 14/6281, S. 33.

577 Rehmann/Wagner, MPG, Einführung, Rn. 18; Lücker, in: Spickhoff, MPG, § 18, Rn. 1; a.A. von Cettritz, in: Anhalt/Dieners, Hdb. des Medizinprodukterechts, § 15, Rn. 10 f.; ders., PharmaR 2000, S. 321, 322. Von Czettritz stellt maßgeblich auf die Parallele zu §§ 48, 49 VwVfG ab.

578 Merten, Private Entscheidungsträger, S. 166.

579 Vgl. zur actus contrarius Doktrin etwa Bleckmann, Jus 1988, S. 174 ff.

Nunmehr ist weiter zu klären, inwieweit eine Bindung an die Erläuterungen und Ausführungen in Gesetzesmaterialien, wie einer (Regierungs-) Begründung, für den Rechtsanwender besteht. Nach heute überwiegender Meinung ist eine solch starre Bindung abzulehnen.[580] Einig ist sich die Literatur jedoch darüber, dass sie „Hilfsmittel der Forschung" darstellen beziehungsweise „Fährten" auf der Suche nach dem historischen Willen des Gesetzgebers.[581] Je vernünftiger und nachvollziehbarer die Erläuterungen zu einer Neuregelung sind, desto eher werden diese auch von Kommentatoren und Rechtsanwendern angenommen und in deren Argumentationen weitergetragen.[582]

Problematisch ist in diesem Zusammenhang insbesondere, dass eine privatrechtliche Einordnung der Tätigkeiten der Benannten Stellen mit den weitreichenden Befugnissen der Benannten Stellen, die eine Reihe von erheblichen Eingriffen in die Rechte der Hersteller ermöglichen, schwer vereinbar ist.[583] Zum einen entscheidet die Benannte Stelle abschließend über die Konformitätsbescheinigung und damit die Zulassung eines Medizinprodukts. Zum anderen kann sie die Zulassung nachträglich einschränken, aussetzen oder gar aufheben. Diese einschneidenden Rechtsfolgen gehen weit über das hinaus, was bisher privatrechtlich agierenden sachverständigen Dritten, wie etwa im deregulierten Bauordnungsrecht, anvertraut worden ist.[584] Die weitreichenden Befugnisse der Benannten Stellen in diesem Fall ähneln viel mehr einem Über- /Unterordnungsverhältnis in einem staatlichen Verfahren, als der Gleichberechtigung in einem privatrechtlichen Vertrag. Die Gesetzesbegründung ist also in diesem Fall wenig nachvollziehbar, da die Möglichkeit in § 18 MPG, in der auch die „Zurückziehung" geregelt ist, in der tatsächlichen gesetzlichen Ausgestaltung doch sehr einem hoheitlichen Tätigwerden anmutet.[585] Hinzu kommt, dass die gesetzliche Ausgestaltung der „Zurückziehung" mit dem Grundsatz der Verhältnismäßigkeit und der Anhörungspflicht sowie das Ergebnis aus der staatlichen Schutz- und Leistungspflicht im Rahmen der Volksgesundheit in ihrer Gesamtheit[586] klar für ein hoheitliches Handeln der Benannten Stellen sprechen. Für solche Fälle hat auch das Bundesverfassungsgericht hinsichtlich der Verhältnisse der Auslegungskriterien untereinander klargestellt, dass der subjektive

---

580 Herzberg, JuS 2005, S. 1, 4; Fleischer, Gesetzesmaterialien im Spiegel der Rechtsvergleichung, S. 19, in: Fleischer, Mysterium „Gesetzesmaterialien".

581 Fleischer, Gesetzesmaterialien im Spiegel der Rechtsvergleichung, S. 19, in: Fleischer, Mysterium „Gesetzesmaterialien".

582 Seibert, „Gesetzesmaterialien" in der Gesetzgebungspraxis, S. 117, in: Fleischer, Mysterium „Gesetzesmaterialien".

583 Siehe zu den Befugnissen in diesem Kapitel unter D.

584 So Merten, Private Entscheidungsträger, S. 168, der jedoch dennoch zu einem anderen Ergebnis gelangt. Vgl. hierzu auch in diesem Kapitel A. II. 3.

585 Vgl. in diesem Kapitel unter D. IV.

586 Vgl. hierzu in diesem Kapitel B. III. 1. sowie unter H. zur Volksgesundheit.

Wille des historischen Gesetzgebers alleine nicht ausschlaggebend für ein Auslegungsergebnis sein kann.[587] Dort heißt es:

> *„Maßgebend für die Auslegung einer Gesetzesvorschrift ist der in dieser zum Ausdruck kommende objektivierte Wille des Gesetzgebers, so wie er sich aus dem Wortlaut der Gesetzesbestimmung und dem Sinnzusammenhang ergibt, in den diese hineingestellt ist. Nicht entscheidend ist dagegen die subjektive Vorstellung der am Gesetzgebungsverfahren beteiligten Organe oder einzelner ihrer Mitglieder über die Bedeutung der Bestimmung.*“[588]

Es fällt zudem bereits schwer aus der Verwendung eines einzelnen Synonyms zu schließen, dass der Gesetzgeber sich dieses Gedankens der am Gesetzentwurf beteiligten Personen bewusst war. Verabschiedet wird vom Gesetzgeber weiterhin das Gesetz selbst und nicht dessen Begründung. Wie oben bereits gezeigt, wird ein Gesetz in der Regel von anderen Personen entworfen, als es dann verabschiedet wird. Daher sind die in einer beratenden Kommission geäußerten Vorstellungen darüber, was mit einzelnen bestimmten Wörtern oder Sätzen zum Ausdruck gebracht werden soll, regelmäßig nicht der Wille des Gesetzgebers. In der Regel bilden sich die Abgeordneten gar keine Meinung über die Einzelheiten des Gesetzes, insbesondere nicht über die Bedeutung eines einzelnen Wortes. Und erst Recht stimmen die Abgeordneten der Parlamentsmehrheit in der Regel in solchen Meinungen nicht überein. Ist es bereits schwer, den subjektiven Willen des Gesetzgebers auszumachen und hat sich dieser mögliche Wille dann im objektivierten Gesetz auch nicht so, sondern vielmehr in einer der Gesetzesbegründung widersprechenden Form gezeigt, so kann die Gesetzesbegründung bei der Auslegung kein Gewicht haben.

Die Aussage der Gesetzesbegründung, der Begriff des „Widerrufs“ deute auf das Öffentliche Recht hin und daher solle der Begriff „Zurückziehung“ im Gesetz verwendet werden, trifft zudem auch keine eindeutige Aussage darüber, dass ein hoheitliches Tätigwerden ausgeschlossen werden soll und die Benannten Stellen rein privatrechtlich Handeln. Eine klare Zuordnung ist nicht getroffen worden. Möglicherweise wollte der Gesetzgeber es sich mit dieser Formulierung nur weiter offen halten, wie die Tätigkeiten der Benannten Stellen angelegt werden sollen oder eine Qualifizierung der Rechtsprechung überlassen.

VI. Fazit

Die beiden Gesetzesbegründungen zum MPG, die teilweise angeführt werden, um ein privatrechtliches Handeln der Benannten Stellen gegenüber den Herstellern zu begründen, können im Ergebnis nicht sehr viel weiterhelfen. Eine Gesetzesbegründung kann und sollte auch zur Auslegung eines Gesetzes und des gesetzgeberischen Willens herangezogen werden. Entscheidend ist und bleibt jedoch der Wille des Gesetzgebers, der sich aus dem Wortlaut, dem Gesetzeszusammenhang und dem

587 BVerfGE 1, 299, 312.
588 BVerfGE 1, 299, 312.

Sinnzusammenhang des Gesetzes ergibt. Dieser Wille deutet im Falle der Tätigkeit der Benannten Stellen im Rahmen des Medizinprodukterechts auf eine hoheitliche Aufgabenwahrnehmung hin.

C. Die Überwachung Benannter Stellen

Es obliegt den einzelnen Mitgliedsstaaten, die Einhaltung der Mindestkriterien an Kompetenz, Unabhängigkeit und Neutralität der von dem jeweiligen Mitgliedsstaat Benannten Stellen zu gewährleisten.[589] Mit der Benennung obliegt den Behörden der Mitgliedsstaaten die kontinuierliche Überwachung der von dem Mitgliedsstaat Benannten Stellen.[590] Die Richtlinien über Medizinprodukte, aktive implantierbare medizinische Geräte und In-vitro-Diagnostika enthalten eine Verpflichtung der Mitgliedsstaaten, die Benennung zu widerrufen oder zu beschränken, wenn eine Benannte Stelle die Mindestkriterien nicht oder nicht mehr einhält.[591] Hiervon sind die anderen Mitgliedsstaaten und die Kommission unverzüglich in Kenntnis zu setzen.[592]

Die zuständigen Behörden haben verschiedene Kontrolleinstrumente zur Verfügung, die es ihnen ermöglichen, zu kontrollieren, ob die Benannten Stellen, die ihnen zugewiesenen Aufgaben auch gesetzeskonform erfüllen und gegebenenfalls auf eingetretene oder zu befürchtende Rechtsverletzungen zu reagieren. Zuständige Behörde ist seit Inkrafttreten des AkkStellenG die Dakks.[593] Hierbei sind insbesondere zwei Vorschriften des Medizinproduktegesetzes anzuführen, welche Kontrollinstrumentarien enthalten. Dies ist einerseits § 15 Abs. 2 MPG, der die zuständigen Behörden zu umfangreichen Maßnahmen gegenüber den Benannten Stellen an sich ermächtigt und andererseits § 16 Abs. 2 MPG, auf dessen Grundlage die Benennung widerrufen oder zurückgenommen werden kann.

I. Die Kontrollinstrumentarien des § 15 Abs. 2 MPG

Während sich in § 15 Abs. 2 Satz 1 MPG[594] eine reine Aufgabennorm befindet, die keinerlei Ermächtigung zu Eingriffen in die Rechte Benannter Stellen enthält, finden

---

589 Leitfaden der Kommission 2000, S. 40; Leitfaden der Kommission 2014, S. 74 f.

590 Merten, Private Entscheidungsträger, S. 96.

591 Art. 16 Abs. 3 der Richtlinie 93/42/EWG über Medizinprodukte, Art. 11 Abs. 3 der Richtlinie 90/385/EWG über aktive implantierbare medizinische Geräte sowie Art. 15 Abs. 3 der Richtlinie 98/79/EG über In-vitro-Diagnostika; Vgl. auch den Leitfaden der Kommission, S. 43.

592 Art. 16 Abs. 3 der Richtlinie 93/42/EWG über Medizinprodukte, Art. 11 Abs. 3 der Richtlinie 90/385/EWG über aktive implantierbare medizinische Geräte sowie Art. 15 Abs. 3 der Richtlinie 98/79/EG über In-vitro-Diagnostika.

593 Rehmann, in: Rehmann/Wagner, MPG, § 15, Rn. 6 und § 16, Rn. 6; Zuvor waren es die ZLS und die ZLG.

594 § 15 Abs. 2 MPG lautet: *„Die zuständige Behörde überwacht die Einhaltung der in Absatz 1 für Benannte Stellen festgelegten Verpflichtungen und Anforderungen. Sie*

sich in § 15 Abs. 2 Satz 2 und § 15 Abs. 2 Satz 4 bis 7 MPG Befugnisnormen für die zuständigen Behörden.[595] Zwischen den Befugnisnormen ist zu differenzieren.

Aus § 15 Abs. 2 Satz 4 bis 7 MPG ergibt sich die Befugnis zu umfangreichen Auskunfts- und Überwachungsmaßnahmen innerhalb der Rechtssphäre der Benannten Stellen, um Informationen zu gewinnen, die es erst ermöglichen, zu beurteilen, ob eine Benannte Stelle ihren Pflichten nachkommt. Erst auf Grund der so ermittelten Tatsachen kann entschieden werden, ob Maßnahmen gegenüber einer Benannten Stelle erforderlich sind. Auf der Grundlage des § 15 Abs. 2 Satz 4 bis 7 MPG können die Behörden von den Benannten Stellen alle erforderlichen Auskünfte verlangen, die zur Erfüllung der Überwachungsaufgaben notwendig sind, sowie jegliche sonstige Unterstützung wie z.B. die Vorlage von Unterlagen. Sie dürfen auch zu Betriebs- und Geschäftszeiten Grundstücke und Geschäftsräume sowie Prüflaboratorien betreten und die Benannte Stelle bei Überprüfungen begleiten. Das Betretungsrecht erstreckt sich auch auf die Grundstücke eines Herstellers, soweit die Überwachung dort erfolgt. Ein richterlicher Durchsuchungsbefehl ist hierzu nicht erforderlich.[596] Durch den Verweis in § 15 Abs. 2 Satz 7 MPG auf § 26 Abs. 4 und 5 wird darauf hingewiesen, dass zum einen Mitwirkungspflichten bestehen, zum anderen im Umkehrschluss aber dem Auskunftspflichtigen auch ein Auskunftsverweigerungsrecht zustehen kann, wenn strafrechtliche Verfolgung oder die Verfolgung wegen einer Ordnungswidrigkeit droht.

Diese Befugnisse werfen keine besonderen Probleme auf, soweit die Benannte Stelle einen Hersteller im Inland zertifiziert hat. Anders stellt es sich jedoch dar, wenn eine Benannte Stelle einem Hersteller in einem anderen Mitgliedsstaat eine Zertifizierung erteilt hat. Es ist fraglich und nicht unproblematisch, ob eine deutsche Behörde im Rahmen ihrer Überwachungstätigkeit auch bei einem in einem anderen Mitgliedsstaat ansässigen Hersteller hoheitliche Befugnisse ausüben könnte.[597]

---

trifft die zur Beseitigung festgestellter Mängel oder zur Verhütung künftiger Verstöße notwendigen Anordnungen. Die Überwachung der Benannten Stellen, die an der Durchführung von Konformitätsbewertungsverfahren für Medizinprodukte, die ionisierende Strahlen erzeugen oder radioaktive Stoffe enthalten, beteiligt sind, wird insoweit im Auftrag des Bundes durch die Länder ausgeführt. Die zuständige Behörde kann von der Benannten Stelle und ihrem mit der Leitung und der Durchführung von Fachaufgaben beauftragten Personal die zur Erfüllung ihrer Überwachungsaufgaben erforderlichen Auskünfte und sonstige Unterstützung verlangen; sie ist befugt, die Benannte Stelle bei Überprüfungen zu begleiten. Ihre Beauftragten sind befugt, zu den Betriebs- und Geschäftszeiten Grundstücke und Geschäftsräume sowie Prüflaboratorien zu betreten und zu besichtigen und die Vorlage von Unterlagen insbesondere über die Erteilung der Bescheinigungen und zum Nachweis der Erfüllung der Anforderungen des Absatzes 1 Satz 2 zu verlangen. Das Betretungsrecht erstreckt sich auch auf Grundstücke des Herstellers, soweit die Überwachung dort erfolgt. § 26 Abs. 4 und 5 gilt entsprechend.“

595 Merten, Private Entscheidungsträger, S. 204.

596 Rehmann, in: Rehmann/Wagner, MPG, § 15, Rn. 10.

597 Vgl. hierzu ausführlich in diesem Kapitel unter E.

§ 15 Abs. 2 S. 7 MPG verweist lediglich auf § 26 Abs. 4 und 5 MPG, wobei Abs. 4 wiederum auf § 26 Abs. 1 MPG verweist. Damit haben nur solche Betriebe und Einrichtungen diese Maßnahmen zu dulden, die ihren Sitz in Deutschland haben. Das noch zu behandelnde Problem[598] der grenzüberschreitenden Ausübung von Hoheitsbefugnissen stellt sich hier also nicht.

Im Anschluss an die Ermächtigungen aus § 15 Abs. 2 Satz 4 bis 7 MPG kann die zuständige Behörde gegenüber einer Benannten Stelle Anordnungen auf der Grundlage des § 15 Abs. 2 Satz 2 MPG treffen, um festgestellte Mängel zu beseitigen oder künftigen Verstößen vorzubeugen. Dabei handelt es sich um eine (Befugnis-)Generalklausel, die zu umfassenden notwendigen Anordnungen berechtigt. Der Behörde steht damit ein weitgehendes Ermessen zu, innerhalb dessen sie insbesondere die gegenläufigen Grundrechtspositionen der Benannten Stelle (vor allem aus Art. 12 Abs. 1 GG) und die der Patienten, Anwender und Dritten (insbesondere des aus Art. 2 Abs. 2 GG hervorgehenden Rechts auf Schutz von Leben und Gesundheit) abzuwägen hat.[599]

II. Das Kontrollinstrumentarium des § 16 Abs. 2 MPG[600]

§ 16 Abs. 2 MPG ermöglicht es der zuständigen Behörde, die Benennung einer Stelle vorübergehend außer Kraft zu setzen oder sogar die Benennung vollständig aufzuheben. Hierfür sind zwei unterschiedliche Aufhebungstatbestände vorgesehen, die an die aus dem Verwaltungsverfahrensgesetz bekannten Begriffe der Rücknahme und des Widerrufs anknüpfen.[601] Soweit eine Benannte Stelle die Voraussetzungen für eine Benennung von Anfang an nicht erfüllt hat, sieht § 16 Abs. 2 Satz 1, 1. Halbsatz MPG die Rücknahme der Benennung vor. Ein Widerruf der Benennung ist nach § 16 Abs. 2 Satz 1, 2. Halbsatz MPG möglich, wenn die Voraussetzungen für eine Benennung zwar ursprünglich vorgelegen haben, jedoch nachträglich weggefallen sind. Beide Anordnungen kommen insbesondere dann in Betracht, wenn eine Benannte Stelle die Mindestvoraussetzungen des § 15 MPG nicht beziehungsweise nicht mehr erfüllt.[602]

Aus der Formulierung „*soweit*" ergibt sich, dass Rücknahme und Widerruf jeweils auch teilweise möglich sind.[603] Hierfür muss die Benennung jedoch einen sachlich

598 Vgl. hierzu ausführlich in diesem Kapitel unter E.

599 Merten, Private Entscheidungsträger, S. 205.

600 § 16 Abs. 2 MPG lautet: „ *Die zuständige Behörde nimmt die Benennung zurück, soweit nachträglich bekannt wird, dass eine Benannte Stelle bei der Benennung nicht die Voraussetzungen für eine Benennung erfüllt hat; sie widerruft die Benennung, soweit die Voraussetzungen für eine Benennung nachträglich weggefallen sind. An Stelle des Widerrufs kann das Ruhen der Benennung angeordnet werden.*"

601 Vgl. §§ 48, 49 VerwVfG.

602 Rehmann, in: Rehmann/Wagner, MPG, § 16, Rn. 2.

603 So auch ausdrücklich die Begründung zum Gesetzesentwurf eines zweiten Gesetzes zur Änderung des Medizinproduktegesetzes, BT-Drucks. 14/6281, S. 32.

teilbaren Inhalt aufweisen, was nur dann der Fall ist, wenn eine Benennung für mehrere Verfahrensbausteine erteilt worden ist und nur die Benennung für einzelne Bausteine aufgehoben werden soll.

Nach § 16 Abs. 2 Satz 3 MPG kann anstelle eines endgültigen Widerrufs der Benennung auch ein Ruhen der Benennung angeordnet werden. Das Ruhen der Benennung ist dabei die mildere Form gegenüber dem Widerruf.[604] Die Voraussetzungen für die Anordnung des Ruhens der Benennung sind daher auch geringer als solche für die eines Widerrufs.[605] Die Behörde hat der Benannten Stelle eine angemessene Frist zur Beseitigung der Mängel einzuräumen.[606] Nach einem Ruhen der Benennung kann die Benennung entweder wieder aufgenommen werden oder es ergeht ein endgültiger Widerruf.[607]

Die Überwachungsbehörden müssen bei Bekanntwerden nachträglicher oder ursprünglicher Nichterfüllung der Benennungsvoraussetzungen entsprechende Maßnahmen nach § 16 Abs. 2 MPG ergreifen. Die zuständige Behörde hat hier kein Entschließungsermessen. Dies ergibt sich aus dem Wortlaut der Norm, in der es heißt *„die zuständige Behörde (...) nimmt zurück“* und *„sie widerruft“*. Auch die Gesetzesbegründung stellt klar, dass es sich um eine strikte Gesetzesbindung handelt.[608] Anders ist dies hinsichtlich der Intensität von Maßnahmen nach § 16 Abs. 2 MPG. So hat eine Teilrücknahme oder ein Teilwiderruf der Benennung als milderes Mittel Vorrang vor einer vollständigen Aufhebung der Benennung, soweit ein solcher in Betracht kommt und ausreichend erscheint. Das Gleiche gilt gegenüber dem vollständigen Widerruf einer Benennung hinsichtlich einer weniger einschneidenden Ruhensanordnung, wenn diese den Zweck ebenfalls erfüllt.[609] Auch hat die Behörde im Rahmen der Ermessensausübung an eine Aufrechterhaltung der Benennung unter Auflagen zu denken.[610] Für Maßnahmen nach § 16 MPG gelten nur die dort festgelegten Regelungen, die Vorschriften des VwVfG sind insoweit nicht anwendbar.[611]

---

604 Rehmann, in: Rehmann/Wagner, MPG, § 16, Rn. 4.

605 Rehmann, in: Rehmann/Wagner, MPG, § 16, Rn. 2.

606 Rehmann, in: Rehmann/Wagner, MPG, § 16, Rn. 4.

607 Rehmann, in: Rehmann/Wagner, MPG, § 16, Rn. 4.

608 Begründung zum Gesetzesentwurf eines zweiten Gesetzes zur Änderung des Medizinproduktegesetzes, BT-Drucks. 14/6281, S. 32; Dass keine Ermessensspielraum bestehen darf, setzen auch bereits die Richtlinien in Art. 16 Abs. 3 der Richtlinie 93/42/EWG über Medizinprodukte, Art. 11 Abs. 3 der Richtlinie 90/385/EWG über aktive implantierbare medizinische Geräte sowie Art. 15 Abs. 3 der Richtlinie 98/79/EG über In-vitro-Diagnostika fest.

609 Vgl. hierzu die Parallele im Baurecht zur Beseitigung und Nutzungsuntersagung von Anlagen nach Art. 76 BayBO. Im Detail zum Ermessen bei Maßnahmen nach Art. 76 BayBO siehe Decker, in: Simon/Busse, BayBO, Art. 76, Rn. 203 ff.

610 Rehmann, in: Rehmann/Wagner, MPG, § 16, Rn. 4.

611 Rehmann, in: Rehmann/Wagner, MPG, § 16, Rn. 2 f.; Bis zum 2. MPG-Änderungsgesetz war die Rücknahme eine rechtswidrig erteilten Benennung nicht im MPG geregelt, wodurch hier auf § 48 VwVfG zurückgegriffen werden musst.

Rücknahme, Widerruf und Ruhen sind der Benannten Stelle bekanntzugeben, da ein Verwaltungsakt erst mit der Bekanntgabe seine Rechtswirkung entfaltet. Zudem sind das Bundesministerium für Gesundheit, die zuständigen Aufsichtsbehörden, die Kommission sowie die übrigen Mitgliedsstaaten in Kenntnis zu setzen.[612]

III. Überwachung durch „Dritte"

Eine Handlungspflicht besteht jedoch nicht nur für die Mitgliedsstaaten, sondern auch für die Kommission, wenn diese zum Zeitpunkt der Benennung oder später Zweifel an der Kompetenz einer Benannten Stelle hat.[613] Dies kann dadurch geschehen, dass die Kommission selbst Anhaltspunkte für eine fehlende Kompetenz entdeckt oder aufgrund einer Beschwerde, dass eine Benannte Stelle den Anforderungen nicht genügt oder ihren Pflichten nicht nachkommt.[614] Die Kommission kann jedoch eine Benennung nicht selbst widerrufen oder einschränken, diese Befugnisse haben nur die zuständigen nationalen Behörden.[615] Die Kommission setzt in einem solchen Fall die zuständige nationale benennende Behörde hierüber in Kenntnis und fordert sie auf, die einschlägigen Unterlagen vorzulegen, auf die sich die Benennung stützt oder die Aufrechterhaltung der Kompetenz der Stelle nachzuweisen.[616] Kommt ein Mitgliedsstaat dieser Aufforderung nicht nach, so kann die Kommission die Angelegenheit den anderen Mitgliedsstaaten zur Diskussion vorlegen oder ein Vertragsverletzungsverfahren nach Art. 258 AEUV gegen den benennenden Mitgliedsstaat einleiten. [617]

Ist die Kommission der Auffassung, dass eine von einem Mitgliedstaat Benannte Stelle die Anforderungen nicht erfüllt oder ihren Pflichten nicht ordnungsgemäß nachkommt, kann sie ein Verfahren nach Art. 258 AEUV einleiten.[618]

IV. Rechtsfolgen eines Widerrufs oder Einschränkung der Benennung

Trotz eines Widerrufs oder einer Einschränkung der Benennung behalten die bereits von einer Benannten Stelle ausgestellten Bescheinigungen ihre Gültigkeit, bis

612 Rehmann, in: Rehmann/Wagner, MPG, § 16, Rn. 5.
613 Leitfaden der Kommission 2014, S. 83.
614 Leitfaden der Kommission 2014, S. 83.
615 Leitfaden der Kommission 2014, S. 83. Die Kommission kann eine Benannte Stelle lediglich von der konsolidierten Liste streichen, wenn die Benennung durch die zuständige nationale Behörde widerrufen wurde oder der Gerichtshof eine Benennung für ungültig erklärt hat.
616 Leitfaden der Kommission 2014, S. 83.
617 Leitfaden der Kommission 2014, S. 83.
618 Leitfaden der Kommission 2014, S. 83.

feststeht, dass sie zurückgezogen werden müssen.[619] Widerruft ein Mitgliedsstaat eine Benennung, so hat er zu gewährleisten, dass eine andere Benannte Stelle die Aufgaben der ursprünglich Benannten Stelle (wie beispielsweise die regelmäßige Kontrolle des Herstellers) übernimmt und weiterführt.[620]

V. Schlüsse für eine rechtliche Einordnung der Benannten Stellen

Das eben beschriebene, im MPG gesetzlich festgelegte System der Überwachung Benannter Stellen, insbesondere durch die nationalen Behörden, wird teilweise als ein Argument dafür gesehen, dass es sich bei den Benannten Stellen nicht um Beliehene handele, die hoheitlich tätig werden, sondern um eine rein privatrechtliche Tätigkeit.[621] Dabei wird argumentiert, dass solche Regelungen überflüssig seien, da Beliehene ohnehin einer umfassenden Rechts- und Fachaufsicht unterliegen würden. Dieser Ansicht ist jedoch nur teilweise zuzustimmen. Zwar erscheint es selbstverständlich, dass bei der Übertragung hoheitlicher Befugnisse derjenige, dem diese Befugnisse eingeräumt werden, einer staatlichen Kontrolle unterliegen muss.[622] Es folgt schon aus dem Rechtsstaats- und dem Demokratieprinzip, dass die Aufgabenerfüllung durch einen Beliehenen der Kontrolle durch den beleihenden Verwaltungsträger bedarf.[623] Nicht beantwortet ist damit jedoch die Frage, ob der Beliehene immer automatisch der Fach- und Rechtsaufsicht unterliegt.

Ursprünglich wurde angenommen, dass neben der Rechtsaufsicht immer auch die Zweckmäßigkeit des Handelns des Beliehenen zu bewerten sei, was auch eine Fachaufsicht erforderlich mache.[624] Heute wird jedoch ebenso vertreten, dass die staatliche Kontrolle auch auf eine Rechtsaufsicht begrenzt werden kann.[625] Damit wird der Entwicklung Rechnung getragen, dass der beleihende Verwaltungsträger oft gar nicht mehr über das Personal und die Kenntnisse verfügt, um über die Zweckmäßigkeit von Entscheidungen des Beliehenen noch befinden zu können. Inzwischen wird die Frage, ob eine Fachaufsicht erforderlich ist oder eine

619 Leitfaden der Kommission 2014, S. 83.
620 Leitfaden der Kommission 2014, S. 83 f.
621 Hiltl, PharmaR 1997, S. 408, 410; Kage, Das Medizinproduktegesetz, S. 187.
622 Michaelis, Der Beliehene, S. 154 f.; Bansch, Die Beleihung als verfassungsrechtliches Problem, S. 151; Backherms, Das DIN e.V. als Beliehener, S. 38; Battis, in: FS für Peter Raisch, S. 355, 363.
623 Kiefer, LKRZ 2009, S. 441, 443; Vaubel, AWV-Informationen 6/2008, S. 18, 19; Schmidt am Busch, DÖV 2007, S. 533, 539.
624 Backherms, Das DIN e.V. als Beliehener, S. 38 f.; Bansch, Die Beleihung als verfassungsrechtliches Problem, S. 150 ff.
625 Schmidt am Busch, DÖV 2007, S. 533, 540.

Rechtsaufsicht ausreicht, vom Gesetzgeber und in der Literatur diskutiert und keineswegs einheitlich beantwortet.[626]

Der Bundesrat hat sich hierzu dahingehend geäußert, dass insbesondere bei umfassenden Grundrechtseingriffen, wie beispielsweise bei der Beleihung mit Aufgaben der Luftsicherheitsbehörden, es nicht ausreiche, lediglich in der Begründung eines Gesetzentwurfs auf die Aufsicht durch die beleihende Behörde hinzuweisen.[627] Es bedürfe einer ausdrücklichen gesetzlichen Regelung hinsichtlich der Aufsicht der Beliehenen.[628] Da die Benannten Stellen im Zusammenhang mit der Zertifzierung die Befugnis zu umfassenden Grundrechtseingriffen gegenüber den Herstellern erhalten, hat der Gesetzgeber diese also richtigerweise im Gesetz geregelt. Es ist also nicht überflüssig, die Aufsicht, Überwachung und Befugnisse in diesem Rahmen gesetzlich festzulegen und deutet zudem auch nicht darauf hin, dass keine Beleihung vorliegt. Die Festlegung dient vielmehr der Erfüllung der staatlichen Aufsichtspflicht und der Konkretisierung der möglichen Maßnahmen in diesem Rahmen. Hinzu kommt, dass die Mitgliedsstaaten schon auf Grund der europarechtlichen Bestimmungen zu einer umfassenden Überwachung der Benannten Stellen angehalten werden und es somit nur konsequent ist, die Details hierzu in der Umsetzung der Richtlinie im Gesetz aufzunehmen. Zudem kann der Staat durch dieses geregelte System der Überwachung der Erfüllung seiner staatlichen Schutzpflichten in ausreichendem Maße nachkommen.[629] Grundsätzlich trifft den Staat bei der Aufgabenübertragung auf Private in jedem Fall eine gesteigerte Verantwortung, dass der Private diese Aufgaben auch umfassend erfüllt.[630] Dies gilt im Rahmen der Selbstregulierung ebenso wie bei einer Beleihung. Gerade im Falle einer Beleihung werden Kontroll- und Aufsichtsmöglichkeiten als erforderlich erachtet, um den staatlichen Einfluß sicher zu stellen.[631] Es ist also entgegen der Annahme, dass die gesetzliche Regelung staatlicher Aufsichtsbefugnisse überflüssig sei, wenn eine

626 Vgl. die Kontroverse zwischen Bundesrat und Bundesregierung zur Frage der Fachaufsicht bei der Deutschen Gesetzlichen Unfallversicherung e.V., in BT-Drucks. 16/9154, S. 56 und 59 sowie den Beschluss 13 des 67. Deutschen Juristentages, Abt. Öffentliches Recht, DVBl. 2008, S. 1490; Battis, FS für Peter Raisch, S. 355, 363 f.; Stadler, Die Beleihung in der neueren Gesetzgebung, S. 199; Backherms, Das DIN e.V. als Beliehener, S. 38 f.

627 Empfehlung des Bundesrates vom 09.12.2003 zum Entwurf eines Gesetzes zur Neuregelung von Luftsicherheitsaufgaben, Drucks. 827/1/03, S. 6 f.

628 Empfehlung des Bundesrates vom 09.12.2003 zum Entwurf eines Gesetzes zur Neuregelung von Luftsicherheitsaufgaben, Drucks. 827/1/03, S. 6 f.

629 Siehe in diesem Kapitel H. IV. 2.

630 Freitag, Das Beleihungsrechtsverhältnis, S. 17.

631 von Heimburg, Verwaltungsaufgaben und Private, S. 116 f.; Wolff/Bachof/Stober/Kluth, VerwR II, § 90, Rn. 49.

Beleihung vorliege, dieser Regelung sogar eher ein Anhaltspunkt für die Annahme einer Beleihung zu entnehmen.[632]

D. Befugnisse Benannter Stellen im Rahmen der Zertifizierung

Da sich in den der Zertifizierung zugrundeliegenden Rechtsakten keine explizite Qualifizierung der Tätigkeiten der Benannten Stellen findet, ist nach der hier vertretenen Auffassung der Rechtsstellungstheorie[633] zur Qualifizierung einer möglichen Beleihung weiter zu prüfen, ob die Benannten Stellen im Rahmen der Zertifzierung und/oder im Anschluss an diese obrigkeitlich-hoheitliche Befugnisse wahrnehmen.

I. Die Zertifizierung selbst

Die Aufgaben und Befugnisse einer Benannten Stelle im Rahmen der Zertifizierung variieren, je nachdem, welches Konformitätsbewertungsverfahren zur Anwendung kommt.[634] Als zentraler Bestandteil sämtlicher Konformitätsbewertungsverfahren steht den Benannten Stellen die Berechtigung zu, bei Übereinstimmung eines Produkts mit den grundlegenden Anforderungen an dieses eine Konformitätsbescheinigung auszustellen, das heißt ein Produkt zu zertifizieren. Werden die grundlegenden Anforderungen jedoch nicht erfüllt, so geht mit der Berechtigung zur Zertifizierung auch die Erlaubnis einher, die Zertifizierung zu versagen.

Auf der Rechtsfolgenseite steht der Benannten Stelle bei der Entscheidung über die Zertifizierung kein Entscheidungsspielraum zu. Stellt die Benannte Stelle fest, dass die Anforderungen aus den Richtlinien erfüllt sind, so muss sie eine entsprechende Bescheinigung ausstellen.[635] Ist die Einschaltung einer Benannten Stelle vorgeschrieben, so darf das Verfahren nur von einer einzigen Stelle betreut werden.[636]

Die Benannten Stellen entscheiden damit faktisch über die Marktzulassung von Medizinprodukten. Wie oben bereits erläutert,[637] ist die Zertifizierung durch eine Benannte Stelle, je nach Klassifizierung eines Medizinprodukts, eine Voraussetzung

632 Vgl. auch Burgi, in: FS für Hartmut Maurer, S. 581, 589, der die Einräumung staatlicher Aufsichtsbefugnisse als einen Anhaltspunkt dafür, dass eine Beleihung gewollt ist, nennt, auch wenn er diesem Umstand keine entscheidende Bedeutung einräumt.

633 Siehe in diesem Kapitel A. I. 3.

634 Vgl. im 2. Kapitel A. III und IV.

635 Vgl. beispielhaft 93/42/EWG über Medizinprodukte, Anhang III, Nr. 5 und 98/79/EG über In-vitro-Diagnostika, Anhang V, Nr. 5: „Entspricht das Baumuster den Bestimmungen dieser Richtlinie, so stellt die Benannte Stelle dem Antragsteller eine Baumusterprüfbescheinigung aus."

636 93/42/EWG über Medizinprodukte, Anhang II, Nr. 3.1.; Röhl, Akkreditierung und Zertifizierung, S. 9 und 24; Bieback, Zertifizierung und Akkreditierung, S. 241.

637 Siehe im 2. Kapitel A. VI. 1.

für die Verwendung der CE-Kennzeichnung und damit gleichzeitig die Voraussetzung für den Zugang dieser Produkte zum europäischen Markt. Da ein Hersteller auch bei einer nicht erfolgreichen Zertifizierung keine andere Benannte Stelle mit der Konformitätsbewertung beauftragen darf, entscheidet die zuerst beauftragte Stelle im Ergebnis stets verbindlich über die Zulassung und damit Marktfähigkeit eines Produkts.[638] Dies ähnelt im Ergebnis einem präventiven Verbot mit Erlaubnisvorbehalt.[639] Durch die Zertifizierung und die Anbringung der CE-Kennzeichnung wird dieses Verbot aufgehoben.[640] Die Entscheidungen der Benannten Stelle haben damit erheblichen Einfluss auf die Rechte des Produktherstellers.

Die Zertifizierungsentscheidungen Benannter Stellen, ob in Gestalt der Zertifizierung von einzelnen Produkten, Baumustern oder Qualitätssicherungssystemen, wirken, wie schon oben dargestellt,[641] gemeinschaftsweit und nicht nur innerhalb des Mitgliedsstaates, in dem die jeweilige Benannte Stelle ihren Sitz hat. Produkte, die von einer Benannten Stellen als richtlinienkonform befunden und mit der CE–Kennzeichnung versehen wurden, dürfen innerhalb des europäischen Wirtschaftsraumes frei zirkulieren. Die Mitgliedsstaaten dürfen das Inverkehrbringen und die Inbetriebnahme dieser Produkte nicht behindern.[642] Es ist den staatlichen Behörden der Mitgliedsstaaten untersagt, eine systematische Vormarktkontrolle für Produkte, die einmal zum Markt zugelassen wurden, einzurichten.[643] Zulässig sind nur stichprobenartige Kontrollen durch staatliche Behörden der Mitgliedsstaaten.[644]

II. Einschränkung, Aussetzung und Zurückziehung

Die Benannten Stellen nehmen neben ihrer fundamentalen Rolle im präventiven Marktzulassungsverfahren auch Aufgaben im Rahmen der Überwachung wahr.[645] Hat eine Benannte Stelle eine Konformitätsbescheinigung ausgestellt, so korrespondiert mit der Befugnis zur Zertifizierung auch eine Befugnis, die ausgestellte Bescheinigung einseitig einzuschränken, auszusetzen oder sogar im Ganzen zurückzuziehen, soweit eine Übereinstimmung mit den gesetzlichen Anforderungen nicht mehr besteht. Diese Befugnis wurde bereits im Rahmen des Ratsbeschlusses

---

638 Röhl, Akkreditierung und Zertifizierung, S. 24; Bieback, Zertifizierung und Akkreditierung, S. 241.

639 Scheel, DVBl. 1999, 442, 446 f.; näher zur Rechtsfigur des „präventiven Verbots mit Erlaubnisvorbehalt“ siehe Gromitsaris, DÖV 1997, S. 401 ff.

640 Scheel, DVBl. 1999, 442, 446 f.

641 Siehe im 2. Kapitel A. V.

642 Vgl. hierzu jeweils Art. 4 der Richtlinien 93/42/EWG über Medizinprodukte, 90/385/EWG über aktive implantierbare medizinische Geräte sowie 98/79/EG über In-vitro-Diagnostika.

643 Scheel, DVBl. 1999, S. 442, 444.

644 Vgl. im 2. Kapitel A. VI. 1. und zur Durchführung solcher Kontrollen im Rahmen der Marktsaufsicht in diesem Kapitel F. V.

645 Siehe hierzu auch in diesem Kapitel F. VI.

93/465/EWG hinsichtlich einzelner Module eingeräumt.[646] In Art. 16 Abs. 6 S. 1 der Richtlinie 93/42/EWG über Medizinprodukte und in Art. 15 Abs. 6 S. 1 der Richtlinie 98/79/EG über In-vitro-Diagnostika wird diese Befugnis explizit festgehalten.[647] Der deutsche Gesetzgeber hat die Regelungen der Richtlinien sinngemäß in § 18 Abs. 1 MPG übernommen und somit in Deutschland umgesetzt.[648]

Sind die Voraussetzungen dieser nahezu gleichlautenden Vorschriften erfüllt, das heißt, dass der Hersteller die einschlägigen Anforderungen der Richtlinien nicht oder nicht mehr erfüllt, so scheint die Benannte Stelle nach dem Wortlaut der Vorschriften nicht nur berechtigt, sondern verpflichtet, die von ihnen ausgestellten Bescheinigungen einseitig einzuschränken, auszusetzen oder zurückzuziehen. Die Vorschriften knüpfen allgemein an ausgestellte „Bescheinigungen" an. Die Befugnis bezieht sich demnach auf Einschränkungen, Aussetzungen oder Zurückziehungen für jede Art von Bescheinigungen, die von einer Benannten Stelle im Rahmen der verschiedenen Konformitätsbewertungsverfahren ausgestellt worden sind und nicht nur auf die Zertifizierung als solche.[649] In der Regel wird es sich jedoch bei der erteilten Bescheinigung um eine Zertifizierung von Medizinprodukten oder Qualitätssicherungssystemen handeln.

Sind die tatbestandlichen Voraussetzungen erfüllt, so steht den Benannten Stellen kein Entscheidungsspielraum zu, „ob" sie überhaupt tätig werden. Anders stellt sich dies jedoch hinsichtlich der Art ihres Tätigwerdens dar. Dabei sind die Benannten Stellen bei der Auswahl des adäquaten Mittels an den Grundsatz der Verhältnismäßigkeit gebunden und haben gemäß § 18 Abs. 2 MPG den Hersteller zunächst anzuhören, es sei denn, eine solche Anhörung ist angesichts der Dringlichkeit der zu treffenden Entscheidung nicht möglich. Die Zurückziehung stellt hierbei den in der Regel intensivsten Eingriff in die Rechte des Herstellers dar. Zurückziehung bedeutet die vollständige Aufhebung der Gültigkeit einer Bescheinigung.[650] Auf Grund des anzuwendenden Verhältnismäßigkeitsgrundsatzes kann es sich bei der Zurückziehung nur um eine *ultima ratio* handeln, wenn kein milderes Mittel mehr in Betracht kommt, um die potenzielle Gefahr aufzuheben. Namentlich sind in § 18 Abs. 1 MPG die Aussetzung und die Einschränkung als mildere Mittel genannt. Von einer Aussetzung einer Bescheinigung ist dann zu sprechen, wenn dem

646 Vgl. 93/465/EWG, S. 33, Nr. 6 und S. 34, Nr. 6.

647 Art. 16 Abs. 6 S. 1 der Richtlinie 93/42/EWG über Medizinprodukte und in Art. 15 Abs. 6 S. 1 der Richtlinie 98/79/EG über In-vitro-Diagnostika lauten: *„Stellt eine Benannte Stelle fest, dass einschlägige Anforderungen dieser Richtlinie vom Hersteller nicht erfüllt wurden oder nicht länger erfüllt werden, oder hätte eine Bescheinigung nicht ausgestellt werden dürfen, so setzt sie – unter Berücksichtigung des Grundsatzes der Verhältnismäßigkeit – die ausgestellte Bescheinigung aus oder widerruft sie oder er liegt Beschränkungen auf, es sei denn, dass der Hersteller durch geeignete Abhilfemaßnahmen die über Einstimmung mit diesen Anforderungen gewährleistet."*

648 Siehe zum Wortlaut des § 18 Abs. 1 MPG in diesem Kapitel unter B. III. 1. a).

649 Merten, Private Entscheidungsträger, S. 99 f.

650 Lücker, in: Spickhoff, Medizinrecht, § 18 MPG, Rn. 2.

Hersteller deren Nutzung befristet untersagt wird.[651] Unter einer Einschränkung ist eine Maßnahme einer Benannten Stelle zu verstehen, die den Gültigkeitsbereich einer Bescheinigung auf bestimmte Aussagen beschränkt, ohne die Bescheinigung im Ganzen aufzuheben.[652] Diese Maßnahme kommt jedoch nur in Betracht, wenn die ursprüngliche Entscheidung über eine Bescheinigung einen sachlich teilbaren Inhalt aufweist.[653] Während die Befugnisse, eine einmal ausgestellte Bescheinigung zu widerrufen oder einzuschränken, früher mit dem Hersteller vertraglich vereinbart werden mussten,[654] sind diese Befugnisse heute auch ohne vertragliche Vereinbarung bereits kraft Gesetzes möglich.[655]

Den Benannten Stellen obliegen nach jeder ausgestellten, geänderten, ergänzten, ausgesetzten, widerrufenen oder verweigerten Bescheinigung weitreichende Unterrichtungspflichten gemäß § 18 Abs. 3 MPG.[656] So haben sie gemäß § 18 Abs. 3 Nr. 1 MPG unverzüglich das Deutsche Institut für Medizinische Dokumentation und Information zu unterrichten. Zudem sind alle zuständigen Behörden in Fällen, in denen sich ein Eingreifen dieser als erforderlich erweisen könnte (§ 18 Abs. 3 Nr. 2 MPG), zu informieren. Auf Anfrage sind auch anderen Benannten Stellen, weiteren Behörden und sogar Dritten Informationen über Maßnahmen nach § 18 Abs. 1 MPG zur Verfügung zu stellen (§ 18 Abs. 3 Nr. 3, 4 MPG). Das Deutsche Institut für medizinische Dokumentation und Information leitet die Informationen dann gemäß § 18 Abs. 4 MPG weiter, wodurch sie unter anderem in die europäische zentrale Datenbank gelangen.[657]

Die Benannten Stellen haben jedoch keinerlei Befugnisse, ein Inverkehrbringen eines Produkts zu verhindern, wenn sie eine Zertifizierung verweigert haben. Diese Möglichkeit haben nur die Marktaufsichtsbehörden. Sie überwachen den Markt unter anderem dahingehend, ob Produkte sich im Verkehr befinden, die nicht mit den gesetzlichen Anforderungen übereinstimmen oder nicht korrekt mit der CE-Kennzeichnung versehen sind und ziehen diese aus dem Verkehr.[658]

---

651 Lücker, in: Spickhoff, Medizinrecht, § 18 MPG, Rn. 2.
652 Lücker, in: Spickhoff, Medizinrecht, § 18 MPG, Rn. 2.
653 Merten, Private Entscheidungsträger, S. 220.
654 Vgl. § 4 MPV a.F. (MPV vom 17.12.1997 BGBl. I S. 3138 ff.); (Art. 16 Abs. 6 der Richtlinie 93/42/EWG über Medizinprodukte und Art. 15 Abs. 6 Richtlinie 98/79/EG über In-vitro-Diagnostika).
655 Vgl. bereits in diesem Kapitel unter B. III. 1. a).
656 Vgl. auch Art. 16 Abs. 5 der Richtlinie 93/42/EWG über Medizinprodukte, Art. 15 Abs. 5 der Richtlinie 98/79/EG über In-vitro-Diagnostika, Art. 11 Abs. 5 der Richtlinie 90/385/EWG über aktive implantierbare medizinische Geräte.
657 Vgl. hierzu in diesem Kapitel F. IV.
658 Vgl. hierzu in diesem Kapitel F. V. 5.

III. Weitere Befugnisse

Hat eine Benannte Stelle eine Zertifizierung ausgestellt, so stehen der Benannten Stelle im Rahmen der Überwachung von Qualitätssicherungssystemen weitere Befugnisse zu. So hat die Benannte Stelle insbesondere das Recht zur Durchführung regelmäßiger Inspektionen und Bewertungen, um sich von der Anwendung zertifizierter Qualitätssicherungssysteme zu überzeugen.[659] Im Rahmen der einiger Module haben die Benannten Stellen sogar die Pflicht, regelmäßig Nachprüfungen durchzuführen, um sicherzustellen, dass die zertifizierten Qualitätssicherungssysteme vom Hersteller aufrechterhalten und angewendet werden.[660] Jedoch besteht auch hier keine Möglichkeit für die Benannten Stellen, den Zutritt für Inspektionen und Überprüfungen mit Zwangsmitteln durchzusetzen.

IV. Fazit

Die Benannte Stelle entscheidet selbständig, frei von einem staatlichen Zulassungsverfahren und abschließend darüber, ob ein Medizinprodukt auf den europäischen Markt gelangt oder nicht. Ihre Entscheidung ist verbindlich für die Marktzulassung eines Medizinproduktes. Die Benannte Stelle trifft dabei nicht nur Feststellungen und Bewertungen tatsächlicher Art, sondern wird auf Grund ihrer gesetzlichen Stellung auf der Ebene der rechtlichen Subsumtion tätig. Sie prüft im Hinblick auf die zu begutachtende Frage, ob die gesetzlich vorausgesetzten Standards erfüllt werden. Es werden dabei nicht nur punktuelle Einzelfragen von der Benannten Stelle bearbeitet, sondern sie ist vom Gesetz als feste Größe in das Medizinprodukterecht integriert. Auf Grund ihrer weitreichenden Befugnisse innerhalb des Verfahrens zur Konformitätsbewertung und auch im Anschluss an dieses und deren erheblicher Bedeutung für die Rechte der Hersteller scheint die Annahme eines staatlichen Über-/Unterordnungsverhältnisses und damit die Annahme der Ausstattung Benannter Stellen mit hoheitlichen Befugnissen nahe liegend.[661]

Die Bewertung und Überprüfung im Vorfeld und die sich daran anschließende Überwachung dienen dem Zweck der Gefahrenabwehr. Das Zurückziehen einer begünstigenden Entscheidung, die Beachtung des Grundsatzes der Verhältnismäßigkeit und die Anhörung vor Erlass dieser Maßnahmen sind typisch für ein

659 Vgl. zu diesen Rechten innerhalb der einzelnen Module in diesem Kapitel A. III.

660 Vgl. hierzu im 2. Kapitel A. IV.

661 So auch Hiltl, PharmaR 1997, S. 408, 411, der jedoch am Ende zu einem anderen Ergebnis gelangt. Röhl, Akkreditierung und Zertifizierung, S. 26, attestiert den Tätigkeiten der Benannten Stellen damit trotz ihrer, seiner Ansicht nach privatrechtlichen Einkleidung jedenfalls einen hoheitlichen Charakter. a.A. Schorn, Medizinprodukte-Recht, M 2-3/6, Rn. 8.

Verwaltungsrechtsverhältnis (vgl. §§ 48, 49 und 28 VwVfG).[662] Auch die Möglichkeit beziehungsweise Verpflichtung der Benannten Stellen, im Rahmen der Überwachung zur Erfüllung der Voraussetzungen des Konformitätsbewertungsverfahrens unangemeldet Stichproben durchzuführen und dabei auch die Betriebsräume des Herstellers zu betreten, sind untypisch für ein privatrechtliches Rechtsverhältnis, bei dem die Rechtssubjekte sich auf der Ebene der Gleichordnung gegenüber stehen.[663] Der Hersteller ist damit keinesfalls auf Augenhöhe mit den Benannten Stellen, wie es bei einem originären zivilrechtlichen Vertrag die Regel ist. Diese Eingriffsbefugnisse werden auch nicht (mehr) lediglich im Zertifizierungsvertrag vereinbart, sondern entstehen alleine aus den gesetzlichen Vorschriften. Ist ein Aufhebungsrecht einer zunächst begünstigenden Entscheidung bereits im Gesetz vorgesehen und ergibt sich nicht aus einer zu vereinbarenden Vertragsklausel, so spricht dies für die Annahme dass die Zertifizierung einen begünstigenden Verwaltungsakt darstellt.[664] Würde man das Verhältnis der Benannten Stellen zu den Herstellern als rein privatrechtlich qualifizieren, so entstünde ein Bild, als sei der Hersteller mit der Benannten Stelle zusammen gleichberechtigter Beteiligter eines staatlichen Verfahrens und nicht Aufgabenbetroffener, was jedoch der Fall ist.[665]

Gegen eine hoheitliche Zuordnung dieser Befugnisse könnte lediglich sprechen, dass sie von den Benannten Stellen nicht mit Zwangsmitteln durchgesetzt werden können.[666] Dass es für eine Zuordnung einer Befugnis als eine hoheitliche nicht ausschlaggebend ist, ob diese von der eine Maßnahme erlassenden Person auch zwangsweise durchgesetzt werden kann, hat die Rechtsprechung jedoch eindeutig festgestellt.[667] Ein weiteres Argument, dass eine solche Zwangsgewalt den Benannten Stellen nicht zukommt, könnte sein, dass der deutsche Gesetzgeber diese im Hinblick auf die europaweite Tätigkeit der Benannten Stellen gerade ausgelassen hat, um nicht Konflikte mit der Gebietshoheit anderer Staaten zu verursachen.[668] Dass der Gesetzgeber sich dieses Problems offensichtlich bewusst war, zeigt beispielsweise, dass die in § 26 MPG vorgesehene staatliche Überwachung nach Absatz 1 nur bei Betrieben und Einrichtungen mit Sitz in Deutschland vorgesehen ist.[669]

---

662 Kage, Das Medizinproduktegesetz, S. 185 und 188; Zum Grundsatz der Verhältnismäßigkeit vgl. in diesem Kapitel B. III. 1. d) und zur Anhörungspflicht in diesem Kapitel B. III. 1. b).

663 Kage, Das Medizinproduktegesetz, S. 185 und 189; a.A. Schorn, Medizinprodukte-Recht, M 2-3/5, Rn. 7.

664 Bieback, Zertifizierung und Akkreditierung, S. 243; Pünder, ZHR 170 (2006), S. 567, 576.

665 Merten, Private Entscheidungsträger, S. 168 f.

666 So argumentierend für ein privatrechtliches Handeln: Merten, Private Entscheidungsträger, S. 157; Bieback, Zertifizierung und Akkreditierung, S. 244.

667 BGH, NVwZ 2002, S. 375, 376; BGH, NVwZ 2012, S. 381, 382; vgl. auch Wolff/Bachof/Stober/Kluth, VerwR II, § 90, Rn. 35.

668 Siehe hierzu auch in diesem Kapitel E.

669 Vgl. in diesem Kapitel F. V. 4.

Alle anderen Merkmale, die sonst für ein obrigkeitliches Handeln (beziehungsweise den Erlass eines Verwaltungsaktes) in der Literatur vorausgesetzt werden, liegen hingegen vor. So handelt die Benannte Stelle „einseitig verbindlich regelnd, d.h. konkret oder abstrakt verbietend, gebietend oder entscheiden“.[670]

E. Transnationale Aufgabenwahrnehmung und Befugnisse

Die Benannten Stellen sind jedoch, wie bereits gezeigt,[671] nicht nur zu einer nationalen Aufgabenwahrnehmung berufen, sondern auch dazu befugt auf dem Hoheitsgebiet anderer europäischer Mitgliedsstaaten oder sogar in Drittländern Zertifizierungen vorzunehmen, nach § 18 MPG Maßnahmen zu erlassen und bei einigen Modulen zudem die Hersteller Audits und Besichtigungen zu unterziehen, wenn sie von in anderen Mitgliedstaaten ansässigen Herstellern beauftragt werden. Hierin besteht ein besonderes Problem der rechtlichen Einordnung der Tätigkeiten Benannter Stellen als hoheitliche. Diese Tatsache wird in der Literatur von vielen als ausschlaggebendes Argument angeführt, warum eine hoheitliche Aufgabenwahrnehmung durch Benannte Stellen nicht in Frage kommen kann.[672] So führt Röhl beispielweise aus: „Aus einer rein nationalen Perspektive spräche daher viel dafür, die Benannten Stellen als Beliehene zu qualifizieren“.[673] Im Ergebnis kommt er jedoch auf Grund der europaweiten Tätigkeit der Benannten Stellen zur Ablehnung der Beleihung und einem rein privatrechtlichen Handeln der Benannten Stellen.

Ohne ein Eingehen auf diese Problematik kann eine Festlegung hinsichtlich der rechtlichen Einordnung der Tätigkeiten der Benannten Stellen nicht erfolgen. Daher wird sich dieses Problems im Folgenden angenommen.

I. Gebietshoheit von Drittstaaten

Argumentiert wird in diesem Zusammenhang mit einem Verstoß gegen die in der völkerrechtlichen Souveränität wurzelnden Gebietshoheit anderer Staaten.[674]

Bei der Gebietshoheit von Drittstaaten handelt es sich um ein Problem der völkerrechtlichen Souveränität der einzelnen Mitgliedsstaaten. Völkerrechtlich gesehen

---

670 So die Definition für obrigkeitliches Handeln bei Wolff/Bachof/Stober, VerwR I, § 23, Rn. 39 und Stadler, Die Beleihung in der neueren Bundesgesetzgebung, S. 26.

671 Vgl. im 1. Kapitel A. VI. und in diesem Kapitel D.

672 Rehmann, in: Rehmann/Wagner, MPG, Einf., Rn. 31; Hiltl, PharmaR 1997, S. 408, 411; Merten, Private Entscheidungsträger, S. 157 ff.; Röhl, Akkreditierung und Zertifizierung, S. 26 ff.; Bieback, Zertifizierung und Akkreditierung, S. 244; Kage, Das Medizinproduktegesetz, S. 186 und 188.

673 Röhl, Akkreditierung und Zertifizierung, S. 26.

674 Vgl. etwa Merten, Private Entscheidungsträger, S. 157; Kage, Das Medizinproduktegesetz, S. 186; Rehmann, in: Rehmann/Wagner, MPG, Einl., Rn. 31; Pannenbecker, in: Münchner Anwaltshandbuch des Medizinrechts, § 14, Rn. 292, Fn. 598.

bedeutet Souveränität zunächst, dass sich der einzelne Staat nicht unter eine überstaatliche Macht begeben muss, sondern lediglich der internationalen Rechtsordnung untersteht.[675] Ein zentraler Bestandteil der Souveränität ist die Gebietshoheit als umfassende Verfassung- und Gesetzgebungskompetenz des Staates auf seinem Territorium und die alleinige räumliche Zuständigkeit des Staates zur Vornahme von Zwangsakten.[676] Des Weiteren leitet sich daraus das grundsätzliche Verbot ab, auf fremdem Gebiet Hoheitsakte zu erlassen.[677] Kein Staat hat ohne seine Zustimmung die Vornahme fremder Hoheitsakte auf seinem Gebiet zu dulden.[678]

Es geht also um die Berechtigung der einzelnen Mitgliedsstaaten, Sachverhalte außerhalb ihres Hoheitsgebietes ohne ausdrückliche Zustimmung betroffener anderer Staaten zu regeln und um die völkerrechtlichen Grenzen dieser Berechtigung. Dieser Konflikt ist inzwischen insbesondere in wirtschaftsvölkerrechtlichen Bereich relevant geworden.[679] Gerade die Harmonisierung des Binnenmarktes der EU stellt eines der Hauptanwendungsgebiete für hoheitliche Regelungen mit Wirkungen auch auf fremdem Staatsgebiet dar.

Es stellt sich die Frage, ob die Möglichkeit deutscher Benannter Stellen auch Hersteller mit Sitz in anderen Mitgliedsstaaten zu zertifizieren und die im Anschluss gegebenenfalls vorzunehmenden Maßnahmen (Rückruf, Einschränkung usw. der Zertifizierung)[680] nach dem bisher gefundenen Ergebnis der Einordnung als eine hoheitliche Tätigkeit anders zu beurteilen ist, da eine hoheitliche Aufgabenwahrnehmung und insbesondere der Erlass von Verwaltungsakten gegenüber Herstellern mit Sitz in einem anderen Mitgliedsstaat möglicherweise gegen die Gebietshoheit dieses Staates verstößt. Diese Frage wiederum ist zu unterteilen. Gegeben den Fall, man würde im Ergebnis zu einem Verstoß kommen, ist dann die Tätigkeit deutscher Benannter Stellen gegenüber Herstellern mit Sitz in Deutschland schon nicht hoheitlich oder nur die Tätigkeit gegenüber Herstellern mit Sitz in einem anderen Mitgliedsstaat?[681] Weiter wäre zu fragen, ob dies dazu führt, dass den Tätigkeiten der Benannten Stellen die hoheitliche Handlungsweise abzusprechen ist, oder ob das derzeit in Deutschland existierende System der Zertifizierung durch Beliehene unzulässig ist. Das Argument der Gebietshoheit ist nicht von der Hand zu weisen. Jedoch steht es der Annahme einer hoheitlichen Tätigkeit der Benannten Stellen innerhalb Deutschlands und insbesondere auch in der transnationalen

675 Verdross/Simma, Universelles Völkerrecht, S. 29; Groß, JZ 1994, S. 596, 599; Ipsen, Völkerrecht, S. 110, Rn. 138.

676 Burmester, Grundlagen internationaler Regelungskumulation und – kollision, S. 47; Groß, JZ 1994, S. 596, 599.

677 Proelß, in: Vitzthum, Völkerrecht, 5. Abschnitt, Rn. 16.

678 Verdross/Simma, Universelles Völkerrecht, S. 247; Burmester, Grundlagen internationaler Regelungskumulation und – kollision, S. 50; Groß, JZ 1994, S. 596, 599;.

679 Meng, Extraterritoriale Jurisdiktion, S. 299 ff.; Ruffert, DV 2001, S. 453, 455.

680 Vgl. hinsichtlich dieser Maßnahmen in diesem Kapitel D. II. und III.

681 Einen solchen Vorschlag hat bspw. Matscher, ÖZöffRVR 1977, S. 131, 138 f. gemacht. Dagegen Groß, JZ 1994, S. 596, 599.

Aufgabenwahrnehmung nicht entgegen, wie im Folgenden gezeigt wird. Ohne Zweifel ist die Einstufung der Tätigkeiten der deutschen Benannten Stellen als hoheitlich im gesamteuropäischen Bereich rechtlich nicht ganz unproblematisch, aber sie ist dennoch möglich.

1. Tätigkeit der Benannten Stellen innerhalb Deutschlands

Aus einer rein nationalen Perspektive, das heißt, wenn eine deutsche Benannte Stelle einen Hersteller mit Sitz in Deutschland zertifiziert, spricht einiges dafür, die Benannte Stelle als Beliehene zu qualifizieren.[682] Bei einem solchen Ergebnis wären die Tätigkeiten der Benannten Stellen als hoheitlich zu qualifizieren. Damit würden sie bei Entscheidungen und Anordnungen von Maßnahmen gegenüber den Herstellern in der Rechtsform des Verwaltungsaktes handeln.

Das stetige zusammenwachsen Europas und die damit verbundene internationale Verwaltungskooperation führt unvermeidbar zu einer Ent-Territorialisierung des Verwaltungshandelns und Verwaltungsrechts, womit die Staatsgrenzen für die Tätigkeiten der Verwaltung an Bedeutung verlieren.[683] Dies führt jedoch nicht gleichzeitig zu einer Auflösung der, wenn auch möglicherweise als überkommen zu beurteilenden, Handlungsformen des deutschen Verwaltungsrechts.[684] Handlungen, die in Deutschland rechtlich als Verwaltungsakte einzuordnen sind, da sie beispielsweise von Beliehenen ausgehen, können auf Grund europarechtlicher Regelungen, jedenfalls innerhalb Deutschlands, nicht anders zu beurteilen sein. Diese Verwaltungsakte, auch wenn sie auf Grund europarechtlicher Regelungen in der ganzen Gemeinschaft ergehen können, berühren diese Sichtweise nicht. Das Europarecht kann das deutsche Verwaltungsrecht und dessen Handlungsformen nicht beeinflussen oder ändern.

Die Verwaltung eines jeden Mitgliedsstaates nutzt grundsätzlich die ihm auch sonst zur Verfügung stehenden Instrumentarien.[685] Auch dort, wo die mitgliedsstaatliche Verwaltung das Unionsrecht in engster Bindung an dessen Vorgaben vollzieht, bleiben ihre Rechtsakte solche des nationalen Verwaltungsrechts.[686] Fällt also die Entscheidung über eine Zertifizierung oder Zurückziehung nach deutschem

682 So auch Scheel, DVBl. 1999, S. 442, 446 f. und Röhl, Akkreditierung und Zertifzierung, S. 26, wenngleich sie im Ergebnis anders urteilen.
683 Schmidt-Aßmann, DVBl. 1993, S. 924, 936; Groß, JZ 1994, S. 596, 605; Fastenrath, DV 1998, S. 277, 299; Ruffert, DV 2001, S. 453, 484.
684 Fastenrath, DV 1998, S. 277, 299; Ruffert, DV 2001, S. 453, 484.
685 Schmidt-Aßmann, Verwaltungsrechtliche Dogmatik, S. 87.
686 Schmidt-Aßmann, Verwaltungsrechtliche Dogmatik, S. 87; Vgl. auch Sydow, ZLR 2006, S. 716 ff., wonach eine Beleihung mit hoheitlichen Befugnissen im Rahmen der Zertifizierung von Öko-Landbau-Unternehmen, bereits daraus, dass die Durchführungsverordnung der Kontrolle Maßnahmen bei Unregelmäßigkeiten gegenüber den kontrollierten Öko-Landbau-Unternehmen einschließt, welche nach deutschem Rechtsverständnis hoheitlicher Art sind, möglich sein muss.

Recht, so geschieht dies in Form eines Verwaltungsakts.[687] Dies gilt jedenfalls soweit, wie das Unionsrecht keine speziellen Vorschriften hinsichtlich der rechtlichen Ausgestaltung trifft.[688] Wie sich aus den Richtlinien über Medizinprodukte, aktive implantierbare medizinische Geräte und In-vitro-Diagnostika ergibt, was in den Mitteilungen und dem Leitfaden der Kommission bestätigt wurde, steht es den Mitgliedsstaaten offen, ob sie die Benannten Stellen als staatliche Behörden ausgestalten oder Private mit der Wahrnehmung der Aufgaben beauftragen.[689]

Man kann sich also lediglich die Frage stellen, ob diese Verwaltungsakte, wenn sie an Hersteller in anderen Mitgliedsstaaten gerichtet sind, als ein rein privatrechtliches Handeln anzusehen sind, um somit eine Verletzung der Gebietshoheit anderer Staaten auszuschließen.

Dieses Ergebnis wäre schon deshalb unbefriedigend, da sich ein und dieselbe Handlung, je nachdem, ob eine deutsche Benannte Stelle gegenüber einem Hersteller mit Sitz in Deutschland oder in einem anderen Mitgliedsstaat handelt, in unterschiedlicher Rechtsform vollziehen würde. Der Hersteller hätte dann im Grunde, je nach Ausgestaltung des Verfahrens in seinem Sitzland, das Wahlrecht durch die Beauftragung einer Benannten Stelle im In- oder Ausland zu entscheiden, ob er ein privates oder staatliches Verfahren durchläuft. Dieses Ergebnis wäre unbefriedigend. Wie im Folgenden gezeigt wird, ist für den Fall, dass eine von einem Mitgliedsstaat Benannte Stelle in einem anderen Mitgliedsstaat der Gemeinschaft zertifiziert, die Annahme hoheitlichen Tätigwerdens nicht von vornherein ausgeschlossen. Insoweit lässt sich das allgemeine Prinzip anführen, wonach es im Anwendungsbereich der Gemeinschaftsverträge zu einer Verdrängung des Völkerrechts und in diesem Zusammenhang zu einer Modifikation der staatlichen Souveränität kommt. Zudem kann der Grundgedanke des Anerkennungsprinzips, der den Sekundärrechtsakten des europäischen Harmonisierungskonzepts zugrunde liegt, für die gegenseitige Anerkennung der transnationalen Befugnisse Benannter Stellen fruchtbar gemacht werden.[690] Diese beiden Anknüpfungspunkte stehen in einem engen Zusammenhang, da das Anerkennungsprinzip einen Eingriff in die staatliche Souveränität darstellt,[691] der diese Souveränität modifiziert.

2. *Modifikation der Souveränität*

Es besteht weitestgehend Einigkeit darüber, dass innerhalb des Anwendungsbereiches der Gemeinschaftsverträge das allgemeine Völkerrecht, jedenfalls teilweise,

687 Kadelbach, Allgemeines Verwaltungsrecht unter europäischem Einfluß, S. 328.

688 Das dies nicht der Fall ist vgl. in diesem Kapitel B. II.; Schmidt-Aßmann, Verwaltungsrechtliche Dogmatik, S. 89; Zur Frage, inwieweit die Gemeinschaft überhaupt die Kompetenz besitzt, ein Verfahren privat oder staatlich auszugestalten vgl. Burgi, EWS 1999, S. 327, 331.

689 Vgl. in diesem Kapitel B. I. und II.

690 Zum Anerkennungsprinzip siehe im Folgenden unter E. I. 3.

691 Raschauer, Aktuelle Strukturprobleme, S. 431.

verdrängt wird.[692] Dies gilt zumindest, soweit es Regeln für die Beziehungen der Mitgliedsstaaten untereinander enthält.[693] Dies ist im Wege des europäischen Integrationsprozesses auch unumgänglich. Die zunehmende Kooperation auf internationaler Ebene, der europäische Integrationsprozess sowie die Überwindung von Handelshemmnissen geben Anlass dazu, die ursprünglich streng geschützte Souveränität der Staaten als überholt anzusehen. Natürlich darf die Souveränität und die darin wurzelnde Gebietshoheit nicht als völlig obsolet angesehen werden. Sie wird jedoch mehr und mehr aufgeweicht beziehungsweise modifiziert. Die territoriale Souveränität,[694] die den Anwendungsbereich nationaler Hoheitsrechte auf das Staatsgebiet räumlich begrenzt, wird insbesondere durch die Anerkennung ausländischer Verwaltungsentscheidungen und deren unmittelbare Wirkung in allen Mitgliedstaaten wesentlich modifiziert.[695] Diese durch das Gemeinschaftsrecht vorgegebene Systematik wird als sogenanntes „Anerkennungsprinzip“ bezeichnet.[696] Die Grundidee der gegenseitigen Anerkennung von Hoheitsakten stellt einen Eingriff in die Souveränität eines jeden Mitgliedsstaates verbunden mit der „Preisgabe“ von Hoheitsrechten dar.[697] Diese Preisgabe ist jedoch rechtlich und politisch notwendig, um Handelshemmnissen entgegenzuwirken und um einen einheitlichen Binnenmarkt zu schaffen.

3. *Das Anerkennungsprinzip*

Schon das Primärrecht der Europäischen Union zwingt die Mitgliedsstaaten oftmals zur Anerkennung von Verwaltungsentscheidungen anderer Mitgliedsstaaten.[698] Das Anerkennungsprinzip wird bereits durch die Grundfreiheiten des EG-Vertrages garantiert, da ansonsten diese Freiheiten unverhältnismäßig behindert werden könnten.[699] Vielfach bedarf es zur Konkretisierung des Erlasses sekundärer Gemeinschaftsrechtsakte (d.h. Verordnungen oder Richtlinien der EU).[700]

---

692 Everling in: FS für Mosler, S. 173, 174; Schwarze, EuR 1983, S. 1, 5; Oppermann/Classen/Nettesheim, Europarecht, § 9, Rn. 152; Knauff, Der Regelungsverbund: Recht und Soft Law im Mehrebenensystem, S. 156; Groß, JZ 1994, S. 596, 600.

693 Everling in: FS für Mosler, S. 173, 174.

694 Zur Abgrenzung von territorialer Souveränität und Gebietshoheit vgl. Hailbronner/Kau, in: Vitzthum, Völkerrecht, Abschn. 3, Rn. 128 ff.

695 Ehlers, Die Europäisierung, S. 10.

696 Zur historischen Ableitung des Anerkennungsprinzips im Gemeinschaftsrecht vgl. EuGH Rs 120/78 (Cassis-de-Dijon), Slg 1979, S. 649, 664; exemplarisch weiter, Neßler, NVwZ 1995, S. 863, 863 f.; Streinz, Europarecht, Rn. 941 ff.; Raschauer, Aktuelle Strukturprobleme, S. 431 ff.; ausführlich Schlag, Grenzüberschreitende Verwaltungsbefugnisse im EG-Binnenmarkt, S. 49 ff. und 99 ff.

697 Raschauer, Aktuelle Strukturprobleme, S. 431.

698 Ehlers, Die Europäisierung, S. 9.

699 EUGH, Slg. 1979, 649, 664; Slg. 1981, 995, 1025; Slg. 1987, 4097, 4116 f.; Neßler, NVwZ 1995, S. 863 ff.; Ehlers, Die Europäisierung, S. 9.

700 Ehlers, Die Europäisierung, S. 9.

Die gegenseitige Anerkennung nationalen Rechts durch sekundärrechtliche Verpflichtungen konnte sich jedoch zu Anfang nicht durchsetzen.[701] Die Mitgliedsstaaten hatten zum einen Bedenken, dass dadurch die Unterschiede in den nationalen Sicherheitsstandards zu einer Nivellierung auf das insgesamt niedrigste Schutzniveau führen könnte.[702] Zum anderen fürchteten sie um ihre staatliche Souveränität bei der Anerkennung ausländischer Hoheitsakte.[703] Ein Wandel kam mit der Cassis de Dijon-Entscheidung des EuGH und der Neuen Konzeption.[704] Mit der Vereinheitlichung des maßgeblichen Rechts für die Sicherheitsanforderungen an Produkte auf europäischer Ebene und der damit einhergehenden Anerkennung nationaler Regelungen wurden diese Bedenken aus dem Wege geräumt.

So gibt es inzwischen zahlreiche Vorschriften des europäischen Sekundärrechts, die vorschreiben, dass nationale Verwaltungsentscheidungen gemeinschaftsweit anzuerkennen sind und damit unmittelbar in allen Mitgliedsstaaten gelten.[705] Die gesamte Harmonisierung des Binnenmarktes, auf welche auch die Richtlinien über Medizinprodukte, aktive implantierbare medizinische Geräte und In-vitro-Diagnostika abzielen, basiert auf dem Anerkennungsprinzip.[706]

Anschaulich darstellen lässt sich das Anerkennungsprinzips anhand der sogenannten „transnationalen Verwaltungsakte". Dabei handelt es sich um Verwaltungsakte, deren Wirkung nicht auf das Staatsgebiet der erlassenden Behörde beschränkt ist.[707] Die Wirkung transnationaler Verwaltungsakte basiert auf dem Prinzip der Anerkennung.[708] Mit dem Institut des transnationalen Verwaltungsaktes und dessen unterschiedlichen Erscheinungsformen lässt sich gut verdeutlichen, dass auch die Befugnisse Benannter Stellen zur Zertifizierung in anderen Mitgliedsstaaten kraft gemeinschaftsrechtlicher Anordnung anzuerkennen sind, da es von der Wirkung her im Ergebnis keinen Unterschied macht, ob die Zertifizierung durch eine deutsche Benannte Stelle innerhalb Deutschlands oder in einem anderen Mitgliedsstaat erfolgt.

701 Sie dazu von der Groeben, ZfRV 1967, S. 129, 136.

702 Zu den wirtschaftlichen Konsequenzen unterschiedlich hoher Sicherheitsanforderungen an Produkte, Schwartz, in: FS für von der Groeben, S. 333, 352 f.

703 Schwartz, in: FS von der Groeben, S. 333, 352.

704 EuGH, NJW 1979, S. 1766 ff.; zur Neuen Konzeption vgl. im 2. Kapitel A. I.

705 Ehlers, Die Europäisierung, S. 9 wie bspw. Diplome; Vgl. hierzu beispielhaft u.a. auch.: Berufszulassungen, Aufenthaltstitel, das Schengen-Visum nach Artikel 10 des Schengener Durchführungsabkommens oder Fahrerlaubnisse.

706 Vgl. hierzu im 2. Kapitel A. I.

707 Fastenrath, DV 1998, S. 277, 301; Ruffert, DV 2001, S. 453, 457; Vgl. auch Sydow, Verwaltungskooperation, S. 141 ff., der sich insbesondere mit dem transnationalen Verwaltungsakt als Rechtsinstitut des Verwaltungskooperationsrechts auseinandersetzt.

708 Raschauer, Aktuelle Strukturprobleme, S. 430.

Transnationale Verwaltungsakte lassen sich in drei Erscheinungsformen aufteilen. Zunächst gibt es den wirkungsbezogenen transnationalen Verwaltungsakt, der allgemein anerkannt ist und wohl den geringsten Diskussionsbedarf aufweist.[709]

4. Wirkungsbezogene transnationale Verwaltungsakte

Wirkungsbezogene Verwaltungsakte sind solche, die innerhalb eines Mitgliedsstaates durch die Behörden eben dieses Mitgliedsstaates erlassen werden und auch in anderen Mitgliedsstaaten Wirkung entfalten.[710] Durch das Prinzip der Anerkennung erhalten die nationalen Verwaltungsakte eine transnationale Wirkung.[711]

Wirkungsbezogene Transnationalität ist bei einer Zertifizierung einer deutschen Benannten Stelle eines in Deutschland ansässigen Herstellers zu finden, der seine Produkte anschließend auf Grund der Zertifizierung in andere Mitgliedsstaaten exportiert. Die anderen Mitgliedsstaaten haben die Zertifizierung anzuerkennen und dürfen keine systematischen eigenen Kontrollen vornehmen. Das harmonisierte Binnenmarktrecht der EU als ein Hauptanwendungsgebiet des Kraft seiner Rechtswirkung transnationalen Verwaltungsaktes folgt in vielen Fällen diesem Regelungsmuster.[712] Diese Form der Transnationalität ist unter anderem bereits in den einschlägigen Richtlinien über die vorgeschriebene behördliche Zulassung von Bankunternehmen und Direkt- und Lebensversicherungsunternehmen anzutreffen.[713] Die transnationale Wirkung tritt jeweils durch die gemeinschaftsrechtlichen Vorgaben in den einschlägigen Richtlinien in Verbindung mit den deutschen Umsetzungsrechtsakten ein.[714] Ein weiteres Beispiel für einen wirkungsbezogenen transnationalen Verwaltungsakt im Medizinrecht ist die Akkreditierung der Benannten Stellen.[715] Die Benannten Stellen dürfen damit in allen Mitgliedsstaaten Zertifizierungen vornehmen, woraus die transnationale Wirkung der Akkreditierung folgt.

Bei der Zertifizierung von Herstellern mit Sitz in einem anderen Mitgliedsstaat durch eine deutsche Benannte Stelle liegt der Fall jedoch anders. Hier wird der Verwaltungsakt nicht in Deutschland mit transnationaler Wirkung erlassen, sondern die Benannte Stelle und der Adressat des Verwaltungsakts, der Hersteller, befinden sich in unterschiedlichen Staaten. Diese Verwaltungsakte dringen tiefer in die Gebietshoheit eines Staates ein als solche, deren Transnationalität lediglich

709 Ruffert, DV 2001, S. 453, 457; ders., in: Erichsen/Ehlers, AllgVerwR, § 21, Rn. 71.

710 Röhl, Akkreditierung und Zertifizierung, S. 27; Neßler, NVwZ 1995, S. 863, 866; Ehlers, Die Europäisierung, S. 8 ff.

711 Neßler, NVwZ 1995, S. 863, 864; Stelkens, in: Stelkens/Bonk/Sachs, VwVfG, EuR, Rn. 358; Ausführlich hierzu: Neßler, Europäisches Richtlinienrecht wandelt deutsches Verwaltungsrecht, S. 10 ff.

712 Ruffert, DV 2001, S. 453, 458; Pernice/Kadelbach, DVBl. 1996, S. 1100, 1109 f.

713 Ruffert, DV 2001, S. 453, 460.

714 Schmidt-Aßmann, EuR 31 (1996), S. 270, 301; Ruffert, DV 2001, S. 453, 461; Röhl, Akkreditierung und Zertifizierung, S. 29.

715 Röhl, Akkreditierung und Zertifizierung, S. 29.

von Ihrer Wirkung herrührt.[716] Sie wirken nicht nur innerhalb Deutschlands und werden durch Überschreitung der Staatsgrenzen durch eine Person, ein Unternehmen oder ein Produkt mitgenommen und entfalten auch in diesem anderen Mitgliedsstaat Wirkung, sonder sie sind vielmehr auch auf grenzüberschreitende Auswirkungen hin ausgerichtet. So erscheint der Hersteller nicht persönlich bei der Benannten Stelle, um sich den Verwaltungsakt „abzuholen", sondern erhält ihn beispielsweise per Post aus Deutschland.[717] Ihre Transnationalität ist eine sogenannte „adressatenbezogene".[718] Einen noch weitergehender Eingriff in die Gebietshoheit eines anderen Staates stellen die Fälle dar, in denen eine deutsche Benannte Stelle einen ausländischen Hersteller nicht von Deutschland aus zertifiziert, sondern die Grenze auch physisch überschreitet, um beispielsweise vor Ort zu zertifizieren oder auch, um Besichtigungen und Audits bei dem Hersteller selbst vorzunehmen. Der Verwaltungsakt überschreitet bildlich gesprochen die Grenze nicht selbst, sondern wird von einer nationalen Behörde persönlich ins Ausland „transportiert".[719] Man bezeichnet diese Form der Transnationalität auch als „behördenbezogene".[720]

Der Grundgedanke des Anerkennungsprinzips, der bei wirkungsbezogenen transnationalen Verwaltungsakten gilt, kann auch im Rahmen der dem europäischen Harmonisierungskonzept zugrundeliegenden Sekundärrechtsakte für die gegenseitige Anerkennung der transnationalen Befugnisse Benannter Stellen im Medizinrecht angewendet werden. Für diese Annahme spricht bereits, dass der Anerkennungsgedanke eine der Grundlagen der „Neuen Konzeption" ist, auf welche die Idee des Konformitätsbewertungsverfahrens zurückzuführen ist.[721]

5. Die Möglichkeit extraterritorialer Zertifizierungen, Besichtigungen und Audits als transnationale Verwaltungsakte (adressaten- und behördenbezogene Transnationalität)

Die Wirkung einer Zertifizierung eines Herstellers mit Sitz in einem anderen Mitgliedsstaat durch eine deutsche Benannte Stelle ist die gleiche, wie die einer Zertifizierung eines Herstellers mit Sitz in Deutschland. Mit der Zertifizierung wird über den Zugang zum europäischen Markt entschieden, so dass die Wirkung der Entscheidung nicht lediglich in dem Mitgliedsstaat gilt, in dem der Hersteller seinen Sitz hat. Die Wirkung ist also nicht anders, als hätte eine deutsche Benannte Stelle einen deutschen Hersteller zertifiziert, der in Folge dessen seine Produkte

---

716 Ruffert, DV 2001, S. 453, 464.

717 Zum Problem der Zustellung von Hoheitsakten im Ausland, siehe Ruffert, DV 2001, S. 453, 464.

718 Ruffert, DV 2001, S. 453, 464.

719 Ruffert, DV 2001, S. 453, 467; Kment, Grenzüberschreitendes Verwaltungshandeln, S. 496 bezeichnet die (noch zu erlassende) Verwaltungsentscheidung als eine Art „Keimling", den die Erlassbehörde mit über die Grenze nimmt.

720 Ruffert, DV 2001, S. 453, 467; ders., in: Erichsen/Ehlers, AllgVerwR, § 21, Rn. 71.

721 Vgl. hierzu im 2. Kapitel A. I.

europaweit vertreiben darf. Im Ergebnis besteht kein Unterschied zur wirkungsbezogenen Transnationalität. Diese europaweite Wirkung der Zertifizierung greift nicht in die Souveränität des einzelnen Staates ein,[722] jedenfalls nicht weitergehend als der Eingriff bei einer wirkungsbezogenen Transnationalität.

Es scheint zudem ganz allgemein folgerichtig, im Rahmen der stets fortschreitenden Europäisierung[723] und der Abschaffung von Handelshemmnissen den anerkannten Begriff des transnationalen Verwaltungsaktes und dessen Rechtmäßigkeit auf diese Fälle zu erweitern, da die Rechtswirkungen in allen Fällen im Grunde identisch sind.[724] Es macht sachlich keinen Unterschied, ob eine Behörde einen Verwaltungsakt erlässt, der in einem anderen Land seine Wirkung entfaltet, sich an einen Adressaten in einem anderen Land richtet oder ob sie selbst die Grenze überschreitet, um hier einen Verwaltungsakt zu erlassen.[725] Welche dieser Formen vorliegt, kann von reinen Zufälligkeiten abhängen, so dass eine Unterscheidung der rechtlichen Wirkungen untunlich erscheint.[726]

Die Möglichkeit adressaten- und behördenbezogener Verwaltungsakte ist auch bereits in den Richtlinien über Medizinprodukte, aktive implantierbare medizinische Geräte und In-vitro-Diagnostika angelegt. Die Grundlage zum Erlass von transnationalen Verwaltungsakten in Form der Zertifizierung im Medizinprodukterecht ist eine Kombination mehrerer selbstständiger Rechtsnormen. Wie sich aus den Richtlinien über Medizinprodukte, aktive implantierbare medizinische Geräte und In-vitro-Diagnostika ergibt, was in den Mitteilungen und dem Leitfaden der Kommission bestätigt wurde, steht es den Mitgliedsstaaten offen, ob sie die Benannten Stellen als staatliche Behörden ausgestalten oder Private mit der Wahrnehmung der Aufgaben beauftragen.[727] Durch die Richtlinien wurde eine Grundlage geschaffen, die den Übergriff durch transnationale Handlungsformen in andere Staatsgebiete europäischer Mitgliedsstaaten zulassen. Nicht die Harmonisierung der materiellrechtlichen Maßstäbe oder die Regelungen im MPG, sondern die Möglichkeit aus den Richtlinien, die Benannten Stellen staatlich auszugestalten und die daran anknüpfenden verbindlichen Befugnisse, auch in anderen Mitgliedsstaaten Hersteller zu zertifizieren, bilden die Grundlage für den Erlass adressaten- und behördenbezogener transnationaler Verwaltungsakte. Die transnationale Wirkung des mitgliedsstaatlichen Rechtsakts tritt ein, sobald eine nationale Behörde das erforderliche Zertifizierungsverfahren durchgeführt hat und eine positive Zulassungsentscheidung gefallen ist.

---

722 A.a. Merten, Private Entscheidungsträger, S. 158.

723 Näher zur politischen Europäisierung und dessen Begrifflichkeiten, vgl. bspw. Auel, Europäisierung nationaler Politik, in: Bieling, /Lerch, Theorien der europäischen Integration, S. 247 ff.

724 Ruffert, DV 2001, S. 453, 467.

725 Ruffert, DV 2001, S. 453, 467.

726 Ruffert, DV 2001, S. 453, 467.

727 Vgl. in diesem Kapitel B. I. und II.

Darüber hinaus ist die spezielle Rechtsfigur von Verwaltungsentscheidungen auf fremdem Staatsgebiet auch dem Völkerecht nicht unbekannt.[728] Da sie jedoch regelmäßig lediglich eine Ausnahme bilden, haben sie ihre vollständige Anerkennung in der Verwaltungsrechtswissenschaft nur noch nicht vollends gefunden.[729]

6. *Physische Grenzüberschreitung*

Ein besonderes Problem ist in der Möglichkeit zur physischen Grenzüberschreitung der Benannten Stellen zu sehen.[730] Diese Fälle behördenbezogener transnationaler Verwaltungsakte stellen den gravierendsten Eingriff in die Gebietshoheit eines Staates dar. Gemeint sind die Fälle, in denen eine Benannte Stelle selbst physisch die Staatsgrenze überschreitet, um beispielsweise vor Ort zu zertifizieren oder auch, um Besichtigungen und Audits bei einem Hersteller vorzunehmen.

Diese Befugnisse und deren Eingriff in die Souveränität eines fremden Staates relativieren sich jedoch, wenn man die Ausgestaltung in den Richtlinien und im MPG näher betrachtet. Es fehlt die Möglichkeit der Benannten Stelle, ihre Maßnahmen auch durchzusetzen. Die Benannten Stellen haben bereits generell keine Befugnisse hinsichtlich der Vornahme von irgendwelchen Zwangsakten. Insbesondere können sie bei den unangemeldeten Besichtigungen keinen Zutritt zu den Anlagen des Herstellers erzwingen. Der Hersteller lässt die Mitarbeiter einer Benannten Stelle freiwillig in seine Räume, gibt Auskunft, Einsicht in Bücher, Dokumente oder sonstige Unterlagen. Weigert sich der Hersteller bei etwaigen Kontrollprüfungen, so kann die Benannte Stelle nichts weiter tun, als die Verwaltungsbehörden einzuschalten, wobei diese dann mit polizeilichem Befehl und zwangsweiser Durchsetzung der Anrodnungen agieren können. Dies wiederum müssten die Behörden des Staates sein, in dem der Hersteller ansässig ist beziehungsweise die zu überprüfenden Herstellungseinrichtungen stehen. Auch kann die Benannte Stelle bei Zuwiderhandlungen gegen die Verweigerung einer Zertifizierung, einer Rücknahme oder einer Einschränkung diese nicht mit Zwangsakten durchsetzen. Weder in den Richtlinien noch in den deutschen Normen sind Zwangsakte durch Benannte Stellen vorgesehen. Das Monopol des physischen Zwanges gilt als eines der wesentlichen Merkmale der Gebietshoheit des jeweiligen Staates.[731] Dieses Merkmal der alleinigen räumlichen Zuständigkeit für Zwangsakte auf dem jeweiligen Staatsgebiet wird

---

728 Kment, Grenzüberschreitende Verwaltungshandeln, S. 496; Siegrist, Hoheitsakte auf fremdem Staatsgebiet, S. 5 ff.; Okresk, ÖZöRV 35 (1985), S. 325.

729 Kment, Grenzüberschreitende Verwaltungshandeln, S. 496; gleichwohl positiv eingeschätzt von Harings, Grenzüberschreitende Zusammenarbeit, S. 158 f.

730 Vgl. Merten, Private Entscheidungsträger, S. 158, der die Befugnisse Benannter Stellen zu regelmäßigen Inspektionen und unangemeldeten Betriebsbesichtigungen als entscheidendes Kriterium gegen eine Beleihung der deutschen Benannten Stellen anführt.

731 Groß, JZ 1994, S. 596, 599; Verdross/Simma, Universelles Völkerrecht, S. 31.

durch Maßnahmen der Benannten Stellen nicht verletzt, da sie keine Zwangsakte erlassen können.

Damit unterscheidet sich dieser Teil der Tätigkeit einer Benannten Stelle nicht von einer Situation, in der irgendeine private Person bei einem Hersteller um Informationen bittet. Die Besichtigung und Ermittlung durch die Benannten Stellen, obwohl sie rechtlich als hoheitlich anzusehen ist, könnte genauso gut als nicht-hoheitlich angesehen werden. Man könnte in diesem Zusammenhang auch diskutieren, ob die Besichtigung und Informationsbeschaffung im Gegensatz zur Zertifizierung nicht ohnehin rein privatrechtlich sei. Es wäre jedoch befremdlich, eine solche Zwitterstellung anzunehmen, zumal die so erlangten Informationen in der Rücknahme der Zertifizierung enden können und somit einen Verwaltungsakt vorbereiten.[732] Eine Zuordnung sollte daher einheitlich erfolgen, zumal, wie gerade gezeigt, eine hoheitliche Einordnung der Besichtigung rechtlich möglich ist. Die Beschaffung von Informationen, die wiederum einen Verwaltungsakt nach sich ziehen können, ohne dass Zwang durch die Bediensteten der ausländischen Behörde möglich ist, ist als allgemein zulässig anzusehen.[733]

Die Möglichkeit der physischen Grenzüberschreitung zur Besichtigung der Hersteller ist auch nur konsequent. Es ist pragmatisch und notwendig, dass die Benannten Stellen, die eine Zertifizierung vorgenommen haben, diese auch überwachen. Die Anerkennung der Zertifizierung bringt als logische Folge des Systems gemeinschaftsweiter Zertifizierungen als eine Art Annex auch das daran anknüpfende mitgliedsstaatliche Aufsichtssystem in seiner Gesamtheit mit.[734]

7. Konformitätsbewertung im europäischen Ausland

Zwar hat ein Großteil der Mitgliedsstaaten wie beispielsweise Österreich, Schweden, Frankreich, die Schweiz und Großbritannien festgelegt, dass die Tätigkeiten Benannter Stellen im Rahmen der Zertifizierung von Produkten auf einem privatrechtlichen Vertrag beruhen, welcher beiderseitige Rechte und Pflichten festlegt.[735] Jedoch sind nicht nur in Deutschland die Benannten Stellen mit hoheitlichen Befugnissen ausgestattet. Auch andere Mitgliedsstaaten haben dies getan.[736] Auch wenn die Rechtsbeziehungen von Benannten Stellen zu deren Kunden und deren Befugnisse in den meisten Mitgliedsstaaten auf einem rein privatrechtlichen Vertrag

---

732 Vgl. auch BGH, NJW 2002, S. 3172, 3173 m.w.N., wonach der gesamte Tätigkeitsbereich, der sich auf die Erfüllung einer bestimmten hoheitlichen Aufgabe bezieht, als Einheit zu beurteilen ist.

733 Schlochauer, Die Extraterritoriale Wirkung von Hoheitsakten, S. 68; Stockmann, WuW 1975, S. 243, 253.

734 Raschauer, Aktuelle Strukturprobleme, S. 431; Groß, JZ 1994, S. 596, 600; Röhl, Akkreditierung und Zertifizierung, S. 37.

735 Röhl/Schreiber, Konformitätsbewertung in Deutschland, S. 109.

736 Vgl. auch von Czettritz, in: Anhalt/Dieners, Hdb. des Medizinprodukterechts, § 15, Rn. 15.

ohne Ausübung von Hoheitsmacht beruhen, finden sich auch hoheitliche Ausgestaltungen. So gibt es beispielsweise in den Niederlanden ebenfalls Konformitätsbewertungsstellen, die mit öffentlicher Gewalt betraut sind.[737] In Folge dessen ergibt sich die Anwendbarkeit des niederländischen Gesetzes über das allgemeine Verwaltungsrecht (AWB) für das Rechtsverhältnis der Benannten Stelle zum Kunden.[738] Die Entscheidung über die Erteilung oder Ablehnung eines Zertifikats erfolgt hier in der Rechtsform des „besluit", der mit den Rechtsmitteln des Verwaltungsprozessrechts anzugreifen ist.[739] Es ist also nicht nur in Deutschland anzutreffen, dass von Benannten Stellen exterritorial hoheitliche Aufgaben wahrgenommen werden.

Es ist jedoch darauf hinzuweisen, dass transnationale Verwaltungsakte ausländischer Behörden in Deutschland keine Verwaltungsakte i.S.v. § 35 VwVfG oder der jeweiligen Landesverwaltungsverfahrensgesetze wären, denn diese finden gemäß § 1 VwVfG nur auf die Verwaltungstätigkeit deutscher Behörden Anwendung.[740] Dies ist auch damit zu begründen, dass die verwaltungsrechtliche Ausgestaltung in anderen Ländern sich nicht exakt mit der in Deutschland deckt. Der Verwaltungsakt ist ein besonderes Institut des deutschen Verwaltungsrechts, welcher mit spezifischen Merkmalen und Rechtswirkungen ausgebildet ist.[741] Die Rechtsordnungen anderer EU-Länder kennen dem deutschen Verwaltungsakt entsprechende oder ähnliche Institute zumeist nicht.[742] Der dem deutschen Verwaltungsakt nächste ausländische Verwandte, dürfte der *acte administratif* des französischen Rechtskreises sein,[743] auch wenn er konzeptionell mit dem deutschen Verwaltungsakt keinesfalls identisch ist, da er beispielsweise auch Normativakte und Verträge umfasst.[744] Ausländische grenzüberschreitende Verwaltungshandlungen lassen sich also nicht ohne Probleme in das Gefüge des deutschen Verwaltungsrechts einpassen.[745]

II. Fazit

Es hat sich gezeigt, dass Handlungen, die in Deutschland rechtlich als Verwaltungsakte einzuordnen sind, auf Grund europarechtlicher Regelungen, jedenfalls innerhalb Deutschlands, nicht anders zu beurteilen sein können. Dies gilt auch für die Entscheidungen deutscher Benannter Stellen, wenn man sie als Beliehene begreift und deren Entscheidungen als Verwaltungsakte. Das Europarecht kann das deutsche Verwaltungsrecht und dessen Handlungsformen nicht ändern. Diese

737 Röhl/Schreiber, Konformitätsbewertung in Deutschland, S. 286.
738 Röhl/Schreiber, Konformitätsbewertung in Deutschland, S. 286.
739 Röhl/Schreiber, Konformitätsbewertung in Deutschland, S. 286.
740 Neßler, Europäisches Richtlinienrecht wandelt deutsches Verwaltungsrecht, S. 28; Ruffert, DV 2001, S. 453, 470.
741 Ruffert, DV 2001, S. 453, 456; Sydow, Verwaltungskooperation, S. 142 f.
742 Ruffert, DV 2001, S. 453, 456.
743 Ruffert, DV 2001, S. 453, 456; Sydow, Verwaltungskooperation, S. 143.
744 Ruffert, DV 2001, S. 453, 456.
745 Ruffert, DV 2001, S. 453, 456.

Sichtweise wird auch nicht dadurch berührt, dass solche Verwaltungsakte auf Grund europarechtlicher Regelungen in der ganzen Gemeinschaft ergehen können. Auch die Zertifizierung eines Herstellers mit Sitz in einem anderen Mitgliedsstaat, die dazu möglicherweise erforderliche physische Grenzüberschreitung, um eine Zertifizierung vor Ort vorzunehmen, sowie die anschließenden Besichtigungen und Audits bei dem ausländischen Hersteller, können als hoheitliche Maßnahmen und die ergehenden Entscheidungen als Verwaltungsakte begriffen und eingeordnet werden. Ihr Erlass stellt keinen unrechtmäßigen Eingriff in die Gebietshoheit des Mitgliedsstaates, in dem ein Hersteller ansässig ist, dar. Für solche extraterritorialen Wirkungen von Verwaltungsakten hat sich der Begriff des transnationalen Verwaltungsaktes herausgebildet.

Zu begründen ist dies mit einer sich immer stärker verflechtenden Weltordnung, die sich nicht nur, aber insbesondere, auf dem wirtschaftlichem Gebiet vollzieht, und deren Integrationsgrad in der Europäischen Union besonders hoch ist. Das frühere Bild von isolierten, keiner Fremdbestimmung unterliegenden Nationalstaaten ist als inzwischen überholt anzusehen und dementsprechend modifiziert worden. Insbesondere die Anerkennung von Verwaltungsentscheidungen fremder Mitgliedsstaaten im Rahmen der Harmonisierung des Binnenmarktes und der Überwindung von Handelshemmnissen schränkt die Souveränität der einzelnen Staaten ein. Soweit eine deutsche Benannte Stelle einen Hersteller mit Sitz in Deutschland zertifiziert, ist dies weitestgehend unproblematisch, da solche transnationalen Verwaltungsakte allein wirkungsbezogen sind und den geringsten Eingriff in die Souveränität anderer Staaten darstellen. Das harmonisierte Binnenmarktrecht der EU als ein Hauptanwendungsgebiet des Kraft seiner Rechtswirkungen transnationalen Verwaltungsaktes folgt in vielen Fällen diesem Regelungsmuster der Anerkennung.

Der Grundgedanke der Anerkennung, der bei wirkungsbezogenen transnationalen Verwaltungsakten gilt, ist auch im Rahmen der dem europäischen Harmonisierungskonzept zugrundeliegenden Sekundärrechtsakte für die gegenseitige Anerkennung der transnationalen Befugnisse Benannter Stellen im Medizinprodukterecht anzuwenden. Ob eine deutsche Benannte Stelle einen Hersteller mit Sitz in Deutschland oder Sitz in einem anderen Mitgliedsstaat zertifiziert und die sich daran anschließenden Maßnahmen (behörden- und adressatenbezogene Transnationalität) haben im Ergebnis dieselbe europaweite Wirkung wie wirkungsbezogene Verwaltungsakte. Welche Form der Transnationalität vorliegt, kann von reinen Zufälligkeiten abhängen. Die Verletzung der Gebietshoheit fremder Staaten wird zudem dadurch relativiert, dass die Benannten Stellen schon grundsätzlich zu keinerlei Zwangsmaßnahmen befugt sind.

Konnte damit eines der bisher oft angeführten Hauptargumente gegen ein hoheitliches Handeln der Benannten Stellen widerlegt werden und wurde zuvor bereits aus der nationalen rechtlichen Ausgestaltung der Benannten Stellen, deren Entscheidungsmaßstäben und -befugnissen auf ein hoheitliches Handeln geschlossen so bestätig sich diese, meiner Ansicht nach bereits ziemlich eindeutige, Tendenz zu einem hoheitlichen Tätigwerden der Benannten Stellen, wenn man sich mit der Rechtsprechung hinsichtlich der Übertragung von Zulassungsaufgaben auf Private und der dort herausgearbeiteten Systematisierungsansätze für die Qualifizierung einer hoheitlichen Tätigkeit beschäftigt.[746]

Bevor diese Rechtsprechung genauer in Augenschein genommen wird, wird sich im Folgenden zunächst mit dem „Gesamtsystem" der Überwachung im Bereich des Medizinprodukterechts auseinandergesetzt werden. Die vorgesehenen Inspektionen und Bewertungen der Hersteller durch die sie zertifizierenden Benannten Stellen im Anschluss an eine Zertifizierung und der Erlass von Maßnahmen nach § 18 MPG zeigen, dass die Benannten Stellen auch Überwachungsaufgaben wahrnehmen.

Ist bis zu diesem Punkt größtenteils auf die Aufgaben und Befugnisse der Benannten Stellen im Rahmen der Konformitätsbewertung für die Marktzulassung eingegangen worden, so ist nunmehr das „Gesamtsystem" der Überwachung näher zu beleuchten. Die Benannten Stellen sind für die Sicherheit von Medizinprodukten nicht alleine zuständig. Das Medizinprodukterecht hält eine Vielzahl von Möglichkeiten für Behörden der einzelnen Mitgliedsstaaten bereit, den Markt der Medizinprodukt zu überwachen. Dabei werden nicht nur die Benannten Stellen überwacht,[747] sondern auch die Medizinprodukte durch die dafür zuständigen Behörden. Dieses System der Überwachung wird im Folgenden dargestellt. Hintergrund ist, dass es ein weiteres Indiz für ein hoheitliches Handeln eines Privaten ist, umso mehr seine Tätigkeiten in einem engen Zusammenhang mit einer behördlich hoheitlichen Entscheidung steht. Weiter spielt die Ausgestaltung des Systems der Marktaufsicht bei der Frage einer zulässigen Privatisierung, mit der sich noch zu befassen sein wird, eine Rolle.[748]

F. Marktaufsicht

Der Begriff der „Marktaufsicht" ist als Oberbegriff zu verstehen. Darunter fallen die Überwachung durch nationale staatliche Behörden, das Schutzklauselverfahren und die Einrichtung und Aufrechterhaltung von Koordinations- und Informationsmechanismen, um einen Informationsaustausch zwischen den Mitgliedsstaaten untereinander und zwischen nationalen Vollzugsorganen und der Kommission zu ermöglichen.

I. Die Schutzklausel

Ein zentrales Instrument innerhalb der Marktaufsicht ist das sogenannte Schutzklauselverfahren. Es stellt unter Beachtung der öffentlichen Gefahrenabwehr das letzte Mittel dar, den freien Warenverkehr innerstaatlich einzuschränken.[749]

746 Vgl. in diesem Kapitel unter G.
747 Vgl. zur Überwachung der Benannten Stellen in diesem Kapitel C.
748 In diesem Kapitel unter H.
749 Ratzel, in: Deutsch/Lippert/Ratzel/Tag, MPG, § 28, Rn. 3.

Die Schutzklausel ist in allen Richtlinien nach dem neuen Konzept enthalten.[750] Primärrechtlich ist die Einrichtung einer Schutzklausel in Art. 114 Abs. 10 AEUV (ehemaliger Art. 95 Abs. 5 EG) vorgesehen. In allen drei Richtlinien über Medizinprodukte stellt das Verfahren der Schutzklausel ein zentrales Instrument zur Abwehr von Gefahren für die Sicherheit und Gesundheit von Patienten, Anwendern oder Dritten dar.[751] § 28 Abs. 3 MPG nimmt das Schutzklauselverfahren in das deutsche Recht auf und verweist auf die einschlägigen Bestimmungen der Richtlinien.

Das Schutzklauselverfahren bietet den Mitgliedsstaaten, beziehungsweise den in diesen Staaten zuständigen Behörden, die Möglichkeit, förmliche Rechtsakte zu erlassen, wenn nach ihrer Ansicht ein Produkt trotz einer CE-Kennzeichnung den grundlegenden Sicherheitsanforderungen nicht entspricht. Je nach Art und Nähe der Gefahr, können die Mitgliedsstaaten Anordnungen bis hin zum Verbot und der Rücknahme des auf dem Markt befindlichen Produkts treffen.[752] Diese Befugnis gilt im Bereich der Medizinprodukte unabhängig davon, ob ein Produkt ordnungsgemäß angewendet und seiner Zweckbestimmung entsprechend verwendet wird.[753] Die Anordnungen sind jedoch nicht endgültig, sondern stellen nur vorläufige Maßnahmen dar, deren Rechtfertigung dann in einem gemeinschaftlichen Kontrollverfahren durch die Kommission überprüft wird.

Für die Inanspruchname der Schutzklausel und eine Einleitung des Schutzklauselverfahrens sehen die Richtlinien im Wesentlichen drei verschiedene Gründe vor.[754] Erstens kann eine Anordnung gerechtfertigt sein, wenn ein Produkt, das in den Anwendungsbereich der Richtlinie fällt, nicht den grundlegenden Sicherheitsanforderungen entspricht, ohne dass harmonisierte Normen angewendet worden

---

750 Leitlinien einer neuen Konzeption in Anhang II zu Ratsentschluss 85/C 136/1, S. 6; Leitfaden der Kommission, S. 59.

751 Siehe Art. 8 Abs. 1 der Richtlinie 93/42/EWG über Medizinprodukte, Art. 7 Abs. 1 der Richtlinie 90/385/EWG über aktive implantierbare medizinische Geräte sowie Art. 8 Abs. 1 der Richtlinie 98/79/EG über In-vitro-Diagnostika. Wobei die Richtlinie über In-vitro-Diagnostika neben der Sicherheit und Gesundheit von Patienten, Anwendern und Dritten noch die Sicherheit von Eigentum als weiteres Schutzgut nennt. Nach Art. 114 Abs. 10 AEUV sind Interessen wirtschaftlicher Art jedoch ausdrücklich ausgeschlossen.

752 Leitlinien einer neuen Konzeption in Anhang II zu Ratsentschluss 85/C 136/1, S. 6; Leitfaden der Kommission 2000, S. 59; Art. 8 Abs. 1 der Richtlinie 93/42/EWG über Medizinprodukte, Art. 7 Abs. 1 der Richtlinie 90/385/EWG über aktive implantierbare medizinische Geräte sowie Art. 8 Abs. 1 der Richtlinie 98/79/EG über In-vitro-Diagnostika.

753 Siehe Art. 8 Abs. 1 der Richtlinie 93/42/EWG über Medizinprodukte, Art. 7 Abs. 1 der Richtlinie 90/385/EWG über aktive implantierbare medizinische Geräte sowie Art. 8 Abs. 1 der Richtlinie 98/79/EG über In-vitro-Diagnostika.

754 Leitlinien einer neuen Konzeption in Anhang II zu Ratsentschluss 85/C 136/1, S. 6; Art. 8 Abs. 1 der Richtlinie 93/42/EWG über Medizinprodukte, Art. 7 Abs. 1 der Richtlinie 90/385/EWG über aktive implantierbare medizinische Geräte sowie Art. 8 Abs. 1 der Richtlinie 98/79/EG über In-vitro-Diagnostika.

sind. Zweitens können bei der Beachtung harmonisierter Normen diese falsch angewendet worden sein oder es kann drittens ein Mangel in den harmonisierten Normen selbst vorliegen. Der wohl eindeutigste Fall für eine Maßnahme liegt vor, wenn die CE-Kennzeichnung unberechtigterweise an einem Produkt angebracht worden ist.

II. Das Schutzklauselverfahren

Trifft ein Mitgliedsstaat aufgrund der Schutzklausel Anordnungen, so schließt sich hieran zwingend das in der Richtlinie 85/C 136/1 in Abschnitt VII sowie in allen einzelnen Richtlinien beschriebene Verfahren an.[755] Dabei handelt es sich um ein gemeinschaftliches Kontrollverfahren, welches als „Schutzklauselverfahren" bezeichnet wird. Hat ein Mitgliedsstaat aufgrund der Schutzklausel Maßnahmen ergriffen, so hat dieser die Kommission unverzüglich darüber zu informieren, welche Maßnahmen ergriffen wurden und aus welchem Grund.[756] Die Kommission tritt daraufhin in Konsultationen mit den betroffenen Parteien, um festzustellen, ob die vom Mitgliedsstaat eingeleiteten Maßnahmen gerechtfertigt sind. Das Schutzklauselverfahren endet mit der Entscheidung der Kommission, ob die eingeleiteten nationalen Maßnahmen gerechtfertigt sind.

Sind die nationalen Maßnahmen nach Ansicht der Kommission nicht gerechtfertigt, so setzt sie den Mitgliedsstaat hiervon in Kenntnis und fordert ihn auf, die Maßnahmen unverzüglich aufzuheben.[757] Kommt der Mitgliedsstaat dem nicht nach, so kann die Kommission ein Vertragsverletzungsverfahren gemäß Art. 258 AEUV einleiten.[758]

Hält der Kommission die einzelstaatlichen Maßnahmen für gerechtfertigt, so unterrichtet sie hierüber den Mitgliedsstaat, der die Maßnahmen erlassen hat, setzt auch die übrigen Mitgliedsstaaten hiervon in Kenntnis und weist diese auf ihre Verpflichtung hin, ebenfalls Verkehrsverbote für das Produkt zu erlassen.[759]

755 Art. 8 der Richtlinie 93/42/EWG über Medizinprodukte, Art. 7 der Richtlinie 90/385/EWG über aktive implantierbare medizinische Geräte sowie Art. 8 der Richtlinie 98/79/EG über In-vitro-Diagnostika; Leitfaden der Kommission 2000, S. 59 ff.

756 Art. 8 Abs. 1 der Richtlinie 93/42/EWG über Medizinprodukte, Art. 7 Abs. 1 der Richtlinie 90/385/EWG über aktive implantierbare medizinische Geräte sowie Art. 8 Abs. 1 der Richtlinie 98/79/EG über In-vitro-Diagnostika; Leitfaden der Kommission 2000, S. 60.

757 Leitfaden der Kommission 2000, S. 61.

758 Finke, Die Auswirkung der europäischen technischen Normen, S. 92; Merten, Private Entscheidungsträger, S. 92; Leitfaden der Kommission 2000, S. 61.

759 Richtlinie 85/C 136/1, S. 6; Leitfaden der Kommission 2000, S. 61; Leistet ein Mitgliedsstaat dem nicht Folge, so kann die Kommission hier ebenfalls ein Vertragsverletzungsverfahren gemäß Art. 258 AEUV einleiten (vgl. Leitfaden der Kommission 2000, S. 61).

III. Zusammenfassung

Im Ergebnis hat ein Mitgliedsstaat letztendlich zwar die Möglichkeit, sicherheitspolitisch tätig zu werden, er kann jedoch eigene sicherheitspolitische Belange im Schutzklauselverfahren nicht durchsetzen.[760] Ein Mitgliedsstaat kann vorläufige nationale Maßnahmen erlassen, die endgültige Prüfung und Entscheidung ist jedoch alleine der Kommission vorbehalten. Die vorläufigen nationalen Maßnahmen sollen nur der Abwehr von konkreten Gefahren dienen.

Das Schutzklauselverfahren legt sich wie eine Art Decke um das gesamte System der Marktüberwachung und die jeweiligen nationalen Überwachungssysteme. Gerade auch dieses übergeordnete Verfahren als eine europäische Einrichtung zeigt, dass sich hier ein neues europäisches Verwaltungsregime herausbildet, in welches die Mitgliedsstaaten und Benannten Stellen einbezogen werden.

IV. Koordinations- und Informationsmechanismen

Das europäische Produktsicherheitsrecht und damit auch das Medizinprodukterecht ist auf einen mittelbaren Vollzug durch die Mitgliedsstaaten angelegt.[761] Daher bedarf es eines koordinierten Austausches von Informationen unter den Mitgliedsstaaten selbst und zwischen den Mitgliedsstaaten und der Kommission.[762]

Insbesondere im hier interessierenden Bereich des Medizinprodukterechts stellt die Einbeziehung der Benannten Stellen, die zu transnationalen Entscheidungen befugt sind, in den Gesetzesvollzug einen weiteren Faktor dar, der einen Informationsaustausch unentbehrlich macht.[763] Die in den Richtlinien über aktive implantierbare medizinische Geräte, Medizinprodukte und In-vitro-Diagnostika enthaltenen Informations- und Koordinationsmechanismen dienen zum einen dazu, die durch die Schutzklausel vermittelten Eingriffsbefugnisse gemeinschaftsweit wirksam und effektiv zu gestalten, zum anderen dazu, bereits im Vorfeld eine Gefahr für zu schützende Rechtsgüter abwenden zu können.[764] Hierfür sehen die Richtlinien über aktive

760 Finke, Die Auswirkung der europäischen technischen Normen, S. 91.

761 Zu den Formen des Vollzugs im Gemeinschaftsrecht siehe bereits Rengeling, Rechtsgrundsätze beim Verwaltungsvollzug des europäischen Gemeinschaftsrechts, § 2 II; ferner Kadelbach, Allgemeines Verwaltungsrecht unter europäischem Einfluß, S. 17 ff.; ausführlich Pernice/Kadelbach, DVBl. 1996, S. 1100, 1102 ff.

762 Merten, Private Entscheidungsträger, S. 93; Zur Information als Voraussetzung eines koordinierten Verhaltens siehe etwa Hatje, Die gemeinschaftsrechtliche Steuerung der Wirtschaftsverwaltung, S. 134 ff.

763 Schmidt-Aßmann, DVBl. 1993, S. 924, 935 f.; Merten, Private Entscheidungsträger, S. 93.

764 Merten, Private Entscheidungsträger, S. 93; Zur Notwendigkeit eines Informationsmanagements für eine effektive Vorsorge, Pitschas, DÖV 1989, S. 785, 798 f.

implantierbare medizinische Geräte, Medizinprodukte sowie In-vitro-Diagnostika die Einrichtung eines Beobachtungs- und Meldesystem vor.[765]

Erlangt ein Mitgliedsstaat Kenntnis darüber, dass ein Medizinprodukt zum Beispiel fehlerhaft ist oder die erwartete Leistung nicht erbringt, was zum Tode oder zu einer schwerwiegenden Verschlechterung des Gesundheitszustandes eines Patienten, Anwenders oder Dritte führen kann oder schon geführt hat oder ein Hersteller aus diesen Gründen ein Produkt zurückgerufen hat, so hat er dies zentral zu erfassen und zu bewerten. Erlangt ein Hersteller Kenntnis von einem solchen Vorfall, so hat er unverzüglich die Aufsichtsbehörden hierüber zu informieren.[766] Der Mitgliedsstaat soll das Vorkommnis daraufhin nach Möglichkeit gemeinsam mit dem Hersteller oder seinen im jeweiligen Mitgliedsstaat Bevollmächtigten bewerten. In jedem Fall obliegt dem Mitgliedsstaat die Verpflichtung, unabhängig von einem möglichen Schutzklauselverfahren, die Kommission und die übrigen Mitgliedsstaaten über den Vorfall und die getroffenen beziehungsweise noch zu treffenden Maßnahmen unverzüglich zu unterrichten.[767] Im Gegensatz zum Schutzklauselverfahren ist eine Notifizierung auch dann erforderlich, wenn der Hersteller selbst freiwillig die notwendigen Maßnahmen eingeleitet hat.[768]

In einer Vielzahl von Fällen wird die nationale Behörde allerdings aufgrund der bestehenden Gefahr für hochrangige Rechtsgüter auch Maßnahmen nach der Schutzklausel treffen, so dass das Beobachtungs- und Meldeverfahren ohnehin in ein Schutzklauselverfahren übergeht.[769]

Die Errichtung einer zentralen europäischen Datenbank in der Richtlinie über Medizinprodukte sowie in der Richtlinie über In-vitro-Diagnostika, stellt zudem sicher, dass ein schneller Informationsaustausch innerhalb der Gemeinschaft gewährleistet ist.[770] Alle für die Marktaufsicht zuständigen nationalen Behörden erhalten Zugang zu dieser Datenbank. Die Datenbank enthält Angaben zu Meldungen von Herstellern über ihre Produkte, Angaben über ausgestellte, geänderte, ergänzte, ausgesetzte, verweigerte und zurückgezogene Konformitätsbewertungsbescheinigungen

---

765 Art. 10 der Richtlinie 93/42/EWG über Medizinprodukte, Art. 8 der Richtlinie 90/385/EWG über aktive implantierbare medizinische Geräte sowie Art. 11 der Richtlinie 98/79/EG über In-vitro-Diagnostika.

766 Leitfaden der Kommission, S. 63.

767 Art. 10 Abs. 3 der Richtlinie 93/42/EWG über Medizinprodukte, Art. 8 Abs. 3 der Richtlinie 90/385/EWG über aktive implantierbare medizinische Geräte sowie Art. 11 Abs. 3 der Richtlinie 98/79/EG über In-vitro-Diagnostika.

768 Leitfaden der Kommission, S. 63.

769 Merten, Private Entscheidungsträger, S. 94.

770 Art. 14a der Richtlinie 93/42/EWG über Medizinprodukte; Art. 12 der Richtlinie 98/79/EG über In-vitro-Diagnostika; Vgl. in diesem Zusammenhang auch die Verordnung über das datenbankgeschützte Informationssystem über Medizinprodukte des Deutschen Instituts für Medizinische Dokumentation und Information (DIMDI-Verordnung – DIMDIV) vom 04.12.2002 (BGBl. I S. 4456) zuletzt geändert durch Art. 5 der Verordnung vom 25.07.2014 (BGBl. I S. 1227).

sowie Angaben aus Vorfällen im Zusammenhang mit dem Beobachtungs- und Meldeverfahren. Hier ist eine enge Zusammenarbeit der Behörden mit den Benannten Stellen erforderlich.[771] Die voneinander getrennten Verfahren der präventiven Konformitätsbewertung unter der Regie der Benannten Stellen und die weitestgehend den mitgliedsstaatlichen Behörden obliegende Marktüberwachung, werden durch die Informationssysteme zu einem übergeordneten einheitlichen Schutzkonzept verknüpft.[772]

V. Risikomanagement

Die nationale Überwachung von Medizinprodukten basiert auf einem System, bestehend aus Befugnissen der zuständigen Behörden, Risiken zu ermitteln und daran anschließend notwendige Maßnahmen zu erlassen. Merten beschreibt dieses System als „Risikomanagement".[773] Dieser Begriff ist in diesem Zusammenhang sehr passend und soll daher im Folgenden auch verwendet werden, um das Gesamtsystem der nationalen Überwachung zu umschreiben. Gerade im sich stetig entwickelnden Bereich der Medizinprodukte birgt jede Innovation Risiken.[774] Dieser Tatsache wird mit dem in Deutschland vorhandenen System des Risikomanagements Rechnung getragen.

1. Das Risiko

Das von Medizinprodukten ausgehende Risiko spielt eine zentrale Rolle im Medizinprodukterecht.[775] Der Begriff des Risikos wird jedoch im MPG nirgends definiert.[776] Lediglich § 29 Abs. 1 S. 1 MPG nennt insbesondere Nebenwirkungen, wechselseitige Beeinflussung mit anderen Stoffen oder Produkten, Gegenanzeigen, Verfälschungen,

771 Röhl, Akkreditierung und Zertifizierung, S. 7.
772 Röhl, Akkreditierung und Zertifizierung , S. 7; Merten, Private Entscheidungsträger, S. 94; Siehe in diesem Zusammenhang auch § 18 Abs. 4 MPG, wonach das Deutsche Institut für Medizinische Dokumentation und Information über eingeschränkte, verweigerte, ausgesetzte, wieder eingesetzte und zurückgezogene Bescheinigungen elektronisch zu unterrichten hat und die für den Verantwortlichen nach § 5 zuständige Behörde, die zuständige Behörde des Bundes, die Europäische Kommission und den anderen Vertragsstaaten des Abkommens über den Europäischen Wirtschaftsraum sowie den Benannten Stellen eine Zugriffsmöglichkeit auf diese Informationen gewährt.
773 Merten, Private Entscheidungsträger, S. 111.
774 Kahl, DVBl. 2003, S. 1105, 1109.
775 Merten, Private Entscheidungsträger, S. 112; Zum Fehlen einer empirisch gesicherten Wahrscheinlichkeitsprognose als Charakteristikum des Risikos, Breuer, NVwZ 1990, S. 211, 213.
776 Wagner, in: Rehmann/Wagner, MPG, § 29, Rn. 4.

Funktionsfehler, Fehlfunktionen und technische Mängel als auftretende Risiken.[777] Der Begriff des Risikos wird im MPG jedoch an zahlreichen Stellen gebraucht.[778]

„Risiko" ist ein heute überwiegend anerkannter Rechtsbegriff.[779] Unter einem Risiko im Rechtssinne versteht man die Möglichkeit des Eintritts einer nicht nur geringfügigen nachteiligen Einwirkung auf ein zu schützendes Rechtsgut, soweit diese nicht praktisch ausgeschlossen erscheint.[780] Das Risiko stellt eine Vorstufe zur Gefahr dar.[781] Gefahr bezeichnet dabei eine Situation, bei deren ungehindertem Ablauf des Geschehens ein Zustand oder ein Verhalten mit hinreichender Wahrscheinlichkeit zu einem Schaden für ein bestimmtes Rechtsgut führt.[782] Bei einem Risiko liegt die Schadenswahrscheinlichkeit im Regelfall unter der Gefahrenschwelle.[783] Es sind jedoch auch Fälle denkbar, in denen ein Schadenseintritt völlig ungewiss ist. Ungewissheiten jenseits der „praktischen Vernunft" sind als sozial-adäquate Zivilisationslasten (Restrisiken) hinzunehmen.[784] Eine völlige Ausmerzung des Risikos kann realistischerweise nie erfolgen. Ein gewisses Restrisiko wird in allen Fällen bestehen bleiben.

Schon aus der Verwendung des Begriffes „Risiko" wird klar, dass im Medizinprodukterecht, wie beispielsweise auch im Umweltrecht, das Vorsorgeprinzip eine große Rolle spielt.[785] Vorsorgende Maßnahmen müssen dabei, um überhaupt effektiv erfolgen zu können, weit vor oder unterhalb der Gefahrenschwelle eingesetzt werden.[786] Das Vorsorgeprinzip beruht auf den grundrechtlichen Gewährleistungspflichten, insbesondere der aus Art 2 Abs. 2 GG abzuleitenden staatlichen Schutzpflicht,[787] welche bereits im Risikobereich ausgelöst werden kann.[788] Dies kann dazu führen, dass Schutzmaßnahmen bei schweren Gefahren für hochrangige Rechtsgüter schon

777 Wagner, in: Rehmann/Wagner, MPG, § 29, Rn. 4.

778 Genannt sei hier nur §§ 20 Abs. 1, 26 Abs. 2 S. 2, und 30 Abs. 4 S. 1 MPG.

779 Vgl. aus der Rspr.: BVerfGE 49, 89, 139 f.; 53, 30, 59; Vgl. aus der Literatur unter anderem: Kahl, DVBl. 2003, S. 1105, 1107; Calliess, Rechtsstaat und Umweltstaat, S. 162 f.; Ipsen, VVDStRL 48 (1990), S. 177, 187; Lukes, DVBl. 1990, S. 273, 275; Murswiek, Die staatliche Verantwortung für die Risiken der Technik, S. 80.

780 Ipsen, VVDStRL 48 (1990), S. 177, 186 f.; Murswiek, Die staatliche Verantwortung für die Risiken der Technik, S. 81 ff.; Kahl, DVBl. 2003, S. 1105, 1107 f.

781 Breuer, DVBl. 1978, S. 829, 836 f.; Kloepfer, Umweltrecht, § 4, Rn. 18; Kahl, DVBl. 2003, S. 1105, 1108.

782 Schoch, in: Schmidt-Aßmann/Schoch, Besonderes Verwaltungsrecht, Kap. 2, Rn. 87 ff.; Schmidt, Besonderes Verwaltungsrecht, Rn. 657 ff.

783 Kahl, DVBl. 2003, S. 1105, 1108.

784 BVerfGE 49, 89, 143; zustimmend NdsOVG, DVBl. 2006, S. 1044, 1051; Ipsen, VVDStRL 48 (1990), S. 177, 187; Breuer, DVBl. 1978, S. 829, 836 f.

785 Ausführlich zum Vorsorgeprinzip im Umweltrecht: Kloepfer, Umweltschutzrecht, S. 63 ff.

786 Breuer, DVBl. 1978, S. 829, 836; Kloepfer, Umweltschutzrecht, S. 64.

787 Siehe unten.

788 BVerfGE 49, 89, 142; Kloepfer, Umweltrecht, § 3, Rn. 17.

bei einer geringen Eintrittswahrscheinlichkeit geboten sein können.[789] Was wiederum dazu führen kann, dass die Schwelle für staatliches Handeln erreicht ist, wenn ein sogenanntes Besorgnispotential besteht.[790] Umgekehrt kann man aus dem Vorsorgeprinzip keine Pflicht des Staates ableiten, einen vollständigen Risikoausschluss („Null-Risiko") zu erreichen.[791]

Das Risikomanagement im Rahmen des Medizinprodukterechts unterscheidet verschiedene Phasen der staatlichen Erfassung, Bewertung und Reaktion auf bestehende Risiken.[792] Diese Einteilung ist mit Rücksicht auf die Rechte der Hersteller sinnvoll. Damit ein Staat wirksam und verhältnismäßig gegen aufkommende Risiken vorgehen kann, muss er zunächst die Risiken ermitteln und diese im Anschluss bewerten, um eine adäquate Maßnahme vornehmen zu können.

a) Risikoermittlung und Risikobewertung

Maßgebliche Vorschriften für die Risikoermittlung und -bewertung finden sich im fünften Abschnitt des MPG und in der auf Grundlage von § 37 Abs. 7 MPG, auf den § 29 Abs. 4 MPG Bezug nimmt, erlassenen Medizinprodukte-Sicherheitsplanverordnung. § 29 MPG wird durch diese Verordnung konkretisiert. Insbesondere der dritte Abschnitt der Medizinprodukte-Sicherheitsplanverordnung beinhaltet Vorschriften mit Rechten und Pflichten der Exekutive, um zu ermitteln, ob Besorgnispotential besteht und ob dies Maßnahmen erfordert. Sind die Risiken erforscht, so schließt sich daran deren Bewertung an.

b) Informationsgewinnung

Es sind verschiedene Informationsquellen vorgesehen, die eine Ermittlung der Daten zur Risikoeinschätzung ermöglichen sollen. Man könnte diese Daten auch als „Risikodaten" bezeichnen.[793] Schon bevor ein Medizinprodukt in den Verkehr gebracht wird, besteht für die nach § 5 MPG verantwortlichen Personen gemäß § 25 Abs. 1 MPG die Pflicht, die Absicht, ein Medizinprodukt in den Verkehr zu bringen, anzuzeigen. Dasselbe gilt gemäß § 25 Abs. 3 MPG für In-vitro-Diagnostika. Die Medizinprodukte-Sicherheitsplanverordnung (MPSV) verpflichtet in § 3 Abs. 1 die Verantwortlichen nach § 5 MPG jegliche Vorkommnisse[794] an die deutschen

---

789 BVerfGE 49, 89, 142; 53, 30, 57; Schulze-Fielitz, in: Dreier, GG, Band I, Art. 2 Abs. 2, Rn. 80.

790 BVerwGE 72, 300, 315; Kloepfer, Umweltschutzrecht, S. 65.

791 Kloepfer, Umweltschutzrecht, S. 65; Nach Auffassung des BVerfG endet die Handlungspflicht dort, wo die Risikoverwirklichung praktisch ausgeschlossen ist (BVerfGE 49, 89, 140 ff.; BVerfG, NJW 2002, S. 1638, 1639).

792 Merten, Private Entscheidungsträger, S. 113.

793 Vgl. Di Fabio, Risikoentscheidungen im Rechtsstaat, S. 240, der die im Zusammenhang mit Arzneimitteln zu ermittelnden Daten als „Risikodaten" bezeichnet.

794 Nach der Definition in § 2 Nr. 1 MPSV ist ein „Vorkommnis eine Funktionsstörung, ein Ausfall oder eine Änderung der Merkmale oder der Leistung oder eine

Bundesbehörden zu melden. § 3 Abs. 2 MPSV verpflichtet darüber hinaus weitere Personen, Vorkommnisse zu melden. So müssen beispielsweise auch Ärzte und Zahnärzte nach § 3 Abs. 2 S. 2 MPSV Vorkommnisse mit Medizinprodukten im Rahmen der Diagnostik oder Behandlung melden. Die Behörden sind jedoch nicht nur dazu angehalten, auf Grund der Meldung von Vorkommnissen tätig zu werden, sondern können und sollen sich zur Gewinnung von Informationen auch anderer Quellen bedienen, wie beispielsweise Presseberichten.[795]

c) Risikobewertung

Erhält die zuständige Bundesbehörde Informationen, dass ein bestimmtes Medizinprodukt Probleme verursacht, so wird sie dieses im Regelfall umgehend einer Bewertung unterziehen. Nach § 8 S. 2 MPSV ist die zuständige Bundesbehörde zudem verpflichtet, für alle ihr nach § 3 MPSV zu meldenden Vorkommnisse, Rückrufe und schwerwiegenden unerwünschten Ereignisse, die ihr bekannt werden, eine Risikobewertung vorzunehmen. Die zuständige Bundesbehörde hat nach § 8 S. 1 MPSV wissenschaftliche Untersuchungen durchzuführen oder durchführen zu lassen, um mögliche Risiken zu ermitteln.

Die Aufgabe der Risikobewertung kann jedoch nur dann effektiv erfüllt werden, wenn die im Zusammenhang mit dem in Frage stehenden Medizinprodukt Tätigen oder tätig gewordenen Personen und Institutionen kooperieren.[796] §§ 11 und 12 MPSV geben der zuständigen Bundesbehörde die notwendigen Befugnisse zur Sachverhaltsermittlung an die Hand. Die zuständige Bundesoberbehörde kann nach § 11 MPSV vom Verantwortlichen nach § 5 S. 1 und 2 des MPG sowie dem in § 3 Abs. 2, 3 und 5 MPSV genannten Personenkreis alle für eine Sachverhaltsaufklärung oder die Risikobewertung erforderlichen Auskünfte und Unterlagen sowie die Überlassung des betroffenen Produkts oder von Mustern der betroffenen Produktcharge, bei In-vitro-Diagnostika auch des von einem Vorkommnis betroffenen Probenmaterials, zu Untersuchungszwecken verlangen. § 12 MPSV statuiert zudem weitere Mitwirkungspflichten, wie die unverzügliche Durchführung von zur Risikobewertung erforderlichen Untersuchungen und die Mitteilung der Ergebnisse an die zuständige Bundesbehörde. Die Pflichten aus §§ 11 und 12 MPSV enden erst dort, wo der Auskunftspflichtige sich selbst oder einen nahen Angehörigen einer strafrechtlichen Verfolgung oder eines Verfahrens wegen einer Ordnungswidrigkeit aussetzen würde.[797]

Unsachgemäßheit der Kennzeichnung oder der Gebrauchsanweisung eines Medizinprodukts, die unmittelbar oder mittelbar zum Tod oder zu einer schwerwiegenden Verschlechterung des Gesundheitszustands eines Patienten, eines Anwenders oder einer anderen Person geführt hat, geführt haben könnte oder führen könnte".

795 Vgl. Gesetzesbegründung zu § 29 MPG, BT-Drucks. 14/6281, S. 35; Ratzel/Lippert, in: Deutsch/Lippert/Ratzel/Tag, MPG, § 29, Rn. 1.

796 Ratzel/Lippert, in: Deutsch/Lippert/Ratzel/Tag, MPG, § 29, Rn. 6.

797 Vgl. § 12 Abs. 1 S. 2 MPSV.

Die Risikobewertung hat gemäß § 10 S. 1 MPSV in Zusammenarbeit mit dem Verantwortlichen nach § 5 des Medizinproduktegesetzes zu erfolgen und, soweit erforderlich, sind die jeweils betroffenen Betreiber und Anwender mit einzubeziehen. Zusätzlich können weitere in § 10 S. 1 bis 4 MPSV genannte Personen, Einrichtungen und Organisationen wie weitere Bundes- und Landesbehörden, der Medizinische Dienst des Spitzenverbandes Bund der Krankenkassen oder Benannte Stellen an der Bewertung beteiligt werden. Ziel und Inhalt der Risikobewertung durch die zuständige Bundesoberbehörde ist es, nach § 9 S. 2 MPSV, festzustellen, ob ein unvertretbares Risiko vorliegt und welche korrektiven Maßnahmen geboten sind. Sofern der Verantwortliche nach § 5 MPG eigenverantwortlich korrektive Maßnahmen trifft, so schließt die Risikobewertung durch die zuständige Bundesoberbehörde nach § 9 S. 2 MPSV die Prüfung ein, ob diese Maßnahmen angemessen sind.

2. Korrektive Maßnahmen

Nach § 14 MPSV hat primär der Verantwortliche nach § 5 MPG die gebotenen korrektiven Maßnahmen durchzuführen.[798] Damit hat in der Regel zunächst der Hersteller neben der Einschätzung, welche Maßnahmen er für geboten hält, diese auch durchzuführen. Die zuständige Behörde überwacht dabei gemäß § 14 Abs. 4 MPSV die vom Verantwortlichen nach § 5 MPG durchgeführten Maßnahmen. Steht fest, dass ein Verantwortlicher nach § 5 MPG die erforderlichen korrektiven Maßnahmen nicht eigenverantwortlich einleitet oder die getroffenen Maßnahmen nicht ausreichen, trifft die zuständige Behörde nach § 15 S. 1 MPSV die notwendigen Maßnahmen gegen den Verantwortlichen nach § 5 MPG oder den in Deutschland ansässigen Vertreiber. Mit dem Gedanken im Hinterkopf, dass Risiken immer eine bestimmte Ungewissheit mit sich bringen, ist bei den anzuordnenden Maßnahmen besondere Vorsicht geboten.[799] Nach dem Grundsatz der Verhältnismäßigkeit sind die Maßnahmen hier mit besonderem Fingerspitzengefühl abzustimmen. Oft dürften sie sich darauf belaufen, zunächst eine weitere Aufklärung des Sachverhalts zu erreichen, um das Risiko genau zu umreißen oder eine begleitende Risikobeobachtung einzurichten. Dabei ist selbstverständlich auch eine Abstufung danach vorzunehmen, wie hoch eine zu erwartende Schadenswahrscheinlichkeit und Schadenshöhe ist. Durch die Einteilung der Medizinprodukte in verschiedene Klassen beziehungsweise im Bereich von In-vitro-Diagnostika in Produktgruppen, hat der Gesetzgeber die von solchen Produkten zu befürchtenden Schäden bereits in einem Raster vorab eingeschätzt. Daran haben sich die zuständigen Behörden zu orientieren. Je höher die Klassifizierung eines Produkts und die Schadenswahrscheinlichkeit, umso

---

798 Nach § 2 Nr. 2 MPSV sind die „korrektiven Maßnahmen" definiert als: „ *eine Maßnahme zur Beseitigung, Verringerung oder Verhinderung des erneuten Auftretens eines von einem Medizinprodukt ausgehenden Risikos*".

799 Speziell im Hinblick auf das Vorsorgeprinzip Ossenbühl, NVwZ 1998, S. 161, 165 ff.; Grundlegend zur Ungewissheit im Verwaltungsverfahren Berg, Die verwaltungsrechtliche Entscheidung bei ungewissem Sachverhalt, S. 245 ff.

einschneidendere Maßnahmen können erforderlich und auch gerechtfertigt sein. Soweit die Maßnahmen nach den §§ 14 und 15 MPSV nicht zu einer ausreichenden Risikominimierung führen oder eine solche nicht hinreichend schnell erreicht wird oder schon von vornherein nicht erreicht werden kann, treffen die zuständigen Behörden nach § 17 MPSV die notwendigen Maßnahmen, um das Betreiben oder Anwenden der betroffenen Medizinprodukte zu untersagen oder einzuschränken.

3. *Zuständigkeit*

Die obersten Bundesbehörden sind für die Sammlung und Auswertung der Daten zuständig. Die nach dem MPSV zuständige Bundesbehörde wird in aller Regel das Bundesinstitut für Arzneimittel und Medizinprodukte sein, soweit nicht nach § 32 Abs. 2 MPG das Paul-Ehrlich-Institut oder nach Abs. 3 die Physikalisch-Technische Bundesanstalt zuständig ist. Damit endet der Aufgabenbereich der Bundesbehörden und sie haben die zuständigen Behörden der Länder gegebenenfalls zu informieren, die dann konkrete Maßnahmen ergreifen können.[800]

4. *Zentralnorm des § 26 MPG*

Die Zentralnorm des § 26 MPG reiht sich in das Risikomanagement ein, ist jedoch von dem oben geschilderten, durch die MPSV geregelten Bereich abzugrenzen. Verantwortlich für die Überwachung nach § 26 MPG sind die zuständigen Behörden nach jeweiligem Landesrecht der einzelnen Bundesländer.[801] Das MPG wird als Bundesgesetz grundsätzlich durch die Länder als eigene Angelegenheit ausgeführt (vgl. Art. 83 GG). Die Länder regeln daher auch die Einrichtung der Behörden und das Verwaltungsverfahren. In Bayern beispielsweise richtet sich die Zuständigkeit nach der Verordnung über die Zuständigkeiten auf dem Gebiet des Arbeitsschutzes, der Sicherheitstechnik, des Chemikalien- und Medizinprodukterechts (ASiMPV).[802]

---

800 Ratzel/Lippert, in: Deutsch/Lippert/Ratzel/Tag, MPG, § 29, Rn. 1.

801 Lücker, in: Spickhoff, Medizinrecht, § 26 MPG, Rn. 1.

802 ASiMPV vom 02.12.1998, BayGVBl. 1998, S. 956; Danach sind für den Vollzug des Rechts der aktiven Medizinprodukte und der energetisch betriebenen In-vitro-Diagnostika einschließlich der Laborgeräte und Software grundsätzlich die Gewerbeaufsichtsämter der Regierungen zuständig (§1 Abs. 1). Für den Vollzug der des Rechts der nichtaktiven Medizinprodukte und der sonstigen In-vitro-Diagnostika sind regelmäßig die Regierungen von Oberbayern und Oberfranken zuständig (§ 1 Abs. 2). Enthalten Medizinprodukte radioaktive Stoffe oder der Strahlenschutzverordnung unterliegende Anlagen zur Erzeugung ionisierender Strahlen, so ist in der Regel das Landesamt für Umwelt zuständig (§ 1 Abs. 3). Das Staatsministerium für Umwelt, Gesundheit und Verbraucherschutz und das Landesamt für Gesundheit und Lebensmittelsicherheit können in Fällen von regional übergeordneter Bedeutung neben den Regierungen öffentliche Warnungen aussprechen (§ 1 Abs. 4). Eine Übersicht über die Zuständigkeitsregelungen der Länder zur

Während die Richtlinien über Medizinprodukte, aktive implantierbare medizinische Geräte und In-vitro-Diagnostika detaillierte Vorgaben für den nationalen Gesetzesvollzug des Konformitätsbewertungsverfahrens vorsehen, bleibt den nationalen Gesetzgebern in der Ausgestaltung der Marktaufsicht ein vergleichsweise weiter Spielraum. Eine allgemeine Vormarktkontrolle ist unzulässig, da sie den freien Warenverkehr behindern würde.[803] Stichprobenartige Kontrollen sind hingegen notwendig und daher auch zulässig.[804]

Der deutsche Gesetzgeber geht seit dem 2. MPG-Änderungsgesetz noch einen Schritt weiter. Seit dieser Gesetzesänderung ist die Beschränkung der Überwachung auf Stichproben ausdrücklich aufgehoben worden.[805] Inwieweit diese Abweichung möglicherweise gegen Europarecht verstößt, soll hier nicht behandelt werden. Es bleibt den Behörden nunmehr überlassen, Umfang und Tiefe der Überwachung von Medizinprodukten unter Berücksichtigung möglicher Risiken selbst festzulegen (§ 26 Abs. 2 S. 2 MPG).[806] Dabei soll berücksichtigt werden, inwieweit bereits eine Überwachung z.B. durch die Überprüfung des Qualitätsicherungssystems durch eine Benannte Stelle erfolgt ist.[807] Damit wurde festgelegt, dass die Marktüberwachung nicht dadurch obsolet wird, dass ein Produkt eine CE-Kennzeichnung trägt, sondern die Behörden sich vielmehr davon zu überzeugen haben, dass von einem Medizinprodukt keine Gefahr ausgeht.[808] In der Regel dürften dazu stichprobenartige Überprüfungen ausreichen, es können jedoch auch „dichtere" Überprüfungen

Ausführung des MPG ist unter anderem im Anhang von Rehmann/Wagner, MPG, S. 307 ff. zu finden.

803 Leitlinien einer neuen Konzeption in Anhang II zu Ratsentschluss 85/C 136/1, S. 4.

804 Leitlinien einer neuen Konzeption in Anhang II zu Ratsentschluss 85/C 136/1, S. 4; § 26 Abs. 3 S. 2 MPG a.F. (Gesetz über Medizinprodukte vom 02.08.1994 (BGBl. I S. 1963)) sah solche noch explizit vor: „Sie prüft durch Stichproben, ob die Voraussetzungen zum Inverkehrbringen und zur Inbetriebnahme erfüllt sind."

805 Wagner, in: Rehmann/Wagner, MPG, § 26, Rn. 1; Gassner, NJW 2002, S. 863, 864; Die bis dahin geltende Beschränkung der Überwachung auf Stichproben hatte sich nach Ansicht der Bundesregierung als nicht sachgerecht erwiesen.

806 Nachdem es hinsichtlich des Umfangs der zu überwachenden Bereiche Fragen gab, hat der Gesetzgerber mit dem 4. MPG-Änderungsgesetz festgelegt, dass der Umfang auch die Überprüfung der Voraussetzungen zum Errichten, Betreiben und Anwenden von Medizinprodukten umfasst sowie die Überwachung von klinischen Prüfungen, Leistungsbewertungsprüfungen und der Aufbereitung von bestimmungsgemäß sterilen oder keimarm zur Anwendung kommenden Medizinprodukte (vgl. § 26 Abs. 2 S. 1 und 2 MPG).

807 Gesetzesbegründung zum 2. MPG-Änderungsgesetz, BT-Drucks. 14/6281, S. 35.

808 Beschlussempfehlung und Bericht des Ausschusses für Gesundheit zu dem Gesetzesentwurf der Bundesregierung –Drucksache 14/6281, BT-Drucks. 14/7331, S. 47; Wagner, in: Rehmann/Wagner, MPG, § 26, Rn. 2.

erforderlich sein.[809] Die Intensität der einzelnen Marktüberwachungsmaßnahmen soll sich an dem Risikopotential des jeweiligen Medizinprodukts orientieren.[810]

Der deutsche Gesetzgeber hat in § 26 MPG eine Zentralnorm zur Durchführung der Überwachung geschaffen. In der Aufgabennorm des § 26 Abs. 1 MPG wird ein denkbar weiter Kreis von Betrieben und Einrichtungen, die mit Medizinprodukten zu tun haben, als mögliche Maßnahmeadressaten festgelegt.[811] Diese Überwachungsmöglichkeiten beziehen sich nach § 26 Abs. 1 S. 1 MPG jedoch nur auf Betriebe und Einrichtungen mit Sitz in Deutschland. In Fällen, in denen beispielsweise ein Hersteller mit Sitz in einem anderen Mitgliedstaat von einer deutschen Benannten Stelle zertifiziert wird, ist es Aufgabe der Behörden dieses Mitgliedsstaates, dessen Betriebe und Einrichtungen zu überwachen. Umgekehrt sind Hersteller mit Sitz in Deutschland nach einer Zertifizierung durch eine Benannte Stelle eines anderen Mitgliedstaates, durch die deutschen Behörden zu überwachen.

§ 26 Abs. 3 MPG enthält einen umfassenden Maßnahmenkatalog, der den zuständigen Behörden Zutrittsrechte[812] gibt, ein Auskunftsverlangen vorsieht, die Einsichtnahme in Unterlagen gestattet und die Entnahme von Proben erlaubt. Sollte sich ein Überwachungsadressat weigern, entsprechenden hoheitlichen Anordnungen Folge zu leisten, so können diese im Wege des Verwaltungszwangs durchgesetzt werden.[813]

Die im Rahmen der Überwachung nach § 26 MPG zur Verfügung stehenden Maßnahmen können von den Behörden ohne das Vorliegen eines Gefahrentatbestandes ausgeübt werden. Die Maßnahmen dienen lediglich der Gewinnung von Informationen, ob die Vorschriften des Medizinprodukterechts auch eingehalten werden. Es soll auf Grund der so gewonnenen Erkenntnisse zu diesem Zeitpunkt nur ermittelt werden, ob Gefahren für gesetzliche Schutzgüter bestehen. Daran können sich gegebenenfalls Korrekturmaßnahmen der Behörden nach anderen Befugnisnormen ergeben.

Der Überwachte hat die Maßnahmen (§ 26 Abs. 2 und 3 MPG) der zuständigen Behörden zu dulden und zu unterstützen (§ 26 Abs. 4 MPG). Sollte er sich dadurch einer strafrechtlichen Verfolgung oder einem Ordnungswidrigkeitsverfahren aussetzen, so kann er die Auskunft jedoch verweigern (§ 26 Abs. 5 MPG).

---

809 Beschlussempfehlung und Bericht des Ausschusses für Gesundheit, BT-Drucks. 14/7331, S. 47; Wagner, in: Rehmann/Wagner, MPG, § 26, Rn. 2.

810 Beschlussempfehlung und Bericht des Ausschusses für Gesundheit, BT-Drucks. 14/7331, S. 47.

811 § 26 Abs. 1 S. 2 MPG erweitert diesen Kreis noch auf Sponsoren und Personen, die die in Absatz 1 Satz 1 genannten Tätigkeiten geschäftsmäßig ausüben, sowie auf Personen und Personenvereinigungen, die Medizinprodukte für andere sammeln.

812 Zu beachten ist, dass etwaige Betretungs- und Besichtigungsrechte auf die üblichen Betriebs- und Geschäftszeiten beschränkt sind (BVerfGE 32, 54, 77; Jarass, in Jarass/Pieroth, GG, Art. 13, Rn. 5).

813 Merten, Private Entscheidungsträger, S. 111.

5. *Befugnisnormen*

Das Risikomanagement dient lediglich, anknüpfend an den Risikobegriff, der Ermittlung, ob und in welchem Umfang eine ordnungsrechtliche Gefahr besteht. Stellen die zuständigen Behörden fest, dass eine Gefahr vorliegt, so müssen sie hierauf auch dementsprechend reagieren können. Hierfür gibt das Medizinprodukterecht ihnen weitere Befugnisnormen an die Hand. Diese lassen sich in drei Komplexe aufteilen.[814]

Eine Generalklausel für Maßnahmen stellt § 26 Abs. 2 S. 4 MPG dar. Dieser lautet:

> *„Die zuständige Behörde ergreift die Maßnahmen, die notwendig sind, um festgestellte Verstöße zu beseitigen und künftigen Verstößen vorzubeugen."*

Die zuständige Behörde wird nach § 26 Abs. 2 S. 4 MPG präventiv und repressiv tätig.[815] Wie der Wortlaut zeigt, handelt es sich bei § 26 Abs. 2 S. 4 MPG um keine Ermessenvorschrift. Die Behörde ist gezwungen, notwendige Maßnahmen zu ergreifen. Notwendig sind nach den allgemeinen Grundsätzen Maßnahmen nur, soweit keine andere, mildere, aber genauso wirksame Maßnahme zur Erreichung des Ziels existiert.[816] Es wird keine Verletzung von im MPG enthaltenen Vorschriften gefordert, sondern es genügt jeglicher Verstoß gegen medizinprodukterechtliche Normen, also beispielsweise auch Verstöße gegen auf das Gesetz gestützte Rechtsverordnungen.[817] Besonders oft wird es sich hierbei um Verstöße gegen § 4 Abs. 1 Nr. 1 MPG handeln,[818] der einen im Vorfeld zu einer Gefahr angesiedelten Verdachtstatbestand enthält.[819]

Der zweite Komplex stellt Eingriffsbefugnisse zur Verfügung, die ein Vorgehen gegen die unrechtmäßige Anbringung einer CE-Kennzeichnung ermöglichen. § 26 Abs. 2 S. 4 Alt. 1 MPG enthält einen weiteren Verdachtstatbestand, der es der zuständigen Behörde ermöglicht, bereits bei „hinreichenden Anhaltspunkten" für eine unrechtmäßige Anbringung einer CE-Kennzeichnung einzugreifen. Besteht

---

814 Merten, Private Entscheidungsträger, S. 116.

815 Wagner, in: Rehmann/Wagner, MPG, § 26, Rn. 14; Lippert, in: Deutsch/Lippert/Ratzel/Tag, § 26, Rn. 13.

816 Wagner, in: Rehmann/Wagner, MPG, § 26, Rn. 14.

817 Nöthlichs/Weber, Sicherheitsvorschriften für Medizinprodukte, § 26, Anm. 4.1.; Für die Parallelvorschrift des § 69 AMG siehe Rehmann, § 69, Rn. 2: Verstöße gegen arzneimittelrechtliche Bestimmungen.

818 § 4 Abs. 1 MPG lautet wie folgt: „Es ist verboten, Medizinprodukte in den Verkehr zu bringen, zu errichten, in Betrieb zu nehmen, zu betreiben oder anzuwenden, wenn 1.der begründete Verdacht besteht, dass sie die Sicherheit und die Gesundheit der Patienten, der Anwender oder Dritter bei sachgemäßer Anwendung, Instandhaltung und ihrer Zweckbestimmung entsprechender Verwendung über ein nach den Erkenntnissen der medizinischen Wissenschaften vertretbares Maß hinausgehend unmittelbar oder mittelbar gefährden oder 2. das Datum abgelaufen ist, bis zu dem eine gefahrlose Anwendung nachweislich möglich ist."

819 Merten, Private Entscheidungsträger, S. 111.

ein hinreichender Verdacht, so kann die zuständige Behörde vom Verantwortlichen nach § 5 MPG verlangen, das in Frage stehende Medizinprodukt von einem Sachverständigen überprüfen zu lassen. Diese Rechtsfolge entspricht den im allgemeinen Ordnungsrecht entwickelten Grundsätzen, dass in Verdachtsfällen zunächst nur Maßnahmen für eine Aufklärung des Sachverhalts zulässig sind.[820] Die Differenzierung von Verstößen nach § 4 Abs. 1 Nr. 1 MPG unterscheidet sich von solchen nach § 26 Abs. 2 S. 4 Alt. 1 MPG, da die unrechtmäßige Kennzeichnung nicht im Bereich der von Medizinprodukten ausgehenden Gefahren liegt.

Des Weiteren knüpft auch die Vorschrift des § 27 Abs. 1 S. 1 MPG an die unrechtmäßige CE-Kennzeichnung an. Allerdings verlangt § 27 Abs. 1 S. 1 MPG, dass die zuständige Behörde festgestellt hat, dass die Kennzeichnung unrechtmäßig ist. Ein bloßer Verdacht ist hier nicht ausreichend. Der nach § 5 MPG Verantwortliche hat nach Weisung der Behörde in diesem Falle die Voraussetzungen für eine rechtmäßige Anbringung der Kennzeichnung nachzuholen. Dies bedeutet, dass die Übereinstimmung mit den in den Richtlinien festgelegten Anforderungen sichergestellt und das für dieses Produkt vorgeschriebene Verfahren zur Konformitätsbewertung nachgeholt wird.[821] Werden diese Anforderungen nicht erfüllt, so hat die Behörde nach § 27 Abs. 1 S. 2 MPG weitere Maßnahmen zu ergreifen. Diese können sich von der Einhaltung bestimmter Auflagen bis hin zu einer Veranlassung, dass das Medizinprodukt vom Markt genommen wird, erstrecken. Die zuständige Behörde trifft nach § 27 Abs 2 MPG dieselben erforderlichen Maßnahmen, wenn ein Produkt, welches kein Medizinprodukt ist, unzulässigerweise die CE-Kennzeichnung als Medizinprodukt erhalten hat.

Im Rahmen des dritten Komplexes befinden sich Eingriffsbefugnisse der zuständigen Behörden, soweit durch ein Medizinprodukt gesetzlich geschützte Rechtsgüter gefährdet werden. Damit wird dem Umstand Rechnung getragen, dass selbst ein Produkt, welches alle rechtlichen Anforderungen erfüllt, unter gewissen Umständen Gefahren für Anwender, Patienten und Dritte mit sich bringen kann. Bestehen hinreichende Anhaltspunkte, dass von einem Medizinprodukt Gefahren ausgehen, kann die zuständige Behörde gemäß § 26 Abs. 2 S. 4 Alt. 2 MPG vom Verantwortlichen im Sinne des § 5 MPG verlangen, dass das Produkt von einem Sachverständigen überprüft wird. Dies gilt unabhängig von einem rechtmäßigen Verhalten des für das Produkt verantwortlichen Herstellers. In diesem Zusammenhang findet sich des Weiteren eine Generalklausel in § 28 Abs. 1 S. 1 MPG, die zu umfassenden Schutzmaßnahmen ermächtigt. Ein Verdacht ist jedoch nicht ausreichend, um Maßnahmen nach dieser Vorschrift zu rechtfertigen. § 28 Abs. 1 S. 1 MPG verlangt eine drohende Gefahr für die öffentliche Gesundheit, Sicherheit oder Ordnung. § 28 Abs. 2 MPG gibt den zuständigen Behörden beispielhafte Maßnahmen zur Abwehr

820 Siehe etwa Drews/Wacke/Vogel/Martens, Gefahrenabwehr, S. 227; Denninger, in: Lisken/Denninger, Hdb. des Polizeirechts, Kap. E, Rn. 48.

821 Vgl. zum Verfahren der Konformitätsbewertung im 2. Kapitel A.

dieser Gefahren an die Hand, die bis zu einem Rückruf eines Produktes vom Markt und dessen Sicherstellung reichen.

Als letztes Mittel kommt sogar eine Warnung der Öffentlichkeit nach § 28 Abs. 4 MPG in Betracht, wenn bei Gefahr in Verzug andere ebenso wirksame Maßnahmen nicht oder nicht rechtzeitig getroffen werden können. Alle Anordnungen (auch vorläufige) sind Verwaltungsakte nach dem VwVfG.[822]

6. *Verwaltungsvorschrift zur Durchführung des MPG (MPGVwV)*

Durch die zum 1. Januar 2013 in Kraft getretenen Allgemeinen Verwaltungsvorschriften zur Durchführung des Medizinproduktegesetzes (MPGVwV) vom 18. Mai 2012 wurden zentrale Befugnisse konkretisiert und bundesweit koordiniert.[823] So legt § 3 MPGVwV beispielsweise fest, dass die zuständigen obersten Landesbehörden ein gemeinsames Rahmenüberwachungsprogramm festlegen, um die Marktüberwachung entsprechend dem Kapitel 3 der VO (EG) 765/2008 zu gewährleisten. Nach § 4 Abs. 1 MPGVwV haben die Länder eine gemeinsame zentrale Koordinierungsstelle festzulegen und gemäß § 4 Abs. 2 MPGVwV ist ein Verfahren zum effektiven Informationsaustausch im Bereich der Marktüberwachung innerhalb der europäischen Wirtschaftsraumes zu schaffen. Diese nach § 4 Abs. 1 MPGVwV vorgesehene zentrale Koordinierungsstelle ist die Zentralstelle der Länder für Gesundheitsschutz bei Arzneimittel und Medizinprodukte (ZLG), die früher schon für die Benennung und Überwachung der Benannten Stellen zuständig war.[824] Die bereits bisher bestehenden Befugnisse der Behörden werden in § 5 MPGVwV konkreter ausgestaltet. In vier Absätzen wird dort die Durchführung von Inspektionen geregelt. Es können sowohl angekündigte als auch unangekündigte Inspektionen durchgeführt werden, wobei im Einzelnen zwischen routinemäßigen Inspektionen und anlassbezogenen Inspektionen unterschieden wird. § 6 MPGVwV regelt die Entnahme von Proben, § 7 MPGVwV die Überprüfungen von Medizinprodukten und unterscheidet hier erneut zwischen routinemäßigen und anlassbezogenen Überprüfungen. In § 8 MPGVwV findet sich eine Ermächtigungsgrundlage der obersten Landesbehörden zur Festlegung des Verfahrens bei möglichen oder tatsächlich festgestellten Mängeln. § 11 MPGVwV regelt die Zusammenarbeit der zuständigen Behörden, wobei insbesondere eine unverzügliche Unterrichtung und Unterstützung der zuständigen Behörde des Bundes und der Länder vorgesehen ist, sowie eine Zusammenarbeit mit den für die Kontrolle der Außengrenze zuständigen Behörden, um einen effektiven Vollzug hinsichtlich festgestellter Mängel sicherzustellen. Neu ist zudem, dass § 12

---

822 Webel, in: Bergmann/Pauge/Steinmeyer, Gesamtes Medizinrecht, Kap. 7, § 28, Rn. 1; Ratzel, in: Deutsch/Lippert/Ratzel/Tag, § 28, Rn. 2.

823 Allgemeine Verwaltungsvorschrift zur Durchführung des Medizinproduktegesetze (Medizinprodukte-Durchführungsvorschrift –MPGVwV) vom 18. Mai 2012, BAnz AT 24. 5. 2012 B2 S. 1.

824 von Czettritz/Strelow in: Meier/von Czettritz/Gabriel/Kaufman, Pharmarecht, 3. Teil, § 6, Rn. 47.

MPGVwV Vorgaben für die Sachkenntnis der nach § 26 MPG mit der Überwachung beauftragten Personen macht. Die Befugnisse nach §§ 27 und/oder 28 MPG bestehen jedoch weiterhin und ermächtigen die Behörden, je nach Schwere des festgestellten Mangels und den gesundheitlichen Risiken, zum Einschreiten.[825]

7. *Aktuelle Entwicklungen*

Es gibt auf europäischer Ebene den Vorschlag für eine Verordnung des Europäischen Parlaments und des Rates über Medizinprodukte.[826] Ob es aber in Zukunft möglicherweise ein einheitliches europäisches Überwachungssystem geben wird, bleibt abzuwarten.[827] Bislang verbleibt die Zuständigkeit für die Überwachung bei den nationalen Überwachungsbehörden.[828] Dass sich dies auch in naher Zukunft nicht ändern wird, hat der Vorschlag für eine Verordnung des Europäischen Parlaments und des Rates über Medizinprodukte erneut gezeigt.[829]

Inwiefern der Verordnungsvorschlag in dieser Form oder auch abgeändert angenommen werden wird, bleibt abzuwarten. Als eine Art Sofortmaßnahme in Folge des PIP-Skandals hat die Kommission im Zusammenhang mit den Benannten Stellen eine Durchführungsverordnung über die Benennung und Beaufsichtigung Benannter Stellen erlassen und hierzu auch eine Empfehlung der Kommission zu den Audits und Bewertungen, die von Benannten Stelle durchgeführt werden, veröffentlicht.[830] Interessanterweise enthält die Durchführungsverordnung lediglich Rechte und Pflichten zur Benennung und Beaufsichtigung der Benannten Stelle, nicht jedoch eine Stärkung

825 von Czettritz/Strelow in: Meier/von Czettritz/Gabriel/Kaufman, Pharmarecht, 3. Teil, § 6, Rn. 54.

826 Vorschlag für eine Verordnung des europäischen Parlaments und des Rates vom 26.9.2012 über Medizinprodukte zur Änderung der Richtlinie 2001/83/EG, der Verordnung (EG) Nr. 178/2002 und der Verordnung (EG) Nr. 1223/2009, COM (2012) 542 final;.

827 Attenberger in: Anhalt/Dieners, Medizinprodukterecht, § 10, Rn. 111; von Czettritz/Strelow in: Meier/von Czettritz/Gabriel/Kaufman, Pharmarecht, 3. Teil, § 6, Rn. 54.

828 von Czettritz/Strelow in: Meier/von Czettritz/Gabriel/Kaufman, Pharmarecht, 3. Teil, § 6, Rn. 54.

829 Vgl. Punkt 3.4., Seite 8 des Vorschlags für eine Verordnung des europäischen Parlaments und des Rates vom 26.9.2012 über Medizinprodukte zur Änderung der Richtlinie 2001/83/EG, der Verordnung (EG) Nr. 178/2002 und der Verordnung (EG) Nr. 1223/2009, COM (2012) 542 final.

830 Durchführungsverordnung EU Nr. 920/2013 der Kommission vom 24.9.2013 über die Benennung und Beaufsichtigung Benannte Stelle gemäß der Richtlinie 90/358/EG des Rates über aktive implantierbare medizinische Geräte und der Richtlinie 93/42/EG des Rates über Medizinprodukte, Amtsblatt der Europäischen Union L 253/8 vom 25.09.2013 und Empfehlung der Kommission vom 24.9.2013 zu den Audits und Bewertungen von Benannten Stellen im Bereich der Medizinprodukte durchgeführt werden, Amtsblatt der Europäischen Union L 253/27 vom 25.09.2013.

der Rechte und Pflichten der Benannten Stellen gegenüber den jeweiligen Herstellern. Lediglich die Empfehlung der Kommission zu den Audits und Bewertungen, die von Benannten Stellen durchgeführt werden, enthält Konkretisierungen zur Überwachung der Hersteller durch die Benannten Stellen. Eine Kommissions-Empfehlung ist jedoch nicht rechtsverbindlich (vgl. Art. 288 Abs. 5 AEUV).[831] Sie greift aber einer möglicherweise anstehenden europäischen Verordnung vor. Es kann also davon ausgegangen werden, dass die Mitgliedsstaaten und Benannten Stellen sich auch an einer bloßen Empfehlung ohne Rechtsverpflichtungen orientieren werden.

Benannte Stellen sollen Medizinproduktehersteller nach der Empfehlung unabhängig von den geplanten Überwachungsaudits auch durch zusätzliche unangekündigte Audits überwachen. Außerdem sollen bei Bedarf auch qualitätsrelevante Lieferanten unangekündigt auditiert werden. Mit der Empfehlung wird das Ziel verfolgt, die Wirksamkeit des Qualitätsmanagementsystems der Hersteller, beziehungsweise die Konformität ihrer Produkte, konsequenter zu überwachen. Unangekündigte Audits sollen dabei mindestens einmal in drei Jahren stattfinden, gegebenenfalls – etwa bei Produkten mit erhöhtem Risiko oder bei gravierenderen Abweichungen – auch öfter. Grundsätzlich sollte ein unangekündigtes Audit nicht weniger als einen Tag dauern und von mindestens zwei Auditoren durchgeführt werden. Die Möglichkeit der Durchführung unangekündigter Audits ist jedoch keineswegs neu. Sie bestand nach den jeweiligen Richtlinien (90/385/EWG, 93/42/EWG und 98/79/EG) schon bisher. Die Benannten Stellen haben, soweit ersichtlich, derartige Audits allerdings bis heute nie wirklich praktiziert (wohl aus Gründen des Wettbewerb). Die Mitgliedsstaaten sind angehalten, zu überprüfen, wie die Benannten Stellen diese Empfehlung umsetzen und dies insbesondere bei der Entscheidung über die Verlängerung ihrer Benennung zu berücksichtigen.

8. *Fazit*

Mit der detaillierten Ausgestaltung der Marktaufsicht wurden die Voraussetzungen für einen umfassenden Schutz der Sicherheit und Gesundheit von Patienten, Anwendern und Dritten geschaffen. Zur Erreichung dieser Sicherheit werden den für die Marktaufsicht zuständigen Behörden weitreichende Instrumentarien an Eingriffsbefugnissen an die Hand gegeben, welche es ihnen ermöglichen, umfassende staatliche Maßnahmen zur Abwehr drohender Gefahren vorzunehmen.

Ist ein Medizinprodukt einmal zugelassen und befindet sich inzwischen auf dem Markt, so unterliegt es der ständigen Überwachung, die sich aus ergänzenden und ineinandergreifenden Mechanismen zusammensetzt. Die Überwachung wird von einem ausdifferenzierten Risikomanagement-System begleitet, dessen Ziel es ist, bereits im Vorfeld Gefahren für gesetzliche Schutzgüter auf ein Minimum zu reduzieren.

---

831 Vgl. etwa Frenz, Handbuch Europarecht Band 6, S. 10, Rn. 28; So auch ausdrücklich die Empfehlung L 253/27 selbst auf S. 28, Punkt 1. Wo es heißt: „Diese Empfehlung schafft keine neuen Rechte und Pflichten."

VI. Abgrenzung/Einbindung der Benannten Stellen in die Marktaufsicht und Überwachung

Die Benannten Stellen sind nicht dafür zuständig, Produkte zu überwachen, die das Verfahren der Konformitätsbewertung erfolgreich durchlaufen haben und bereits auf dem Markt sind.[832] Ihnen stehen in dieser Hinsicht auch keine Befugnisse gegenüber den Herstellern zu. Ist ein Produkt einmal auf den Markt, so wird die Überwachung ausschließlich von staatlichen Behörden der Mitgliedsstaaten vorgenommen.[833] Diese Tätigkeit von staatlichen Behörden bezeichnet die Kommission als „Marktaufsicht".[834] Die Marktaufsicht soll nicht an Benannten Stellen delegiert werden.[835] Hingegen dürfen Marktaufsichtsmaßnahmen in der Regel nicht in der Entwurfs- und Produktionsphase stattfinden.[836] Den Benannten Stellen obliegt jedoch im Rahmen der Marktsaufsicht die Pflicht, die von ihnen zertifizierten Qualitätssicherungssysteme beim Hersteller zu überwachen und möglicherweise Maßnahmen nach § 18 MPG zu treffen.[837] Damit nimmt die Benannte Stelle neben ihren Prüfungs- und Bewertungsaufgaben partiell auch Überwachungsaufgaben wahr. Daraus ist ersichtlich, dass die Überwachungspflichten und -aufgaben zwischen den staatlichen Behörden und den Benannten Stellen aufgeteilt sind. Sie arbeiten dennoch Hand in Hand. Die Zertifizierung eines Medizinprodukts durch eine Benannte Stelle und die damit im Anschluss einhergehende Überwachung durch diese, lässt sich nicht immer von der den Behörden obliegenden Überwachung trennen.[838] Die Benannten Stellen arbeiten mit den zuständigen Behörden zusammen und müssen dies auch, um eine möglichst weitgehende Überwachung zu gewährleisten, auch wenn eine solche Trennung sowohl aus rechtsstaatlicher Sicht geboten wäre[839] als auch von der europäischen Kommission offensichtlich gewollt ist.[840] So sind die Benannten Stellen beispielsweise in die Koordinations- und Informationsmechanismen eingebunden.[841] Auch kommt dies darin zum Ausdruck, dass die Behörden bei der Überwachung nach § 26 MPG berücksichtigen sollen, inwieweit bereits eine Überwachung z.B. durch die Überprüfung des Qualitätsicherungssystems durch eine Benannte Stelle erfolgt ist.[842] Zudem haben die Benannten Stellen keinerlei Befehls- und Zwangsgewalt. Weigert sich ein Hersteller, den Anordnungen einer Benannten Stelle Folge zu leisten, so können die Behörden gemäß § 26 Abs. 2 S. 1

832 Merten, Private Entscheidungsträger, S. 73.
833 Leitfaden der Kommission 2014, S. 96.
834 Leitfaden der Kommission 2014, S. 95.
835 Leitfaden der Kommission 2014, S. 75 und 98.
836 Leitfaden der Kommission 2014, S. 96.
837 Siehe hierzu in diesem Kapitel D. II.
838 Kage, Das Medizinproduktegesetz, S. 191.
839 Kage, Das Medizinproduktegesetz, S. 191.
840 Leitfaden der Kommission 2014, S. 75 und 98.
841 Vgl. in diesem Kapitel F. IV.
842 Vgl. in diesem Kapitel F. V. 4.

MPG gegebenenfalls den Zutritt zu Einrichtungen des Herstellers erzwingen. Damit ergänzen sie die Befugnisse der Benannten Stellen.[843]

VII. Fazit für die rechtliche Einordnung der Benannten Stellen

Die Marktaufsicht und die Konformitätsbewertung sind auf ein gemeinsames Schutzziel hin ausgelegt. Sie sollen den umfassenden Schutz der Sicherheit und Gesundheit von Patienten, Anwendern und Dritten im Bereich der Medizinprodukte sicherstellen. Diese Sicherheit wird auch im Rahmen der Überwachung durch die Benannten Stellen erreicht. Dabei fügen sich die den nationalen staatlichen Behörden und die den Benannten Stellen zur Verfügung stehenden Befugnisse in ergänzenden und ineinandergreifenden Mechanismen zusammen.

Die Zertifizierung eines Medizinproduktes nach dem Medizinproduktegesetz lässt sich von der grundsätzlich staatlichen Einrichtungen obliegenden Überwachung nicht gänzlich trennen. Ähnlich wie die voneinander getrennten Verfahren der präventiven Konformitätsbewertung unter der Regie der Benannten Stellen und die weitestgehend den mitgliedsstaatlichen Behörden obliegende Marktüberwachung durch die Informationssysteme zu einem übergeordneten einheitlichen Schutzkonzept verknüpft werden, so ist die Benannte Stelle in das staatlich Überwachungssystem für Medizinprodukte eingegliedert. Die Marktaufsichtsbehörden handeln im Rahmen der Überwachung hoheitlich. Diese Verstrickung und das Zusammenspiel der Benannten Stellen mit den Marktaufsichtsbehörden zur Erreichung der Sicherheit und Gesundheit, rechtfertigen die Annahme, dass die Tätigkeiten der Benannten Stellen im Rahmen der Zertifizierung grundsätzlich als eine hoheitliche Aufgabenwahrnehmung anzusehen sind.[844] Diese Ansicht wird gestützt, wenn man die Entwicklung der Überwachung im Medizinprodukterecht und die Übertragung von Aufgaben in diesem Rahmen auf die Benannten Stellen betrachtet. Früher war die gesamte Überwachung den Landesbehörden zugewiesen.[845] Die Benannten Stellen ersetzen also mit den ihnen im Rahmen der Konformitätsbewertung übertragenen Überwachungsaufgaben teilweise die hierfür früher zuständigen Landesbehörden.[846] Sie nehmen also Aufgaben wahr, die ursprünglich durch Institutionen des Staates wahrgenommen wurden.[847]

Weiter hat der Entzug der CE-Kennzeichnung durch eine Benannte Stelle im Ergebnis dieselbe Wirkung wie ein Verbot des Inverkehrbringens durch eine

843 Merten, Private Entscheidungsträger, S. 166.

844 Vgl. auch Kage, Das Medizinproduktegesetz, S. 191, der dennoch im Ergebnis eine andere Auffassung vertritt.

845 Vgl. Bachmann, Das grüne Gehirn, Band I, C 5, S. 5.

846 Vgl. amtliche Begründung zum Medizinproduktegesetz:, abgedruckt bei Kage, Das Medizinproduktegesetz, S. 191: *„Die Zuständigkeit für die Überwachung des Verkehrs mit Medizinprodukten durch die Behörden der Länder tritt gegenüber den Zuständigkeiten der Benannten Stellen gemäß des Medizinproduktegesetzes zurück."*

847 Stober, Allgemeines Wirtschaftsverwaltungsrecht, S. 376 f.

Überwachungsbehörde. In beiden Fällen kann der Hersteller sein Produkt vorerst, möglicherweise sogar endgültig, nicht mehr innerhalb der EU vertreiben. Ob nun eine Behörde oder eine Benannte Stelle Maßnahmen erlässt, ist den Herstellern in der Regel gleichgültig, da sie dieselbe negative Auswirkung auf ihre Vertriebsmöglichkeiten haben. Auch aus diesem Grund sind die Maßnahmen der Benannten Stellen, wie die der Behörden, als hoheitliche einzustufen.

Dass auch diese Verstrickung und das Zusammenspiel der Benannten Stellen mit den Marktaufsichtsbehörden zur Erreichung der Sicherheit von Medizinprodukten und Gesundheit der Patienten darauf hindeuten, dass die Tätigkeiten der Benannten Stellen im Rahmen der Zertifizierung als eine hoheitliche Aufgabenwahrnehmung ausgestaltet wurden, zeigt auch die bereits angesprochene Rechtsprechung[848] zur Qualifizierung der Tätigkeit von anderen sachverständigen Prüfern. So ist eines der dort angeführten Abgrenzungskriterien von hoheitlichen zu privatrechtlichen Tätigkeiten, der Zusammenhang mit behördlichen Entscheidungen.

G. Expertise der Rechtsprechung

Nachdem nunmehr auch das System der Marktaufsicht von Medizinprodukten und der Einbindung der Benannten Stellen in dieses dargestellt wurde, womit nun alle Tätigkeiten der Benannten Stellen hinsichtlich der Zertifizierung und Überwachung aufgezeigt sind, soll sich im Folgenden damit auseinandergesetzt werden, wie die Rechtsprechung in ähnlich gelagerten Fällen entschieden hat und inwieweit in diesem Zusammenhang Kriterien der Abgrenzung von hoheitlichen und rein privatrechtlichen Tätigkeiten Privater bei der Übernahme öffentlicher Aufgaben entwickelt worden sind.

Im Fall des PIP-Skandals wurde die Zertifizierung vom TÜV-Rheinland AG durchgeführt. Der TÜV-Rheinland war und ist eine Benannte Stelle für die Konformitätsbewertung von Medizinprodukten. Es drängt sich also auf, die Tätigkeit des TÜV in diesem Falle mit anderen Tätigkeiten des TÜV und deren rechtlicher Einordnung zu vergleichen. Der TÜV stellt, wie jedes andere Labor oder Unternehmen, das im Bereich des Medizinprodukterechts Zertifizierungen vornimmt, eine privatrechtlich organisierte Einrichtung dar. Das könnte sich auf die rechtliche Einordnung aller privatrechtlich organisierten Zertifizierungsstellen übertragen lassen.

Mit diesem Argument stützt sich beispielsweise von *v. Czettritz* auf die Rechtsprechung zur Versagung der Prüfplakette bei Kraftfahrzeugen durch den TÜV.[849] Seiner Ansicht nach sei bei Durchsicht der Rechtsprechung zur Vergabe der TÜV-Prüfplakette bei Kraftfahrzeugen festzustellen, dass die dort von den Gerichten genannten Kriterien für eine rechtliche Einordnung des TÜV-Sachverständigen

848 Siehe bspw. in diesem Kapitel unter A. II. 2. und 3.

849 von Czettritz, in: Anhalt/Dieners, Hdb. des Medizinprodukterechts, § 15, Rn. 12; a.A. Hill/Schmitt, WiKo, § 3, Rn. 90.

innerhalb der StVZO auch auf die Tätigkeiten der Benannten Stellen im Rahmen des MPG zutreffen.[850] Die Tätigkeit des TÜV als Benannte Stelle sei praktisch deckungsgleich mit der des TÜV als Beliehenem.[851] Das eine Mal erfolgt die Übertragung der Aufgaben in Form einer Beleihung, das andere Mal in Form einer Akkreditierung. Es handele sich dabei nur um sprachliche aber nicht um inhaltliche Unterschiede, die für die rechtlich Einordnung ohne Bedeutung sein dürften.[852]

Die Auffassung von *v. Czettritz* ist, auch wenn ihr genauer Anknüpfungspunkt nicht völlig klar ist, grundsätzlich nicht fernliegend.[853] So sollen keine verkehrsuntüchtigen Fahrzeuge auf die Straßen gelangen. Die Voraussetzung der Erteilung einer Betriebserlaubnis eines Kfz dient dem Schutz des Straßenverkehrs und der Verhinderung von Unfällen. Und damit auch dem Schutz jedes einzelnen nicht nur vor Vermögensschäden, sondern insbesondere auch von Leben und Gesundheit. Die Pflicht zur Zertifizierung soll entsprechend dem Sinn einer Betriebserlaubnis für Kraftfahrzeuge verhindern, dass fehlerhafte oder wirkungslose Medizinprodukte auf den Markt gelangen. Es klingt auch überzeugend, dass der TÜV, wenn er schon im Rahmen der Untersuchungen von Kraftfahrzeugen hoheitlich handelt, doch erst Recht bei der Zertifizierung von Medizinprodukten hoheitlich handeln müsse, da von diesen zumeist unmittelbare Gefahren für die Gesundheit eines Menschen ausgehen können, wenn sie fehlerhaft sind.

Die Aussage, dass die genannten Kriterien für eine rechtliche Einordnung des TÜV-Sachverständigen innerhalb der StVZO auch auf die Tätigkeiten der Benannten Stellen im Rahmen des MPG zutreffen, soll daher im Folgenden überprüft werden. Die dabei wohl wichtigste, wenn auch bereits ältere, aber erste wegweisende

850 von Czettritz macht hierzu jedoch leider keine weiteren Ausführungen, wie er zu diesem Schluss kommt. Er führt lediglich einige Quellen aus Rechtsprechung und Literatur in einer Fußnote auf.

851 von Czettritz, in: Anhalt/Dieners, Hdb. des Medizinprodukterechts, § 15, Rn.14.

852 von Czettritz, in: Anhalt/Dieners, Hdb. des Medizinprodukterechts, § 15, Rn. 14.

853 Von Czettritz führt die Versagung der Prüfplakette als Beispiel an, belegt dies aber dann in einer Fußnote mit der Rechtsprechung zur Erteilung einer Betriebserlaubnis und dem dazu erforderlichen Gutachten eines TÜV-Sachverständigen. Es ist also nicht klar, welche Tätigkeit eines TÜV-Sachverständigen, die Versagung der Prüfplakette oder ein negatives Gutachten für eine Betriebserlaubnis, er genau meint. Die Versagung einer Prüfplakette und die Ausstellung eines negativen Gutachtens für die Erteilung einer Betriebserlaubnis sind zu unterscheiden. Die Bescheinigungen nach § 21 StVZO dienen als Beurteilungsgrundlage einer anschließenden behördlichen Entscheidung, während die Tätigkeit des Sachverständigen im Zusammenhang mit § 29 StVZO über eine rein begutachtende Tätigkeit hinausgeht. Im Falle des § 29 StVZO entscheidet der Sachverständige selbst und bescheinigt, ohne, dass es einer weiteren behördlichen Entscheidung bedarf, über die Vorschriftsmäßigkeit des Kfz. Es werden jedoch beide Tätigkeiten von der Rechtsprechung als Ausübung hoheitlicher Befugnisse eingeordnet.

Entscheidung in diesem Zusammenhang ist die des BGH aus dem Jahre 1967.[854] Auf diese Entscheidung wird auch in allen weiteren gerichtlichen Entscheidungen zur rechtlichen Einordnung der Tätigkeit eines TÜV-Sachverständigen im Zusammenhang mit der Bescheinigung für eine Betriebserlaubnis und der Vergabe der Prüfplakette bei Kraftfahrzeugen bei der Hauptuntersuchung verwiesen.[855] Nachdem der BGH zwar erkannt hatte, dass es weder eindeutig noch unumstritten ist,[856] ob die amtlich anerkannten Sachverständigen für den Kraftfahrzeugverkehr oder auch die technischen Überwachungsvereine, die auf Grund privatrechtlicher Verträge mit den Antragstellern tätig werden, hoheitliche Verwaltungstätigkeiten ausüben oder ob die Begutachtung ein rein privater Akt ist, ließ er dennoch auf eine eindeutige Entscheidung warten. So hat der BGH diese Frage in seiner Rechtstrechung bis zum Urteil vom 30.11.1967 – VII ZR 34/65 offen gelassen.[857] Hier jedoch sprach sich der BGH eindeutig dafür aus, dass der amtlich anerkannte Sachverständige für den Kraftfahrzeugverkehr bei der ihm durch die StVZO übertragenen Tätigkeiten, in diesem Falle der Erteilung einer Einzelbetriebserlaubnis gemäß § 21 StVZO, hoheitliche Befugnisse ausübe.

Im Ergebnis beruhen alle auf dieses Urteil folgenden Entscheidungen zur rechtlichen Einordnung der Tätigkeiten Privater, wenn es um die Frage hoheitlichen oder privatrechtlichen Handelns ging, auf denselben Argumenten wie in diesem Urteil.[858] Die Rechtsprechung zur Prüftätigkeit des TÜV nach der StVZO ist jedoch nicht die einzige, welcher sich Hinweise für eine Einstufung der Tätigkeiten der Benannten Stellen nach dem MPG entnehmen lassen. Für eine Gewinnung von relevanten Kriterien zur Einordnung der Zertifizierung kann auch die Rechtsprechung zur Qualifizierung der Tätigkeit von anderen sachverständigen Prüfern herangezogen werden. Im Folgenden sind diese Entscheidungen einer Expertise zu unterziehen, um weitere Hinweise für die Einstufung der Tätigkeiten Benannter Stellen nach dem Medizinproduktegesetz zu finden.

---

854 BGH, NJW 1968, S. 443 ff.

855 Siehe etwa OLG Köln NJW 1989, S. 2065 f.; OLG Braunschweig, NJW 1990, S. 2629 f.; OLG Karlsruhe, NJW-RR 2012, S. 661 ff.

856 In der Literatur wurde zu diesem Zeitpunkt vielfach vertreten, der TÜV handele im privatrechtlichen Bereich vgl. beispielhaft unter anderem Wolff, VerwR II, § 104 I b); Forsthoff, VerwR, S. 458; Zur Gegenansicht, die schon damals hoheitliches Handeln annahm vgl. beispielhaft Huber, Wirtschaftsverwaltungsrecht, S. 800 f.; Eine Übersicht der beiden unterschiedlichen Ansichten und derer Argumente findet sich bei Maurer, Aufgaben, Rechtsstellung und Haftung der technischen Überwachungsvereine, S. 63 ff.

857 Vgl. beispielhaft BGH, NJW 1955, S. 1316; In BGH, NJW 1957, S. 1927, spricht der BGH zwar beiläufig davon, dass der TÜV „öffentlich-rechtliche Kompetenzen" wahrnimmt, lässt jedoch auch hier die eigentliche Frage unentschieden.

858 Vgl. hierzu unter anderem BGH, NJW 1978, S. 458 ff.; OLG Köln NJW 1989, S. 2065 f.; OLG Braunschweig, NJW 1990, S. 2629 f.; OLG Karlsruhe, NJW-RR 2012, S. 661 ff.

Zunächst sind dabei die als erheblich angesehenen Kriterien herauszuarbeiten, um diese im Anschluss daran auf die Tätigkeiten der Benannten Stellen nach dem MPG zu übertragen.

Um die Annahme oder Ablehnung eines hoheitlichen Handelns zu begründen, haben sich in der Rechtsprechung zwei Ansätze herausgebildet. Der eine stellt darauf ab, ob und ich welchem Umfang der Staat Einfluss auf das Handeln des Privaten nimmt. Hierbei wird insbesondere darauf abgestellt, inwieweit deren Tätigkeit durch öffentlich-rechtliche Vorschriften geregelt ist. Der andere Ansatzpunkt ist der Zusammenhang der Tätigkeiten des Privaten mit einer behördlichen Entscheidung.

I. Staatlicher Einfluss auf das Handeln des Privaten

Das BVerwG verneint die Ausübung hoheitlicher Gewalt, wenn eine öffentlich-rechtliche Regelung fehlt, die den Maßstab der sachverständigen Begutachtung festsetzt und diese in Folge dessen lediglich auf privatrechtlicher Grundlage beruht.[859] Auch der BGH und das BVerfG sehen es als ein Indiz für die Ausübung hoheitlicher Gewalt an, wenn die Tätigkeit eines Sachverständigen durch öffentlich rechtliche Vorschriften geprägt ist, so dass von der privatrechtlichen Selbstständigkeit des Privaten kaum noch etwas übrig bleibt.[860] In diesem Punkt liegt die Rechtsprechung also auf einer Linie.[861]

Nach den vorgenannten Urteilen spricht für die öffentlich-rechtliche Einordnung der Tätigkeiten der Benannten Stellen, dass ihr Handeln seine rechtliche Grundlage im MPG und der MPV und somit in öffentlich-rechtlichen Normen findet.[862] Das MPG und die MPV sind ihrem Regelungszweck nach dem öffentlichen Sicherheitsrecht zuzuordnen. Ziel ist die Sicherheit von Medizinprodukten und damit der Schutz vor Gefahren für Patienten, Anwender und Dritte.

Diese öffentlich-rechtlichen Normen legen zudem den Ablauf und den Maßstab der Prüftätigkeiten präzise fest. Die Zertifizierung ist also nicht auf privatrechtlicher

859 BVerwG, NJW 1981, S. 2482, 2483.

860 BVerfG, NJW 1987, S. 2501, 2502; BGHZ 49, 108, 112; OLG Schleswig, NJW 1996, S. 1218, 1219.

861 Anders stellt sich dies bei der Voraussetzung der *staatlichen Anerkennung* eines Sachverständigen dar. Verschiedene Entscheidungen zu den Kfz-Sachverständigen sehen bereits in dem Umstand dass der Sachverständige seine Tätigkeit lediglich auf Grundlage einer staatlichen Anerkennung ausüben kann einen staatlichen Einfluss auf das Handeln des Privaten und damit bereits ein Indiz für eine Beleihung dar (vgl. etwa BGHZ 49, 108, 113; OLG Köln, NJW 1989, S. 2065, 2065; OLG Schleswig, NJW, S. 1218, 1219). Dem widerspricht jedoch das Bundesverwaltungsgericht in seiner Entscheidung zu Pferdezüchtervereinigungen. Danach soll dem Erfordernis einer staatlichen Anerkennung alleine keine entscheidende Bedeutung zukommen (BVerwG, NJW 1981, S. 2482, 2482).

862 So argumentierend auch: von Czettritz, in: Anhalt/Dieners, Hdb. des Medizinprodukterechts, § 15, Rn. 8.

Grundlage frei verhandelbar. Lediglich die Module können teilweise gewählt werden, wobei jedes einzelne Modul wiederum konzentriert festgelegte Anforderungen an den Prüfungsmaßstab enthält. Die Vorschriften zur Zertifizierung sind auch so ausgeprägt, dass nicht lediglich ein Rahmen für die Tätigkeit der Benannten Stellen geschaffen wird, sondern dass den Benannten Stellen kaum ein Spielraum bei deren Tätigkeiten bleibt.[863] So haben sie bei der Zertifizierung gar keinen Ermessensspielraum und hinsichtlich eines Entzuges oder einer Einschränkung der Zertifizierung lediglich ein geringes Auswahlermessen.[864] Auch haben sie bei jeder Maßnahme nach § 18 Abs. 1 MPG den Grundsatz der Verhältnismäßigkeit zu beachten.[865] Von einer privatrechtlichen Selbständigkeit kann also nicht die Rede sein. Die im Zivilrecht geltende Privatautonomie als ein grundsätzlich hohes rechtliches Gut, welches auch verfassungsrechtlich gewährleistet wird,[866] besteht lediglich in der Hinsicht fort, dass die Benannten Stellen einen Zertifizierungsauftrag nicht annehmen müssen. Nehmen sie einen Auftrag jedoch an, so steht das Prozedere aus den öffentlich-rechtlichen Normen bereits fest. In diesem Punkt spricht also einiges für ein hoheitliches Handeln.

II. Zusammenhang mit behördlicher Entscheidung

Das Kriterium des Zusammenhangs mit einer behördlichen Entscheidung zieht sich seit der Entscheidung des BGH zu Rechtsstellung des TÜV aus 1967 wie ein roter Faden durch die Rechtsprechung.[867] Die Rechtsprechung ist zu Recht der Ansicht, dass es für eine rechtliche Einordnung nicht darauf ankommen dürfe, in welcher Rechtsform der Private organisiert ist.[868] Entscheidend sei auf die Art und die Bedeutung der Tätigkeit des Sachverständigen abzustellen. Somit wird in den Fällen, in denen sachverständige Begutachtungen im Vorfeld einer obrigkeitlichen behördlichen Entscheidung vorgenommen werden, die Annahme einer Beleihung mit dem engen Zusammenhang zwischen privater und behördlicher Tätigkeit begründet. Erforderlich ist hierbei nicht, dass die im Anschluss handelnde Behörde rechtlich an die Beurteilung des Sachverständigen gebunden ist. Es genügt, dass der Sachverständige faktisch die Entscheidung der Behörde fällt und sich die Tätigkeit des Privaten somit als *„Bestandteil der von der Verwaltungsbehörde ausgeübten und sich in ihrem Verwaltungsakt niederschlagenden hoheitlichen Tätigkeit"*

---

863 In solchen Fällen auch eine Beleihung annehmend, Bieback, Zertifizierung und Akkreditierung, S. 235 f.

864 Vgl. hierzu in diesem Kapitel D. II.

865 Vgl. hierzu in diesem Kapitel B. III. 1. d).

866 BVerfGE 70, 115, 123; BVerfGE 72, 155, 170; Canaris, JZ 1987, S. 993, 994.

867 BGH, NJW 1968, S. 443, 444; BGH, NJW 1993, S. 1784, 1784; OLG Köln, NJW 1989, S. 2065, 2065; VGH Mannheim, NVwZ 1994, S. 1135, 1136.

868 Vgl. hierzu bereits im 3. Kapitel B. III. 6.

darstellt und daher ebenfalls als eine solche zu qualifizieren sei.[869] Der Private muss also die behördliche Tätigkeit entscheidend vorprägen und sich somit quasi als deren Bestandteil darstellen.[870]

Diese Argumentation der Rechtsprechung sei kurz anhand der Qualifizierung der Prüftätigkeiten eines TÜV-Sachverständigen nach der StVZO dargestellt.[871] Zur Sicherung des Verkehrs sei in der StVZO die Erteilung von verschiedenartigen Erlaubnissen geregelt, so der Fahrerlaubnis für den Kraftfahrer und der Betriebserlaubnis für ein Kraftfahrzeug. Erteilt werden diese Erlaubnisse von einer Verwaltungsbehörde durch Verwaltungsakt. In diese Tätigkeit der Verwaltungsbehörde sei ein amtlich anerkannter Sachverständiger maßgeblich eingebunden. Zwar erlasse der Sachverständige nicht selbst Verwaltungsakte, er nehme aber Prüfungen vor und erstatte Gutachten, die als bedeutsamer Teil der dem Staat obliegenden Überwachung des Kraftfahrzeugverkehrs und damit als staatliche Verwaltungstätigkeit selbst erscheinen. Zwar erteile und versage der Sachverständige die Erlaubnis nicht selbst. Wenn er jedoch sein Gutachten erstattet, Prüfungen vornimmt, seine Bescheinigung ausstellt oder ihre Ausstellung ablehnt (vgl. z.B. §§ 10 Abs. 1, 19 Abs. 2, 20 Abs. 2, 21 Satz 3 StVZO), so sei die Entscheidung hierüber doch praktisch gefallen, ob eine Betriebserlaubnis erteilt werde. Stellt der Sachverständige beispielsweise die zur Erteilung einer Betriebserlaubnis für Einzelfahrzeuge nach § 21 S. 3 StVZO geforderte Bescheinigung nicht aus, so könne der Hersteller des Fahrzeugs keine Betriebserlaubnis bei der Zulassungsstelle erhalten. Die Gutachter- und Prüfertätigkeit des Sachverständigen hänge danach mit der Erteilung der Erlaubnis durch die Verwaltungsbehörde aufs engste zusammen und bilde geradezu einen Bestandteil der von der Verwaltungsbehörde ausgeübten und in ihrem Verwaltungsakt sich niederschlagenden hoheitlichen Tätigkeit. Dies rechtfertige die Einordnung der Tätigkeit des Sachverständigen als eine hoheitliche.

869 BGH, NJW 1968, S. 443, 444; OLG Köln, NJW 1989, S. 2065, 2065.

870 Bieback, Zertifizierung und Akkreditierung, S. 237; Kämmerer, Die Umsetzung des Umwelt-Audit-Rechts, S. 44, der sogar noch weitergehender für eine Beleihung ausreichen lässt, dass das Handeln des Privaten in seiner praktischen Auswirkung in eine nachfolgende Verwaltungsentscheidung einfließt und deren Ergebnis beeinflusst. Enger hier Steiner, Öffentliche Verwaltung durch Private, S. 131 f., der eine Beleihung nur annehmen möchte, wenn das Urteil des Sachverständigen die Verwaltung auch bindet und es nicht ausreichen lassen möchte, wenn ein Gutachten die staatliche Entscheidung nur faktisch bestimmt.

871 BGH, NJW 1968, S. 443 ff.; BGH, NVwZ-RR, S. 543 ff; OLG Köln NJW 1989, S. 2065 f.; OLG Braunschweig, NJW 1990, S. 2629 f.; OLG Karlsruhe, NJW-RR 2012, S. 661 ff.

• *Anmerkung*

Der Rechtsprechung stellt damit auf ein Kriterium ab, das sich als „Funktionszusammenhang" bezeichnen lässt.[872] *Somit führt sie einen Gedanken aus der Abgrenzung zwischen öffentlichem und privatem Recht ein, der bereits an anderer Stelle zum Tragen kommt. Bei der Tätigkeit von öffentlich-rechtlich verfassten Einheiten selbst, das heißt durch ihre eigenen Organe und deren Amtswalter, stellt die herrschende Lehre bei der Zuordnung von tatsächlichem Handeln, beispielsweise von Erklärungen und Auskünften, auf den „normativen Zusammenhang" ab, um dieses Handeln dem Öffentlichen Recht oder ausnahmsweise dem Privatrecht zuzuordnen (sogenannte „Sachzusammenhangstheorie"*[873] *oder „Geprägetheorie"*[874]*).*[875] *Zu unterscheiden ist dabei zwischen normgeleiteten und nicht normgeleiteten Realakten.*[876] *Finden Realakte in der Vollziehung von öffentlich-rechtlichen Normen statt, so ist die Handlung selbst ebenfalls öffentlich-rechtlich einzuordnen. Nicht normgeleitete Realakte sind stets als öffentlich-rechtlich zu qualifizieren, wenn sie nicht ausnahmsweise in einem „engen Zusammenhang mit einem dem Privatrecht zuzuordnenden Tätigwerden stehen".*[877] *Dieser Grundgedanke, dass es bei der Zuordnung rein tatsächlichen Handelns zum Öffentlichen Recht auf den Zusammenhang mit öffentlich-rechtlichen Normen ankommt, wird also von der zivilrechtlichen Rechtsprechung auf die Abgrenzung zwischen einer Beleihung und solchen Formen der Indienstnahme Privater, die nicht mit eindeutig zu qualifizierenden Übertragung von Hoheitsgewalt verbunden sind, übertragen.*[878] *Wie in der obigen Beschreibung der Entscheidung zu sehen, argumentiert der BGH mit dem engen Zusammenhang einer von einer Behörde auszuführenden – zweifelsfrei öffentlich-rechtlichen – Tätigkeit und der dem TÜV übertragenen Aufgabe.*

Eine Entscheidung des BGH zum Tätigwerden eines TÜV-Sachverständigen im Rahmen eines immissionsschutzrechtlichen Genehmigungsverfahrens geht sogar noch ein Stück weiter. Danach soll es ausreichen, wenn das Handeln des Sachverständigen sich als erster Teilschritt eines mehrstufigen, bei wertender Betrachtung jedoch einheitlich zu beurteilenden öffentlich-rechtlichen Genehmigungsverfahrens darstelle.[879] Das Bundesverwaltungsgericht kommt diesbezüglich jedoch zu einer abweichenden Einschätzung. Es ist der Ansicht, dass eine Übertragung hoheitlicher Befugnisse nicht alleine deshalb angenommen werden könne, weil eine

872 Klement, VerwArch 2010, S. 112, 125; Der Begriff des „Funktionszusammenhangs" stammt aus der Rechtsprechung des BVerwG zur Abgrenzung von hoheitlicher und nicht-hoheitlicher Tätigkeit bei einem Eigenhandeln der unmittelbaren Staatsverwaltung (vgl. BVerwG, DÖV 1970, S. 489, 490).

873 Burgi in: Hoffmann-Riem/Schmidt-Aßmann/Voßkuhle, VerwR Band I, § 18, Rn. 26.

874 Bonk in: Sachs, GG, Art. 34, Rn. 58.

875 Klement, VerwArch, 2010, S. 112, 125.

876 Klement, VerwArch, 2010, S. 112, 125.

877 Burgi in: Hoffmann-Riem/Schmidt-Aßmann/Voßkuhle, VerwR Band I, § 18, Rn. 26.

878 Klement, VerwArch, 2010, S. 112, 125 f.

879 BGHZ 122, 85, 92; So auch Kämmerer, Die Umsetzung des Umwelt-Audit-Rechts, S. 44.

Bescheinigung, deren Ausstellung einem Privaten obliegt, eine notwendige Voraussetzung für einen hoheitlichen Akt einer Behörde ist.[880] Dies gelte jedenfalls dann, wenn daneben weitere Voraussetzungen erforderlich sind.[881]

Zusammenfassend lässt sich sagen, dass nach der Rechtsprechung der Zusammenhang mit einer hoheitlichen behördlichen Entscheidung ein Indiz für eine Beleihung eines Privaten ist. Dies gilt jedenfalls dann, wenn der Zusammenhang derart eng ist, dass die Tätigkeit des Privaten eine behördliche Entscheidung quasi vorwegnimmt oder die Tätigkeit in einem derart engen Zusammenhang mit einer öffentlich-rechtlichen Tätigkeit steht, dass sie sich quasi als deren Bestandteil darstellt.[882]

Übertragen wir diese Rechtsprechung nun auf die in Frage stehende Tätigkeit der Benannten Stellen nach dem MPG, so kommt man zu dem Ergebnis, dass auch die Tätigkeiten der Benannten Stelle in einem derart engen Zusammenhang mit behördlichen Entscheidungen stehen, dass diese selbst als hoheitlich einzustufen sind. Dies ist an zwei Punkten ersichtlich. Zunächst nimmt die Zertifizierung eine behördliche Entscheidung vorweg. Zum anderen stehen die Tätigkeiten der Benannten Stellen in einem engen Zusammenhang mit der behördlichen repressiven Marktaufsicht, so dass sie sich quasi als deren Bestandteil darstellen.

In der nachträglichen Überwachung zertifizierter Produkte durch die Behörden beziehungsweise (wegen des erforderlichen Schutzklauselverfahrens) durch die Kommission kann die dauerhafte Marktzulassung wieder aufgehoben werden. Damit bestimmt am Ende trotz der Marktzulassung durch die Zertifizierung einer Benannten Stelle weiterhin eine behördliche Entscheidung über die endgültige Verkehrsfähigkeit eines Medizinprodukts. Die Zertifizierung nimmt diese behördliche Entscheidung der Marktzulassung zunächst vorweg. Sie entscheidet über den Marktzugang und dies genügt vorerst, um ein Produkt vertreiben zu dürfen. Weitere Voraussetzungen sind nicht erforderlich. Sobald die Entscheidung über die Zertifizierung gefallen ist und auf Grundlage dessen eine CE-Kennzeichnung angebracht wird, dürfen die Behörden weder präventive noch repressive systematische Kontrollen vornehmen.[883] Entzieht die Benannte Stelle das Zertifikat, so stehen den Behörden im Umkehrschluss wieder alle Befugnisse im Rahmen der Kontrollen zu. Daher steht die Zertifizierung in einem überaus engen Zusammenhang mit behördlichen Entscheidungen. Dies zeigt sich auch darin, dass eine Einschränkung, Aussetzung oder Zurückziehung der Zertifizierung durch eine Benannte Stelle nach § 18 MPG[884] im Ergebnis die gleiche Wirkung wie beispielsweise eine behördliche Maßnahme nach § 26 MPG im Rahmen der Marktüberwachung hat, nämlich die Einschränkung

880 BVerwG, NJW 1981, S. 2482, 2483.
881 BVerwG, NJW 1981, S. 2482, 2483.
882 So auch Bieback, Zertifizierung und Akkreditierung, S. 237.
883 Vgl. hierzu im 2. Kapitel A. VI. 1. und in diesem Kapitel F. VI.
884 Vgl. hierzu in diesem Kapitel D. II.

oder den Wegfall der Verkehrsfähigkeit eines Medizinprodukte.[885] Weiter fällen die Entscheidungen Benannter Stellen über die Zertifizierung und damit der Anbringung des CE-Kennzeichens das Urteil über behördliche Maßnahmen nach §§ 26 und 27 MPG hinsichtlich der unrechtmäßigen Anbringung einer CE-Kennzeichnung.

Ruft man sich in Erinnerung, dass die Zertifizierung nicht nur lediglich die Vorbereitung einer behördlichen Entscheidung darstellt, sondern eine selbstständige, die Konformitätsbewertung abschließende Entscheidung ist, könnte man an diesem Punkt argumentieren, dass ein enger Zusammenhang, wie bei einem gutachterlichen Urteil des TÜV zur Betriebserlaubnis eines Kraftfahrzeugs, bei den Benannten Stellen nach dem MPG und einer behördlichen Entscheidung nicht vorliege.[886] Die Prüfungen der Benannten Stellen ist hier kein Teilschritt zur Zertifizierung, sondern die Zertifizierung selbst. In diesem Punkt unterscheidet sich die Tätigkeit einer Benannten Stelle von der eines TÜV Sachverständigen bei der Erteilung einer Betriebserlaubnis. Die Benannte Stelle entscheidet selbst darüber, ob ein Medizinprodukt zertifiziert wird und somit auf den europäischen Markt gelangen kann. Sie erstattet nicht lediglich ein Gutachten. Die Benannte Stelle ist also im Grunde nicht im oben genannten Sinne in ein Verwaltungsverfahren eingebunden. Geht man jedoch, wie der Bundesgerichtshof, davon aus, dass mit der Verteilung beziehungsweise Verweigerung des Gutachtens die Entscheidung über die Betriebserlaubnis bereits gefallen ist, so ist die Situation im Ergebnis praktisch dieselbe. Der einzige Unterschied ist, dass die Benannte Stelle die Zertifzierung selbst vornimmt und direkt über den Marktzugang entscheidet, ohne dass noch eine Behörde zwischengeschaltet ist. Der Benannten Stelle kommen also im Endeffekt weiter reichende Befugnisse als den TÜV Sachverständigen zu, welche damit erst Recht als hoheitlich einzuordnen sein dürften. Sie kann darüber hinaus die Zertifizierung wieder entziehen, was der TÜV Sachverständige nicht ohne weiteres kann. Die Zertifizierung einer Benannten Stelle steht also nicht nur im engen Zusammenhang mit einer von einer Behörde auszuführenden Tätigkeit, sondern ersetzt diese. Diese Ansicht wird durch eine neuere Rechtsprechung des BGH zur rechtlichen Einordnung von als Verifizierer tätigen sachverständigen Personen oder Stellen nach dem Treibhausgas-Emmissionshandelsgesetz (TEHG) gestützt.[887] Bis zu diesem Urteil war es in der Kommentarliteratur umstritten, ob der Verifizierer lediglich privatrechtliche Beziehungen zum Anlagenbetreiber hatte[888] oder ob die Tätigkeit des Sachverständigen als öffentlich rechtliche zu qualifizieren war.[889] Diese Entscheidung knüpft an die bereits im Urteil aus dem Jahre 1967[890] festgelegten Kriterien an. Auch hinsichtlich der Verifizierer nach dem Treibhausgas-Emmissionshandelsgesetz (TEHG) stellt

885 Vgl. dazu in diesem Kapitel F. V. 5.
886 So Bieback, Zertifizierung und Akkreditierung, S. 239.
887 BGH, NVwZ 2012, S. 381 ff.
888 *Frenz*, EmissionshandelsR, § 10 TEHG Rn. 11.
889 Schweer/v. Hammerstein, TEHG, § 10 Rn. 20ff.
890 BGH, NJW 1968, S. 443 ff.

der Senat auf die Einbindung in ein Verwaltungsverfahren ab, um eine hoheitliche Tätigkeit zu qualifizieren. Er äußerte jedoch ergänzend hierzu, dass „*es der Wahrnehmung eines öffentlichen Amts auch nicht entgegen stehe, wenn dem Umweltbundesamt eigene Prüfungskompetenz und die Letztentscheidung verbleiben*".[891] Hieraus lässt sich schließen, dass man es erst Recht mit der Ausübung von hoheitlichem Handeln zu tun hat, wenn der überprüfenden Stelle auch die Letztentscheidung obliegt.[892]

Selbst wen man der hier vertretenen Ansicht nicht folgen und sich weiter auf das Argument berufen würde, dass die Tätigkeiten eines TÜV-Sachverständigen im Rahmen der Erteilung einer Betriebserlaubnis mit der einer Benannten Stelle im Rahmen der Zertifizierung nicht direkt vergleichbar seien, da sich das Ergebnis ihrer Ausführung auf Grund der „Zwischenschaltung" einer Verwaltungsbehörde nicht hundertprozentig decken würden, so wird bei Betrachtung des oben beschriebenen Systems der Marktüberwachung, in dem die Überwachungspflichten und -aufgaben zwar zwischen den staatlichen Behörden und den Benannten Stellen aufgeteilt sind, sie jedoch untrennbar Hand in Hand arbeiten, deutlich, dass die Benannten Stellen zumindest hier in die Verwaltungstätigkeit maßgeblich mit eingebunden sind.[893] So sieht es auch die europäische Harmonisierungskonzeption vor, wonach die Benannten Stellen unter anderem das entscheidende Bindeglied zwischen dem Hersteller und den Marktüberwachungsbehörden darstellen, um den Verzicht auf systematische behördliche Präventivkontrollen zu kompensieren.[894]

III. Freiwilligkeit der Einschaltung

In weiteren Entscheidungen hat die Rechtsprechung es zudem als ein Indiz gegen eine hoheitliche Tätigkeit gewertet, wenn die Einschaltung eines privaten Sachverständigen bei der Zuerkennung eines Prüfzeichens freiwillig und nicht im Rahmen einer präventiven Zulassungskontrolle erfolgt.[895] Dies stellte der BGH bereits bei der Frage fest, ob ein Hochschulinstitut, welches vom Bundesminister für Arbeit und Sozialordnung als Prüfstelle für Haushaltsgeräte ernannt worden ist, gegenüber den Herstellern hoheitliche Tätigkeit ausübt, wenn es Prüftätigkeiten nach dem Maschinenschutzgesetz (MaschinenschutzG)[896] wahrnimmt. Der BGH begründete dies damit, dass es den Herstellern selbst überlassen bleibe, ob sie eine Prüfstelle

---

891 Vgl. hierzu auch BayVGH, DÖV 1975, S. 210, 210 wonach die Erteilung bzw. Versagung der Prüfplakette nach § 29 StVZO, welche unmittelbar durch amtlich anerkannte Sachverständige der Technischen Überwachungsvereine versagt oder zugeteilt wird einen Verwaltungsakt darstellt.

892 In diesem Sinne auch schon Steiner, Öffentliche Verwaltung durch Private, S. 130.

893 Vgl. auch in diesem Kapitel F. VI. und VII.

894 Scheel, DVBl. 1999, S. 442, 445; Kage, Das Medizinproduktegesetz, S. 180.

895 BGH, NJW 1978, S. 2548, 2549; OLG Hamm, NVwZ 1990, S. 1105, 1105; OLG München, openJur 2012, 102029.

896 Gesetz über technische Arbeitsmittel (Maschinenschutzgesetz) vom 24.06.1968, BGBl. I, S. 717 ff.

hinzuziehen oder selbstverantwortlich – wenn auch unter dem Vorbehalt behördlicher Aufsichtsmaßnahmen nach den §§ 5 bis 7 des MaschinenschutzG – sicherstellen, dass alle Sicherheitsanforderungen erfüllt werden. Dies gelte trotz der Wirkung des Prüfzeichens, das, soweit nach dem Maschinenschutzgesetz ein Prüfzeichen ausgestellt oder ein Prüfzeichen zugeteilt worden ist, zur Auswirkung hat, dass die zuständige Behörde auf eine nähere Prüfung des technischen Arbeitsmittels auf seine sicherheitstechnische Beschaffenheit verzichten soll (vgl. § 6 Allg. VwVO).

Dies bestätigte sich kürzlich erneut, als der Bundesgerichtshof sich in einem Beschluss mit der Zuerkennung des Zeichens „GS = geprüfte Sicherheit" zu beschäftigen hatte.[897] Dass das Abgrenzungskriterium der Freiwilligkeit für ein hoheitliches Handeln spricht, hat dieser Beschluss zur Vergabe erneut gezeigt, nachdem es lange Zeit umstritten war, wie die Vergabe dieses Zeichens rechtlich zu bewerten ist.

In seiner Ergebnisfindung wiederholte der BGH zunächst den Sinn und Zweck des GS-Zeichens,[898] welcher im Grunde unumstritten ist: Das GS-Zeichen stellt eine freiwillige Kennzeichnung dar, die von den betroffenen Wirtschaftskreisen zur Werbung und Absatzförderung eingesetzt wird.[899] Sie soll den Verbraucher über die Konformität des Produkts mit den Sicherheitsanforderungen informieren.[900] Der Kennzeichnung kommt keine Bindungswirkung zu, sie hat keine legalisierende Funktion. Ein Produkt kann auch ohne ein GS-Zeichen auf den Markt gebracht werden, das Fehlen hat keine Auswirkungen. Die Kennzeichnung ist mithin nicht verpflichtend. Das Recht, ein Produkt in den Verkehr zu bringen, hängt alleine von der Erfüllung der Sicherheitsanforderungen nach § 4 Abs. 2 GPSG ab.[901] Im Umkehrschluss führt der Entzug des Zeichens nicht automatisch zur Unzulässigkeit des Inverkehrbringens. Die Tatsache, dass der Staat sich die besondere Sachkunde der Prüfstellen auf deren Fachgebieten zu eigen macht und im Vertrauen auf das GS-Zeichen gegebenenfalls von einer eigenen Überprüfung absieht, führe nicht dazu, dass die Prüfstellen zu einem beliehenen Unternehmer werden und damit eine hoheitliche Tätigkeit ausüben.[902]

---

897 Zu beachten ist, dass dieser Beschluss noch zum Geräte- und Produktsicherheitsgesetz ergangen ist, welches zum 01.12.2011 außer Kraft getreten ist und durch das Produktsicherheitsgesetz (vgl. Gesetz über die Neuordnung des Geräte- und Produktsicherheitsgesetzes vom 08.11.2011, BGBl. I, S. 2178 ff.) ersetzt worden ist.

898 BGH, NVwZ-RR 2011, S. 556 ff.

899 BGH, NVwZ-RR 2011, S. 556, 556; Vgl. hierzu auch Beschlussempfehlung und Bericht zum Entwurf eines Gesetzes zur Änderung des Gesetzes über technische Arbeitsmittel, BT-Drucks. 8/2824, S. 9 f.; Gesetzentwurf der Bundesregierung zu einem Gesetz zur Neuordnung der Sicherheit von technischen Arbeitsmitteln und Verbraucherprodukten, BT-Drucks. 15/1620, S. 30.

900 Beschlussempfehlung und Bericht zum Entwurf eines Gesetzes zur Änderung des Gesetzes über technische Arbeitsmittel, BT-Drucks. 8/2824, S. 9 f.; Bieback, Zertifizierung und Akkreditierung, S. 90.

901 Vgl. auch Bieback, Zertifizierung und Akkreditierung, S. 248.

902 Vgl. auch BGH, NJW 1978, S. 2548, 2548 f.

Bei der Abgrenzung von einer rein privatrechtlichen Rechtsbeziehung zu hoheitlichem Handeln bei der Überprüfung von Produkten als ein Kriterium darauf abzustellen, ob die Prüfung für den Hersteller verpflichtend ist oder nicht, ist auch sinnvoll und überzeugend.[903] Zwar liegt sowohl bei zwingenden als auch bei nichtzwingenden Überprüfungen ein Über-/Unterordnungsverhältnis vor, welches hoheitliches Handeln gerade kennzeichnet. Im Falle der Pflicht zur Überprüfung eines Produktes, um es auf dem Markt vertreiben zu dürfen, ist dieses jedoch mit einem weitaus größeren Eingriff in die Rechte des Herstellers verbunden. Die Prüfstelle trifft einseitig eine Entscheidung, die zulasten des Herstellers geht. Es ist in diesen Fällen z.B. wichtig, dass die Prüfstelle an die verwaltungsrechtlichen Grundsätze, wie beispielsweise das Verhältnismäßigkeitsprinzip und die verfassungsrechtlichen Grundsätze gebunden ist.[904]

Die CE-Kennzeichnung bei Medizinprodukten ist verpflichtend und zudem kommt ihr mit der damit verbundenen Marktzulassung eine legalisierende Funktion zu. Die Hersteller kommen, bis auf die Produkte, die im Rahmen der Selbstzertifizierung durch den Hersteller zugelassen werden können, nicht umher, eine Benannte Stelle einzuschalten. Eine Hinzuziehung einer Benannten Stelle ist bei den meisten Klassifizierungen nicht zu umgehen. Zudem kann nach der Beauftragung einer Benannten Stelle und der Ablehnung der Zertifizierung keine andere Benannte Stelle mehr beauftragt werden.[905]

Auch wenn bei Produkten einer niedrigen Risikoklasse eine Selbstzertifizierung durch den Hersteller im Rahmen des Moduls A möglich ist und dieser dennoch eine Benannten Stelle mit der Zertifizierung beauftragt, so dürfte jedoch auch dies als eine hoheitliche Tätigkeit zu verstehen sein. Es fällt lediglich das Argument der Freiwilligkeit der Entscheidung weg. Weiter bestehen bleiben jedoch die Befugnisse der Benannten Stellen im Rahmen der Überwachung,[906] die Regelung der Tätigkeit durch öffentlich-rechtliche Vorschriften sowie der Zusammenhang mit einer behördlichen Entscheidung.

IV. Zusammenfassung

Folgt man den Abgrenzungskriterien der Rechtsprechung, wenn ein privatwirtschaftliches oder hoheitliches Handeln eines Privaten im Raum steht, so wären die Benannten Stellen nach dem MPG hoheitlich tätig und damit Beliehene. Zu beachten ist dabei jedoch, dass alle eben genannten Kriterien für sich alleine nur Anhaltspunkte bieten können. Sie können nicht isoliert voneinander betrachtet werden. Maßgebend muss auch hier die Gesamtkonzeption des Gesetzgebers im zu

903 So auch Peine, Gesetz über technische Arbeitsmittel, § 9, Rn. 21.
904 Vgl. im Detail in diesem Kapitel B. III. 1. d) und I. I.
905 Z.B. 93/42/EWG über Medizinprodukte, Anhang II, Nr. 3.1. tir. 3; Röhl, Akkreditierung und Zertifizierung, S. 9 und 24; Bieback, Zertifizierung und Akkreditierung, S. 241.
906 Vgl. zu diesen Befugnisse in diesem Kapitel D. II. und III.

beurteilenden Bereich sein und, ob diese eine hoheitliche oder private Ausgestaltung der Tätigkeiten Privater vorsieht. Da im hier zu entscheidenden Fall der Benannten Stellen nach dem MPG und deren Tätigkeiten alle Anknüpfungspunkte der Rechtsprechung für ein hoheitliches Handeln sprechen, ist dies ein starkes Indiz dafür, dass die Rechtsprechung, wenn sie der von ihr herausgearbeiteten Linie weiter folgt, auch hier eine Beleihung annehmen wird.[907] Es ist jedoch zu beachten, dass die durch die Rechtsprechung herausgebildeten Entscheidungsparameter nur eine gewisse Berechenbarkeit eines Ergebnisses zulassen nicht jedoch eine unumstößliche Linie aufzeigen. Deutet jedoch die Gesamtkonzeption des Gesetzgebers ohne eine ausdrückliche Äußerung, ob ein rein privatrechtliches oder ein hoheitliches Handeln eines Privaten bei der Wahrnehmung öffentlicher Aufgaben gewollt ist, auf ein hoheitliches Handeln hin und ist zudem nach den durch die Rechtsprechung herausgearbeiteten Kriterien ein hoheitliches Handeln anzunehmen, wie dies nach der bisherigen Untersuchen der Fall ist, so kann man mit gutem Recht ein hoheitliches Tätigwerden bejahen, was auch die Rechtsprechung bei richtiger Betrachtensweise annehmen wird, wenn sie sich mit dieser Frage beschäftigt.

H. (Volks-)gesundheit als öffentliche Aufgabe und/oder (obligatorische) staatliche Aufgabe

Ein von *v. Czettritz* angeführtes Argument für das Vorliegen einer Beleihung ist der Schutz der Volksgesundheit als eine „herausragende staatliche Aufgabe".[908] Wie bereits oben gezeigt, kann der Staatsaufgabenbegriff zur Qualifizierung einer Beleihung und präzisen Abgrenzung zu anderen Rechtsinstituten genutzt werden. Hierfür ist die Übertragung von Hoheitsbefugnissen das richtige Instrument. Der Ansatzpunkt hingegen ist nicht falsch, jedoch bedarf er einer Konkretisierung. Eine Zuordnung der Tätigkeiten Benannter Stellen zum öffentlich-rechtlichen oder privatrechtlichen Bereich lässt sich möglicherweise auf Grund der Verfassungsbestimmungen vornehmen. So könnten sich aus der Verfassung maßgebende Argumente

907 So auch OVG Nordrhein-Westfalen, Beschl. v. 14.08.2003 – 13 A 5022/00, Rn. 30, welches die Benannten Stellen, wenn auch ohne nähere Auseinandersetzung, als Beliehene bezeichnet. Anders überraschenderweise entschied das OLG Zweibrücken, Urt. v. 30.01.2014 – U 66/13 = GesR 3/2014, S. 163 ff. Das Gericht setzte sich jedoch mit der Frage eines hoheitlichen oder privatrechtlichen Handelns der Benannten Stellen auch nicht weiter auseinander und nahm mit einem lapidaren Hinweis auf die Literatur an, dass es sich um ein privatrechtliches Schuldverhältnis zwischen der Benannten Stelle und dem sie beauftragenden Hersteller handelt. Das LG Frankenthal (Pfalz), MPR 2013, S. 134 ff. hat sich mit dieser Frage sogar gar nicht beschäftigt, so weit aus dem Urteil ersichtlich.

908 von Czettritz, in: Anhalt/Dieners, Hdb. des Medizinprodukterechts, § 15, Rn. 9; Vgl. auch Kadelbach, Allgemeines Verwaltungsrecht unter europäischem Einfluß, S. 329. *„Sollen Private über die Zulassung einer gefährlichen Anlage zum Betrieb eigenverantwortlich entscheiden, kann dies allenfalls in Form der Beleihung erfolgen."*

ergeben, welche die Annahme einer Beleihung nicht nur stützen, sondern sogar erfordern. In diesem Kontext hat man sich mit den sogenannten „obligatorischen Staatsaufgaben" auseinanderzusetzen.[909]

Niemand wird anzweifeln, dass die Gesundheit des Volkes ein überaus wertvolles Rechtsgut darstellt. Es erscheint befremdlich, dass der Staat die Zulassung von Medizinprodukten vollumfänglich auf Private abwälzt. Die Annahme, es handele sich bei den an die Benannten Stellen übertragenen Aufgaben, um ein Modell der staatlich veranlassten gesellschaftlichen Selbstregulierung, würde zu einer Totalprivatisierung führen.[910] Darf der Staat sich also aus diesem Bereich komplett zurückziehen? Diese Frage kann mit dem Begriff der obligatorischen Staatsaufgaben beantwortet werden. Im Bereich der obligatorischen Staatsaufgaben ist eine Aufgaben- und eine Teilaufgabenprivatisierung ausgeschlossen.[911] Damit würde eine staatlich veranlasste gesellschaftliche Selbstregulierung ausscheiden. Anders verhält sich dies bei der Beleihung. Ungeachtet der Handlungs- und Entscheidungsspielräume eines Beliehenen bleibt ihr Tun stets auf den Staat bezogen, unabhängig davon, ob dabei dessen Tätigwerden vorbereitet wird oder dass staatlich veranlasste Aktionen durchgeführt werden sollen.[912] Auf Grund dieser rechtlichen Ausformung findet bei der Beleihung weder eine Entlassung aus den Verwaltungsaufgaben noch aus der staatlichen Aufgabenzuständigkeit statt.[913] Daher können Beliehene, innerhalb gewisser Grenzen, auch notwendige Staatsaufgaben wahrnehmen.[914] Ähnliches gilt für die Verwaltungshilfe. Sie führt nicht zu einem vollständigen Rückzug des Staates aus seiner Verantwortung, sondern bewirkt nur die Erbringung von Teilbeiträgen zu einer Staatsaufgabe aus privater Hand. Somit ist die Möglichkeit privater Aufgabenwahrnehmung durch Verwaltungshelfer auch bei obligatorischen Staatsaufgaben nicht gänzlich ausgeschlossen.[915]

Es ist also zu klären, ob es sich bei der Aufgabenwahrnehmung Benannter Stellen um die Wahrnehmung von obligatorischen Staatsaufgaben handelt. Worum es sich bei obligatorischen Staatsaufgaben überhaupt handelt, warum sie im Bereich des Medizinproduktrechts möglicherweise anzunehmen sind und wenn ja, in welchem Ausmaße, wird im Folgenden erläutert. Dafür sollen vorab die Begrifflichkeiten der öffentlichen und der staatlichen Aufgaben geklärt und abgegrenzt werden.

---

909 Sie werden auch „notwendige" oder „wesensmäßige" Staatsaufgaben genannt (vgl. Burgi, Privatisierung öffentlicher Aufgaben – Gestaltungsmöglichkeiten, Grenzen, Regelungsbedarf, Gutachten für den 67. Deutschen Juristentag, S. 55).

910 Vgl. in diesem Kapitel A. II.

911 Burgi, Funktionale Privatisierung, S. 196.

912 Burgi, Privatisierung öffentlicher Aufgaben – Gestaltungsmöglichkeiten, Grenzen, Regelungsbedarf, Gutachten für den 67. Deutschen Juristentag, S. 53.

913 Gramm, Privatisierung und notwendige Staatsaufgaben, S. 118.

914 Gramm, Privatisierung und notwendige Staatsaufgaben, S. 117.

915 Burgi, Funktionale Privatisierung, S. 180.

Obligatorische Staatsaufgaben ergeben sich nur, wenn der Staat dazu verpflichtet ist, sich einer bestimmten öffentlichen Aufgabe selbst anzunehmen.[916]

I. Öffentliche Aufgaben

Der Begriff der „öffentlichen Aufgabe“ bezeichnet solche Angelegenheiten, deren Erfüllung im öffentlichen Interesse liegt.[917] Er bringt lediglich zum Ausdruck, dass die jeweilige Tätigkeit einen gewissen Gemeinwohlbezug hat, ohne dabei den Träger der Aufgabe dem staatlichen oder dem gesellschaftlichen Bereich zuzuordnen.[918] Öffentliche Aufgaben können sowohl vom Staat als auch von der Gesellschaft wahrgenommen werden.[919] Die Gesundheit der Bevölkerung und deren Erhaltung liegt ohne Frage im öffentlichen Interesse. Dies gilt in Deutschland umso mehr, da durch das Solidaritätsprinzip unseres Gesundheitswesens jeder Mitbürger durch Erkrankungen anderer im Rahmen seiner Beiträge in die Pflicht genommen wird. Der Begriff der öffentlichen Aufgabe ist jedoch wenig aufschlussreich, denn sowohl Beliehene als auch Verwaltungshelfer und Personen im System einer staatlich veranlassten gesellschaftlichen Selbstregulierung handeln in aller Regel im öffentlichen Interesse und nehmen damit öffentliche Aufgaben wahr.

II. Staatliche Aufgaben

Der Begriff der Staatsaufgaben ist ein unscharfer, da er denkbar weit gespannt ist.[920] Nach heute vorherrschender Ansicht ist der Staatsaufgabenbegriff ein rein formaler.[921] Eine staatliche Aufgabe entsteht, indem sich der Staat mit einer (öffentlichen) Aufgabe „in irgendeiner Form befasst“.[922] Dies kann auch in rein privatrechtlicher

916 Burgi, Funktionale Privatisierung, S. 194; ders., Privatisierung öffentlicher Aufgaben –Gestaltungsmöglichkeiten, Grenzen, Regelungsbedarf, Gutachten für den 67. Deutschen Juristentag, S. 53.

917 Martens, Öffentlich als Rechtsbegriff, S. 117; v. Heimburg, Verwaltungsaufgaben und Private, S. 14; Isensee, in: Isensee/Kirchhof, Hbd. Des Staatsrechts III –Das Handeln des Staates, § 57, Rn. 136; Stadler, Die Beleihung in der neueren Bundesgesetzgebung, S. 8.

918 Merten, Private Entscheidungsträger, S. 128 f.

919 Isensse, in: Isensee/Kirchhof, Hdb. des Staatsrechts III –Handeln des Staates, § 57, Rn. 136; Schulze-Fielitz, in: Grimm, Wachsende Staatsaufgaben –sinkende Steuerungsfähigkeit des Rechts, S. 11, 16; Peters in: FS für H.C. Nipperdey, Band II, S. 878 ff.

920 Burgi, Funktionale Privatisierung, S. 129; Gramm, Privatisierung und notwendige Staatsaufgaben, S. 31; Merten, Private Entscheidungsträger, S. 129.

921 Freitag, Das Beleihungsrechtsverhältnis, S. 30; Burgi, Funktionale Privatisierung, S. 48 ff.

922 BVerfGE 12, 205, 243; 41, 205, 218; 52, 63, 85; 53, 366, 401; Burgi, Funktionale Privatisierung, S. 61; Stadler, Die Beleihung in der neueren Bundesgesetzgebung, S. 8.

Form geschehen.[923] Damit steht es dem Staat frei, ob er sich einer Aufgabe annimmt und diese dadurch zu einer staatlichen macht.[924] Begrenzt wird dies lediglich durch das Tatbestandsmerkmal der Zulässigkeit. Es besteht nämlich die Möglichkeit, dass der Staat eine Aufgabe zu Unrecht an sich zieht.[925]

Der Staat kann sich auch entscheiden, wie er die Erfüllung der staatlichen Aufgaben garantiert, wenn er sie einmal an sich gezogen hat. Dies kann durch eigene Organe erfolgen oder mit Hilfe privater Personen, solange der Staat dabei seiner Gewährleitungs- und Kontrollverantwortung in ausreichendem Maße nachkommt.[926] Im Falle der Aufgabenübertragung an Private ist die Entscheidung, ob der Staat diese Aufgabe als Staatsaufgabe durch einen Beliehenen erfüllen möchte oder ob er die Stärkung privater Eigenverantwortung bezweckt, außerordentlich schwer, wenn der Staat sich, wie im Medizinprodukterecht, nicht ausdrücklich im Gesetz dazu äußert.[927]

Wann eine (obligatorische) Staatsaufgabe gegeben ist, lässt sich nicht in einem detaillierten und abschließenden Katalog festlegen.[928] Dies ist schon auf Grund des stetigen Wandels von Verantwortungsbereichen, bei dem jederzeit neue hinzukommen können sowie andere wegfallen, nicht möglich. Gerade in der heutigen Zeit der stetig neuen technischen Innovationen kann eine abschließende inhaltliche Aufgabenskizzierung nicht allgemein vorgenommen werden.[929] Eine Zusammenfassung aller Staatsaufgaben könnte also in jedem Falle nur eine Momentaufnahme darstellen, die sich aber jederzeit ändern kann. Selbst wenn man sich bemühen sollte, einen Staatsaufgabenkatalog zu entwerfen, so bleibt bei jeder dieser Aufgaben weiter zu klären, innerhalb welchen Umfangs die staatliche Einstandspflicht für bestimmte Sachaufgaben besteht und mit welcher Intensität eine staatliche Steuerung geboten ist.[930]

---

923 BVerfGE 12, 205, 243.

924 BVerfGE 17, 371, 377; Gramm, Privatisierung und notwendige Staatsaufgaben, S. 31 ff, 56 ff.; v. Heimburg, Verwaltungsaufgaben und Private, S. 14 ff.; Stadler, Die Beleihung in der neueren Bundesgesetzgebung; Burgi, Funktionale Privatisierung, S. 48 ff.

925 Darauf hinweisend bereits Bull, Die Staatsaufgaben nach dem Grundgesetz, S. 105 zur ursprünglichen Formel der Rechtsprechung in BVerfGE 12, 205, 243, die nur auf die Befassung des Staates mit einer Aufgabe abstellte. In der Folge hat das BVerfG sich korrigiert und das Merkmal der Zulässigkeit hinzugefügt (vgl. BVerfGE 41, 205, 216; 53, 366, 401). Vgl. dazu auch Burgi, Funktionale Privatisierung, S. 48 ff.

926 Vgl. etwa BVerfGE 17, 371, 377; BVerfGE 68, 272, 282 ff; BVerfGE 73, 301, 316 ff.; BVerwGE 95, 188, 197; Kämmerer, JZ 1996, S. 1042, 1048; Stadler, Die Beleihung in der neueren Bundesgesetzgebung, S. 8.

927 Vgl. in diesem Kapitel B. III. und IV.

928 Grimm, Staatsaufgaben, S. 772 f.; Di Fabio, JZ 1999, S. 585, 591; Gramm, Privatisierung und notwendige Staatsaufgaben, S. 82.

929 Gramm, Privatisierung und notwendige Staatsaufgaben, S. 84.

930 Gramm, Privatisierung und notwendige Staatsaufgaben, S. 83.

Der reine Staatsaufgabenbegriff ist für die Zuordnung der Tätigkeiten der Benannten Stellen als hoheitliche oder rein privatrechtliche nicht hilfreich.[931] Dasselbe gilt für Überlegungen hinsichtlich der Privatisierung und Grenzen der Zulässigkeit. Auch hier bringt der Begriff der Staatsaufgabe alleine keine Aufschlüsse. Handelt es sich bei der Gesundheit der Bevölkerung um eine Staatsaufgabe, ist damit für die in dieser Arbeit zu untersuchende Fragestellung nicht viel gewonnen. Ergebnisse zur Einordnung der Tätigkeiten Benannter Stellen zum hoheitlichen oder privatrechtlichen Bereich kann nur durch die Herausarbeitung einer möglichen obligatorischen Staatsaufgabe geschehen, denn erst durch eine solche kann der Staat für bestimmte Aufgaben positiv in die Pflicht genommen werden.[932] Bei obligatorischen[933] Staatsaufgaben ist der Staat verpflichtet, sich bestimmten öffentlichen Aufgaben als Staatsaufgaben anzunehmen.[934] Der Kategorie der obligatorischen Staatsaufgabe kommt somit zentrale Bedeutung bei der Ermittlung der Privatisierung von Staatsaufgaben und deren Zulässigkeit zu.[935]

III. Abgrenzung staatlicher und öffentlicher Aufgabe

Auch wenn die Begriffe der Staatsaufgaben und der öffentlichen Aufgaben auf den ersten Blick ähnlich erscheinen und sie teilweise fehlerhaft synonym verwendet werden,[936] so sind sie doch zu unterscheiden. Die beiden Begriffe umschreiben nicht dasselbe, wobei die Grenzen jedoch fließend sind. Eine allgemein gültige systematische Abgrenzung beider Aufgaben ist kaum möglich. Die Staatsaufgaben können und sollten als ein Spezialfall der öffentlichen Aufgaben gesehen werden und nicht als Gegenbegriff.[937] Eine Staatsaufgabe stellt also einen Unterfall der öffentlichen

931 Röhl, Akkreditierung und Zertifizierung im Produktsicherheitsrecht, S. 26; Peine, Gerätesicherheitsgesetz, § 9, Rn. 21.

932 Gramm, Privatisierung und notwendige Staatsaufgaben, S. 32.

933 Die Begrifflichkeit geht zurück auf Isensee, in: Isensee/Kirchhof, Hdb. des Staatsrechts III –Handeln des Staates, § 57, Rn. 152; Burgi, Funktionale Privatisierung, S. 58; Zu unterscheiden sind die „ausschließlichen" Staatsaufgaben, die dadurch gekennzeichnet sind, dass nur der Staat sie erfüllen kann. Er also nicht tätig werden muss, Private aber von vornherein nicht tätig werden dürfen, weil es sich um einen Bereich der ausschließlichen staatlichen Kompetenz handelt; dies gilt bspw. für das Militär, die Polizei und die Justiz (vgl. Isensee, in: Isensee/Kirchhof, Hdb. des Staatsrechts III – Handeln des Staates, § 57, Rn. 150; Burgi, Funktionale Privatisierung, S. 58 f.)

934 Burgi, Funktionale Privatisierung, S. 194; ders., Privatisierung öffentlicher Aufgaben – Gestaltungsmöglichkeiten, Grenzen, Regelungsbedarf, Gutachten für den 67. Deutschen Juristentag, S. 53.

935 Burgi, Funktionale Privatisierung, S. 195; Gramm, Privatisierung und notwendige Staatsaufgaben, S. 34.

936 Vgl. bspw. Reuß, DVBl. 1976, S. 927, 928; Lange, JZ 1981, S. 698, 699.

937 Burgi, Funktionale Privatisierung, S. 42; Heintzen, VVDStRL 62 (2003), S. 200, 228 f.; Di Fabio, JZ 1999, S. 585, 587 f., der hier jedoch auch grundsätzliche Kritik am Terminus der „öffentlichen Aufgabe" übt.

Aufgabe dar. Man kann somit von einer Staatsaufgabe auf eine öffentliche Aufgabe schließen, jedoch nicht umgekehrt.

IV. Obligatorische Staatsaufgaben

Im Schrifttum ist man sich einig, dass obligatorische Staatsaufgaben existieren,[938] auch wenn die meisten darin keinen Verfassungsbegriff, sondern einen allgemeinen Klassifikationsbegriff der allgemeinen Staatsrechtslehre sehen.[939] Auch das Bundesverfassungsgericht geht davon aus, dass typische staatliche Funktionen existieren, die nur von Staatsorganen selbst wahrgenommen werden können oder deren Wahrnehmung der Staat jedenfalls sicherzustellen hat.[940]

Es wird sich jedoch keine Aufgabe qualifizieren lassen, die unter allen Umständen und immer der staatlichen Organisation vorbehalten sein muss.[941] Selbst die am ehesten als obligatorische Staatsaufgabe einzuschätzende und hier gerade in Frage stehende Aufgabe der Abwehr von Gefahren für das Leben und die körperliche Unversehrtheit sind nicht pauschal als Pflichtaufgaben normiert.[942] Eine obligatorische Staatsaufgabe kann nicht abstrakt herausgearbeitet, sondern nur auf ein konkretes Problemfeld bezogen werden. Dabei ist der Gegenstand der in Frage stehenden Privatisierung genau zu umreißen. Eine Privatisierung kann nur in dem Umfang, in dem eine bestimmte Staatsaufgabe obligatorisch ist untersagt sein, hingegen nicht automatisch für weitere Staatsaufgaben innerhalb des betroffenen Aufgabenbereichs.[943] Das konkrete Problemfeld, welches hier zur Debatte steht, sind die Aufgaben, die Benannte Stellen im Rahmen des Medizinproduktrechts wahrnehmen. Diese Aufgaben wurden oben umfassend beschrieben.[944] Inwieweit eine staatliche Aufgabenerfüllung nach Inhalt, Umfang und Intensität notwendig ist, stellt auf Grund des Fehlens expliziter Bestimmungen im Grundgesetz insbesondere eine verfassungsrechtliche Frage dar.[945]

---

938 Herzog, in: Isensee/Kirchhof, Hdb. des Staatrechts III –Das Handeln des Staates, § 58, Rn. 24 ff.; Götz, in: Isensee/Kirchhof, Hdb. des Staatsrechts III – Das Handeln des Staates, § 79, Rn. 1 f.; Bull, Die Staatsaufgaben nach dem Grundgesetz, S. 99; v. Heimburg, Verwaltungsaufgaben und Private, S. 22; Ossenbühl, in: FS für Rudolf Lukes, S. 542 ff.; Gramm, Privatisierung und notwendige Staatsaufgaben, S. 34.

939 Krautzberger, Die Erfüllung öffentlicher Aufgaben durch Private, S. 49 f.; Bull, Die Staatsaufgaben nach dem Grundgesetz, S. 99 ff.; Ossenbühl, in: FS Lukes, S. 542 ff.

940 BVerfGE 17, 371, 376 ff.; 30, 292, 311 f.; 38, 281, 299; 73, 280, 293 f.; 95, 250, 265.

941 Isensee, in: Isensee/Kirchhof, Hdb. des Staatsrechts III –Das Handeln des Staates, § 57, Rn. 42.

942 Burgi, Funktionale Privatisierung, S. 196.

943 Burgi, Funktionale Privatisierung, S. 195.

944 Vgl. im 2. Kapitel A. V. und VI. und in diesem Kapitel D.

945 Schuppert, Die Erfüllung öffentlicher Aufgaben durch verselbständigte Verwaltungseinheiten, S. 157; Gramm, Privatisierung und notwendige Staatsaufgaben, S. 87; Burgi, Funktionale Privatisierung, S. 181.

1. *Verfassungsrechtliche Pflichten*

Für die Herausarbeitung einer obligatorischen Staatsaufgabe muss sich aus der Interpretation der Verfassungsbestimmungen ergeben, dass der Staat ein bestimmtes Schutz- beziehungsweise Leistungsniveau im öffentlichen Interesse unmittelbar selbst zu erfüllen hat.[946] Hiervon abzugrenzen sind die verfassungsrechtlichen Aussagen, die vom Staat die Gewährleistung eines bestimmten Schutz- beziehungsweise Leistungsniveaus verlangen, wobei er dies nicht selbst unmittelbar bereitstellen muss, sondern die Lenkung und Überwachung privaten Verhaltens für die Erfüllung der Staatsaufgabe genügt.[947] Bei der Erörterung von obligatorischen Staatsaufgaben kommen insbesondere zwei Quellen in Betracht. Dies sind zum einen die Staatszielbestimmungen des Grundgesetzes, zu denen vor allem auch das im Gesundheitsrecht und Medizinrecht maßgebende Sozialstaatsgebot des Art. 20 Abs. 1 GG zählt.[948] Zum anderen die verfassungsrechtlichen Pflichten des Staates zur Verwirklichung bestimmter öffentlicher Interessen aus den Grundrechten, die den Staat zum Tätigwerden verpflichten, insbesondere die Aussagen über staatliche Schutzpflichten.[949] Dabei kann das Sozialstaatsgebot nicht allein als eine allgemeingültige Schranke der Aufgabenprivatisierung gesehen werden.[950] Um seinen Verpflichtungen aus dem Sozialstaatsgebot nachzukommen, besteht ein weiter Gestaltungsraum für den Gesetzgeber, wie er diese Pflicht erfüllt.[951] Es bleibt dem Staat überlassen, die von ihm zur Erfüllung dieses Zieles für notwendig erachteten Handlungen festzulegen und die zu deren Bewältigung erforderlichen Mittel auszuwählen.[952] Dem Staat steht es frei, bei der Verwirklichung des Sozialstaatsgebots „auch die Mithilfe Privater nutzbar zu machen".[953] Es kann jedoch aus dem Sozialstaatsprinzip in Verbindung mit den Gewährleistungsinhalten bestimmter Grundrechte eine staatliche Handlungspflicht ergeben.[954] Dies führt zur bereits genannten zweiten Quelle, den staatlichen Wahrnehmungspflichten. Dabei sind die in den vergangenen Jahren

946 Burgi, Funktionale Privatisierung, S. 195 f.

947 Burgi, Funktionale Privatisierung, S. 195 f., der als Beispiele hierfür das Staatsziel Umweltschutz (Art. 20 a GG) und das Sozialstaatsprinzip (Art. 20 GG) anführt.

948 Burgi, Funktionale Privatisierung, S. 198; Als eine weitere Staatszielbestimmung gilt unter anderem der Umweltschutz nach Art. 20a GG, der jedoch im hier thematisierten Bereich der Gesundheit keine große Rolle spielt.

949 Burgi, Funktionale Privatisierung, S. 199 f.

950 Schoch, DVBl. 1994, S. 962, 970; Krölls, GewArch 1995, S. 129, 138; Burgi, Funktionale Privatisierung, S. 199.

951 Schmidt-Aßmann, NJW 2004, S. 1689, 1690.

952 BVerfGE 1, 97, 105; BVerfGE 44, 70, 89; BVerfGE 82, 60, 80; BVerfGE 84, 90, 125; Stern, Staatsrecht I, S. 915 f.; Burgi, Funktionale Privatisierung, S. 199.

953 BVerfGE 22, 180, 204.

954 Krölls, GewArch 1995, S. 129, 138; Schmidt-Aßmann, NJW 2004, S. 1689, 1690.

von der Rechtsprechung[955] und der Literatur[956] zunehmend konkreter ausgeformten grundrechtlichen Schutzpflichten das wichtigste Merkmal für die Bestimmung von obligatorischen Staatsaufgaben.[957]

Es ist also zu klären, welche Grundrechte im Falle der von Medizinprodukten ausgehenden Gefahren für die Herleitung einer grundrechtlichen Schutzpflicht und damit einer möglichen obligatorischen Staatsaufgabe in Frage kommen. Somit ist zu erörtern, inwieweit die allgemeine menschliche Gesundheit durch die Grundrechte geschützt wird und dem Staat hieraus Schutzpflichten auferlegt werden können.

a) Gesundheit als Grundrecht?

Die „Gesundheit"[958] als solche ist nicht ausdrücklich im Grundgesetz durch ein besonderes Grundrecht geschützt.[959] Anders war dies noch in der Weimarer Reichsverfassung. So lautete Art. 161 WRV: *„Zur Erhaltung der Gesundheit und Arbeitsfähigkeit, zum Schutze der Mutterschaft und zur Vorsorge von Alter, Schwäche und Wechselfällen des Lebens schafft das Reich ein umfassendes Versicherungssystem unter maßgeblicher Mitwirkung der Versicherten."* Art. 155 Abs. 1 S. 1 sicherte jedem Deutschen „eine gesunde Wohnung" zu.

Auf internationaler Ebene wird die Gesundheit ausdrücklich als ein zu schützendes und zu förderndes Recht angesehen. So haben beispielsweise die Vertragsstaaten des Paktes über die wirtschaftlichen, sozialen und kulturellen Rechte (IPWSK), zu denen Deutschland gehört, in Art. 12 dieses Paktes das Recht eines jeden auf das für

---

955 Vgl. vor allem aber nicht nur: BVerfGE 55, 37, 68; BVerfGE 79, 174, 201 f.; BVerfGE 81, 242, 255; BVerfGE 88, 203, 251; BVerfG, NJW 1995, S. 2343, 2343.

956 Stern, Staatsrecht III/1, S. 931 ff.; Wahl/Masing, JZ 1990, S. 553, 557; Klein, DVBl. 1994, S. 489.

957 Burgi, Funktionale Privatisierung, S. 201.

958 Wie die menschliche Gesundheit zu definieren ist, wird in der Verfassung der Weltgesundheitsorganisation (World Health Organisation – WHO) wie folgt festgestellt: „Gesundheit ist der Zustand völligen körperlichen, geistigen, seelischen und sozialen Wohlbefindens." Vgl. die Präambel der Verfassung der Weltgesundheitsorganisation, abrufbar beispielweise unter: http://www.admin.ch/opc/de/classified-compilation/19460131/201405080000/0.810.1.pdf (aufgerufen am 07.07.2014)

959 Seewald, Gesundheit als Grundrecht, S. 13; Pestalozza, Bundesgesundheitsblatt – Gesundheitsforschung – Gesundheitsschutz (2007), S. 1113, 1113 f.; Anders bspw. die Thüringische Landesverfassung, die sich in Art. 19 Abs. 1 Satz 1 deutlich zur Gesundheit äußert: „Kinder und Jugendliche haben das Recht auf eine gesunde geistige, körperliche und psychische Entwicklung." Auf die Frage, ob damit nicht eine Diffamierung Erwachsener einhergeht, soll hier nicht eingegangen werden. Auch die Bayrische Verfassung erwähnte in Art. 125 Abs. 1 S. 1, das „gesunde Kinder das köstlichste Gut eines Volkes sein". Im Jahre 1998 wurde der Begriff „gesund" durch eine Verfassungsänderung gestrichen (vgl. Kirchhof in: Meder/Brechmann, Die Verfassung des Freistaates Bayern, Art. 125, Rn. 2). Damit wurde zu Recht klargestellt, dass auch kranke und behinderte Kinder als „köstliches Gut" anzusehen sind.

ihn erreichbare Höchstmaß an körperlicher und geistiger Gesundheit anerkannt.[960] Der Zugang zur Gesundheitsvorsorge und ärztlichen Versorgung nimmt in allen europäischen Staaten einen hohen Rang ein und ist daher auch in der Charta der Grundrechte der EU als soziales Solidaritätsrecht enthalten (Art. 34 und insbesondere 35 der Charta).[961] Dieses Recht kann auch als eine Interpretations- und Auslegungshilfe bei der Anwendung nationaler Gesundheitsbestimmungen der Verfassung oder einfacher Gesetze in den Mitgliedsstaaten dienen.[962] Zudem sind nationale Grundrechte heutzutage zunehmend auch als Menschenrechte geschützt, die in internationalen Pakten völkerrechtlich garantiert werden.[963] Die internationalen Menschenrechte sind immer mehr zur Auslegung und Konkretisierung des Grundrechtsschutzes in Deutschland heranzuziehen.[964] Möglicherweise müssen die deutschen Grundrechte sogar im Lichte weitergehender internationaler Grundrechte gelesen werden.[965]

Die „Gesundheit" wird jedoch nach unstreitiger Auffassung in Deutschland ohnehin, ohne im Grundgesetz ausdrücklich erwähnt zu sein, durch Art. 2 Abs. 2 S. 1 GG (Recht auf körperliche Unversehrtheit und Recht auf Leben) und Art. 1 Abs. 1 GG (Menschenwürde) geschützt.[966] Auch wenn das Recht auf Leben und körperliche Unversehrtheit gemäß Art. 2 Abs. 2 S. 1 GG sich dabei wohl nicht in einem allgemeinen und allumfassenden „Recht auf Gesundheit" erschöpft, so steht doch außer Frage, dass es auch gerade dem Schutz der Gesundheit zu dienen bestimmt ist.[967]

Dieses Recht stellt jedoch primär ein Abwehrrecht dar.[968] Die Grundrechte sind ihrer Konzeption nach grundsätzlich staatsgerichtete Unterlassungsansprüche des Einzelnen, welchen kongruent jeweils Unterlassungspflichten des Staates entspringen.[969] Das Grundgesetz schützt also nur vor Eingriffen, die vom Staat selbst ausgehen und nicht vor Eingriffen Dritter. Die Risiken der Medizinprodukte gehen jedoch von den Herstellern dieser, also von Privaten aus und nicht vom Staat selbst. Fraglich

960 Vgl. Gesetz zu dem internationalen Pakt vom 19.12.1966 über wirtschaftliche, soziale und kulturelle Rechte, BGBl. II 1973, S. 1569 ff.
961 So lautet Art. 35 der Charta: „Jeder Mensch hat das auf Zugang zur Gesundheitsvorsorge und auf ärztliche Versorgung nach Maßgabe der einzelstaatlichen Rechtsvorschriften und Gepflogenheiten. Bei der Festlegung und Durchführung der Politik und Maßnahmen der Union in allen Bereichen wird ein hohes Gesundheitsschutzniveau sichergestellt."
962 Riedel, in: Meyer, Charta der Grundrechte der Europäischen Union, Art. 35, Rn. 13.
963 Igl/Welti, Gesundheitsrecht, S. 26, Rn. 2.
964 Igl/Welti, Gesundheitsrecht, S. 26, Rn. 2.
965 Pestalozza, Bundesgesundheitsblatt – Gesundheitsforschung – Gesundheitsschutz (2007), S. 1113, 1116.
966 Seewald, Zum Verfassungsrecht auf Gesundheit, S. 47 ff.
967 Müller-Terpitz, in: Isensee/Kirchof, Hdb. des Staatsrechts VII, § 147, Rn. 42 und 105; Seewald, Gesundheit als Grundrecht, S. 13.
968 Schmidt-Aßmann, NJW 2004, S. 1689, 1691.
969 Stern, in: Isensee/Kirchhof, Hdb. des Staatsrechts IX, § 185, Rn. 86 ff.; Schwabe, Probleme der Grundrechtsdogmatik, S. 13 ff.

ist daher, ob der Staat eine Pflicht zum Schutz vor Beeinträchtigungen seitens der Hersteller hat. Dazu muss geklärt werden, inwieweit dem eben dargestellten „Recht auf Gesundheit“ eine schutzrechtliche Bedeutung beizumessen ist.

b) Schutzpflichten

Nach ständiger Rechtsprechung des Bundesverfassungsgerichts besteht in gewissen Fällen eine Pflicht des Staates, die Grundrechte auch gegen Eingriffe Dritter zu schützen. Dabei kann aber keinesfalls eine „totale“ Schutzverpflichtung des Staates entstehen, da eine solche nur durch eine totale Reglementierung und im Ergebnis nicht einmal durch eine solche zu erreichen ist.[970] Die Existenz einer staatlichen Schutzpflicht, insbesondere im Bereich des Gesundheitsschutzes, ist inzwischen allgemein anerkannt.[971] Dabei wird diese in erster Linie aus Art. 2 Abs. 2 S. 1 GG abgeleitet.[972] Droht das Leben oder die körperliche Unversehrtheit von Seiten Dritter beeinträchtigt zu werden, so hat der Staat sich in der Regel schützend und fördernd für seine Bürger einzusetzen.[973] Es ist aber konkret die Frage zu stellen, wovor der Staat seine Bürger zu schützen hat und ab welcher Gefährdungsstufe dieser Schutz zu gewähren ist.[974] Solche staatlichen Schutzpflichten, namentlich aus Art. 2 Abs. 2 GG, können bereits im Risikobereich ausgelöst werden.[975] Dies kann dazu führen, dass Schutzmaßnahmen bei schweren Gefahren für hochrangige Rechtsgüter bereits bei entfernter Eintrittswahrscheinlichkeit geboten sind.[976] Schon weit im Vorfeld einer Grundrechtsverletzung verlangen die Schutzpflichten bei bloßer Gefahr für die körperliche Unversehrtheit eine Risikovorsorge.[977] Medizinprodukte, insbesondere solche der höheren Risikoklassen, weisen ein hohes Gefahrenpotential auf. Es sind

---

970 Murswiek, Die staatliche Verantwortung für Risiken der Technik, S. 105; Kloepfer, DVBl. 1988, S. 305, 311; Dietlein, Die Lehre von den grundrechtlichen Schutzpflichten, S. 105.

971 BVerfGE 39, 1, 41; BVerfGE 46, 160, 164; BVerfGE 49, 89, 140 f.; BVerfGE 53, 30, 57; BVerGE 56, 54, 73; BVerfGE 88, 203, 251; BGHZ 102, 350, 365.

972 BVerfGE 39, 1, 41; 46, 160, 164; 49, 89, 141 f.; 53, 30, 57; 56, 54, 73 ; 79, 174, 201 f.; BVerfG, NJW 1995, S. 2343, 2343; BVerfG, NJW 1996, S. 651, 651; Gleichzeitig können aber auch gerade aus dem Schutz des Lebens und der Gesundheit Freiheitseingriffe gerechtfertigt werden, um diesen Schutz zu gewährleisten (BVerfGE 95, 173 ff. –Warnhinweise auf Zigarettenschachteln) Die grundrechtlichen Schutzpflichten wurden vom BVerfG aber nicht ausschließlich zu Art. 2 Abs. 2 S. 1 GG entwickelt, vgl. BVerfGE 55, 37, 68 (zu Art. 5 Abs. 3 GG); BVerfGE 81, 242, 255 (zu Art. 12 Abs. 1 GG).

973 BVerfGE 39, 1, 41 f.; BVerfGE 46, 160, 164; BVerfGE 88, 203, 251; Schmidt-Aßmann, NJW 2004, S. 1689, 1691.

974 Dietlein, Die Lehre von den grundrechtlichen Schutzpflichten, S. 105.

975 BVerfGE 49, 89, 142; Kloepfer, Umweltrecht, § 3, Rn. 16; Köck, ZUR 2002, S. 349, 350.

976 BVerfGE 49, 89, 140; BVerfGE 56, 54, 78; Köck, ZUR 2002, S. 349, 351.

977 BVerfGE 49, 89, 140; BVerfGE 56, 54, 78.

schwere Gesundheitsschädigungen bis hin zu letalen Folgen bei fehlerhaften Medizinprodukten möglich. Die Schutzpflichten bestehen somit schon im Risikobereich.

Es korrespondiert mit den staatlichen Schutzpflichten ein Schutzanspruch des Einzelnen.[978] Damit hat das Bundesverfassungsgericht das ursprünglich als Abwehrrecht konzipierte Grundrecht aus Art. 2 Abs. 2 S. 1 GG in die Nähe eines Leistungsrechts gebracht.[979] Dies ist auch notwendig, da die Frage nach Schutzpflicht und -anspruch aus Art. 2 Abs. 2 S. 1 GG im Rahmen einer verfassungsrechtlichen Gewährleistung auch immer die Frage nach bestimmter staatlicher Leistung aufwirft.[980] Die Schutzpflicht liefe leer, wenn der Staat aus dieser Pflicht nicht gleichzeitig zur Vornahme der schützenden Handlungen verpflichtet wäre. Es ist also weiter zu erörtern, welche Leistungspflichten sich aus der gerade dargestellten Schutzpflicht ergeben.

c) Leistungspflichten

Nur vereinzelt findet sich eine ausdrückliche Festlegung von Leistungspflichten wie etwa in Art. 6 Abs. 4 GG. Anerkannt ist auch ein „Recht auf das Existenzminimum" aus Art. 1 Abs. 1 i.V.m. Art. 2 Abs. 1 GG. Auch lassen sich bei weitem Verständnis des Begriffes der Leistungsrechte Art. 6 Abs. 1, 12 Abs. 1 3. Alt., 17, 19 Abs. 4 GG staatliche Leistungspflichten entnehmen. Im Mittelpunkt der Diskussion um die Leistungspflichten stehen allerdings nicht diese einzelnen Bestimmungen, sondern die staatliche Schutzpflicht, welche es erfordert, dass der Staat bestimmte Leistungen an seine Bürger erbringt. Soweit die Gefahr von Dritten ausgeht, kann dies dazu führen, dass die Leistungspflicht darin besteht, diese Gefahren zu kontrollieren.

Es wird immer wieder betont, dass Leben und Gesundheit „Höchstwerte" im Verfassungsrecht sind. Es ist also naheliegend, in Art. 2 Abs. 2 S. 1 GG auch einen originären Anspruch auf bestimmte Gesundheitsversorgungsleistungen zu sehen.[981] Da hinsichtlich der Leistungsansprüche aus Freiheitsgrundrechten eine eher restriktive Linie verfolgt wird, wird hier teilweise nur die Gewährung eines eng bemessenen „Existenzminimums" zuerkannt.[982] Gerade im Gesundheitsbereich ist jedoch zu hinterfragen, ob die schlichte Forderung nach einem Existenzminimum die ihr zugedachte und begrenzende Funktion dauerhaft wird erfüllen können.[983] Der Staat hat seinen hilfsbedürftigen Bürgern ein stigmatisierungsfreies Leben in

978 Landau, Gesundheit als Staatsziel? Verfassungsrecht und Staatsaufgaben, S. 594.

979 Pestalozza, Das Recht auf Gesundheit, S. 1116; Landau, Gesundheit als Staatsziel? Verfassungsrecht und Staatsaufgaben, S. 594.

980 Hermes, Das Grundrecht auf Schutz von Leben und Gesundheit, S. 113.

981 Schmidt-Aßmann, NJW 2004, S. 1689, 1691; So auch Nettesheim, VerwArch 2002, S. 315, 334 ff., der einen solchen Anspruch zusätzlich in Verbindung mit Art. 1 Abs. 1 GG herleitet.

982 So unter anderem: Jarass/Pieroth, GG, Art. 2, Rn. 93; Schulze-Fielitz, in: Dreier, GG, Band I, Art. 2 Abs. 2, Rn. 96.

983 Schmidt-Aßmann, NJW 2004, S. 1689, 1691.

der Umgebung von Nichthilfebedürftigen zu ermöglichen.[984] Nach einer inzwischen gefestigten Verfassungsrechtsprechung verpflichtet Art. 1 Abs. 1 GG in Verbindung mit dem Sozialstaatsprinzip den Staat zur Sicherung der Mindestvoraussetzungen eines menschenwürdigen Lebens.[985] Ein menschenwürdiges Leben ist jedoch kaum möglich, ohne dass auch ein Mindestbestand an medizinischen Leistungen eingeschlossen ist.[986]

Dieses Ergebnis muss umso mehr gelten, wenn man das deutsche Krankenpflichtversicherungssystem, geregelt in SGB V, mit in Betracht zieht. Das Bundesverfassungsgericht hat in seiner Rechtsprechung eindeutig herausgearbeitet, dass der Freiheitseingriff, der aus den Pflichtversicherungssystemen gegen die Folgen von Krankheit, Pflegebedürftigkeit oder Behinderung entsteht, ein angemessenes Schutzniveau des Krankenversicherungssystems erfordert.[987] Die Grenzen der Leistungspflichten der gesetzlichen Krankenversicherungen hat das BVerfG in einem viel beachteten Beschluss[988] vom 6. 12. 2005 (sog. „Nikolaus-Beschluss") neu ausgelotet.[989] Nach dem Beschluss des BVerfG ist es mit den Grundrechten aus Art. 2 Abs. 1 GG i. V. mit dem Sozialstaatsprinzip und aus Art. 2 Abs. 2 S. 1 GG nicht vereinbar, einen gesetzlich Krankenversicherten, für dessen lebensbedrohliche oder regelmäßig tödliche Erkrankung eine allgemein anerkannte, medizinischem Standard entsprechende Behandlung nicht zur Verfügung steht, von der Leistung einer von ihm gewählten, ärztlich angewendeten Behandlungsmethode auszuschließen, wenn eine auf Indizien gestützte, nicht ganz fern liegende Aussicht auf Heilung oder wenigstens auf eine spürbare positive Einwirkung auf den Krankheitsverlauf besteht.[990] Dabei hat das Gericht insbesondere den grundrechtlichen Schutz von Patienten, die in der gesetzlichen Krankenversicherung (zwangs-)versichert sind, hervorgehoben. Dahinter steht die Erwägung des BVerfG, dass es mit der allgemeinen Handlungsfreiheit (in Verbindung mit dem Sozialstaatsprinzip) nicht vereinbar ist, den Bürger einerseits der Versicherungspflicht zu unterwerfen (Zwangsversicherung) und ihm die notwendige Krankenbehandlung gesetzlich zuzusagen, ihn dann aber andererseits bei einer lebensbedrohlichen Erkrankung bei der Behandlung einer Krankheit durch möglicherweise heilende oder lebensverlängernde Behandlungsmethoden, wenn diese nicht völlig abwegig sind, auf die eigene Finanzierung zu verweisen.[991]

984 Ebsen, NDV 1997, S. 71, 77 f.; Neumann, NZS 1998, 401, 410.

985 BVerfGE 40, 121, 133; BVerfGE 45, 187, 228; BVerfGE 78; 104, 118; BVerfGE 82, 60, 85; BVerfGE 89, 346, 353.

986 Ebsen, NDV 1997, S. 71, 78; Neumann, NZS 1998, S. 401, 410.

987 BVerfGE 115, 25 ff.; Igl/Welti, Gesundheitsrecht, S. 27, Rn. 78; Huster, JZ 2006, S. 466 ff.; Kingreen, NJW 2006, S. 877 ff.

988 Vgl. nur aus der Literatur dem Beschluss zustimmend: Engelmann, MedR 2006, S. 245 ff.; Goecke, NZS 2006, S. 291; (eher) kritisch dem Beschluss gegenüberstehend bspw.: Heinig, NvwZ 2006, S. 771 ff.; Kingreen, NJW 2006, S. 877 ff.

989 BVerfGE 115, 25 ff. = NJW 2006, S. 891 ff.

990 BVerfGE 115, 25 und 49 f. – *Duchenne'sche Muskeldystrophie.*

991 Vgl. auch Dierks/Finn, in: Dieners/Reese, Hdb. des Pharmarechts, § 7, Rn. 110.

Auch fordere schon die Schutzpflicht des Staates für das Leben aus Art. 2 Abs. 2 Satz 1 GG den Versicherten eine medizinische Mindestversorgung bereitzustellen.[992]

Der Staat übernimmt also mit dem System der gesetzlichen Krankenversicherung die Verantwortung für das Leben und die körperliche Unversehrtheit der Versicherten, womit insbesondere die medizinische Vorsorge und Versorgung in Fällen einer lebensbedrohlichen oder regelmäßig tödlichen Erkrankung (unter gewissen Voraussetzungen) zum Kernbereich der Leistungspflicht und der von Art 2. Abs. 2 S. 1 GG geforderten Mindestversorgung gehört.[993]

Führt man diesen Gedanken weiter fort, so wird man auch von der Leistungspflicht des Staates hinsichtlich einer Versorgung mit sicheren und wirkungsvollen Medizinprodukten ausgehen müssen. Die Pflicht, ein angemessenes Schutzniveau des Krankenversicherungssystems zu schaffen, läuft im Ergebnis leer, wenn zwar Ärzte und Behandlungsmethoden zur Verfügung stehen, die verwendeten Medizinprodukte jedoch nicht sicher sind oder sogar erst gar nicht zur Verfügung stehen. Fehlerhafte Medizinprodukte führen in vielen Fällen zu weiteren Behandlungen und/oder medizinischen Eingriffen, die wiederum einen Eingriff in die körperliche Unversehrtheit darstellen. Der Staat hat den diagnostischen und therapeutischen Nutzen von Medizinprodukten und die damit verbundenen, oft lebenserhaltenden und lebensrettenden Funktionen sicherzustellen. Es reicht, entsprechend der staatlichen Pflicht nicht nur das Existenzminimum zu gewährleisten, sondern eine Normalversorgung für jeden Bürger bereitzustellen, nicht aus, dass Behandlungen mit veralteten, wirkungslosen oder sogar schädlichen Medizinprodukten erfolgen. Die Leistungspflicht umfasst in diesem Sinne die Bereitstellung von auf dem Stand der Technik befindlichen, wirkungsvollen Medizinprodukten, wobei das Risiko einer Gesundheitsschädigung möglichst gering zu halten ist.

Manche gehen sogar noch einen Schritt darüber hinaus. So geht *Seewald*, der sich der Frage eines Leistungsanspruches auf Gesundheit in mehreren Schriften angenommen hat,[994] bei der Annahme einer Pflicht des Staates zur Schaffung der Voraussetzungen des Art. 2 Abs. 2 S. 1 noch weiter. Es gehört seiner Ansicht nach auch zu den grundrechtlich verbürgten Pflichten des Staates, dafür Sorge zu tragen, dass sämtliche Maßnahmen zur Abwehr von Gefahren für die Gesundheit (Lebensmittelkontrolle, Luftreinhaltung, Lärmbekämpfung usw.) bis hin zur Schaffung von Erholungseinrichtungen, die einen medizinisch erforderlichen Ausgleich ermöglichen, getroffen werden.[995]

---

992 BVerfGE 115, 25, 49.

993 BVerfGE, 115, 25, 49; Wiedemann, in: Umbach/Clemens, Band I, Art. 2, Rn. 376; Schmidt-Aßmann, NJW 2005, S. 1689, 1691.

994 Vgl. unter anderem: Seewald, Zum Verfassungsrecht auf Gesundheit; ders., Gesundheit als Grundrecht;.

995 Seewald, Gesundheit als Grundrecht, S. 84.

d) Zusammenfassung

Es bestehen also methodisch gesehen keine unüberwindbaren Schwierigkeiten für die Annahme leistungsrechtlicher Ansprüche im Rahmen des Gesundheitsschutzes.[996] Diese Aussage darf jedoch nicht missverstanden werden. Es soll hieraus keine allgemeine Leistungspflicht des Staates hergeleitet werden, er habe persönlich die medizinische Grundversorgung zu sichern, indem er selbst Medizinprodukte herstellt oder deren Herstellung veranlasst. Es ist für den Staat gerade im Zeitalter der Technik und des stetigen Wandels auf Grund neuer Innovationen nicht möglich, die für die medizinische Grundversorgung notwendigen Medizinprodukten alleine bereitzustellen. Es kann also nur eine Gewährleistungsverantwortung dafür übernommen werden, dass die auf dem Markt befindlichen Medizinprodukte fehlerfrei sind und ihre Wirkungen erfüllen. Diese Gewährleistungsverantwortung kann erst dann in eine Erfüllungsverantwortung des Staates umschlagen, wenn die medizinische Grundverantwortung andernfalls nicht gesichert wäre.[997] Dies ist in Deutschland im Grunde nicht problematisch. Der Bereich der Gesundheitsvorsorge und -behandlung stellt einen lukrativen wirtschaftlichen Markt dar, der ohnehin freiwillig durch die Privatwirtschaft gedeckt wird. Die freie Marktwirtschaft darf aber in diesem Bereich nicht sich selbst überlassen werden. Der Staat hat für eine Überwachung dieses Wirtschaftszweiges Sorge zu tragen.

2. Ergebnis

Die Gesundheit der Bürger und damit jedes Einzelnen wird in Deutschland durch das Grundgesetz geschützt. Es ergeben sich Schutzpflichten des Staates für die Gesundheit seiner Bürger. Eine Leistungspflicht bei Medizinprodukten besteht nur im Rahmen einer Gewährleistungsverantwortung. Eine Erfüllungsverantwortung kann nur entstehen, wenn die medizinische Grundversorgung nicht mehr gegeben ist. Der Staat hat sich somit den von Medizinprodukten ausgehenden Gefahren anzunehmen. Auf Grund der erörterten Schutz- und Leistungspflichten des Staates für eine allgemeine Volksgesundheit, ist für den großen übergeordneten Bereich des Gesundheitsrechts und das zu diesem Bereich gehörende Medizinprodukterecht eine obligatorische Staatsaufgabe anzunehmen. Der Staat darf sich hier nicht durch eine vollständige Aufgabenprivatisierung seinen Verpflichtung entziehen. Nur der Staat kann hier in hinreichendem Maße durch seine Unabhängigkeit und die Durchsetzung von Anordnungen mit Zwangsgewalt einen ausreichenden Schutz gewährleisten.

Dies heißt jedoch nicht, dass der Staat sich auch der Kontrolle und Überwachung im Medizinprodukterecht direkt selbst annehmen muss. Der Staat ist nicht generell

996 Seewald, Gesundheit als Grundrecht, S. 86.

997 Dederer, Die Stellung des Gutes Gesundheit im Verfassungsrecht, S. 203; Landau, Gesundheit als Staatsziel?, S. 595; Siehe zur Erfüllungs- und Gewährleistungsverantwortung auch in diesem Kapitel unter A. III. 1 und H. V. im direkten Anschluss.

verpflichtet, seinen Schutzpflichten ausschließlich durch eine präventiv öffentlich-rechtliche Tätigkeit nachzukommen, d.h. durch Tätigwerden von Behörden im Vorhinein.[998] Auf eine präventive Kontrolle kann eher verzichtet werden, wenn eine umfassende materielle Programmierung und vor allem ein ausgefeiltes System der repressiven Kontrolle vorhanden ist.[999] Dies kann noch eher hingenommen werden als die völlige Aufgabe der Präventivkontrolle, womit gar keine staatlichen Aktivitäten mehr bestehen würden.[1000] Anders formuliert: „Mit jeder weiteren Privatisierung nimmt der Anteil an obligatorischem Staatsaufgaben innerhalb eines Aufgabenfeldes zu."[1001]

In Deutschland existiert ein weitreichend ausgebautes staatliches Überwachungssystem im Medizinprodukterecht.[1002] Und auch bereits auf Grund der europarechtlichen Bestimmungen ist der Staat zu einer umfassenden Überwachung angehalten. Durch dieses System kommt der Staat der Erfüllung seiner staatlichen Schutzpflichten in ausreichendem Maße nach. Die präventive Kontrolle wird der Privatwirtschaft überlassen, indem man Benannte Stellen schafft und überwacht, die im Bereich der Hersteller den Marktzugang kontrollieren. Durch dieses System der repressiven Überwachung der auf dem Markt befindlichen Medizinprodukte selbst auf der einen Seite und der Akkreditierung und Überwachung der Benannten Stellen auf der anderen Seite ist der staatlichen Schutzpflicht Genüge getan.[1003]

Aus wirtschaftlichen Gründen ist es auch gar nicht anders möglich, als sich zur Kontrolle der Marktfähigkeit medizinischer Konsumgüter „externer Berater" zu bedienen. Auf Grund der ausufernden Anzahl von Medizinprodukten und der stetigen neuen Innovationen und Produkte in diesem Bereich ist eine Kontrolle kaum anders möglich als durch die Hinzunahme nichtstaatlicher Prüfungsstellen, die eine jeweilige Sachkunde und Initiative aufweisen sowie die technischen und betrieblichen Mittel und Möglichkeiten zur Überprüfung vorrätig haben. Es würde einen enormen Verwaltungsapparat und nicht unerhebliche finanzielle Mittel erfordern, wenn der Staat die Kontrolle direkt selbst übernehmen wollte. Schutz- und Leistungspflichten sind nicht unbegrenzt gegeben. Die Schutz- und Leistungspflichten stehen immer unter dem Vorbehalt des Möglichen. Danach können Ansprüche gegen den Staat nur unter dem Vorbehalt staatlicher Leistungsfähigkeit stehen. Dieser Vorbehalt bezieht sich auf finanzielle Aspekte, aber auch auf die Sache selbst. Aus diesem Grund überträgt der Staat die Aufgabe der präventiven Marktzugangskontrolle

---

998 Hiltl, PharmaR 1997, S. 408, 409.

999 Burgi, Funktionale Privatisierung, S. 204; Vgl. auch Korioth, DÖV 1996, S. 665, 674 betreffend die Aufgabe der Präventivkontrolle des Bauens, im Hinblick auf die Schutzpflicht aus Art. 2 Abs. 2 S. 1 GG.

1000 Burgi, Funktionale Privatisierung, S. 204.

1001 Burgi, Funktionale Privatisierung, S. 204.

1002 Vgl. in diesem Kapitel F. V.

1003 So auch Kage, Das Medizinproduktegesetz, S. 195 und Quaas, Das Krankenhaus, S. 42 ff.

auf die privatrechtlich organisierten Benannten Stellen. Sie sind dafür zuständig, zu verhindern, dass unsichere Produkte auf den Markt gelangen.

V. Das Medizinprodukterecht als besonders sensibler Bereich

Auch wenn staatlich veranlasste gesellschaftliche Selbstregulierung nach der Ausgestaltung des Systems der Tätigkeiten Benannter Stellen in Deutschland nicht als das passende Rechtskonstrukt zu qualifizieren ist,[1004] so wäre es rechtlich gesehen wohl zulässig, die Benannten Stellen als ein Teil dieser Selbstregulierung auszugestalten, womit sie nicht hoheitlich, sondern rein privatrechtlich gegenüber den Herstellern auftreten würden.

Aus der im Grundgesetz verankerten Schutz- und Leistungspflicht des Staates zum Schutz der Gesundheit seiner Bevölkerung ist es jedoch wahrscheinlicher, dass der Gesetzgeber die Benannte Stelle als eine Beliehene angelegt hat. Als ein Indiz hierfür kann bereits der vom Gesetzgeber dem Gesundheitswesen zugeordnete, hohe Stellenwert durch das gesetzliche Pflichtversicherungssystem angesehen werden.[1005]

Die rechtliche Ausgestaltung zweier Überwachungssysteme in Bereichen, die wie das Medizinprodukterecht Einfluss auf die Volksgesundheit haben, bestätigt diese Annahme. Auch wenn teilweise die Bewältigung der Aufgaben des Staates durch repressive öffentlich-rechtliche Tätigkeiten alleine rechtlich zulässig ist und vom Staat auch so praktiziert wird, so kann an zwei Beispielen gezeigt werden, dass der Staat nach seiner bisherigen Handhabe von Gefahren durch Produkte für die Volksgesundheit, die Benannten Stellen als Beliehene angesiedelt hat. Ein Beispiel hierfür ist der Schutz der Bevölkerung vor gesundheitsschädlichen Lebensmitteln. In Deutschland sind Lebensmittel grundsätzlich nicht zulassungspflichtig.[1006] Sie müssen jedoch den Bestimmungen des Lebensmittelrechts, insbesondere den Bestimmungen des Lebens- und Futtermittelgesetzbuches[1007] und den nach diesem Gesetz erlassenen Verordnungen entsprechen. Es bleibt dabei in der Verantwortung der

1004 Vgl. in diesem Kapitel A. II. 3.

1005 Vgl. in diesem Zusammenhang auch Bieback, Zertifizierung und Akkreditierung, S. 240 und 246, die zwar keine Beleihung akkreditierter Stellen und hoheitliche Ausübung der Zertifizierungstätigkeit im Bereich des Technikrechts annimmt, es dennoch nicht ausschließt, dass weitere Indizien eine Rolle spielen können, wobei dies insbesondere in als besonders sensibel angesehenen Bereichen der Fall sein kann.

1006 Eine Ausnahme von diesem Grundsatz bieten jedoch bspw. die sogenannten „Novel-Food" Produkte (neuartige Lebensmittel). Diese müssen nach der Verordnung (EG) Nr. 258/97 des Europäischen Parlaments und des Rates vom 27.01.1997 über neuartige Lebensmittel und neuartige Lebensmittelzutaten (ABl. EG vom 14.02.1997 Nr. L 43, S. 1) kurz: Novel Food Verordnung (NFV) wegen ihres besonderen gesundheitsgefährdenden Potentials (Gentechnik) zugelassen werden.

1007 Lebensmittel-, Bedarfsgegenstände und Futtermittelgesetzbuch (Lebens- und Futtermittelgesetzbuch – LFBG) vom 01.09.2005 (BGBl. I S. 2618 ff.), in der Fassung

Hersteller, die umfangreichen öffentlich-rechtlichen Vorgaben zu erfüllen. Bringt ein Hersteller ein Nahrungsmittel auf den Markt und stellt sich heraus, dass dieses gesundheitsschädlich ist, so können die Behörden nach § 38 ff. LFBG Maßnahmen ergreifen, insbesondere das Nahrungsmittel aus dem Verkehr ziehen, und ein Ordnungswidrigkeits- oder Strafverfahren nach § 58 ff. LFBG einleiten.

Ein Gegenbeispiel, in dem der Gesetzgeber eine repressive Kontrolle für nicht ausreichend erachtet hat, sind die Gefahren, die von Arzneimitteln ausgehen können. Aus der Schutzpflicht für Leben und Gesundheit wird im Rahmen der Risiken durch Arzneimittel eine staatliche Pflicht zur Arzneimittelkontrolle durch präventive Prüfungs- und Zulassungsverfahren abgeleitet.[1008] Diese Annahme wurde vor allem auf Grund des Contergan-Skandals in den sechziger Jahren gemacht.[1009]

Beide Beispiele haben mit der Gesundheit der Bevölkerung zu tun. In dem einen Fall hat sich der Gesetzgeber für eine staatliche Zulassung entschieden, im anderen hielt er eine repressive Kontrolle für ausreichend. Auch wenn die von Medizinprodukten ausgehenden Risiken wohl weitaus größer und schwerwiegender sind, als die von Nahrungsmitteln ausgehenden, so steht dem Staat dennoch ein weites „Entschließungs- wie auch Auswahlermessen“ zu, wie er seine Pflichten in diesem Bereich erfüllt.[1010] Bei dessen Ausübung muss jedoch der Bedeutung des zu schützenden Rechtsguts und der Größe der drohenden Gefahr Rechnung getragen werden.[1011] Grundrechtsverletzungen im Rahmen der Schutzpflicht für das Leben sind stets irreparabel, daher ist die Schutzpflicht hier sehr ausgeprägt. Die Schutzpflicht ist bei Risiken für die körperliche Unversehrtheit schwächer, da Grundrechtsverletzungen in diesem Bereich nicht von derselben Endgültigkeit sein müssen.[1012]

Der Gesetzgeber hat sich im Wege des Ermessens im Bereich der Medizinprodukten offensichtlich für einen Mittelweg entschieden. Er belässt die Verantwortung größtenteils beim Hersteller und fordert vor dem Inverkehrbringen eines Produkts lediglich die Kontrolle durch eine Benannte Stelle. Nach dem Inverkehrbringen unterliegt der Hersteller wiederum auch der repressiven Überwachung durch die zuständigen Behörden.[1013] Diese Entscheidung des Staates ist, wie bereits gezeigt auch zulässig, solange das verfassungsrechtlich geforderte Schutzniveau eingehalten wird. Dann steht es dem Staat frei, ob er die Überwachung von gefährlichen

der Bekanntmachung vom 03.06.2013 (BGBl. I S. 1426), zuletzt geändert durch Art. 1 der Verordnung vom 28.05.2014 (BGBl. I S. 698).

1008 Seewald, Gesundheit als Grundrecht, S. 52; Schwabe, Probleme der Grundrechtsdogmatik, S. 239 f.; Hermes, Das Grundrecht auf Schutz von Leben und Gesundheit, S. 12.

1009 Hiltl, PharmaR 1997, S. 408, 409.

1010 Brohm, JZ 1994, S. 213, 218.

1011 Dietlein, Die Lehre von den grunrechtlichenSchutzpflichten, S. 105 ff.; Burgi, Funktionale Privatisierung, S. 202.

1012 Pieroth/Schlink, Grundrechte –Staatsrecht II, S. 101, Rn. 433.

1013 Hiltl, PharmaR 1997, S. 408, 410.

Verhaltensweisen präventiv oder repressiv kontrolliert.[1014] Auch kann er entscheiden, ob er diese Kontrolle selbst vornimmt oder ob er sich auf die Kontrolle privater Akteure beschränkt.[1015] Entscheidet sich der Staat, private Aufgabenträger einzubeziehen, so müssen jedoch die staatlichen „Auffangnetze" der „gesellschaftlichen Selbstregulierung" enger geknüpft werden, das heißt, es sind in den betroffenen Aufgabenfeldern die Staatsaufgaben der Steuerung und Kontrolle jener Selbstregulierungsprozesse auszubauen.[1016]

Jedenfalls sind die Gefahren, welche von Medizinprodukten ausgehen, bezogen auf ihr Risikopotential, vergleichbarer mit den von Arzneimitteln ausgehenden Gefahren als mit solchen von Lebensmitteln. Der Staat hat bei Arzneimitteln entschieden, dass ein staatliches Prüfungs- und Zulassungsverfahren notwendig ist. Man kann also in Anlehnung daran davon ausgehen, dass er im Bereich der Medizinprodukte diese Verfahren nicht ganz aus der Hand geben will, sondern im Wege der Beleihung diese Verfahren durch einen staatlichen Verwaltungsträger ausgeübt sehen möchte. Dies überzeugt einmal mehr, wenn man sich bewusst macht, dass viele Medizinprodukte früher unter die Regelungen des Arzneimittelgesetzes gefallen sind.[1017]

Die Beleihung als Rechtsinstitut erfüllt gerade diesen eingeschlagenen Mittelweg. Der Staat zieht sich durch die Beleihung nicht vollends aus dem Bereich der Kontrolle zurück, wie er dies bei einer staatlich veranlassten gesellschaftlichen Selbstregulierung tun würde. Es bleibt ihm jedoch der Vorteil, keinen eigenen Verwaltungsapparat für die Zulassung von Medizinprodukten schaffen zu müssen. Durch eine Beleihung werden Verwaltungsaufgaben unter Staatsaufsicht wahrgenommen, ohne dass der Staat eine eigene Behörde schaffen muss.[1018] Der Beliehene unterliegt daher auch der Fach- oder zumindest der Rechtsaufsicht des jeweils beleihenden Verwaltungsträgers.[1019] Bei einer Aufgabenprivatisierung zieht sich der Staat weitestgehend aus der Verantwortung zurück. Es besteht lediglich eine schwache staatliche Gewährleistungsverantwortung fort.[1020] Bei einer Beleihung hingegen hat der Staat weiterhin die staatliche Erfüllungsverantwortung wie auch

---

1014 Burgi, Funktionale Privatisierung, S. 202; Betreffend das Arzneimittelwesen vgl. Di Fabio, VerwArch 81 (1990), S. 193, 223 f.; Betreffend die Aufgabenfelder des Umweltschutzes vgl. Reinhardt, AöR 1993, S. 617, 652 f.

1015 Burgi, Funktionale Privatisierung, S. 202.

1016 Hoffman-Riem, DV 28 (1995), S. 425, 430 f.; Burgi, Funktionale Privatisierung, S. 200.

1017 Vgl. auch Di Fabio, VerwArch 81 (1990), S. 193, 223, nach dessen Ansicht sich die ausgedehnte praktische Entscheidungsverlagerung bei der Arzneimittelzulassung auf von Arzneimittelherstellern ausgewählte Sachverständige im Hinblick auf die staatlichen Schutzpflichten als problematisch erweist.

1018 Wolff/Bachof/Stober/Kluth, VerwR II, § 90, Rn. 1.

1019 Maurer, Allg. VerwR, Teil 6, § 23, Rn. 57; Vgl. hierzu auch im 3. Kapitel C. V.

1020 Burgi, in: Erichsen/Ehlers, Allg. VerwR, § 10, Rn. 9 f.

eine intensive Gewährleistungsverantwortung.[1021] Die Anbindung an den Staat ist auch erforderlich, um die Tätigkeiten der Benannten Stellen im Hinblick auf die Erreichung der Schutzziele Sicherheit, Gesundheit oder allgemein gesagt, das Gemeinwohl, hinreichend sicher und zuverlässig zu gewährleisten.[1022]

Das besondere ist hier zudem, dass die Benannten Stellen auch Aufgaben in der repressiven Überwachung wahrnehmen. Der Staat zieht sich also nicht lediglich aus der präventiven Überwachung zurück, sondern auch zu einem Teil aus der repressiven Überwachung. Man könnte auf Grund dieser Tatsache argumentieren, dass sich der Staat damit etwas zu weit aus der Überwachung zurücknimmt und er seinen Schutzpflichten damit nicht mehr ausreichend nachkäme.[1023] Auch aus diesem Grund sollte eine Beleihung angenommen werden, da mit einer Beleihung auf Grund der Einbindung des Beliehenen in das staatliche Verfahren obligatorische staatliche Aufgaben in umfangreicherem Maße auf Private übertragen werden dürfen. Grund dafür ist, dass eine Beleihung keine Aufgabenprivatisierung darstellt. Der Beliehene nimmt weiterhin (obligatorische) Staatsaufgaben wahr.[1024] Zum anderen entsteht die Schutzpflicht auf Grund der teilweise besonders großen, von Medizinprodukten ausgehenden Gefahren bereits im Risikobereich.[1025] Das Risiko liegt bereits in dem Zeitpunkt vor, in dem ein fehlerhaftes Medizinprodukt auf den Markt zu gelangen droht. Ist ein Produkt einmal auf dem Markt, so gehen von ihm unmittelbar Gefahren aus. Ob gerade bei Produkten der höheren Risikoklassen eine repressive staatliche Überwachung ausreicht, darf bezweifelt werden. Ist ein Brustimplantat, Hüftgelenk oder ähnliches einmal eingesetzt, so kann dies nur schwer rückgängig gemacht werden.

VI. Verfassungsrechtliche Bindung der Benannten Stellen

Die weitreichenden Befugnisse der Benannten Stellen können zudem gerechtfertigt werden, wenn die Benannten Stellen bei der Ausübung ihrer Tätigkeiten zumindest an die verfassungsrechtlichen Grundsätze gebunden sind. Jenseits der Wahrnehmung von Staatsaufgaben vermag eine solche verfassungsrechtliche Bindung nicht gelingen.[1026] Eine solche Bindung ist nur bei einem Beliehenen möglich, da dieser Staatsaufgaben wahrnimmt. Bei einem Verwaltungshelfer ist diese Bindung bereits nicht mehr gegeben.[1027]

1021 Burgi, in: Erichsen/Ehlers, Allg. VerwR, § 10, Rn. 9 f.
1022 Röhl/Schreiber, Konformitätsbewertung in Deutschland, S. 64.
1023 Vgl. auch Hiltl, PharmaR 1997, S. 408, 411, der die repressive Überwachungstätigkeiten nach dem erstmaligen Inverkehrbringen als eine originäre Staatsaufgabe betrachtet, die nicht ohne weiteres privatisiert werden darf.
1024 Vgl. in diesem Kapitel A. I. 7.; Zudem: Burgi in: FS für Hartmut Maurer, S. 585.
1025 Vgl. hierzu auch in diesem Kapitel F. V. 1.
1026 Burgi, Funktionale Privatisierung, S. 331 ff.
1027 Schulte, DVBl. 1995, S. 130, 134.

Mit dem Ergebnis einer Beleihung und der damit verbundenen verfassungsrechtlichen Bindung ließe sich auch die Tatsache, dass in Deutschland nicht nur privatrechtlich organisierte Einheiten als Benannte Stellen fungieren können, sondern auch öffentlich-rechtlich organisierte Einheiten besser verstehen und erklären. Das MPG und die MPV unterscheiden zwischen den beiden Rechtsformen auch nicht. Beide unterschiedlichen Einheiten werden nach denselben Voraussetzungen benannt und handeln in der Folge auch unter denselben Vorgaben gegenüber den Herstellern. Ein Unterschied besteht jedoch darin, dass die öffentlich-rechtlich genannten Stellen im Gegensatz zu privaten Benannten Stellen stets verfassungsrechtlich gebunden sind, obwohl beide zivilvertraglich handeln. Dieses Ergebnis scheint ungewollt, so könnten sich die Hersteller gegenüber öffentlich-rechtlichen Benannten Stellen auf ihre Verfassungsrechte berufen, gegenüber einer privaten Benannten Stelle jedoch nicht. Aus diesem Grund wird die Möglichkeit der Benennung öffentlich-rechtlicher Einheiten beispielsweise von Röhl als „systemwidrig" bezeichnet.[1028] Diese Systemwidrigkeit besteht bei der Qualifizierung der Benannten Stellen als Beliehene nicht.

I. Öffentlich-rechtlich organisierte Benannte Stellen

Wie bereits gezeigt sind neben den privatrechtsförmig organisierten Benannten Stellen auch öffentlich-rechtlich organisierte Benannte Stellen akkreditiert worden.[1029] Dies ist nach den gemeinschaftsrechtlichen Vorgaben auch gerade vorgesehen. Dass diese öffentlich-rechtlich organisierten Stellen nicht automatisch hoheitlich handeln, sondern auch privatrechtliche handeln könnten, wurde bereits dargestellt.[1030] Da sie keine Aufgaben wahrnehmen, die lediglich ihnen vorbehalten sind, sondern sie in Konkurrenz zu den privatrechtlich organisierten Benannten Stellen tätig werden, wäre auch bei ihnen ein privatrechtliches Handeln möglich. Mit dem Ergebnis, dass die privatrechtlich organisierten Benannten Stellen hoheitlich Handeln und somit Beliehene sind, ist auch die Entscheidung darüber gefallen, dass in diesem Falle auch die öffentlich-rechtlich organisierten Stellen hoheitlich handeln.

J. Zusammenfassung der Untersuchungsergebnisse

Das heutige System der Zulassung von Medizinprodukten, aktiven implantierbaren medizinischen Geräten und In-vitro-Diagnostika entstammt nicht der Feder des deutschen Gesetzgebers, sondern es fußt auf einem Konzept des europäischen Gesetzgebers, welches in das nationale Recht umgesetzt worden ist. Dabei hat jedes Medizinprodukt je nach seiner Klassifizierung ein Konformitätsbewertungsverfahren

1028 Röhl, Akkreditierung und Zertifizierung, S. 23.
1029 Siehe im 3. Kapitel B. III. 6.
1030 Siehe im 2. Kapitel unter C. VI.

zu durchlaufen, um auf dem europäischen Markt vertrieben werden zu dürfen. Die Konformitätsbewertung (oder auch Zertifzierung) kann in den meisten Fällen nicht durch den Hersteller selbst durchgeführt werden, sondern ist durch eine Benannte Stelle vorzunehmen. Je nach Klassifizierung entscheidet sich auch, nach welchem spezifischen Verfahren eine Überprüfung anhand von anwendbaren Modulen (A bis G) durchzuführen ist. Am Ende einer erfolgreichen Konformitätsbewertung darf das CE-Kennzeichen an das jeweilige zertifizierte Medizinprodukt angebracht werden.

Den Benannten Stellen kommt im Rahmen dieses Konformitätsbewertungsverfahrens eine Schlüsselfunktion zu. Ihre Befugnisse reichen von einer transnationalen Wirkung entfaltenden Zertifizierung von Produkten und Qualitätssicherungssystemen bis hin zu einer damit einhergehenden einseitigen Einschränkung oder Zurückziehung der Zertifizierung. Ohne eine Zertifizierung darf eine CE-Kennzeichnung nicht an ein Medizinprodukt angebracht werden, welche die entscheidende Voraussetzung ist, um ein Produkt innerhalb der Europäischen Union auf den Markt bringen zu dürfen. Somit entscheiden die Benannten Stellen faktisch über den Zugang eines Produkts zum europäischen Binnenmarkt. Im Anschluss an eine Zertifizierung unterliegt der zertifizierte Hersteller neben der staatlichen Marktaufsicht auch der Überwachung durch die Benannte Stelle, die eine jeweilige Zertifizierung vorgenommen hat, und welche damit zu regelmäßigen Kontrollen sowie unangemeldeten Besichtigungen berechtigt und teilweise sogar verpflichtet ist.

Es hat sich gezeigt, dass die gemeinschaftlichen Rechtsakte keine Aussage darüber treffen, ob die Konformitätsbewertung von Medizinprodukten, aktiven implantierbaren medizinischen Geräten und In-vitro-Diagnostika in staatlicher oder privater Regie vorgenommen werden soll. Der supranationale Gesetzgeber wollte es offensichtlich vielmehr den einzelnen Mitgliedsstaaten überlassen, ob sie die Zertifizierung als ein staatliches oder privates Verfahren ausgestalten. Nach deutschem Recht kommen größtenteils privatrechtsförmig organisierte Einheiten, teilweise jedoch auch öffentlich-rechtliche Einheiten, als Benannten Stellen in Deutschland zum Einsatz. Beide werden von den Herstellern selbst direkt beauftragt. Die Einbindung Privater in die Erfüllung öffentlicher Aufgaben ist in Deutschland in verschiedenen Formen möglich. Nach deutschem Recht kommt eine Ausgestaltung der Benannten Stellen als Beliehene, Verwaltungshelfer oder als eine Form der staatlich veranlassten gesellschaftlichen Selbstregulierung in Frage.

Dass es sich bei den Benannten Stellen nicht um Verwaltungshelfer handelt, konnte relativ schnell auf Grund der nicht nur vorbereitenden und durchführenden Handlungen der Benannten Stellen sondern ihrer entscheidenden Tätigkeiten in vollständiger Eigenwahrnehmung festgestellt werden. Als Zuordnungsobjekt für Benannte Stellen im Medizinprodukterecht kommt daher die staatlich veranlasste gesellschaftliche Selbstregulierung und die Beleihung in Frage. Für eine Zuordnung der Tätigkeiten der Benannten Stellen zu einer der beiden rechtlichen Erscheinungsformen ist entscheiden, ob den Benannten Stellen vom Gesetzgeber hoheitliche Befugnisse zur Aufgabenwahrnehmung übertragen worden sind. Dies ist das entscheidende Abgrenzungskriterium, welches die Beleihung von allen anderen Formen der Beteiligung Privater an der Erfüllung öffentlicher Aufgaben unterscheidet. Jedoch kann dieses Abgrenzungskriterium durchaus Schwierigkeiten bereiten, wenn der Private nicht eindeutig selbst Verwaltungsakte erlassen kann oder er typisch obrigkeitliche Befehls- und Zwangsgewalt ausüben kann. In diesen Fällen ist dann die Gesamtschau der Einzelregelungen zu den übertragenen Befugnissen nach Inhalt und Zweck entscheidend, um daraus eine öffentlich-rechtliche Kompetenzübertragung herleiten zu können.

Aus dieser Gesamtschau ergibt sich, dass die Benannten Stellen öffentliche Aufgaben wahrnehmen und hierzu mit Befugnissen ausgestattet wurden, die eine öffentlich-rechtliche Kompetenzübertragung beinhalten.

Die Benannten Stellen als entscheidende Institutionen bei der Durchführung des Konformitätsbewertungsverfahrens erfüllen eine Schutzfunktion, indem sie Risiken und Gefahren vor dem ersten In-Verkehr-Bringen zu vermeiden helfen. Nach § 1 des MPG ist Zweck des Medizinproduktegesetzes, Patienten, Anwender und Dritte vor Risiken und Gefahren, die von Medizinprodukten ausgehen können, umfassend zu schützen. Mit dieser Schutzfunktion kommt den Benannten Stellen eine bedeutende Stellung im Rahmen der Zweckerfüllung des MPG zu. Das MPG ist seinem Regelungszweck nach dem Sicherheitsrecht zuzuordnen. Betrachtet man die Tätigkeiten der Benannten Stellen vom Schutzzweck des Medizinproduktegesetzes her, so lässt sich deren Tätigkeit bereits aufgrund ihrer Eingliederung in den Prozess der Produktzulassung als öffentlich-rechtlich (hoheitlich) charakterisieren. Den Benannten Stellen sind materiell-polizeiliche Aufgaben der Gefahrenabwehr übertragen.

Die deutschen Gesetzestexte zum Medizinprodukterecht und der Tätigkeiten der Benannten Stellen in diesem Rahmen äußern sich nicht ausdrücklich zur Rechtsnatur der Benannten Stellen oder deren Aufgabenwahrnehmung. Es lassen sich nur Indizien finden, die für ein hoheitliches Handeln und für eine Beleihung sprechen. Insbesondere die Ausstattung der Benannten Stellen mit der Befugnis, eine Zertifizierung einseitig einzuschränken oder zurückzunehmen, sind untypisch für ein privatrechtliches Rechtsverhältnis und sprechen klar für ein hoheitliches Handeln. Dass diese Befugnisse auf Grund des 2. MPG-Änderungsgesetzes nun nicht mehr mit den Herstellern vertraglich zu vereinbaren sind, sondern bereits kraft Gesetzes bestehen, stützt dieses Ergebnis. Dies bestätigt auch die rechtliche Ausgestaltung dieser Befugnisse, die klar an das Verwaltungsverfahrensgesetz und die verwaltungsrechtlichen Entscheidungsmaßstäbe angelehnt sind. Auch die Anwendung der Verwaltungsrechtsweges (und damit der Verwaltungsgerichtsordnung) stellt sich als der passende Rechtsweg dar, um insbesondere die Hersteller gegenüber den Benannten Stellen und deren weitreichenden Maßnahmen hinreichend zu schützen. Lediglich die Gesetzesbegründung könnte einen Zweifel an diesem Ergebnis begründen. Diese Zweifel werden jedoch relativiert, wenn man sich bewusst macht, dass der Wille des Gesetzesgebers nicht zwangsweise der Wille der Verfasser eines Gesetzesentwurfs oder einer Gesetzesbegründung ist. Für die Auslegung von Gesetzesvorschriften ist daher der in dieser zum Ausdruck kommende objektivierte Wille des Gesetzgebers, so wie er sich aus dem Wortlaut der Gesetzesbestimmungen und dem Sinnzusammenhang ergeben. Diese sprechen hingegen für ein hoheitliches Handeln der Benannten Stellen.

Die Tätigkeiten der Benannten Stelle lassen sich auch der Kategorie der staatlich veranlassten gesellschaftlichen Selbstregulierung und deren bisherigen Erscheinungsformen nicht wirklich zuordnen. Das Modell der Selbstregulierung passt nicht zur Aufgabenwahrnehmung der Benannten Stellen im Medizinprodukterecht. Hierfür spricht zunächst die geforderte Unabhängigkeit der Benannten Stellen von den Herstellern. Entscheidend ist jedoch, dass sich die Hersteller von Medizinprodukten in den meisten Fällen einer Zertifizierung und damit einer Einschaltung einer Benannten Stelle nicht entziehen können, wenn sie ihr Produkt auf den Markt bringen wollen. Des Weiteren gehen die weitreichenden Befugnisse Benannter Stellen gegenüber den Herstellern und die anschließende Überwachung dieser weit über das hinaus, was man als eine „Selbstregulierung" bezeichnen könnte.

Die Annahme einer Ausgestaltung der Benannten Stellen mit hoheitlichen Befugnissen entspricht auch der von der Rechtsprechung zur Abgrenzung von privatwirtschaftlichem und hoheitlichen Handeln entwickelten Kriterien, wenn ein privater Prüfer in ein Verwaltungsverfahren eingebunden wird und nicht eindeutig klar ist, ob dieser mit hoheitlichen Befugnissen vom Gesetzgeber ausgestattet worden ist oder nicht. Die als entscheidend erachteten Kriterien für ein hoheitliches Handeln, wie die Regelung der Tätigkeit durch öffentlich-rechtliche Vorschriften, der Zusammenhang mit einer behördlichen Tätigkeit sowie die Verpflichtung zur Einschaltung der Prüfstelle sind allesamt zugunsten eines hoheitlichen Tätigwerdens bei der Zertifizierung von Medizinprodukten und den weiteren Tätigkeiten der Benannten Stellen erfüllt. Dabei spielt insbesondere auch die Einbindung der Benannten Stellen in das System der behördlich organisierten Marktaufsicht eine Rolle in welche die Benannten Stellen untrennbar mit eingebunden sind.

Die angestellten Untersuchungen zum Schutz der Volksgesundheit und der damit verbundenen staatlichen Schutz- und Leistungspflichten haben zwar ergeben, dass der Staat durch die Überwachung der Benannten Stellen und das detaillierte System der repressiven Marktaufsicht seinen Pflichten im Ergebnis auch nachkommen würde, wenn er das Konformitätsbewertungsverfahren unter Einbeziehung der Benannten Stellen als System der staatlich veranlassten gesellschaftlichen Selbstregulierung angelegt hätte, ohne das damit eine Beleihung der Benannten Stellen verbunden wäre. Es handelt sich bei der Zertifizierung also nicht um eine obligatorische Staatsaufgabe, die der Staat zwangsweise selbst erledigen muss oder in Teilen nur einem Beliehenen überlassen darf. Jedoch zeigt der vom Gesetzgeber dem Gesundheitsschutz zugewiesene hohe Stellenwert, dass eine Beleihung und die damit einhergehenden Konsequenzen, wie beispielweise die Beibehaltung der staatlichen Erfüllungsverantwortung und einer intensiven Gewährleistungsverantwortung sowie die Bindung der Benannten Stellen an die verfassungsrechtliche Ordnung, das zu diesem hohen Stellenwert passende und angemessene Rechtsinstitut für die Tätigkeiten der Benannten Stellen ist.

Hätte man es mit einem Prozess im Strafrecht zu tun, so würde man landläufig wohl von einem „Indizienprozess" sprechen. Es gibt kein einzelnes Argument, welches einen eindeutig sagen lassen würde, „aus diesem einen Grund kann eine Benannte Stelle nach dem Medizinproduktegesetz nur hoheitlich beziehungsweise privatwirtschaftlich handeln". Es kann ein Ergebnis nur aus dem Gesamtkonzept der einschlägigen Regelungen und der Gesamtschau aller Argumente erfolgen.[1031] Keines der genannten Indizien kommt so ein schwerwiegendes Gewicht zu, dass es isoliert betrachtet zu einem klaren Ergebnis führen würde. In einer Zusammenschau der hier vorgenommenen Untersuchung spricht der Großteil der Argumente jedoch für eine Beleihung. Die in der Literatur verwendeten Argumente, die angeblich auf ein rein privatwirtschaftliches Handeln hindeuten würden, können nicht überzeugen. Insbesondere konnte widerlegt werden, dass es auf Grund der europaweiten Wirkung der Entscheidungen ausgeschlossen wäre, dass die deutschen Benannten Stellen hoheitlich Handeln würden. Die europaweite Geltung der Entscheidungen Benannter Stellen stehen der Qualifizierung der Tätigkeiten der Benannten Stellen als eine hoheitliche, ungeachtet der Ansicht einiger Literaturstimmen, nicht entgegen. Handlungen die in Deutschland rechtlich als Verwaltungsakte einzuordnen sind, wie auch die Entscheidungen deutscher Benannter Stellen, sind auf Grund europarechtlicher Regelungen nicht anders zu beurteilen. Das deutsche Verwaltungsrecht und dessen Handlungsformen werden durch das Europarecht nicht geändert. Die Zertifizierung eines Herstellers mit Sitz in einem anderen Mitgliedsstaat, die dazu möglicherweise erforderliche physische Grenzüberschreitung, um eine Zertifizierung vor Ort vorzunehmen, sowie die anschließenden Besichtigungen und Audits bei dem ausländischen Hersteller, sind Verwaltungsakte, deren Erlass jedoch keinen unrechtmäßigen Eingriff in die Gebietshoheit des Mitgliedsstaates, in dem ein Hersteller ansässig ist, darstellen. Solche Verwaltungsakte mit extraterritorialer Wirkung sind als sogenannte „transnationale Verwaltungsakte" zulässig. Mit dem Ergebnis der Beleihung lassen sich auch die sich bei einer Qualifizierung der Tätigkeiten als eine Art der Selbstregulierung und damit als privatwirtschaftliches Handeln sonst ergebenden Systemwidrigkeiten, wie beispielsweise unterschiedliche verfassungsrechtliche Bindungen im Gegensatz zu öffentlich-rechtlich organisierten Benannten Stellen, überwinden.

Ebenso das nicht vorliegende Recht zur Gebührenerhebung durch die Benannten Stellen, welches typisch für eine Beleihung wäre deutet nicht auf ein privatrechtliches Handeln der Benannten Stellen hin, sondern lässt sich unter anderem mit der Möglichkeit europaweit tätig zu werden erklären. Des Weiteren betont die Rechtsprechung, dass es nicht ausschlaggebend ist, dass die Benannten Stelle direkt durch die Hersteller beauftragt werden und auch von diesen eine individuell vereinbarte Bezahlung erhalten. Der Beleihungsbegriff ist grundsätzlich neutral zur finanziellen Situation und Refinanzierung der Tätigkeiten im Rahmen der Beleihung. Das gleiche gilt für die Pflicht zum Abschluss einer Haftpflichtversicherung der Benannten Stellen, die nach hier vertretener Ansicht ohnehin nicht besteht, sowie den gesetzlich nicht geregelten Regress des Staates bei Pflichtverletzungen der Benannten Stellen

1031 Vgl. nur BVerwG, NJW 1981, S. 2482, 2482: Entscheidend ist die Gesamtschau der Einzelregelungen nach Inhalt und Zweck, um daraus eine öffentlich-rechtliche Kompetenzübertragung herleiten zu können.

oder eine generellen Haftungsausschluss.[1032] Auch diese Argumente sind nicht zielführend, eine Beleihung der Benannten Stellen abzulehnen.

Die Qualifizierung als Beleihung führt zu einem wünschenswerten Gleichlauf der Rechtsmittel und des Rechtsweges sowohl bei Streitigkeiten im Zusammenhang mit der Erteilung eines CE-Kennzeichens als auch der Akkreditierung der Benannten Stellen. Eine Beleihung ist der Bedeutung der Benannten Stellen für die Volksgesundheit und der Stellung der Benannten Stellen im Zulassungsverfahren von Medizinprodukten angemessen. Durch die Einbindung Beliehener in die staatliche Aufgabenerfüllung, wird zudem das Vertrauen der Bevölkerung in das Zulassungsverfahren gestärkt.

Im Gesamtergebnis sind die deutschen Benannten Stellen im Rahmen des Medizinprodukterechts als Beliehene zu qualifizieren, die gegenüber den sie beauftragenden Herstellern hoheitlich Handeln und diesen gegenüber bei Maßnahmen Verwaltungsakte erlassen. Der richtige Rechtsweg, der gegen Handlungen der Benannten Stellen zu beschreiten ist, ist der Verwaltungsrechtsweg nach der VwGO. Inwieweit der Staat auf Grund dieses Ergebnisses für Pflichtverletzungen der Benannten Stellen rechtlich einzustehen hat, wird im Anschluss erörtert.

1032 Siehe hierzu im Detail auch im 4. Kapitel, dort insbesondere unter A. 8.

4. Kapitel: Amtshaftung bei Pflichtverletzungen der Benannten Stellen

Wie in der bisherigen Untersuchung gezeigt, handelt es sich bei den für die Konformitätsbewertung von Medizinprodukten zuständigen Benannten Stellen um Beliehene.

Wenn nunmehr eine beliehene Benannte Stelle bei der Ausübung der ihr übertragenen Aufgaben und Befugnisse eine ihr als Beliehene obliegende Rechtspflicht verletzt und dadurch einem Dritten ein Schaden entsteht, stellt sich die Frage, wer für diesen Schaden aufkommen muss. Im Folgenden wird sich daher mit einer möglichen Amtshaftung auseinandergesetzt. Dies geschieht insbesondere im Hinblick auf denkbare Schadensersatzansprüche, wenn Patienten durch fehlerhafte aber dennoch zertifizierte und damit auf dem Markt befindliche Medizinprodukte zu Schaden kommen. In diesem Zusammenhang wird auf die einzelnen Tatbestandsmerkmale der Amtshaftung eingegangen, um zu klären, ob und wann diese bei den Tätigkeiten der Benannten Stellen vorliegen. Da es keine Kodifizierung des Staatshaftungsrechts gibt, es vielmehr oftmals „case law“ darstellt, das Gesetz nur einen Rahmen vorgibt und jeder Fall anhand seiner Einzelheiten zu beurteilen ist, können diese Tatbestände nur allgemein dargestellt werden, um dann auf den Einzelfall angewendet zu werden.[1033]

Es werden daher die einzelnen Tatbestandsmerkmale des Amtshaftungsanspruchs dargestellt, jedoch spezifisch bezogen auf die Zertifizierung von Medizinprodukten durch die Benannten Stellen. Von grundlegender Bedeutung bei der in Frage stehenden Amtshaftung wird es immer sein, welche Pflichten Benannten Stellen bei der Zertifizierung und im Rahmen der Überwachung obliegen und ob Verbraucher beziehungsweise Patienten in den Schutzzweck dieser Amtspflichten einzubeziehen sind. Diesen beiden Punkten wird sich daher ausführlich angenommen. Weiter wird aufgezeigt, inwieweit der Staat sich aus dieser Haftung möglicherweise befreien könnte oder jedenfalls Regress bei den Benannten Stellen nehmen kann.

A. Haftung bei Amtspflichtverletzungen gemäß § 839 Abs.1 BGB i.V.m. Art. 34 GG

Die geltende Rechtsgrundlage für einen Anspruch aus Amtshaftung ist Art. 34 S. 1 GG i.V.m. § 839 BGB. Beide Vorschriften sind zusammen zu lesen.[1034] § 839 BGB regelt, unter welchen Voraussetzungen fehlsames hoheitliches Handeln oder Unterlassen zum Schadensersatz führt. Art. 34 S. 1 GG verlagert die aus § 839 BGB

1033 Vgl. Ossenbühl, NJW 2000, S. 2945, 2948; Schumacher, BADK-Information 4/2012, S. 144, 148.

1034 Ossenbühl/Cornils, Staatshaftungsrecht, S. 11, 14.

den handelnden Amtswalter persönlich treffende Schadensersatzverpflichtung auf den Hoheitsträger (= i.d.R. die Anstellungskörperschaft des fehlsamen Beamten im haftungsrechtlichen Sinne).[1035] Es handelt sich bei Art. 34 S. 1 GG um eine verfassungsrechtlich verbürgte befreiende Schuldübernahme.[1036] Das Besondere der Amtshaftung besteht also darin, dass sie von der persönlichen Haftung des handelnden Amtswalters ausgeht und diese Haftung auf den Staat (womit auch andere Hoheitsträger eingeschlossen sind) überleitet.[1037] Es handelt sich bei der Amtshaftung insoweit nicht um eine unmittelbare Staatshaftung, sondern um eine mittelbare Staatshaftung.[1038]

Bei der Erfüllung von hoheitlichen Aufgaben ist eine funktionale Betrachtungsweise vorzunehmen, mit der Folge, dass der gesamte Tätigkeitsbereich, der sich auf die Erfüllung einer bestimmten hoheitlichen Aufgabe bezieht, einem einheitlichen Haftungsregime zu unterwerfen ist, und zwar dem Recht der öffentlich-rechtlichen Ersatzleistungen, insbesondere der Amtshaftung.[1039] Es wäre mit dem Sinn des Art. 34 GG nicht zu vereinbaren, eine einheitliche Aufgabe in Einzelakte – teils hoheitsrechtlicher, teils bürgerlich-rechtlicher – Art aufzuspalten und einer gesonderten Beurteilung zu unterziehen.[1040] Damit sind grundsätzlich alle Tätigkeiten der Benannten Stellen als eine Einheit zu sehen und fallen unter dasselbe Haftungsregime. Dies ist, gerade im hier vorliegenden Fall, auch gerechtfertigt, da alle Maßnahmen und Entscheidungen der Benannten Stellen die Zertifizierung und im Ergebnis um das Recht zur Anbringung der CE-Kennzeichnung betreffen und damit hoheitlicher Natur sind.

I. Voraussetzungen der Amtshaftung gemäß § 839 Abs. 1 BGB i.V.m. Art. 34 GG

1. Handeln in Ausübung eines öffentlichen Amtes

Entscheidend für einen Amtshaftungsanspruch ist nicht die Rechtsstellung des Handelnden, sondern die Tätigkeit in Form seiner Amtsausübung.[1041] Die Amtshaftung

1035 Ossenbühl/Cornils, Staatshaftungsrecht, S. 11; siehe zur Anstellungskörperschaft in diesem Kapitel A. I. 8 b).

1036 Ossenbühl/Cornils, Staatshaftungsrecht, S. 11; Sprau, in: Palandt, BGB, § 839, Rn. 12; Pfab, Staatshaftung in Deutschland, S. 84.

1037 Ossenbühl/Cornils, Staatshaftungsrecht, S. 12.

1038 Ossenbühl/Cornils, Staatshaftungsrecht, S. 12; Sprau, in: Palandt, BGB, § 839, Rn. 1 der die Amtshaftung als einen Unterfall der Staatshaftung bezeichnet.

1039 BGH, NJW 1964, S. 1895, 1897; BGH, NJW 2002, S. 3172, 3173; BGH, NJW 2005, S. 429, 431; zum einheitlichen Haftungsregime bei einer Überwachung und den daraus erforderlich werdenden Einzelmaßnahmen siehe BGH, NJW 1973, S. 460, 461.

1040 BGH, NJW 1962, S. 796, 797; BGH, NJW 1964, S. 1895, 1897.

1041 Ossenbühl/Cornils, Staatshaftungsrecht, S. 14.

ist keine Beamtenhaftung, sondern eine Haftung für eine Amtswaltertätigkeit.[1042] Haftungsrechtlich ist Beamter jeder, den der Bund, ein Land oder eine andere öffentlich-rechtliche Körperschaft mit öffentlicher Gewalt ausgestattet hat, ohne Rücksicht darauf, ob ihm eine staatsrechtliche Beamteneigenschaft zukommt.[1043] Der Beamtenbegriff bei § 839 Abs. 1 S. 1 BGB i.V.m. Art. 34 S. 1 GG ist also ein haftungsrechtlicher.[1044] Beamte in diesem Sinne können deshalb auch Private oder private Unternehmer sein, wenn sie von einem Verwaltungsträger im Wege der Beleihung mit hoheitlichen Aufgaben betraut worden sind.[1045] Im Falle der Benannten Stellen sind juristische Personen des Privatrechts beliehen worden. In Erfüllung der den Benannten Stellen übertragenen Aufgaben handeln die bei diesen durch privatrechtlichen Vertrag angestellten, prüfenden Mitarbeiter. Soweit diese Mitarbeiter hoheitliche Kompetenzen ausüben, handeln sie für die beliehene juristische Person des privaten Rechts, die Benannte Stelle. Sie führen deren Amtspflichten aus.[1046] Es ist bei der Person des handelnden Amtsträgers damit immer auf die einzelnen Mitarbeiter beziehungsweise Bediensteten abzustellen. Auch wenn eine juristische Person des Privatrechts mit Hoheitsbefugnissen ausgestattet ist, so können Amtsträger im haftungsrechtlichen Sinne nur natürliche Personen sein.[1047] Hiervon geht die Rechtsprechung einhellig aus.[1048] Es haftet nicht die Benannte Stelle als juristische Person des Privatrechts nach § 839 Abs. 1 S. 1 BGB i.V.m. Art. 34 S. 1 GG. Eine Körperschaft im Sinne des Art. 34 GG kann immer nur eine öffentlich rechtliche Körperschaft sein.[1049] Andernfalls würde man dem Geschädigten den Staat als zahlungsfähigsten Schuldner entziehen und ihn auf möglicherweise insolvente Privatinstitutionen veweisen.[1050]

Ein Beliehener handelt nach mittlerweile allgemeiner Ansicht im Sinne des Art. 34 S. 1 GG als „jemand“ „in Ausübung eines ihm anvertrauten öffentlichen Amtes“ und damit in Wahrnehmung der ihm übertragenen öffentlichen Aufgaben unter Einsatz hoheitlicher Befugnisse.[1051] Zu begründen ist diese Erstreckung mit der Erwägung, dass es für einen Geschädigten keinen Unterschied machen dürfe, ob der Schaden durch hoheitliches Handeln eines öffentlichen Bediensteten oder

---

1042 Ossenbühl/Cornils, Staatshaftungsrecht, S. 14.

1043 BGHZ 161, 6, 10; BGH, NJW 2005, S. 286, 287.

1044 Ossenbühl/Cornils, Staatshaftungsrecht, S. 15; Papier in: MüKo BGB, § 839, Rn. 130 f.

1045 BGH, NVwZ 2006, S. 966, 966.

1046 Vgl. zur Parallele bei den TÜV-Sachverständigen: Maurer, Aufgaben, Rechtsstellung und Haftung der technischen Überwachungsvereine, S. 181.

1047 BGH, NVwZ 2006, S. 966, 966; Wöstmann in: Staudinger, BGB, § 839, Rn. 40.

1048 BGH, DÖV 1990, S. 1027. 1027; BGH, NVwZ 1994, S. 823, 823; Ossenbühl/Cornils, Staatshaftungsrecht, S. 115.

1049 st. Rspr. seit BGH, NJW 1968, S. 443, 445; zuletzt BGH, NJOZ 2010, S. 2120, 2121 f.

1050 Ossenbühl/Cornils, Staatshaftungsrecht, S. 114.

1051 st. Rspr. vgl. BGH, NJW 1968, S. 443, 445; BGH, NJW 1993, S. 1784, 1784; BGH, NVwZ 2002, S. 375, 375; BVerwG, NVwZ 2011, S. 368, 369; Papier in: MüKo BGB, § 839, Rn. 133.

eines beliehenen Privaten verursacht wird.[1052] Die Überleitung der Einstandspflicht auf den Staat soll dem Geschädigten in beiden Fällen eine genügende Haftungsgrundlage sichern.[1053]

2. *Verletzung von Amtspflichten*

Sowohl § 839 BGB als auch Art. 34 GG fordern die Verletzung einer Amtspflicht als ein weiteres Tatbestandsmerkmal. Unter Amtspflichten versteht man die persönlichen Verhaltenspflichten eines Amtsträgers in Bezug auf seine Amtsführung.[1054] Es ist die Amtspflicht eines Amtsträgers, sich gesetzmäßig zu verhalten, d.h. die Aufgaben und Befugnisse der juristischen Person, in deren Namen und Rechtskreis er tätig wird, im Einklang mit dem objektiven Recht wahrzunehmen.[1055] Amtspflichten können sich aus der Verfassung, förmlichen Gesetzen, dem Recht der EU, Rechtsverordnungen, Satzungen, dem Gewohnheitsrecht sowie aus allgemeinen Rechtsgrundsätzen beziehungsweise aus den allgemeinen Grundsätzen des Verwaltungsrechts ergeben.[1056] Dementsprechend gibt es eine Fülle von Amtspflichten.[1057] Es besteht die grundsätzliche Pflicht eines jeden Amtsträgers, sich eines Missbrauchs seines Amtes zu enthalten und dies gegenüber jedem, der dadurch geschädigt werden könnte.[1058]

3. *Amtspflichtverletzungen Benannter Stellen*

Da es, wie eben gezeigt, eine Fülle von zu beachtenden Amtspflichten gibt, sind Amtspflichtverletzungen durch Benannte Stellen in vielerlei Hinsicht denkbar. Auf jede mögliche Amtspflichtverletzung einzugehen, würde den Rahmen dieser Arbeit sprengen. Es sollen im Folgenden daher lediglich die wahrscheinlichsten Amtspflichtverletzungen der Benannten Stellen im Medizinprodukterecht kurz dargestellt werden.

Nimmt man sich des detailliert festgelegten Verfahrens der Konformitätsbewertung an, ist es offensichtlich, dass an vielen Stellen Fehler auftreten können. Es kommen als Pflichtverletzungen insbesondere die unberechtigte Verweigerung der Zertifizierung und der Erlass rechtswidriger Maßnahmen nach § 18 MPG in

---

1052 BVerwG, NVwZ 2011, S. 368, 369.

1053 BVerwG, NVwZ 2011, S. 368, 369; Stelkens, JZ 2004, S. 656, 661.

1054 Papier, in: MüKo BGB, § 839, Rn. 191; Muthers, in: Dauner-Lieb/Langen/Ring, BGB Band 2/2, § 839, Rn. 98.

1055 Papier, in: MüKo BGB, § 839, Rn. 191 m.w.N.

1056 Papier, in: MüKo BGB, § 839, Rn. 106, 193; Muthers in: Dauner-Lieb/Langen/Ring, BGB, Band 2/2, § 839, Rn. 99; Zur strittigen Frage, inwiefern Innenrecht, d.h. Normen, die den Amtswalter nur intern zu seinem Dienstherrn binden (z.B. Verwaltungsvorschriften oder auch Einzelanweisungen) vergleiche u.a.: für eine Bindung: Wöstmann, in: Staudinger, BGB, § 839, Rn. 118; Sprau, in: Palandt, BGB, § 839, Rn. 32; zur a.A. Papier, in: MüKo BGB, § 839, Rn. 192.

1057 Muthers, in: Dauner-Lieb/Langen/Ring, BGB Band 2/2, § 839, Rn. 98, Fn. 193.

1058 BGH, NJW 1973, S. 458, 458.

Betracht. Im Umkehrschluss jedoch auch eine Verletzung der Pflicht zur Verweigerung einer Zertifizierung, wenn ein Produkt die gesetzlichen Anforderungen nicht erfüllt sowie das Unterlassen von erforderlichen Maßnahmen nach § 18 MPG und die Verletzung von Überwachungspflichten.

a) Unrechtmäßige Verweigerung der Zertifizierung

Soweit ein Produkt den Anforderungen des materiellen Rechts entspricht (was anhand der einschlägigen Bestimmungen für das jeweilige Medizinprodukt zu ermitteln ist), ergibt sich ein öffentlich-rechtlicher Anspruch des Herstellers auf Zertifizierung.[1059] Auf der Rechtsfolgenseite steht der Benannten Stelle bei der Entscheidung über die Zertifizierung kein Entscheidungsspielraum zu. Erfüllt ein Produkt die Anforderungen des materiellen Rechts, so muss die Benannte Stelle eine entsprechende Bescheinigung ausstellen.[1060]

b) Pflichtwidriges Handeln nach § 18 MPG

Als pflichtwidriges Handeln nach § 18 MPG kommen insbesondere die Verletzung des Grundsatzes der Verhältnismäßigkeit, eine Verletzung der Anhörungspflicht und das Fehlen der tatbestandlichen Voraussetzungen des § 18 Abs. 1 MPG in Frage.

(i) Verletzung der Anhörungspflicht nach § 18 Abs. 2 MPG

Wird eine Anhörung pflichtwidrig unterlassen, so besteht die Möglichkeit, dass entscheidungserhebliches Tatsachenmaterial unberücksichtigt bleibt. Die Anhörung soll dazu dienen, dass sich die Benannten Stellen vor einer Entscheidung Kenntnis über sämtliche relevanten Tatsachen verschaffen und sie soll gleichzeitig dem Hersteller die Möglichkeit bieten, auf das Ergebnis der Sachentscheidung Einfluss nehmen zu können.[1061] Ist die Anhörung aufgrund der „Dringlichkeit der treffenden Entscheidung" nach § 18 Abs. 2 a.E. MPG unterblieben und das zustehende Ermessen für die Annahme der Dringlichkeit ordnungsgemäß ausgeübt worden, so hat dies keine Auswirkungen auf die Rechtmäßigkeit der Entscheidung nach § 18 Abs. 1 MPG. Vom Vorliegen dieser Voraussetzungen dürfte indes nur in absoluten Ausnahmefällen auszugehen sein, wenn die Vorname einer Anhörung die erforderlichen Maßnahmen in unvertretbarem Maße verzögern würde.[1062] Zwingende Voraussetzung ist, dass von einem in Rede stehenden Produkt bei ordnungsgemäßer Verwendung erhebliche Gefahren ausgehen.[1063] Zu beachten ist in jedem Fall, dass

---

1059 3. Kapitel D. I.

1060 Vgl. beispielhaft 93/42/EWG, Anhang III, Nr. 5 und 98/79/EG, Anhang V, Nr. 5: *„Entspricht das Baumuster den Bestimmungen dieser Richtlinie, so stellt die Benannte Stelle dem Antragsteller eine Baumusterprüfbescheinigung aus."*

1061 Siehe hierzu auch im 3. Kapitel B. III. 1. b).

1062 Lücker, in: Spickhoff, MPG, § 18, Rn. 3.

1063 Lücker, in: Spickhoff, MPG, § 18, Rn. 3.

die Anhörung nicht automatisch entbehrlich wird, sondern der handelnden Benannte Stelle ein, wenn auch nur geringes, Ermessen eingeräumt wird. Dieses Ermessen beschränkt sich dabei nicht nur darauf, die Anhörung insgesamt zu unterlassen, sondern ermöglicht es auch, lediglich eine teilweise Anhörung durchzuführen, wenn die Dringlichkeit dem nicht entgegensteht.

Der darauf folgende, der Benannten Stelle eingeräumte Entscheidungsspielraum wird durch den Grundsatz der Verhältnismäßigkeit determiniert. Soweit also bei der Würdigung von Tatsachen eine den Hersteller weniger belastende Entscheidung möglich gewesen wäre, hat man es ohnehin mit einer Verletzung des Grundsatzes der Verhältnismäßigkeit zu tun. Hatte der Hersteller auf Grund pflichtwidrig unterlassener Anhörung schon gar nicht die Möglichkeit, erhebliche Tatsachen vorzubringen, so liegt im Unterlassen der Anhörung immer auch ein Verstoß gegen die Beachtung des Grundsatzes der Verhältnismäßigkeit. Unterstellt man aber, dass bei der Berücksichtigung des fehlenden Tatsachenmaterials ohnehin dieselbe Maßnahme oder eine andere Maßnahme gleicher Intensität in Betracht gekommen wären (was mit einem Blick auf den enumerativen Maßnahmenkatalog des § 18 Abs. MPG allerdings schwer vorstellbar ist), so dürfte regelmäßig ein Schaden des Herstellers zu verneinen sein. Dasselbe gilt, wenn sich auch bei erfolgter Anhörung nachweislich keine entscheidungserheblichen Tatsachen ergeben hätten.

Zu beachten ist jedoch, dass die schuldhafte Unterlassung der nach § 18 Abs. 2 MPG vorgeschriebenen Anhörung, regelmäßig nur zu einem Anspruch des Herstellers auf eine Nachholung der Anhörung durch die Benannte Stelle führt. Ein Anspruch auf Korrektur der Sachentscheidung beziehungsweise auf Ersatz des durch die Sachentscheidung entstandenen Vermögensschadens in Geld, kommt hingegen lediglich in Betracht, wenn in Folge der unterbliebenen Anhörung entscheidungserhebliche Tatsachen unberücksichtigt geblieben sind, die zu einer weniger einschneidenden Maßnahmen hätten führen müssen.

(ii) Verletzung des Grundsatzes der Verhältnismäßigkeit nach § 18 Abs. 1 MPG

Der Grundsatz der Verhältnismäßigkeit verpflichtet jeden Amtswalter, seine Amtspflichten anhand dieses Grundsatzes auszuüben.[1064] Es dürfen nur solche Maßnahmen vorgenommen werden, die geeignet und erforderlich (notwendig) sind, das Eingriffsziel zu erreichen und deren Mittel nicht, in Bezug auf das zu erstrebende Ziel, außer Verhältnis stehen.[1065] Vermeidbare Schäden sind zu unterlassen und im Rahmen des Möglichen und Zumutbaren ist dazu beizutragen, dass die nachteiligen

1064 BGH, NJW 1973, S. 894, 894 f.; Papier, in: MüKo BGB, § 839 BGB, Rn. 191; Muthers, in: Dauner-Lieb/Langen/Ring, BGB Band 2/2, § 839, Rn. 114; Ossenbühl/Cornils, Staatshaftungsrecht, S. 49.

1065 BGH, NJW 1956, S. 56, 56; BGH, NJW 1973, S. 894, 894 f.; Papier, in: MüKo BGB, § 839, Rn. 213.

Folgen des Eingriffs für den Betroffenen abgemildert werden.[1066] Weiter lässt sich aus dem Grundsatz der Verhältnismäßigkeit ableiten, dass unbeteiligte Dritte von der Amtsausübung gegenüber einer bestimmten Person nicht beeinträchtigt werden dürfen.[1067] § 18 Abs. 1 MPG eröffnet den Benannten Stellen eine eng begrenzte Auswahl an abschließend aufgelisteten Maßnahmen, die durch den Grundsatz der Verhältnismäßigkeit determiniert werden.[1068] Es dürfte somit nicht ein Bündel an verhältnismäßigen Entscheidungen im jeweils konkreten Fall zur Auswahl stehen, sondern lediglich Alternativen in Betracht kommen.[1069]

Eine Amtspflichtverletzung liegt vor, wenn die gesetzlichen Grenzen des Ermessens überschritten wurden oder wenn das Ermessen nicht in einer dem Zweck der Ermächtigung entsprechenden Weise ausgeübt worden ist.[1070] Amtspflichtwidrig ist danach der Ermessensnichtgebrauch („Ermessensunterschreitung"), die Ermessensüberschreitung und der Ermessensfehlgebrauch.[1071] Eine Amtspflichtverletzung liegt so lange nicht vor, wie eine Benannte Stelle sich bei ihrer Tätigkeit innerhalb der Grenzen des fehlerfreien Ermessensgebrauchs bewegt.[1072]

Der Gesetzgeber hat durch die Schaffung von § 114 VwGO eine Möglichkeit der verwaltungsgerichtlichen und – mit Blick auf das Vorliegen einer Amtspflichtverletzung – zivilgerichtlichen Überprüfung einer Ermessensentscheidung eingeräumt.[1073] Diese Überprüfung muss allerdings in einem engen Rahmen stattfinden und kann sich nur darauf konzentrieren, ob bei der Entscheidung Fehler unterlaufen sind. Insofern steht es dem Gericht nicht zu, die Richtigkeit oder Unrichtigkeit einer Ermessensentscheidung an sich zu überprüfen, sondern nur die Einhaltung der Gesetze zu kontrollieren und zu prüfen, ob Fehler bei der Entscheidung gemacht worden sind.[1074]

(iii) Fehlen der tatbestandlichen Voraussetzungen des § 18 Abs. 1 MPG

Eine nachträgliche Einschränkung, Aussetzung oder Zurückziehung von Bescheinigungen ist nur beim Vorliegen, der aus der Vorschrift des § 18 Abs. 1 MPG zu entnehmenden

1066 Wöstmann, in: Staudinger, BGB, § 839, Rn. 135; Rotermund/Krafft, Kommunales Haftungsrecht, S. 108, Rn. 85.

1067 Wöstmann, in: Staudinger, BGB, § 839, Rn. 135; Rotermund/Krafft, Kommunales Haftungsrecht, S. 108, Rn. 85.

1068 Merten, Private Entscheidungsträger, S. 243.

1069 Merten, Private Entscheidungsträger, S. 243.

1070 Papier, in: MüKo BGB, § 839, Rn. 198.

1071 Im Detail: Wöstmann, in: Staudinger, BGB, § 839, Rn. 142 ff.; Papier, in: MüKo BGB, § 839 BGB, Rn. 198.

1072 BGH NJW 1979, S. 1354, 1356; Rotermund/Krafft, Kommunales Haftungsrecht, S. 108, Rn. 83.

1073 Wöstmann, in: Staudinger, BGB, § 839, Rn. 142.

1074 Zum eingeschränkten Umfang verwaltungsgerichtlicher Kontrolle von behördlichen Ermessensentscheidungen vgl. bspw. Redeker/von Oertzen, VwGo, § 114, Rn. 11 ff.

tatbestandlichen Voraussetzungen zulässig.[1075] Liegen die Voraussetzungen nicht vor, so kann ein Vorgehen nicht nach § 18 Abs. 1 MPG gerechtfertigt werden.

(iv) Zwischenfazit

Alle eben aufgeführten denkbaren Amtspflichtverletzungen sind für die durch ein Medizinprodukt geschädigten Patienten nicht besonders relevant. Sie sind jedenfalls nicht vom Schutzzweck dieser Amtspflichten umfasst.[1076] Diese möglichen Pflichtverletzungen können vielmehr einen vom Schutzzweck umfassten Schaden bei den Herstellern, nicht jedoch bei Patienten hervorrufen. Denkbar wäre lediglich eine Verletzung des Grundsatzes der Verhältnismäßigkeit hinsichtlich des Patientenschutzes, wenn einer Benannten Stelle ein Ermessensfehler bei Maßnahmen nach § 18 MPG unterläuft, also beispielsweise eine Zertifizierung nur eingeschränkt wird obwohl sie hätte zurückgezogen werden müssen oder eine nicht ausreichend die Qualität garantierende Auflage erlassen wird.

Für Patienten, die einen Schaden durch ein zertifiziertes Medizinprodukt erlitten haben, kommen als den Schaden begründende Amtspflichtverletzung insbesondere die Zertifizierung eines Medizinproduktes, welches nach den in der Konformitätsbewertung zu prüfenden Inhalten nicht hätte zertifiziert werden dürfen, die Unterlassung einer notwendigen Maßnahme nach § 18 sowie eine unterlassene Überwachung der zertifizierten Hersteller als eine die Amtshaftung begründende Amtspflichtverletzung in Frage.

c) Amtspflicht zur Verweigerung einer Zertifizierung, zu Maßnahmen nach § 18 MPG und zur Überwachung

(i) Pflicht zur Verweigerung der CE-Kenneichnung

Genauso, wie ein Anspruch des Herstellers auf Zertifizierung besteht, wenn ein Produkt den Anforderungen des materiellen Rechts entspricht, besteht eine Pflicht der Benannten Stellen, die Zertifizierung und somit das Recht zur Anbringung des CE-Kennzeichens zu verweigern, wenn ein Produkt die an dieses gestellten Anforderungen nicht erfüllt. Ein solches Produkt soll nicht auf den Markt gelangen. Eine Amtspflichtverletzung kann hier also dann entstehen, wenn eine Benannte Stelle eine Zertifizierung vornimmt, obwohl die an ein Produkt gestellten Anforderungen nicht erfüllt werden. Dies kann selbstverständlich nur innerhalb des Rahmens geschehen, in dem eine Benannte Stelle auch zur Prüfung verpflichtet ist. Was bei einer Konformitätsbewertung zu prüfen ist, bestimmt sich nach der Klassifizierung eines Medizinprodukts und der damit auf ein Produkt anwendbaren Module nach den jeweiligen Anhängen der Richtlinien 93/42/EWG, 90/385/EWG und 98/79/EG.[1077] Welche Pflichten im Rahmen der Zertifizierung einer Benannten Stelle obliegen, ist

1075 Siehe hierzu im 3. Kapitel D. II.
1076 Siehe zum Schutzzweck in diesem Kapitel A. I. 4.
1077 Vgl. hierzu im 2. Kapitel A. IV.

jeweils individuell nach Produkt und dessen Klassifizierung und für welche Art der Zertifizierung sich der Hersteller entschieden hat zu bewerten.[1078]

Amtspflichtverletzungen sind während eines Konformitätsbewertungsverfahrens an mehreren Stellen denkbar. So können bereits im Rahmen der Produktbewertung Fehler unterlaufen.[1079] Beispielsweise, wenn ein Produkt falsch klassifiziert wird und damit eine Konformitätsbewertung durchgeführt wird, die nicht den Anforderungen an das jeweilige Produkt genügt.[1080]

Weiter kann die Konformitätsbewertung an sich fehlerhaft erfolgen. Welche Fehler hier denkbar sind, ist wiederum je nach den Anforderungen an die Konformitätsbewertung anhand der einschlägigen und gewählten Module und der Anhänge der Richtlinien zu bestimmen. Entscheidet sich beispielsweise ein Hersteller eines Produkts der Risikoklasse III, sein Produkt nach Anhang II (Modul H) der RL 93/42/EWG über Medizinprodukte zertifizieren zu lassen, wie dies unter anderem bei den PIP-Brustimplantaten der Fall war, so hat die beauftragte Benannte Stelle das Qualitätssicherungssystem zu überprüfen (Anhang II Nr. 3 der RL 93/42/EWG) und eine Prüfung der Produktauslegung durchzuführen (Anhang II Nr. 4 der RL 93/42/EWG), d. h. die Produktauslegung wird anhand der Auslegungsdokumentation, dem Design Dossier, des Herstellers geprüft. Die Beteiligung der Benannten Stelle im Konformitätsbewertungsverfahren des Herstellers stellt sicher, dass das Medizinprodukt, wenn es entsprechend dem geprüften Design Dossier und unter Beachtung des genehmigten Qualitätssicherungssystems hergestellt wird, den gesetzlichen Anforderungen entspricht. Was in solchen Fällen der Überprüfung von Qualitätssicherungssystemen bei einer Konformitätsbewertung von Benannten Stellen zu beachten ist, hat die Kommission in ihrer Empfehlung vom 24. September 2013 konkretisiert. So präzisiert Anhang II (Bewertung des Qualitätssicherungssystems) der Empfehlung nunmehr dessen Zertifizierungsverfahren und -anforderungen. Im Kern beziehen sich die Beschreibungen auf die Durchführung von Prüfungen im Stichprobenverfahren und auf Prüfungen von technischen Dokumentationen im Allgemeinen. Ein weiterer nicht zu vernachlässigender Aspekt ist der Hinweis,

---

1078 Vgl. hierzu im 2. Kapitel A. III. und IV.

1079 Vgl. hierzu Anhang I der Empfehlung der Kommission vom 24.09.2013 zu den Audits und Bewertungen von Benannten Stellen im Bereich der Medizinprodukte durchgeführt werden, Amtsblatt der Europäischen Union L 253/27 vom 25.09.2013. Dieser Anhang beschreibt die Anforderungen an die Benannten Stellen hinsichtlich der Prüfung von EG-Auslegungsdokumentationen und EG-Baumusterprüfungen. Diese Beschreibung stellt im Wesentlichen keine neuen Anforderungen auf, sondern präzisiert die bisherigen Anforderungen. In der Regel haben die deutschen Benannten Stellen bereits in der Vergangenheit die Prüfung von EG-Auslegungsdokumentationen nach Anh. II der Richtlinie 93/42/EWG nach diesen Kriterien durchgeführt. Lediglich die Fokussierung auf „alle" Gefahren intensiviert den Aspekt des Risikomanagements.

1080 Vgl. zur Klassifizierung und den Folgen für anwendbare Konformitätsbewertungsverfahren im 2. Kapitel A. IV. 1. Und 2.

dass Benannte Stellen nun, sollten sich Zweifel an der Konformität eines Produktes ergeben, angehalten sind, Produkttests durchzuführen oder durchführen zu lassen. Für die Feststellung der Konformität ist es zukünftig auch vorgesehen, dass die Benannten Stellen den Materialfluss und den Materialeinsatz prüfen, sowohl in Art und Beschaffenheit als auch mengenmäßig in Relation zu den hergestellten Endprodukten. Kann der Ersatz oder die Verfälschung von Rohmaterial, wie im Fall der Brustimplantate (PIP), zu Risiken führen, überprüft eine Benannte Stelle auch, ob die Menge der Endprodukte mit der Menge des erworbenen Rohmaterials übereinstimmt.

(ii) Pflicht zur Überwachung und Maßnahmen nach § 18 MPG

Genauso, wie eine Pflicht besteht, eine Zertifizierung zu verweigern, wenn die im Rahmen des Konformitätsbewertungsverfahrens zu prüfenden Anforderungen nicht erfüllt werden, besteht zugleich auch eine Verpflichtung der Benannten Stellen, Maßnahmen nach § 18 MPG vorzunehmen, wenn und soweit solche erforderlich sind.[1081] Ob die Voraussetzungen für eine Maßnahme nach § 18 MPG gegeben und die Benannten Stellen somit zum Handeln angehalten sind, wird sich in der Regel nur an Hand der von den Benannten Stellen durchzuführenden Überwachung der Hersteller herausfinden lassen. Inwieweit die Benannten Stellen dazu verpflichtet sind im Rahmen der Überwachung (regelmäßige) Kontrollen durchzuführen, bestimmt sich nach dem auf die Zertifizierung angewendeten Modul.[1082] So ist beispielsweise bei einer Zertifizierung nach Anhang II (Modul H) der Richtlinie 93/42/EWG vorgeschrieben, dass die Benannte Stelle nach Nr. 5.3 alle erforderlichen Inspektionen durchzuführen hat, um sich davon zu überzeugen, dass der Hersteller das genehmigte Qualitätssicherungssystem anwendet. Unklar ist nach dieser Regelung jedoch, ob die Benannten Stellen hierfür auch unangemeldete Inspektionen durchführen müssen.[1083] In der Praxis wurden Inspektionen zuweilen immer nach Abstimmung mit dem Hersteller durchgeführt, was dem Hersteller die Möglichkeit gab, sich ausreichend auf eine Inspektion vorzubereiten. Die Möglichkeit der Durchführung unangekündigter Audits bestand nach den jeweiligen Richtlinien (90/385/EWG, 93/42/EWG und 98/79/EG) schon immer.[1084] Die Benannten Stellen haben diese – wohl aus Gründen des Wettbewerbs – allerdings niemals praktiziert.

Nach Anhang III der Empfehlung vom 24. September 2013, sind die Benannten Stellen nunmehr ausdrücklich angehalten, unangekündigte Audits nach dem Zufallsprinzip zu planen und zyklisch, zumindest alle drei Jahre, bei jedem Hersteller durchzuführen. Dabei sind bestimmte Faktoren, wie das vom Produkt ausgehende

---

1081 Vgl. im 3. Kapitel D. II.

1082 Vgl. zu den einzelnen Modulen im 2. Kapitel A. III.

1083 Siehe hierzu die Vorlage des BGH an den EuGH zu dieser Frage: BGH, Beschluss vom 09.04.2015, VII ZR 36/14.

1084 Vgl. in diesem Zusammenhang auch die Regelungen der MPGVwV (hierzu im 3. Kapitel F. V. 6.

Risiko, Nichtkonformitäten, Vorkommnismeldungen, Rückrufe und auch Beschwerden dazu vorgesehen, die Häufigkeit dieser unangekündigten Audits zu beeinflussen. Wesentlich ist dabei, dass diese unangekündigten Audits nicht ersatzweise zu den regulär geplanten Audits, sondern zusätzlich durchgeführt werden sollen. Die Mindestdauer für ein unangekündigtes Audit wird in der Empfehlung mit mindestens einem Tag festgesetzt und soll von mindestens zwei Auditoren durchgeführt werden. Dabei besteht auch die Möglichkeit, sollten wesentliche Prozesse im Zusammenhang mit der Produktentstehung ausgelagert sein, die betreffenden Unterauftragnehmer oder Lieferanten in ihren Betriebsräumen unangekündigt aufzusuchen, um das Audit dort durchzuführen. Im Fokus stehen bei den unangekündigten Audits sowohl die Produktbewertung, wie auch die Bewertung des Qualitätssicherungssystems. Für die Produktbewertung wird eine Probe, wenn möglich aus der laufenden Produktion, auf die Übereinstimmung mit den Angaben der technischen Dokumentation hin überprüft, wobei die Anzahl der Proben in Abhängigkeit der Komplexität und des Produktrisikos variabel ist und durchaus mehrere Proben genommen werden können. In Bezug auf das Qualitätssicherungssystem soll geprüft werden, ob die zum Zeitpunkt des unangekündigten Audits laufenden Tätigkeiten hinsichtlich der Produktrealisierung (z.B. Herstellung, Einkauf, Qualitätskontrolle) entsprechend der im System dokumentierten Vorgaben erfolgen und dabei auch geeignet sind, die regulatorischen Anforderungen zu erfüllen.

Bemerkenswert ist, dass die Empfehlung den Benannten Stellen gerade solche Überwachungsmaßnahmen auferlegt (und deren Einhaltung mit zum Maßstab für Verlängerung oder Widerruf der Benennung macht), deren Versäumung dem TÜV im haftungsrechtlichen Kontext des PIP-Skandals zum Vorwurf gemacht wird.[1085] Leider setzen sich weder das OLG Zweibrücken noch eines der Landgerichte, welche mit einem Prozess, resultierend aus dem PIP-Skandal, beschäftigt sind, soweit ersichtlich, mit der schon seit einiger Zeit vorliegenden Empfehlung auseinander. Auch wenn die Gerichte sich im Ergebnis wohl zutreffend mit dem allein maßgeblichen Pflichtenprogramm nach Anhang II der Richtlinie 93/42/EWG über Medizinprodukte auseinandersetzen und bisweilen nach diesem Maßstab behauptete Verstöße verneint haben, so hätte es sich an einigen Stellen wohl dennoch angeboten, auf die Empfehlung zumindest einzugehen oder mit dieser zu argumentieren. Dies bleibt nun dem EuGH überlassen. Richtig dürfte es jedoch sein, dass die nicht bindende Empfehlung die haftungsrechtliche Beurteilung der behaupteten Pflichtverstöße des TÜV nach geltendem Recht nicht rückwirkend beeinflussen darf.[1086] In Zukunft sind die Pflichten der Benannten Stellen durch die Empfehlung jedoch genauer festgelegt und werden, wenn auch die Empfehlung nicht rechtsverbindlich ist, vor den Gerichten und Verwaltungsbehörden aller Voraussicht nach Beachtung finden, wenn es erneut beispielsweise erneut um haftungsrechtliche Fragen gehen sollte.

1085 Handorn, MPR 2014, S. 84, 85.
1086 Handorn, MPR 2014, S. 84, 85.

d) Zusammenfassung

Durch die Fülle von zu beachtenden Amtspflichten sind Amtspflichtverletzungen durch Benannte Stellen in vielerlei Hinsicht denkbar. Sie können insbesondere in die Rechte der Hersteller eingreifen. Wie gezeigt, sind jedoch auch Pflichtverletzungen denkbar, die einen Schaden bei Patienten hervorrufen können.

Die auch bisher schon bestehenden Amtspflichten wurden durch die Empfehlung weiter konkretisiert und erweitert. Damit ist auch die Zahl möglicher Amtspflichtverletzungen weiter gewachsen. Mit der Empfehlung wird das Ziel verfolgt, die Wirksamkeit des Qualitätsmanagementsystems der Hersteller beziehungsweise die Konformität ihrer Produkte konsequenter zu überwachen. Die Benannten Stellen sollen in diesem Zusammenhang die von ihnen zertifizierten Medizinproduktehersteller unabhängig von den geplanten Überwachungsaudits nunmehr ausdrücklich durch zusätzliche unangekündigte Audits überwachen.

Der Geschädigte trägt die Darlegungs- und Beweislast dafür, dass eine Amtspflichtverletzung vorliegt. Die Frage, welche tatsächlichen Umstände er demnach beweisen muss, um eine Klage auf Schadensersatz zum Erfolg führen zu können, ist auf Grund der Rechtsnorm zu entscheiden, aus der sich die Amtspflicht ergibt.[1087] Dabei reicht im Allgemeinen die Darlegung eines Sachverhalts, der nach dem regelmäßigen Lauf der Dinge die Folgerung begründet, dass ein Amtsträger seine Amtspflicht verletzt hat.[1088] Je nachdem, welche Amtspflichtverletzung im Haftungsprozess in Frage steht, kommen Umkehrungen der Darlegungs- und Beweislast in Betracht. Die Umkehr der Beweislast ist jedoch auf Ausnahmefälle zu beschränken.[1089]

Nicht jede Pflichtverletzung führt jedoch automatisch zu einem Schadensersatzanspruch. Der Geschädigte muss auch immer in den Schutzzweck der verletzten Amtspflicht mit einbezogen sein.

4. Der Schutzzweck der Amtspflichten

Der Schutzzweck der verletzten Amtspflicht oder der getroffenen behördlichen Maßnahmen ist nach der Rechtsprechung des Bundesgerichtshofs grundsätzlich zum Ausgleich staatlichen Unrechts als Kriterium für die inhaltliche Bestimmung und sachliche Begrenzung der Haftung heranzuziehen.[1090] Ohne dieses Kriterium würde dem Bürger ein allgemeiner Anspruch auf die Vollziehung oder Einhaltung von Gesetzen oder Handlungspflichten an die Hand gegeben, den er mithilfe des Schadensersatzrechts durchsetzen könnte. Daher ist im Zusammenhang mit dem

---

1087 BGH, NJW 1962, S. 1767, 1768; Wöstmann, in: Staudinger, BGB, § 839, Rn. 399.

1088 BGH, VersR 1960, S. 905, 906; OLG Düsseldorf, NJW 1969, S. 1350, 1352; Wöstmann, in: Staudinger, BGB, § 839, Rn. 400; Luckey, in: Baumgärtel/Laumen/Prütting, Hdb. der Beweislast BGB Teil III, § 839, Rn. 2.

1089 BGH, NJW-RR 1995, S. 248, 249.

1090 BGH, NJW 1994, 2614, 2615; BGH, NJW 1994, S. 2684, 2688.

Haftungstatbestand des § 839 BGB der Schutzzweck der verletzten Amtspflicht in mehrfacher Hinsicht von Bedeutung. Der Schutzzweck des in Rede stehenden Amtsgeschäfts stellt insbesondere das maßgebende Kriterium für die Reichweite des durch die Amtspflicht gewährten Schutzes dar.

Zunächst ist er für die tatbestandsmäßige („die einem Dritten obliegende Amtspflicht") Bestimmung des geschützten Personenkreises (Drittbezogenheit) relevant. Nach ständiger Rechtsprechung des BGH ist eine Amtspflicht dann „drittbezogen", wenn sich „*aus den die Amtspflicht begründenden und sie umreißenden Bestimmungen sowie der Natur des Amtsgeschäfts ergibt, dass der Geschädigte zu dem Personenkreis gehört, dessen Belange nach dem Zweck und der rechtlichen Bestimmung des Amtsgeschäfts geschützt und gefördert sein sollen*".[1091] Die zu fordernde Drittbezogenheit begrenzt die objektive Reichweite des durch das Amtshaftungsrecht gewährten Schutzes.[1092] Das Erfordernis der Drittbezogenheit der verletzten Amtspflicht stellt in der Regel das problematischste Tatbestandsmerkmal des § 839 BGB dar.[1093] Nahezu sämtliche Gerichtsentscheidungen zur Amtshaftung befassen sich mit diesem Kriterium.[1094] Im Bereich des Medizinprodukterechts ist die Drittbezogenheit gerade gegenüber den Patienten ebenfalls nicht ganz einfach zu klären. Daher wird sich im Folgenden insbesondere der Drittbezogenheit anzunehmen sein.

Zusammenfassend ist anzumerken, dass der Schutzzweck der Amtspflichten und seine Konturen auf Grund der Komplexität der zu beurteilenden Rechtsmaterie weiterhin unscharf sind und daher oft nicht ganz einfach erörtert werden können. Gerade die Abgrenzung der (ungeschriebenen) Tatbestandsmerkmale, deren Systematisierung und dogmatische Verortung, ist durch die thematischen Überschneidungen oftmals schwierig.

a) Drittbezogenheit der Amtspflicht

Die Regelungen des § 839 BGB, Art. 34 GG beruhen auf der Vorstellung eines Drei-Personen-Verhältnisses, an dem der Amtsträger, sein Dienstherr und der vermeintlich Geschädigte beteiligt sind. Nur die Verletzung solcher Pflichten, die dem Amtsträger nicht nur seinem Dienstherrn, sondern einem Dritten gegenüber obliegen, begründen eine Ersatzpflicht.[1095] Jede Amtspflicht besteht zunächst im Interesse des Staates und der Allgemeinheit.[1096] Dient eine Pflicht nur dem allgemeinen öffentlichen Wohl oder dem Schutz der öffentlichen Ordnung, scheidet auch bei deren Verletzung eine Haftung aus. Die Drittgerichtetheit hat damit sowohl haftungsbegründende als auch haftungsbegrenzende Funktion. Begründend,

1091 BGHZ 110, 8 f.; BGH, NJW 1993, S. 2303, 2304; BGH, NJW 1998, S. 138, 139; BGH, NJW-RR, 2002, S. 124.
1092 BGH, NJW 1990, S. 1038, 1040; BGH, NJW 1992, S. 1230, 1231.
1093 Rotermund/Krafft, Kommunales Haftungsrecht, S. 117, Rn. 98.
1094 Rotermund/Krafft, Kommunales Haftungsrecht, S. 117, Rn. 98.
1095 BGH, NJW 2013, S. 604, 604.
1096 Sprau, in: Palandt, BGB, § 839, Rn. 44.

insoweit klargestellt wird, gegenüber welchem Geschädigten die Verantwortlichkeit des Staates eintritt, begrenzend, soweit anderen Personen, die nicht zum Kreis der Dritten zählen, ein Anspruch auch dann versagt wird, wenn sich das pflichtwidrige Handeln des Amtsträgers für sie nachteilig ausgewirkt hat.[1097]

Der Geschädigte kann nur dann einen Amtshaftungsanspruch geltend machen, wenn die verletzte Amtspflicht (auch) gerade gegenüber ihm besteht.[1098] Es muss also eine besondere Beziehung zwischen der verletzten Schutzpflicht und dem Geschädigten bestehen.[1099] Aus den die Amtspflicht begründenden und sie umreißenden Bestimmungen sowie aus der besonderen Natur des Amtsgeschäfts muss sich ergeben, dass der Geschädigte zu dem Personenkreis zählt, dessen Belange nach dem Zweck und der rechtlichen Bestimmung des Amtsgeschäfts geschützt und gefördert werden soll.[1100] Nicht ausreichend ist es daher, wenn der Schutz des Einzelnen lediglich als Reflex anderer Zwecke erscheint. Darüber hinaus kommt es darauf an, ob in qualifizierter und zugleich individualisierbarer Weise auf schutzwürdige Interessen eines erkennbar abgrenzbaren Personenkreises Rücksicht zu nehmen ist. Es genügt nicht, dass sich die Verletzung für den Geschädigten nachteilig ausgewirkt hat. Es ist jeweils zu prüfen, ob gerade das im Einzellfall berührte Interesse nach dem Zweck und der rechtlichen Bestimmung des Amtsgeschäfts geschützt sein soll.[1101] Dabei kommt es immer auf das im konkreten Einzelfall berührte Interesse an. Es ist sogar möglich, dass Amtspflichten je nach dem zu schützenden Interesse ein und derselben Person gegenüber „aufgespalten" sein können, also bestimmte Interessen schützen, andere wiederum nicht.[1102] Die Person, der gegenüber eine Amtspflicht zu erfüllen ist, braucht nicht in allen ihren Belangen als „Dritter" anzusehen sein.[1103]

(i) Drittbezogenheit gegenüber Herstellern

Wird ein Amtshaftungsanspruch darauf gestützt, dass die Amtspflichtverletzung im Erlass eines rechtswidrigen belastenden Verwaltungsakts, wie beispielsweise einer Maßnahme nach § 18 MPG, oder in der rechtswidrigen Ablehnung oder Unterlassung eines begünstigenden Verwaltungsakts, z.B. der Ablehnung einer Zertifizierung trotz Anspruchs auf eine solche, bestehe, so fällt in der Regel die Drittgerichtetheit der verletzten Amtspflicht mit der Klagebefugnis nach § 42 Abs 2

1097 BGH, NJW 2013, S. 604, 604.

1098 St. Rspr. vgl. etwa BGHZ 1, 388, 394; BGHZ 34, 388, 390; BGHZ 35, 44, 46; BGHZ 85, 230, 233; Papier, in: MüKo, BGB, Band 5, § 839, Rn. 227.

1099 St. Rspr. vgl. nur BGHZ 56, 40, 45f.; BGHZ 110, 1, 8f.; BGHZ 122, 317, 321; Papier, in: MüKo, BGB, Band 5, § 839, Rn. 227.

1100 BGH, NJW 2013, S. 604, 605.

1101 St. Rspr. vgl. nur BGHZ 122, 317, 20; BGHZ 140, 380, 382.

1102 Ossenbühl/Cornils, Staatshaftungsrecht, S. 71.

1103 Reinert, in: Bamberger/Roth, Beck'scher Online Kommentar BGB, § 839, Rn. 56; BGH, NJW 1981, S. 2347, 2347; BGH, NvwZ 1983, S. 698, 698; BayOLG, NVwZ-RR 1990, S. 116, 117.

VwGO zusammen.[1104] Geschützter Dritter wäre demnach der Hersteller von Medizinprodukten als Antragsteller. Daraus kann jedoch noch nicht zwangsläufig geschlossen werden, dass im Verhältnis der Hersteller zu den Benannten Stellen eine generelle Drittbezogenheit i.S.v. § 839 BGB vorliegt.

Die europarechtlichen Normen sowie die nationalen Vorschriften zu Medizinprodukten und die CE-Kennzeichnung als solche bezwecken den europaweiten, freien Verkehr von Medizinprodukten. Diese Verkehrsfreiheit darf jedoch nicht mit dem erstmaligen Zugang eines Medizinproduktes zum Markt verwechselt werden. Die medizinprodukterechtlichen Regelungen sollen es den Herstellern nicht einfacher machen, ein Medizinprodukt auf den Markt zu bringen, sondern es nach rechtmäßigem Marktzugang einfacher europaweit vertreiben zu können. Diese Möglichkeit, ein zertifiziertes Medizinprodukt europaweit verkaufen zu dürfen, macht das MPG und andere medizinprodukterechtliche Regelungen jedoch nicht automatisch zu Schutzgesetzen zugunsten der Hersteller. Die Zertifizierung soll den Verkehr von Medizinprodukten europaweit vereinfachen, jedoch keinen Anspruch auf einen Marktzugang einzelner Hersteller begründen. Erst muss ein Medizinprodukt rechtmäßig für den Markt zugelassen sein, bevor es von den europaweiten Wirkungen der Zertifizierung „geschützt" wird. Dies würde dafür sprechen, das MPG und die anderen medizinprodukterechtlichen Regelungen nicht als Schutzgesetze zugunsten der Hersteller anzusehen. Hierfür spricht auch die historische Auslegung, da in den einschlägigen Gesetzesmaterialien durchweg der Patientenschutz- und die sicherheit als Zweck des Konformitätsbewertungsverfahrens und Aufgabe der Benannten Stellen angeführt wird, an keiner Stelle jedoch der Schutz der Hersteller und deren Interessen erwähnt werden. Wie es aussieht, wenn industrielle und kommerzielle Zwecke in den Schutzzweck eines Gesetzes mit einbezogen werden sollen, zeigt § 1 GenTG.[1105] So sprechen § 1 Nr. 2 und 3 GenTG davon, die Möglichkeit zu gewährleisten, dass „*Produkte ... erzeugt und in den Verkehr gebracht werden können*" (Nr. 2) und zugleich „*der rechtliche Rahmen für die Erforschung, Entwicklung, Nutzung und Förderung der wissenschaftlichen, technischen und wirtschaftlichen Möglichkeiten der Gentechnik zu schaffen*" ist (Nr. 3). Anders hingegen das MPG in § 1, wonach das Gesetz dazu dient „ ... *den Verkehr mit Medizinprodukten zu regeln und dadurch für die Sicherheit, Eignung und Leistung der Medizinprodukte sowie die Gesundheit und den erforderlichen Schutz der Patienten, Anwender und Dritter zu sorgen.*"

Verletzt eine Benannte Stelle beispielsweise ihre Kontroll- und Überwachungsbefugnisse, so sind die Hersteller von Medizinprodukten nicht in den Schutzzweck dieser Amtspflichten mit einbezogen. In dieser Konstellation sollen nicht die Hersteller geschützt werden. Dies geht eindeutig auch aus § 3 MPG (Herstellerverantwortlichkeit) hervor. Die Pflicht zur Unterziehung einer Konformitätsbewertung sowie die Pflichten der Benannten Stellen zur Überwachung der Hersteller sollen die Hersteller nicht von ihren eigenen Pflichten entbinden. Verantwortlich bleibt

1104 BGH, NJW 1994, S. 1647, 1649.
1105 Krüger, VersR 2009, S. 1048, 1050.

auch bei einem Versagen der Benannten Stellen weiterhin der Hersteller für das von ihm gefertigte Produkt. Das MPG soll nicht den Geschäftsbetrieb der Hersteller schützen, ebenso wenig wie die Konformitätsbewertung eine Freistellung von möglichen Produkthaftungsansprüchen der Patienten bewirken soll.

Anders hingegen stellt es sich in den Fällen einer rechtswidrigen Versagung oder Zurückziehung der CE-Kennzeichnung und damit der Untersagung des Inverkehrbringens eines Produktes dar. Dies bedeutet einen Eingriff in die wirtschaftliche und berufliche Betätigungsfreiheit des betroffenen Herstellers, welche durch Art. 12 GG geschützt ist. Daher kann, wie bereits oben gezeigt, auch ein Anspruch des Herstellers auf Erteilung der CE-Kennzeichnung gegeben sein.[1106] Die Hersteller können verlangen, dass die Konformitätsbewertung in der Erteilung der CE-Kennzeichnung endet, wenn dem keine rechtlichen Gründe entgegenstehen. Auch können sie verlangen, dass die Bewertung mit der erforderlichen Sorgfalt durchgeführt wird. Dies gehört bei den Benannten Stellen zu den Amtspflichten, die gerade (auch) gegenüber den Herstellern bestehen, auch wenn das Konformitätsbewertungsverfahren primär dem Schutz der Patienten und der Warenverkehrsfreiheit dient.[1107] Nur insoweit gehören die Hersteller zum geschützten Personenkreis.

(ii) Drittbezogenheit gegenüber Patienten

Die Benannten Stellen treten im Gegensatz zu den Herstellern nicht in direkten Kontakt mit den Patienten. Sie sind nur indirekt durch die Zertifizierung und Maßnahmen nach § 18 MPG betroffen. Dennoch kommen Patienten als Geschädigte einer Amtspflichtverletzung in Frage, wenn fehlerhafte Medizinprodukte auf den Markt gelangen oder nicht rechtzeitig vom Markt genommen werden und dadurch beispielsweise Gesundheitsschäden verursacht oder Folgebehandlungen notwendig werden. Es ist nicht erforderlich, dass der Dritte unmittelbar am Amtsgeschäft beteiligt war oder einen Rechtsanspruch auf die in Rede stehende Amtshandlung hatte.[1108]

Der Geschädigte kann aber, wie eben gezeigt, nur dann einen Amtshaftungsanspruch geltend machen, wenn eine verletzte Amtspflicht (auch) gerade gegenüber ihm besteht.[1109] Dies hängt davon ab, was der genaue Zweck der Konformitätsbewertung ist und ob diese auch die Patienten schützen soll. Auch ist die CE-Kennzeichnung und deren Schutzzweck zu bewerten, denn erst diese ermöglicht den Marktzugang. Zudem wird die Marktfähigkeit auch für die Patienten durch das CE-Kennzeichen auf dem Produkt nach außen erst sichtbar. Dass die Frage der Drittbezogenheit nicht ganz einfach zu klären ist, wird bereits daraus ersichtlich,

---

1106 Vgl. im 2. Kapitel A. und im 3. Kapitel D. I.

1107 Vgl. hierzu die Parallelen bei der Prüfung durch Ethikkommissionen: Listl, Die zivilrechtliche Haftung für Fehler von Ethikkommissionen, S. 134; Fischer, in: FS für Erwin Deutsch, S. 163.

1108 BGH, NJW 2005, S. 1865, 1866; Wöstmann in: Staudinger, BGB, § 839, Rn. 169.

1109 St Rspr. vgl. nur BGHZ 1, 388, 394; BGHZ 34, 388, 390; BGHZ 35, 44, 46; BGHZ 85, 230, 233; Papier, in: MüKo BGB, § 839, Rn. 227.

dass der VII. Zivilsenat des Bundesgerichtshofs, der über die Revision einer durch den PIP-Skandal betroffenen Patientin zu entscheiden hat, zunächst beschlossen hat, dem Gerichtshof der Europäischen Union drei Fragen zur Auslegung der Richtlinie 93/42/EWG des Rates vom 14. Juni 1993 über Medizinprodukte vorzulegen.[1110] Eine dieser Fragen ist, ob es Zweck und Intention der Richtlinie ist, dass die mit dem Audit des Qualitätssicherungssystems, der Prüfung der Produktauslegung und der Überwachung beauftragten Benannten Stelle bei Medizinprodukten der Klasse III zum Schutz aller potentiellen Patienten tätig wird und deshalb bei schuldhafter Pflichtverletzung den betroffenen Patienten unmittelbar und uneingeschränkt haften kann. Diese Frage und damit auch die Frage der Drittbezogenheit gegenüber den Patienten in einem Amtshaftungsprozess ist meiner Ansicht nach, wie im Folgenden dargestellt, zu bejahen.

(iii) Schutzzweck der Konformitätsbewertung

Die Zertifizierung ist einer der wichtigsten Bestandteile in den Regelungen der Richtlinien über Medizinprodukte, aktive implantierbare medizinische Geräte und In-vitro-Diagnostika und innerhalb des nationalen Medizinprodukterechts.[1111] Die Sicherheit von Produkten ist ein wichtiger Teilaspekt des Verbraucherschutzes innerhalb der EU. Die EU hat die Erfordernisse des Verbraucherschutzes bei der Einrichtung des europäischen Binnenmarktes gemäß Art. 12 AEUV zu berücksichtigen. In Folge dessen stellt die Richtlinie 93/42/EWG über Medizinprodukte in den Erwägungsgründen fest, dass auch die Regelungen über Medizinprodukte dem Rechnung tragen und in diesem Sinne konzipiert wurden.[1112] Auch das MPG legt eindeutig fest, dass das Gesetz nicht nur zum Schutze des freien Warenverkehrs gedacht ist, sondern insbesondere auch die Patienten, Anwender und Dritte schützen soll. So lautet § 1 MPG:

> „*Zweck dieses Gesetzes ist es, den Verkehr mit Medizinprodukten zu regeln und dadurch für die Sicherheit, Eignung und Leistung der Medizinprodukte sowie die Gesundheit und den erforderlichen Schutz der Patienten, Anwender und Dritter zu sorgen*".

Damit werden letztlich die zwei bedeutenden Ziele des MPG festgelegt: Es soll einen einheitlich hohen technischen Standard bei Medizinprodukten gewährleisten und zugleich dem Schutz des Verbrauchers, Anwenders, Nutzers und besonders dem des Patienten dienen.[1113] § 4 des MPG, in welchem „Verbote zum Schutz von Patienten,

---

1110 BGH, Beschluss vom 09.04.2015, VII ZR 36/14.

1111 Vgl. hierzu im 2. Kapitel A. I.

1112 Vgl. den 5. Absatz der Erwägungsgründe der RL 93/42/EWG: „*Medizinprodukte müssen für Patienten, Anwender und Dritte einen hochgradigen Schutz bieten und die vom Hersteller angegebenen Leistungen erreichen. Die Aufrechterhaltung beziehungsweise Verbesserung des in den Mitgliedsstaaten erreichten Schutzniveaus ist eines der wesentlichen Ziele dieser Richtlinie.*"

1113 Deutsch/Lippert/Ratzel/Tag, MPG, Einleitung, S. 46.

Anwendern und Dritten" normiert sind, bestätigt in Absatz 1 Satz 1, dass insbesondere auch der einzelne Patient vom Schutzzweck des Gesetzes umfasst ist.[1114] Bei der Zertifizierung und der damit bezweckten Produktsicherheit, geht es also auch um den Verbraucherschutz, womit das MPG so gesehen eine Art Verbraucherschutzgesetz ist.[1115] Zweck des MPG ist es, auch die Patienten zu schützen. Die Zertifizierung, als ein bedeutender Bestandteil des MPG, soll nicht nur die Warenverkehrsfreiheit, sondern auch den Schutz der Patienten bezwecken, wodurch diese in den Schutzzweck des MPG mit einbezogen sind.

(iv) Aussagekraft der CE-Kennzeichnung

Für eine Drittbezogenheit gegenüber Patienten spricht ebenfalls die Aussagekraft der CE-Kennzeichnung, auch wenn dieses Zeichen primär eine Verwaltungskennzeichnung darstellt. Die CE-Kennzeichnung gemäß § 9 MPG ist die entscheidende Voraussetzung, damit ein Medizinprodukt in den Verkehr gebracht werden darf. Entsprechend dem 29. Erwägungsgrund des Beschlusses 768/2008/EG des Europäischen Parlamentes und des Rates vom 9. Juni 2009,[1116] bringt die CE-Kennzeichnung die Konformität eines Produktes zum Ausdruck und ist die sichtbare Folge eines ganzen Prozesses, der die Konformitätsbewertung im weiteren Sinne umfasst.[1117] Die Kennzeichnung ist daher zunächst ein Signal für die nationalen Überwachungsbehörden, dass ein Produkt richtlinienkonform ist und deshalb zum freien Warenverkehr im europäischen Binnenmarkt zugelassen wurde.[1118] Rechtlich gesehen, ist das CE-Kennzeichen damit auf jeden Fall ein Verwaltungszeichen, das zum Ausdruck bringt, dass ein Produkt sämtliche Anforderungen, gegebenenfalls überprüft durch die hierfür Benannten Stellen, erfüllt, und damit die Verkehrsfähigkeit des Produktes im europäischen Wirtschaftsraum anzeigt.[1119]

Das CE-Kennzeichen signalisiert jedoch nicht nur den zuständigen Stellen der Mitgliedsstaaten, dass die geltenden Normen und Anforderungen, die an medizinische Produkte gestellt werden, erfüllt sind und die vom Hersteller vorgegebene

---

1114 § 4 Abs. 1 S. 1 MPG lautet: „*Es ist verboten, Medizinprodukte in den Verkehr zu bringen, zu errichten, in Betrieb zu nehmen, zu betreiben oder anzuwenden, wenn (..) der begründete Verdacht besteht, dass sie die Sicherheit und die Gesundheit der Patienten, der Anwender oder Dritter bei sachgemäßer Anwendung, Instandhaltung und ihrer Zweckbestimmung entsprechender Verwendung über ein nach den Erkenntnissen der medizinischen Wissenschaften vertretbares Maß hinausgehend unmittelbar oder mittelbar gefährden (..)*".

1115 Deutsch/Lippert/Ratzel/Tag, MPG, Einleitung, S. 46.

1116 ABl. Nr. L 218/82 vom 13.08.2008.

1117 Hill/Schmitt, WiKo Medizinprodukterecht, Einl., Rn. 78; von Czettritz/Strelow, in: Meier/von Czettritz/Gabriel/Kaufmann, 3. Teil, § 5, Rn. 122.

1118 Bieback, Zertifizierung und Akkreditierung, S. 50 und Moritz, Geräte- und Produktsicherheitsgesetz, S. 83.

1119 Hill/Schmitt, WiKo Medizinprodukterecht, Einl., Rn. 79; von Czettritz/Strelow, in: Meier/von Czettritz/Gabriel/Kaufmann, 3. Teil, § 5, Rn. 123.

Zweckbestimmung erfüllt wird, sondern soll dies auch gegenüber anderen mit dem Medizinprodukt in Kontakt Tretenden (insbesondere den Händlern, Verbrauchern und sonstigen Benutzern).[1120] Die Kommission beabsichtigt sogar, eine Informationskampagne in Gang zu setzen, um den Bekanntheitsgrad der CE-Kennzeichnung gerade auch bei Verbrauchern zu erhöhen.[1121] Wäre die Aussagekraft der CE-Kennzeichnung lediglich an die Behörden gerichtet, so hätte die Kommission vielmehr eine Kampagne angestrebt, den Verbraucher aufzuklären, dass die CE-Kennzeichnung für ihn keine Bedeutung hat. Es wäre dann beispielsweise naheliegend, für den Verbraucher verständlich und eindeutig im Sichtbereich der Kennzeichnung zum Ausdruck zu bringen, dass die CE-Kennzeichnung sich lediglich an die Verwaltungsbehörden richtet. Dies zeigt, dass auch Patienten sich auf die Fehlerfreiheit und korrekte Wirkung von Medizinprodukten mit angebrachtem CE-Kennzeichen verlassen können sollen und nicht nur die Behörden aus der Kennzeichnung informiert werden sollen.

Die CE-Kennzeichnung stellt zudem gerade das Bindeglied zwischen den Benannten Stellen und den Patienten dar. Nur mit einer CE-Kennzeichnung darf ein Produkt auf dem europäischen Markt vertrieben werden, mit der Folge, dass den Verbrauchern automatisch suggeriert wird, dass ein Produkt mit dieser Kennzeichnung sicher ist. Die Patienten verlassen sich darauf, dass ein Medizinprodukt, welches für den Markt zugelassen wurde, fehlerfrei ist und seinen angedachten Zweck erfüllt. Die Kennzeichnung stellt damit im Ergebnis nicht lediglich ein Signal für die nationalen Überwachungsbehörden dar, dass ein Produkt richtlinienkonform ist und deshalb zum freien Warenverkehr zugelassen wurde, sondern hat auch eine an den Patienten gerichtete Aussagekraft.[1122]

Dass die Aussagekraft der CE-Kennzeichnung sich auch, aber nicht nur, möglicherweise sogar nicht einmal primär, an den Patienten richtet, genügt gleichermaßen der Einbeziehung in den Schutzzweck der Amtspflichten. Eine Amtspflicht muss zwar den Zweck haben, gerade auch das Interesse dieses Geschädigten wahrzunehmen, sie muss jedoch nicht das alleinige Interesse der Amtspflicht sein.[1123] Es genügt, dass der Zweck des Patientenschutzes neben den der Warenverkehrsfreiheit tritt.

(v) Das CE-Kennzeichen als Gütesiegel oder Qualitätszeichen?

Trotz des eben Gesagten, ist es wohl richtig, dass es sich, trotz einer in der Bevölkerung weit verbreiteten Meinung, bei der CE-Kennzeichnung nicht um ein

1120 Vgl. Leitfaden der Kommission 2000, S. 51;.
1121 Siehe Beschluss 768/2008/EG, Erwägungsgrund Nr. 35, wonach die Kommission eine Informationskampagne in Gang setzen soll, um den Bekanntheitsgrad der CE-Kennzeichnung auch gerade bei Verbrauchern zu erhöhen.
1122 A.A. Bieback, Zertifizierung und Akkreditierung, S. 50 und Moritz, Geräte- und Produktsicherheitsgesetz, S. 83.
1123 BGHZ 106, 323, 331; BGHZ 110, 8 f.

Qualitätszeichen handelt,[1124] was wiederum gegen eine Einbeziehung der Patienten in den Schutzzweck sprechen könnte.

Es lässt sich jedoch nicht leugnen, dass der Markt und hier insbesondere die Verbraucher, respektive Patienten, entgegen der Vorstellung, dass lediglich die Richtlinienkonformität mit dem CE-Kennzeichen symbolisiert werden sollte, dem CE-Kennzeichen inzwischen die Bedeutung eines Qualitätszeichens beimessen.[1125] Dieser weit verbreiteten Annahme ist seit Einführung der CE-Kennzeichnung auch nicht entgegengewirkt worden. Aus diesen Gründen wird das CE-Kennzeichen heute von einigen bereits als Gütezeichen verstanden.[1126] Hierfür spricht auch, dass die nationalen Behörden gerade berechtigt sind, die Zulässigkeit der CE-Kennzeichnung materiell-rechtlich zu überprüfen.[1127] Diese Sichtweise wird inzwischen auch dadurch bekräftigt, dass der CE-Kennzeichnung bei der Entscheidung des Spitzenverbandes „Bund der Krankenkassen" über die Aufnahme eines Medizinprodukts in das Hilfsmittelverzeichnis nach § 139 SGB V eine Tatbestandswirkung für die Entscheidung zur Aufnahme in das Verzeichnis und damit Tendenz zur Erstattungsfähigkeit durch die gesetzlichen Krankenkassen, zugesprochen wird.[1128] Zu Recht kann hier die Frage gestellt werden, warum die Wirkung der CE-Kennzeichnung bei der Entscheidung des Spitzenverbandes „Bund der Krankenkassen", diesen dazu verpflichten soll, von der Sicherheit, Tauglichkeit und Qualität eines Medizinproduktes auszugehen, der Verbraucher jedoch nicht auf diese Aussagen vertrauen dürfe.

Die CE-Kennzeichnung trifft jedoch weiterhin keine eindeutige Aussage über die Qualität eines Produktes,[1129] auch wenn nicht von der Hand zu weisen ist, dass durch die Erfüllung der Sicherheitsanforderungen ein gewisser Standard an Qualität impliziert ist.[1130] Die Kennzeichnung trifft auch keine Aussage darüber, ob ein Produkt durch eine unabhängige dritte Stelle geprüft wurde, wie es beispielsweise typisch für ein Verbraucherschutzzeichen wäre.[1131] Das Kennzeichen gibt keinen Aufschluss darüber, ob eine Benannte Stelle eingeschaltet wurde oder ob es vom

---

1124 OLG Zweibrücken, GesR 3/2014, S. 162, 166; Grupp, CE-Kennzeichnung, in: Bergmann, Handlexikon der EU; Bieback, Zertifizierung und Akkreditierung, S. 51.

1125 Tünnessen-Harmes, DVBl. 1994, S. 1334, 1339; von Hoyningen-Huene/Compensis, NZS 1993, S. 233, 236.

1126 Hill/Schmitt, WiKo Medizinprodukterecht, Einl., Rn. 80; von Czettritz/Strelow, in: Meier/von Czettritz/Gabriel/Kaufmann, 3. Teil, § 5, Rn. 123.

1127 Ratzel, in: Deutsch/Lippert/Ratzel, MPG, § 27, Rn. 1; Webel, in: Bergmann/Pauge/Steinmeyer, Gesamtes Medizinrecht, Kap. 7, § 28, Rn. 2; VG Stuttgart, PharmaR 2000, S. 97 ff.; VG Trier, MPJ 2008, S. 42 ff.

1128 Vgl. zur Tatbestandswirkung: BSGE 93, 183 = SozR 4 – 2500 § 33 Nr. 8, Rn. 8; Nolte, in: Kasseler Kommentar zum Sozialversicherungsrecht, SGB V, § 33, Rn. 17.

1129 Merten, Private Entscheidungsträger, S. 57.

1130 Bieback, Zertifizierung und Akkreditierung, S. 202.

1131 Moritz, Geräte- und Produktsicherheitsgesetz, S. 83; Ein typisches Verbraucherschutzzeichen stellt bspw. das GS – Zeichen dar.

Hersteller selbst auf der Basis einer Herstellerselbsterklärung angebracht wurde.[1132] Ob ein Produkt sicher ist, kann aus der Kennzeichnung also nicht geschlossen werden. Dies ergibt sich auch daraus, dass in der Regel nur „grundlegende Sicherheitsanforderungen" einzuhalten sind. Es handelt sich bei dem CE-Kennzeichen also nicht um ein originäres Prüfsiegel für Produktqualität.[1133] Dem CE-Kennzeichen die Qualität eines Gütesiegels oder Qualitätszeichens zuzumessen, wäre daher verfehlt, auch wenn es einem solchen inzwischen stark angenähert ist.

Auch wenn es sich bei der CE-Kennzeichnung nicht um ein Verbraucherschutzzeichen oder ein Qualitätszeichen handelt,[1134] hat dies keine Auswirkung auf das gefundene Ergebnis des Schutzzwecks bei Pflichtverletzungen im Zusammenhang mit der Vergabe der CE-Kennzeichnung, welcher auch die Patienten mit einbezieht. Es genügt, dass auch der Patient in den Schutzzweck der Konformitätsbewertung mit einbezogen ist und sich die Aussagekraft der CE-Kennzeichnung auch an diesen richtet. Hat jedoch ein Medizinprodukt alle Anforderungen, die für eine Zulassung an dieses gestellt werden, erfüllt und entspricht lediglich die Qualität nicht den Anforderungen, die an das Produkt in der Regel gestellt werden, die aber im Rahmen der Konformitätsbewertung nicht geprüft werden, so besteht aus der CE-Kennzeichnung keine Drittgerichtetheit der Amtspflichten, denn die Überprüfung der Qualität ist nicht per se die Amtspflicht der Benannten Stellen, sondern nur soweit sie im Rahmen der Konformitätsbewertung notwendig ist.

b) Ergebnis

Die einer Benannten Stelle obliegenden Amtspflichten im Rahmen der Zertifizierung und Überwachung, bestehen auch und gerade zum Schutz der Patienten, die mit zertifizierten Medizinprodukten in Kontakt kommen und einen Schaden daraus erleiden. Die Konformitätsbewertung hat zwar nicht nur, jedoch (neben der Warenverkehrsfreiheit) auch den Zweck, Patienten zu schützen. Hierfür spricht die Aussagekraft und der Schutzzweck der CE-Kennzeichnung durch welche der Marktzugang erst ermöglicht wird.

Hat eine Benannte Stelle also leichtfertig das Recht zur Anbringung der CE-Kennzeichnung erteilt, so kommt ein Schadensersatzanspruch gegen die Benannte Stelle und im Wege der Amtshaftung gegen den Staat in Betracht. Es geht dabei nicht darum, dass fahrlässig ein Gütezeichen angebracht worden ist, welches die CE-Kennzeichnung nicht darstellt. [1135] Die Anbringung des Kennzeichens haben zudem in erster Linie die Hersteller selbst zu verantworten.[1136] Das Produkt ist jedoch durch die Tätigkeit und die Fahrlässigkeit der Benannten Stelle erst auf den Markt gekommen oder auf diesem verblieben, obwohl die Zertifizierung hätte

1132 Vgl. hierzu auch im 2. Kapitel A. VI. 2.
1133 OLG Zweibrücken, GesR 3/2014, S. 162, 166.
1134 So aber Moritz, Geräte- und Produktsicherheitsgesetz, S. 83.
1135 Deutsch, in: Deutsch/Lippert/Ratzel/Tag, MPG, § 15, Rn. 12.
1136 Siehe hierzu im 1. Kapitel C. V.

zurückgezogen werden müssen.[1137] Den Benannten Stellen kommt hier, wie unter anderem den Ethikkommissionen bei der Bewertung klinischer Prüfungen, ein Sicherungsauftrag zu, der dem Schutze der Patienten dient.[1138] Hat ein Medizinprodukt in der Folge verletzende Wirkungen auf einen Patienten und konnten diese Wirkungen im Rahmen der Konformitätsbewertung erkannt und verhindert werden, so haftet der Staat für diese Pflichtverletzungen der Benannten Stellen.

Der Anspruchsteller hat den Drittbezug, wie auch die Amtspflichtverletzung, darzutun, also zu beweisen, dass die verletzte Amtspflicht auch gerade gegenüber ihm bestanden hat.[1139]

5. *Verschulden des Amtsträgers*

Nach wie vor ist der Nachweis eines Verschuldens des handelnden Amtsträgers Voraussetzung für die Schadensersatzverpflichtung der öffentlichen Hand nach Maßgabe des § 839 BGB.[1140] Die Staatshaftung nach § 839 BGB i. V. m. Art. 34 GG greift also nur dann ein, wenn den Bediensteten Vorsatz oder Fahrlässigkeit zur Last fällt. Es gilt ein objektivierter Verschuldensmaßstab. D. h., es kommt nicht auf die individuellen konkreten Kenntnisse des Bediensteten an, sondern darauf, welche Kenntnisse und Fähigkeiten sein Amt und seine Aufgaben voraussetzen.[1141] Fehlen ihm solche, so muss er sich diese verschaffen.[1142] Vorsätzlich handelt ein Amtsträger i. S. d. § 839 BGB dann, wenn er sich bewusst über die verletzte Amtspflicht hinwegsetzt.[1143] Er muss die Tatsachen kennen, aus denen sich die Pflichtverletzung objektiv ergibt und darüber hinaus in dem Bewusstsein handeln, gegen die Amtspflicht zu verstoßen. Zumindest muss er mit der Möglichkeit eines solchen Verstoßes rechnen und diesen billigend in Kauf nehmen (Eventualvorsatz).[1144] Fahrlässigkeit liegt demgemäß dann vor, wenn der Amtsträger zwar nicht positiv weiß, dass er gegen seine Amtspflichten verstößt und dies auch nicht billigend in Kauf

1137 Deutsch, in: Deutsch/Lippert/Ratzel/Tag, MPG, § 15, Rn. 12.

1138 Zum Sicherungsauftrag der Ethikkommissionen vgl. Fischer, in: FS für Erwin Deutsch, S. 154.

1139 Luckey, in: Baumgärtel/Laumen/Prütting, Hdb. der Beweislast BGB Teil III, § 839, Rn. 2.

1140 Der Versuch des Bundesgesetzgebers, durch Erlass des Staatshaftungsgesetzes (StHG) vom 26. Juni 1981 eine unmittelbare verschuldensunabhängige Haftung des Staates für rechtswidriges Handeln einzuführen, ist an formellen Fragen gescheitert: Das Bundesverfassungsgericht hatte durch Urteil vom 19. Oktober 1982 (BVerfG, NJW 1983, S. 25 ff.) das StHG insgesamt für nichtig erklärt, weil dem Bund hierfür die Gesetzgebungskompetenz fehle. Die Länder haben sich bisher nicht auf eine einheitliche verschuldensunabhängige Staatshaftung einigen können.

1141 BGHZ 117, 240, 249.

1142 BGHZ 117, 240, 249.

1143 BGH, VersR 1971, S. 864, 866; Papier, in: Maunz/Dürig, GG, Band 4, Art. 34, Rn. 223.

1144 Wöstmann, in: Staudinger, BGB, § 839, Rn. 198 ff.

nimmt, jedoch bei Anwendung der für seine Amtsausübung erforderlichen Sorgfalt und Kenntnisse den Pflichtenverstoß hätte erkennen können. Das Verschulden muss sich nur auf den haftungsbegründenden Tatbestand, nicht auch auf den daraus entstehenden Schaden und insbesondere nicht auf dessen Vorhersehbarkeit erstrecken.[1145]

Die Richtlinien, auf die § 15 Abs. 1 MPG verwiesen wird, wie auch die neue Durchführungsverordnung EU Nr. 920/2013 der Kommission, geben Mindestkriterien für eine Benennung vor, die von den zu benennenden Stellen erfüllt werden müssen, so dass ein hohes Maß an fachlicher Kompetenz besteht. Dies heißt insbesondere auch, dass die berufliche Zuverlässigkeit und die technische Sachkunde der Mitarbeiter der zu benennenden Stellen für das jeweilige zu zertifizierende Produkt gegeben sein müssen. Zudem besteht die Möglichkeit, sich für mehrere oder nur einzelne vollständige Module anerkennen zu lassen, je nachdem, welche Ansprüche bei der Überprüfung für die Zertifizierung eines bestimmten Produktes nach einem bestimmten Modul an die Benannten Stellen gestellt werden. Im Rahmen des Akkreditierungsverfahrens überprüft die Dakks, ob die potentiellen Konformitätsbewertungsstellen die fachliche Eignung und die nötige Kompetenz besitzen, bestimmte Konformitätsbewertungsaufgaben wahrzunehmen. Ohne die erforderlichen Sachkenntnisse erfolgt eine Benennung also erst gar nicht. Es dürfte eine Fahrlässigkeit bei Pflichtverletzungen in den meisten Fällen also unproblematisch anzunehmen sein, da die Benannten Stelle beziehungsweise deren Prüfer alle erforderlichen Kenntnisse besitzen müssen, um eine Zertifizierung nach einem bestimmten Modul vornehmen zu dürfen. Anders kann dies jedoch beispielsweise sein, wenn, wie im Falle des PIP-Skandals, die Frage zu stellen ist, inwieweit die Benannte Stelle die Minderwertigkeit der Implantate hätte erkennen können und damit Fahrlässigkeit gegeben ist oder ob der Hersteller die Benannte Stelle getäuscht hat und diese die Täuschung nicht erkennen konnten. So haben jedenfalls die deutschen Gerichte im Falle des PIP-Skandals darauf erkannt, dass die Benannte Stelle, in diesem Falle den TÜV, kein Verschulden treffe, da er von dem Hersteller der Implantate (der Firma Poly Implant Prothèse (PIP)) sowohl bei der ursprünglichen Konformitätsbewertung als auch bei den angekündigten Audits im Anschluss getäuscht worden war und der TÜV beziehungsweise dessen Prüfer diese Täuschung auch nicht erkennen konnten.[1146] Nach Ansicht der Gerichte kann dem TÜV nicht vorgeworfen werden, den Betrug des Herstellers nicht aufgedeckt zu haben.

Dem Anspruchsteller obliegen nach allgemeinen Grundsätzen die Darlegung und der Beweis des Sachverhalts, aus dem sich das Verschulden des Amtsträgers

---

1145 BGH, NJW 1965, 962, 963; BGH, NJW 2003, S. 1308, 1312; Sprau, in: Palandt, BGB, § 839, Rn. 50.

1146 LG Frankenthal, MPR 2013, S. 134, 137; LG Nürnberg, MPR 2014, S. 14, 17; A.a. Urteil des Handelsgerichts (Tribunal Commerce) Toulon vom 14. November 2014, MPR 2014, S. 1 ff. (inzwischen wurde dieses Urteil in der Berufungsinstanz jedoch aufgehoben).

ergibt. Allerdings lässt es die Rechtsprechung schon genügen, dass ein Sachverhalt festgestellt wird, der nach dem regelmäßigen Ablauf der Dinge die Folgerung begründet, dass ein Amtsträger schuldhaft seine Amtspflicht verletzt hat.[1147] Bei einer feststehenden Verletzung der äußeren Sorgfalt wird entweder die Verletzung der inneren Sorgfalt indiziert oder es spricht ein Anscheinsbeweis für die Verletzung der inneren Sorgfalt. Dabei wird jedoch oft übersehen, dass eine Anwendung dieser Beweiserleichterungen nur dann möglich ist, wenn zuvor der Beweis eines rechts- oder verkehrswidrigen Zustands geführt worden ist.[1148]

6. *Rechtswidrigkeit*

Auch wenn eine an sich tatbestandsmäßige und schuldhafte Amtspflichtverletzung vorliegt, so führt dies nur dann zur Schadensersatzpflicht, wenn sie auch rechtswidrig ist. In der Regel ergibt sich die Rechtswidrigkeit bereits aus der Verletzung der drittschützenden Amtspflicht. Im Grunde genommen ist daher die Rechtswidrigkeit bereits im Rahmen der verletzten Amtspflicht mitgeprüft. Anzumerken ist hier jedoch, dass die Maßnahmen von Amtsträgern die Vermutung der Rechtsmäßigkeit in sich tragen.[1149] Der Anspruchsteller trägt damit auch die Beweislast für die Rechtswidrigkeit.[1150]

7. *Kausalität, Mitverschulden, Schaden und Entschädigung*

a) *Allgemein*

Schadenersatzansprüche im Allgemeinen, wie auch der Amtshaftungsanspruch, greifen nur dann durch, wenn das in Rede stehende rechtswidrige und schuldhafte Verhalten zu einem Schaden geführt hat. Ausgehend vom Wortlaut des § 839 BGB, ist nicht erforderlich, dass durch die Amtspflichtverletzung in bestimmte Vermögensrechte eingegriffen wird.[1151] Es reicht aus, wenn die Amtspflichtverletzung kausal zu einer Vermögensschädigung führt. Eine Beschränkung der Ersatzpflicht, die an die Verletzung bestimmter Rechtsgüter wie bei § 823 Abs. 1 BGB anknüpft, findet nicht statt. Ersetzt werden soll, insbesondere unter dem Gesichtspunkt des Schutzzwecks der Norm, jedoch nur der Schaden, dessen Verhinderung

---

1147 BGH, VersR 1960, S. 905, 906; OLG Düsseldorf, NJW 1969, S. 1350, 1352; Wöstmann in: Staudinger, BGB, § 839, Rn. 400; Luckey, in: Baumgärtel/Laumen/Prütting, Hdb. der Beweislast BGB Teil III, § 839, Rn. 9.

1148 BGH, r+s 2012, S. 460, 461.

1149 BGH, VersR 1960; S. 248, 249; Luckey, in: Baumgärtel/Laumen/Prütting, Hdb. der Beweislast BGB Teil III, § 839, Rn. 6.

1150 Luckey, in: Baumgärtel/Laumen/Prütting, Hdb. der Beweislast BGB Teil III, § 839, Rn. 6.

1151 Papier, in: MüKo BGB, § 839 BGB, Rn. 276.

die verletzte Amtspflicht dienen soll.[1152] Der Geschädigte ist so zu stellen, als hätte sich der Amtsträger pflichtgemäß verhalten.[1153]

b) Kausalität, Zurechnung des Schadens

Für den eingetretenen Schaden muss die Handlung beziehungsweise das Unterlassen des Verletzers kausalitätstechnisch verantwortlich sein, damit überhaupt die Kompensation des Schadens geschuldet wird. Bei Schadenersatzansprüchen ist grundsätzlich zwischen der sogenannten haftungsbegründenden und der haftungsausfüllenden Kausalität zu differenzieren. Die haftungsbegründende Kausalität muss zwischen dem in Rede stehenden fehlsamen Verhalten und dem Verletzungserfolg vorliegen, während die haftungsausfüllende Kausalität zwischen dem Verletzungserfolg und dem geltend gemachten Schaden bestehen muss. Der rechtliche Ursachenzusammenhang bestimmt sich grundsätzlich durch die Äquivalenztheorie, die wiederum durch das Kriterium der Adäquanz und des Schutzzwecks der Norm begrenzt ist.[1154] Die hierzu entwickelten Grundsätze gelten auch im Amtshaftungsrecht unter Berücksichtigung der spezifischen Besonderheiten dieser Materie.[1155]

Die konkrete Betroffenheit (haftungsbegründende Kausalität) liegt in den meisten Amtshaftungsfällen unproblematisch vor.[1156] In der Rechtsprechung des BGH wird sie deshalb oft unausgesprochen vorausgesetzt, was zu der irrigen Annahme verleitet, dass die haftungsbegründende Kausalität im Amtshaftungsrecht keine Rolle spielen würde und nur noch die sogenannte haftungsausfüllende Kausalität zu prüfen sei.[1157] Nach der Rechtsprechung des BGH sind jedoch auch im Amtshaftungsrecht sowohl die konkrete Betroffenheit des Geschädigten durch die Amtspflichtverletzung (haftungsbegründende Kausalität) als auch die Kausalität zwischen der Amtspflichtverletzung und dem geltend gemachten Schaden festzustellen.[1158] Der kausalitätstechnische Unterschied zum allgemeinen Deliktsrecht des § 823 Abs. 1 BGB besteht lediglich darin, dass im Amtshaftungsrecht jeder Vermögensschaden ersatzfähig ist.[1159]

1152 BGH, NJW 2009, S. 1207, 1208; Siehe zum Schutzzweck der Amtspflicht in diesem Kapitel unter A. I. 4.

1153 BGH, NJW-RR 1988, S. 1367, 1368; OLG Zweibrücken, NVwZ-RR 2001, S. 79, 81.

1154 BGH, VersR 2000, S. 370, 371 f.; BGH, NJW 2005, S. 1420, 1421; BGH, NJW 2012, S. 2964, 2964; zur Kausalität vgl. im Einzelnen bspw. Knerr, in: Geigel, Der Haftpflichtprozess, Kap. 1, Rn. 1 ff.

1155 Rotermund/Krafft, Kommunales Haftungsrecht, S. 361, Rn. 501; zum amtshaftungsbegrenzenden Kriterium des Schutzzwecks vgl. in diesem Kapitel unter A. I. 4.

1156 Rotermund/Krafft, Kommunales Haftungsrecht, S. 361, Rn. 502.

1157 So etwa Tremml/Karger/Luber, Der Amtshaftungsprozess, Rn. 167.

1158 BGH, NJW 1963, S. 1828, 1829; Luckey, in: Baumgärtel/Laumen/Prütting, Hdb. der Beweislast BGB Teil III, § 839, Rn. 13 ff.; Wöstmann, in: Staudinger, BGB, § 839, Rn. 228 f., 399 f.; grundlegend zur Abgrenzung vgl. BGH, NJW 1952, S. 301, 302.

1159 Ossenbühl/Cornils, Staatshaftungsrecht, S. 73.

Hinsichtlich der haftungsausfüllenden Kausalität gilt zunächst die Adäquanztheorie, wonach ein adäquat-kausaler Zusammenhang besteht, wenn die Amtspflichtverletzung im allgemeinen und nicht nur unter besonders eigenartigen, ganz unwahrscheinlichen oder nach dem regelmäßigen Verlauf der Dinge außer Betracht zu lassenden Umständen zur Herbeiführung des Schadens geeignet war.[1160] Dies ist z.B. dann nicht der Fall, wenn der Geschädigte selbst in völlig ungewöhnlicher oder unsachgemäßer Weise in den schadensträchtigen Geschehensablauf eingreift und eine weitere Ursache setzt, die den Schaden endgültig herbeiführt.[1161] Was nicht heißt, dass der Zurechnungszusammenhang zu verneinen ist, wenn sich die Gefahren, denen die jeweilige Amtspflicht entgegenwirken soll, im konkreten Fall auf ungewöhnliche Weise verwirklicht haben.[1162] Im Übrigen ist zu fragen, welchen Verlauf die Dinge bei pflichtgemäßem Handeln des Amtsträgers genommen hätten und wie sich die Vermögenslage des Betroffenen in diesem Falle darstellen würde.[1163] Nur soweit die Vermögenslage des Verletzten bei pflichtgemäßem Verhalten des Amtsträgers günstiger sein würde als die tatsächliche, hat die Amtspflichtverletzung den Schaden verursacht.[1164] Die Kausalität ist nach den Vorgaben des BGH also zweistufig zu prüfen. Zum einen unter dem Aspekt eines hypothetischen Kausalverlaufs und zum anderen durch Saldierung der aus den unterschiedlichen Kausalverläufen resultierenden, abstrakten Vermögenslagen. Der Umfang des konkreten Vermögenszuwachses, die Amtspflichtverletzung hinweg gedacht, bedarf jedoch einer weiteren Prüfung.[1165]

Zwischen haftungsbegründender und haftungsausfüllender Kausalität wird nach der grundlegenden Entscheidung des BGH[1166] auch hinsichtlich des Beweismaßes wie folgt abgegrenzt: Die Verpflichtung zum Schadenersatz beruht in tatsächlicher Hinsicht darauf, dass ein bestimmtes Ereignis, durch das der Ersatz Begehrende betroffen worden ist, das schadenstiftende Ereignis, zu einem Schaden geführt hat. Ob ein solches Ereignis den Ersatz Begehrenden betroffen hat, ist nach § 286 ZPO zur vollen richterlichen Überzeugung zu beweisen, da die Frage, welches Ereignis den Geschädigten betroffen hat, die Feststellung des konkreten Haftungsgrundes betrifft.[1167] Dass dieses Ereignis einen Schaden verursacht hat, der Kausalzusammenhang zwischen schadenstiftendem Ereignis und Schaden, ist hingegen nach § 287

1160 BGH, NVwZ 1994, S. 825, 826 f.; Wöstmann in: Staudinger, BGB, § 839, Rn. 223; Tremml/Karger/Luber, Der Amtshaftungsprozess, Rn. 169.
1161 Wöstmann, in: Staudinger, BGB, § 839, Rn. 227.
1162 Vgl. etwa BGH, NJW 1992, S. 2086, 2087; Papier, in: MüKo BGB, § 839 BGB, Rn. 281.
1163 Wöstmann, in: Staudinger, BGB, § 839, Rn. 223.
1164 Wöstmann, in: Staudinger, BGB, § 839, Rn. 223.
1165 Wöstmann, in: Staudinger, BGB, § 839, Rn. 229 ff.
1166 BGH, NJW 1952, S. 301, 302.
1167 BGH, NJW 1952, S. 301, 302; BGH, VersR 1975, S. 540, 541; BGH, NJW-RR 1998, S. 167, 168; Luckey, in: Baumgärtel/Laumen/Prütting, Hdb. der Beweislast BGB Teil III, § 839, Rn. 14.

ZPO („Freibeweis") festzustellen, da der Eintritt des Schadens, anders als bei § 823 BGB, nicht zum Haftungsgrund gehört.[1168]

(i) Bestimmung der pflichtgemäßen Maßnahme beziehungsweise Entscheidung

Um den fiktiven Kausalverlauf zu bestimmen, also welchen Lauf die Dinge genommen hätten, wenn sich der Amtsträger pflichtgemäß verhalten hätte, stellt sich bei Amtshaftungsprozessen meist die Frage, welche rechtmäßige Entscheidung der Amtsträger hätte treffen oder Maßnahme er hätte vornehmen müssen. Dabei kommt es entscheidend darauf an, ob es sich bei der in Rede stehenden (fiktiven) Entscheidung um eine gebundene Entscheidung oder eine Ermessensentscheidung handelt. Die Frage der richtigen (Ermessens-)Entscheidung ist nach der Rechtsprechung des BGH im Rahmen der Kausalität und nicht als Einwand des rechtmäßigen Alternativverhaltens zu prüfen.[1169]

Hat der Amtsträger bei Erlass der fiktiven Entscheidung keinen Ermessensspielraum, so hat der Amtshaftungsrichter zu entscheiden, welche Maßnahme richtigerweise zu erwarten gewesen wäre.[1170] Entscheidungen der Benannten Stellen, die so zu überprüfen sind, wären beispielsweise Entscheidungen über die Zertifizierung eines Medizinprodukts, wenn es die an dieses gestellten und von der Benannten Stelle zu überprüfenden Anforderungen nicht erfüllen, da der Benannten Stelle hier kein Ermessen eingeräumt ist.[1171] Die Prüfung der fiktiv-richtigen Maßnahme ist auf die in Rede stehende amtspflichtwidrige Maßnahme begrenzt. Andere, ebenfalls mögliche Maßnahmen mit lediglich demselben Ergebnis, betreffen den Einwand des rechtmäßigen Alternativverhaltens.[1172]

Bei (fehlerhaften) Ermessensentscheidungen oder Entscheidungen mit Beurteilungsspielraum kommt es darauf an, wie der Amtsträger bei richtiger Anwendung seines Ermessens entschieden hätte.[1173] Nur dann, wenn er eine andere, den Schaden vermeidende Entscheidung getroffen hätte, ist die Kausalität zu bejahen.[1174] Der Amtshaftungsrichter darf aber dabei sein subjektives Ermessen nicht an die Stelle des Ermessens des Amtsträgers setzen. Allerdings hat er eine vergleichbare hypothetische Abwägung vorzunehmen, wobei die Darlegung und Ermittlung

---

1168 BGH, NJW 1952, S. 301, 302; BGH, NJW 1963, S. 1828, 1829; Luckey, in: Baumgärtel/Laumen/Prütting, Hdb. der Beweislast BGB Teil III, § 839, Rn. 16.

1169 BGH, NVwZ 2001, S. 1193, 1194; Wöstmann, in: Staudinger, BGB, § 839, Rn. 226, 233; a.A. für Ermessensentscheidungen Wöstmann, in: Staudinger, BGB, § 839, Rn. 233 a.E.

1170 BGH, NJW 1962, S. 583, 585; Wöstmann, in: Staudinger, BGB, § 839, Rn. 226.

1171 Vgl. hierzu im 3. Kapitel D. I.

1172 BGH, NVwZ 2000, 1206, 1207.

1173 BGH, NVwZ 2001, S. 1193, 1196 f.; Wöstmann, in: Staudinger, BGB, § 839, Rn. 226.

1174 BGH, NVwZ 1985, S. 682, 683 f.; Tremml/Karger/Luber, Der Amtshaftungsprozess, Rn. 170.

ermessensrelevanter Umstände gemäß § 287 ZPO erleichtert ist. Wenn der Tatrichter als Ergebnis einer solchen – konkreten – hypothetischen Abwägung nicht ausschließen kann, dass der Amtsträger auch bei Ausübung fehlerfreien Ermessens genauso entschieden hätte, wie er tatsächlich entschieden hat, entfällt wegen Beweisfälligkeit der insoweit beweisbelasteten Klagepartei ein Schadenersatzanspruch.[1175] Dass der Amtsträger (hypothetisch) eine schadensvermeidende pflichtgemäße Ermessensentscheidung getroffen hätte, muss nach der Rechtsprechung des III. Zivilsenats des BGH also zur Erfüllung des für den Zurechnungszusammenhang hier erforderlichen Beweismaßes feststehen.[1176] Insofern gilt in diesen Fällen faktisch das Beweismaß des § 286 Abs. 1 S. 1 ZPO. Die Entscheidungen Benannter Stellen nach § 18 MPG, auch wenn sich bei einer solchen Entscheidung nur ein geringer Ermessenspielraum ergibt, sind nach diesen Grundsätzen zu überprüfen. Ein Ermessen steht den Benannten Stellen aber beispielsweise auch im Rahmen der Bewertung der Qualitätssicherung zu, wenn es darum geht, ob sich Zweifel an der Konformität eines Produktes ergeben, die es erforderlich machen, Produkttests durchzuführen oder durchführen zu lassen.[1177] Dasselbe gilt hinsichtlich der Häufigkeit der unangekündigten Audits, wobei bestimmte Faktoren, wie das vom Produkt ausgehende Risiko, Nichtkonformitäten, Vorkommnismeldungen, Rückrufe und auch Beschwerden von der Benannten Stelle zu bewerten sind.[1178]

(ii) Unterlassung oder Verzögerung der pflichtgemäßen Maßnahme beziehungsweise Entscheidung

Besteht die Amtspflichtverletzung in einem Unterlassen, so kann der Ursachenzusammenhang zwischen Pflichtverletzung und Schaden nur bejaht werden, wenn der Schadenseintritt mit an Sicherheit grenzender Wahrscheinlichkeit vermieden worden wäre. Eine bloße Möglichkeit, ebenso wie eine gewisse Wahrscheinlichkeit, genügen hier nicht.[1179] Unter Zugrundelegung dieses Beweismaßes hat der Anspruchsteller darzulegen und im Streitfall zu beweisen, in welcher für ihn günstigen Weise das Geschehen bei Vornahme der gebotenen Amtshandlung verlaufen wäre.[1180]

Entsprechendes gilt, wenn die Amtspflichtverletzung nicht in einem finalen Unterlassen besteht, sondern die Vornahme einer gebotenen Entscheidung oder

1175 BGH, VersR 1985, S. 887, 888; BGH, NVwZ 2001, S. 1193, 1196 f.; Wöstmann, in: Staudinger, BGB, § 839, Rn. 226.

1176 BGH, VersR 1982, S. 275; Wöstmann, in: Staudinger, BGB, § 839, Rn. 226.

1177 Siehe in diesem Kapitel A. I. 3. d) (i).

1178 Siehe in diesem Kapitel A. I. 3. d) (ii).

1179 Rinne/Schlick, NJW 2005, S. 3541, 3546; Wöstmann, in: Staudinger, BGB, § 839, Rn. 224.

1180 BGH, VersR 1985, S. 358, 359; BGH, NJW 1986, S. 2829, 2831; Wöstmann, in: Staudinger, BGB, § 839, Rn. 224.

Maßnahme nur verzögert wurde[1181] beziehungsweise die Verzögerung kausal in die endgültige Nichtvornahme mündet (z.B. Verzögerung der Erteilung einer Zertifizierung, weil weitere Unterlagen oä. vorzulegen seien). Gemäß dieser Grundsätze fehlt es beispielsweise am Zurechnungszusammenhang zwischen Amtspflichtverletzung und Verzögerungsschaden, wenn ein Antrag auch bei sofortiger Bescheidung erfolglos geblieben wäre.[1182]

c) Schadensersatz

Für alle Fälle, in denen das Gesetz als Rechtsfolge den Ersatz des entstandenen Schadens anordnet, sind die §§ 249 ff. BGB einschlägig.[1183] Die im Schadenersatzrecht in der Regel vom Schädiger geschuldete Wiederherstellung „in natura" (vgl. § 249 Abs. 1 BGB) spielt in der Praxis bei Amtspflichtverletzungen nur im Rahmen des Ehrschutzes eine Rolle. Die Ersatzansprüche aus Amtspflichtverletzungen richten sich in der Regel auf Geldersatz („Naturalrestitution").[1184] Zwar normiert z.B. § 249 Abs. 1 BGB grundsätzlich die Verpflichtung des Schädigers, den vor der Verletzung bestehenden Zustand selbst herzustellen. Allerdings würden die ordentlichen Gerichte mit einer Verurteilung zur Aufhebung eines schädigenden Aktes, wie beispielsweise eines Verwaltungsaktes, in die Zuständigkeit der Verwaltungsgerichte eingreifen.[1185] Zudem kann nicht von einem Amtsträger, dessen Amtsführung beanstandet wird, ein bestimmtes öffentlich-rechtliches Verhalten gefordert werden, sondern allenfalls von der zuständigen Körperschaft.[1186] Zudem ist der Geschädigte gemäß § 251 Abs. 2 S. 1 BGB Herr des Restitutionsgeschehens („Dipositionsfreiheit"). Er kann und wird im Fall eines Personen- oder Sachschadens in den meisten Fällen statt der Naturalrestitution Ersatz in Geld verlangen. Im Schadenersatzrecht ist zur Bestimmung der Höhe des zu leistenden Wertersatzes, ausgehend vom Wortlaut des § 249 Abs. 1 BGB, die tatsächliche mit der fiktiven Vermögenslage zu vergleichen, so wie sie sich ohne das zur Kompensation verpflichtende Verhalten darstellen würde.[1187] Es ist daher eine Vermögensbilanz aufzustellen, in der – abhängig vom Haftungsgrund – aufgrund rechtlicher Bewertungen nur bestimmte Positionen Berücksichtigung finden.[1188] Die Grenze der wirtschaftlichen Kompensation bildet das schadensrechtliche Bereicherungsverbot. In den Anspruch

---

1181 Wöstmann, in: Staudinger, BGB, § 839, Rn. 224.

1182 Wöstmann, in: Staudinger, BGB, § 839, Rn. 224.

1183 Grüneberg, in: Palandt, BGB, Vorb. v § 249, Rn. 4.

1184 BGH, NVwZ 2003, S. 1285, 1285; Ossenbühl/Cornils, Staatshaftungsrecht, S. 111; Sprau, in: Palandt, BGB, § 839, Rn. 78.

1185 Schiemann, in: Staudinger, BGB, Vorbem zu §§ 249 ff., Rn. § 35 ff.; Wöstmann, in: Staudinger, BGB, § 839, Rn. 240; Sprau, in: Palandt, BGB, § 839, Rn. 78.

1186 Sprau, in: Palandt, BGB, § 839, Rn. 78.

1187 zur Dogmatik des Schadensbegriffs vgl. Schiemann, in: Staudinger, BGB, Vorbem. zu §§ 249 ff., Rn. § 35 ff.

1188 Knerr, in: Geigel, Der Haftpflichtprozess, Kap. 3, Rn. 1.

auf Geldersatz sind Hilfs- und Nebenansprüche, die einer Durchsetzung des Schadens dienen eingeschlossen. Somit gewährt der Amtshaftungsanspruch auch Ansprüche auf Auskunft über schadensersatzrelevante Umstände, deren Kenntnis im Bereich des Schuldners liegt.[1189]

Zu unterscheiden ist insbesondere zwischen den Kategorien materieller und immaterieller Schaden. Materielle Schäden sind durch die Verminderung des Vermögens gekennzeichnet, meist aufgrund einer Rechtsgutsverletzung. Zum Vermögen gehören alle diejenigen Güter, die im wirtschaftlichen Verkehr gegen Geld erworben werden können, die also auf einem Markt einen wirtschaftlichen Wert besitzen. Aber auch Werte, die einer wirtschaftlichen Bewertung nicht zugänglich sind, wie z.B. die Ehre oder das körperliche Wohlergehen, können im Falle einer Beeinträchtigung als geschädigt angesehen werden, mit der Folge, dass hierfür ein angemessener Ausgleich gefordert werden kann. Insoweit spricht man vom Nichtvermögensschaden (immaterieller Schaden), der nur in den vom Gesetz angeordneten Fällen zu ersetzen ist, z.B. Schmerzensgeld, § 253 BGB.

Die Hersteller von Medizinprodukten werden im Rahmen eines Amtshaftungsprozesses in der Regel nur materielle Schäden, insbesondere den entgangenen Gewinn, geltend machen können. Jede Person, die mit einem Medizinprodukt in Kontakt gekommen ist und hierdurch geschädigt wurde, wird in den meisten Fällen sowohl einen materiellen als auch eine immateriellen Schaden einklagen.

Steht die konkrete Betroffenheit des Geschädigten fest, ist der Anspruchsteller dafür darlegungs- und beweispflichtig, dass ihm ein Schaden entstanden ist und ich welcher Höhe dies der Fall ist.[1190] Zu Gunsten des Geschädigten greifen jedoch die Beweiserleichterungen des §§ 287 ZPO, 252 S. 2BGB.[1191] Dabei genügt im Rahmen des § 287 ZPO grundsätzlich eine erhebliche beziehungsweise deutlich überwiegende Wahrscheinlichkeit.[1192]

(i) Personenschaden

Bei Patienten ist insbesondere an Personenschäden zu denken. Personenschaden ist die Beeinträchtigung der körperlichen (physischen) oder seelischen (psychischen) Integrität beziehungsweise des individuellen Wohlbefindens.[1193] Die Verpflichtung zum Ersatz eines Personenschadens[1194] umfasst die Kosten der Heilbehandlung, die Nachteile für den Erwerb und das Fortkommen (Verdienstausfall, Erwerbsschaden, § 842 BGB), vermehrte Bedürfnisse (§ 843 BGB), Ersatzansprüche Dritter im Falle

---

1189 BGHZ 78, 274, 276; Ossenbühl/Cornils, Staatshaftungsrecht, S. 111.
1190 BGH, VersR 1981, S. 281, 282; BGH, NJW 1986, S. 246, 247; BGH, NJW 1995, S. 2344, 2345; Wöstmann, in: Staudinger, BGB, § 839, Rn. 399.
1191 BGH, VersR 1981, S. 281, 282.
1192 Wöstmann, in: Staudinger, BGB, § 839, Rn. 230.
1193 Pardey, in Geigel, Der Haftpflichtprozess, Kap. 4, Rn. 1.
1194 Ausführlich zu Ersatzansprüchen bei Personenschäden, siehe Küppersbusch/Höhler, Ersatzansprüche bei Personenschäden, Rn. 40 ff.

einer Tötung (§ 844 BGB) sowie Ersatzansprüche wegen entgangener Dienste (§ 845 BGB).[1195]

(ii) Gesundheitsschaden (Heilungs-, Behandlungs- und Pflegekosten)

Der Gesundheitsschaden umfasst alle realen Heilungskosten, d.h. alle tatsächlich anfallenden Heilungskosten, also alle Kosten ambulanter und/oder stationärer ärztlicher Behandlung und darüber hinaus jeglichen Aufwand, der dazu dient, das verletzungsbedingte Leiden zu behandeln, zu lindern und den Verletzten zu pflegen.[1196] Ein fehlerhaftes Medizinprodukt kann insbesondere die Notwendigkeit von (Folge-) behandlungen hervorrufen oder in schlimmen Fällen möglicherweise zu bleibenden Schäden führen, die oft erhebliche Pflegekosten verursachen. Zu ersetzen sind die erforderlichen Heilungskosten (§ 249 Abs. 2 S. 1 BGB). Diese richten sich primär nach dem jeweils medizinisch Gebotenen.[1197]

An die Darlegung der Gesundheitsverletzung dürfen keine überzogenen Anforderungen gestellt werden.[1198] So sind beispielsweise weder der Patient noch der Prozessbevollmächtigte verpflichtet, sich zur ordnungsgemäßen Prozessführung medizinisches Fachwissen anzueignen.[1199]

Im konkreten Fall der PIP-Brustimplantate, als Form einer „fehlgeschlagenen Schönheitsoperation", ist klar zwischen dem von den Patientinnen verlangten Schmerzensgeld und den geltend gemachten Kosten für die Wiederherstellung mindestens des früheren Zustandes zu unterscheiden.[1200] Die Patientinnen können nur die Behandlungskosten verlangen, die auch tatsächlich angefallen sind und nicht den Weg der fiktiven Schadensberechnung wählen.[1201]

(iii) Schmerzensgeld

Neben den Ansprüchen auf Grund von Gesundheitsschäden, kommt für Patienten immer auch ein Anspruch auf Schmerzensgeld in Betracht. Anders jedoch als andere Schadensersatzansprüche, die dazu dienen, die Vermögenseinbußen des Geschädigten aufgrund eines bestimmten Schadensereignisses auszugleichen, ist das Schmerzensgeld dazu bestimmt, einen Ausgleich für erlittene Schmerzen und Leiden zu schaffen und dem Verletzten zu Genugtuung zu verhelfen. In solchen Fällen der Beeinträchtigung immaterieller Güter, wie der Ehre oder dem körperlichen Wohlbefinden,

1195 So schon RGZ 94, 102, 102 f.; BGHZ 12, 278; Wöstmann, in: Staudinger, BGB, § 839, Rn. 236.

1196 Pardey, in: Geigel, Der Haftpflichtprozess, Kap. 4, Rn. 25, 29; ausführlich zu allen Kosten, die im Rahmen der Gesundheitsschädigung zu ersetzen sind, vgl. Pardey, in: Geigel, Der Haftpflichtprozess, Kap. 4, Rn. 25 ff.

1197 Pardey, in: Geigel, Der Haftpflichtprozess, Kap. 4, Rn. 27.

1198 Pardey, in: Geigel, Der Haftpflichtprozess, Kap. 4, Rn. 25.

1199 BGH, NJW 2004, S. 2825.

1200 Jaeger/Luckey, Schmerzensgeld, S 1069.

1201 OLG Köln, VersR 1998, S. 1510, 1510; Jaeger/Luckey, Schmerzensgeld, S. 1069 f.

wird das Vermögen als solches unmittelbar nicht vermindert. Gleichwohl kann dem Verletzten Schmerzensgeld (§ 253 Abs. 2 BGB) für den Ausgleich dieses immateriellen Schadens zustehen.[1202] Ansprüche auf Ersatz derartiger immaterieller Schäden können nach der ausdrücklichen Bestimmung des § 253 BGB aber nur in den durch das Gesetz bestimmten Fällen gefordert werden.

Die Berechnung der Höhe eines Schmerzensgeldanspruchs gestaltet sich in den meisten Fällen recht schwierig, da es dafür keine allgemeingültige Formel gibt. Das Gesetz selbst schreibt lediglich vor, dass eine Entschädigung „nach Billigkeit" zu erfolgen hat. Dabei sind stets sämtliche Umstände des Einzelfalls heranzuziehen und zu beachten. Es spielen dabei insbesondere das Ausmaß und die Schwere der psychischen und physischen Störungen, das Maß der Lebensbeeinträchtigung, die Dauer und Heftigkeit der Schmerzen und ob Behinderungen oder Entstellungen dauerhaft verbleiben, eine Rolle.[1203] Nach der Rechtsprechung des BGH sollen für vergleichbare Verletzungen, unabhängig nach welcher Haftungsgrundlage, annähernd auch die gleichen Schmerzensgelder zugesprochen werden.[1204] Aus diesem Grund kommt Schmerzensgeldtabellen eine besondere Bedeutung zu.[1205]

Am Falle der Rückgängigmachung beziehungsweise erneuten Einsetzung von Brustimplantaten lässt sich auch sehr gut verdeutlichen, dass eine pauschale Schmerzensgeldberechnung nicht möglich ist. So gehen die bisher zugesprochenen Schmerzensgelder weit auseinander. Das AG Düsseldorf beispielsweise hat für eine missglückte Brustimplantation ein Schmerzensgeld von 2.500 Euro zugesprochen,[1206] während das OLG Hamm für eine misslungene Brustvergrößerung auf 10.000 Euro Schmerzensgeld erkannt hat.[1207] Diese unterschiedlich hohen Beträge in objektiv vergleichbaren Fällen, resultieren aus der jeweils vorzunehmenden Einzellfallbetrachtung und dem Ermessensspielraum der Richter beziehungsweise daraus, dass derartige Fälle im Detail nun einmal nicht vergleichbar sind.

(iv) Entgangener Gewinn, Verdienstausfall

Für die Hersteller von Medizinprodukten wird der Schadensersatz bei einer stehenden rechtswidrigen Verweigerung der Zertifizierung oder einer pflichtwidrigen Maßnahme nach § 18 MPG zumeist auf den Ersatz entgangenen Gewinns zielen.

1202 zu den Einzelheiten vgl. Küppersbusch/Höhler, Ersatzansprüche bei Personenschäden, Rn. 271 ff.

1203 Küppersbusch/Höhler, Ersatzansprüche bei Personenschäden, Rn. 274 ff.

1204 BGH, VersR 1970, S. 134, 135 f.; BGH, VersR 1976, S. 967, 968 f.; OLG Frankfurt, NJW-RR 1990, S. 990, 991.

1205 Siehe bspw. Hacks/Wellner/Häcker, Schmerzensgeldbeträge; Jaeger/Luckey, Schmerzensgeld; Slizyk, Schmerzensgeldtabelle.

1206 AG Düsseldorf v. 22.01.1998 – 39 C 13291/96 = Hacks/Wellner/Häcker, Schmerzensgeldbeträge (nach Indexanpassung heute 3.169 Euro).

1207 OLG Hamm v. 29.03.2006 – 3 U 263/05 = Hacks/Wellner/Häcker, Schmerzensgeldbeträge (nach Indexanpassung heute 11.348 Euro).

Der entgangene Gewinn gehört auch zu den ersatzfähigen Schäden im Amtshaftungsprozess,[1208] soweit er nach dem gewöhnlichen Verlauf der Dinge oder nach den getroffenen Anstalten oder Vorkehrungen „mit Wahrscheinlichkeit" erwartet werden konnte (§ 252 BGB). Dem Geschädigten steht es grundsätzlich frei, zwischen der konkreten und abstrakten Berechnung seines Gewinnentgangs zu wählen,[1209] wobei im Prozess meist die abstrakte Berechnungsmethode zu beurteilen sein dürfte. In den seltensten Fällen jedoch wird der Geschädigte Verträge etc. vorlegen können, die es erlauben, auf einen konkreten fiktiven Kausalverlauf abzustellen.

Wenn es schadenersatzrechtlich um einen Gewinnentgang geht, ist zunächst zu fragen, ob der gewünschte Vertrieb des Medizinprodukts nur vorübergehend oder final verhindert wurde. Vorübergehend verhindert wäre der Vertrieb z.B. dann, wenn die Benannte Stelle zunächst die Zertifizierung ungerechtfertigterweise ablehnt, sie nach Verhandlungen mit dem Hersteller aber dennoch erteilt. Eine finale Verhinderung liegt vor, wenn die Benannte Stelle die Zertifizierung endgültig verweigert. In der letzteren, weit schadensträchtigeren Alternative, kommt es darauf an, wie weit der Geschädigte im Prozess seine Kausalkette fasst. Wichtig ist dabei, dass die einzelnen Bestandteile der Kausalkette des Geschädigten mit dem erforderlichen Beweismaß nachgewiesen werden müssen. Die richterliche Feststellung des Gewinnentgangs bedarf in der Regel zwingend der Zuhilfenahme sachverständiger Prüfung unter Zugrundelegung der entsprechenden Geschäftsunterlagen, da für eine Schätzung bei den Gerichten nur in den seltensten Fällen das betriebswirtschaftliche Verständnis freier Unternehmertätigkeit vorhanden sein wird.[1210]

Praxisrelevant bei Schadensersatzansprüchen von Patienten ist insbesondere der Verdienstausfall von Selbständigen, deren Verdienstentgang zumeist einen wesentlichen Punkt der Schadensberechnung darstellt.[1211] Arbeitnehmer beziehungsweise deren Arbeitgeber machen etwaige Verdienstausfallschäden beziehungsweise die Entgeltfortzahlungen hingegen in den seltensten Fällen geltend.[1212] Zu beachten ist hierbei, dass der bloße Wegfall oder die Minderung der Erwerbsfähigkeit keinen schadenersatzrechtlich relevanten Schaden darstellen. Die Minderung der Erwerbsfähigkeit ist für einen zivilrechtlichen Ersatzanspruch nicht maßgeblich, sondern vielmehr nur der konkrete Verdienstausfall des Geschädigten aufgrund seiner „Verletzungen".[1213]

1208 RGZ 91, 60, 67; BGHZ 13, 363, 365; Wöstmann, in: Staudinger, BGB, § 839, Rn. 239; Anders ist dies bei einem enteignungsgleichen Engriff, der nur auf Entschädigung und nicht auf Schadensersatz gerichtet ist (vgl. BGH, NJW 1997, S. 3432, 3433).

1209 BGHZ 2, 310, 313; BGHZ 29, 393, 398; BGH, NJW-RR 2006, 243, 244; Oetker, in: MüKo BGB, § 252, Rn. 44; Grüneberg, in: Palandt, BGB, § 252, Rn. 6.

1210 KG Berlin, NZV 2005, S. 148 f.

1211 Rotermund/Krafft, Kommunales Haftungsrecht, S. 385, Rn. 545.

1212 Küppersbusch/Höhler, Ersatzansprüche bei Personenschäden, Rn. 274 ff.; Rotermund/Krafft, Kommunales Haftungsrecht, S. 385, Rn. 545.

1213 OLG München, BeckRS 2011, 27034 unter Verweis auf die st. Rspr. des BGH.

Wie bereits ausgeführt, kann der Geschädigte zwischen der konkreten und abstrakten Berechnung des ihm entgangenen Gewinns wählen. Danach bestimmt sich auch die Darlegungs- und Beweislast sowie das Beweismaß.[1214] Wird im Prozess der Verlust eines konkreten Gewinns behauptet, muss der Geschädigte darlegen und gegebenenfalls beweisen, welchen Gewinn er woraus erzielt hätte. Insoweit gelten keine Darlegungs- und Beweiserleichterungen.[1215] § 252 S. 2 BGB enthält die Grundlage für die abstrakte Berechnung des Gewinnentgangs.[1216] Von Bedeutung ist dabei primär eine den § 287 ZPO ergänzende Beweiserleichterung. Der Geschädigte kann sich deshalb auf die Behauptung und den Nachweis der Anknüpfungstatsachen beschränken, bei deren Vorliegen die in § 252 S. 2 BGB geregelte Vermutung eingreift. Es reicht aus, wenn Umstände vorgetragen und bewiesen werden, die eine Prognose der zukünftigen hypothetischen Vermögensentwicklung zulassen.[1217] Voraussetzung der pauschalen Beweiserleichterung ist allerdings, dass der Gewinnentgang dem „gewöhnlichen Lauf der Dinge" entspricht (Alt. 1) oder der Anspruchsteller besondere Umstände vorgetragen hat (Alt. 2), wonach der Gewinnentgang „mit Wahrscheinlichkeit" zu erwarten ist. Die Vermutung des § 252 S. 2 Alt. 1 BGB greift aber nur bei Geschäften, die einer Typisierung zugänglich sind, nicht beispielsweise bei Grundstücken wegen ihrer meist individuellen wertbestimmenden Faktoren[1218] oder bei Anlagegeschäften.[1219] Als Beweismaß dafür, welcher Gewinn nach dem gewöhnlichen Lauf der Dinge erzielt worden wäre, reicht nach der Rechtsprechung des BGH eine (wenig greifbare) „gewisse Wahrscheinlichkeit".[1220] § 252 S. 2 BGB gilt auch für die Inzidentprüfung innerhalb der Kausalkette des Geschädigten, also z.B. für die Frage, ob überhaupt ein Erlös erzielt werden konnte, der später dann gewinnbringend angelegt worden wäre.[1221] Wird im Prozess der Verlust eines konkreten Gewinns behauptet, muss der Geschädigte darlegen und gegebenenfalls beweisen, welchen Gewinn er woraus erzielt hätte. Insoweit gelten keine Darlegungs- und Beweiserleichterungen.[1222]

Der Schädiger ist dafür beweispflichtig (Gegenbeweis), dass entgegen dem gewöhnlichen Lauf der Dinge kein oder nur ein geringerer Gewinn angefallen wäre. Auch hier gilt § 287 ZPO.[1223] Die Schadenschätzung auf Grundlage der mit einer

---

1214 Grundsätzlich hierzu sowie zum Verhältnis von § 252 BGB und § 287 ZPO vgl. BGH, NJW 1964, S. 661, 662 f.

1215 BGH, NJW 2012, S. 2427, 2433.

1216 Oetker, in: MüKo BGB, § 252, Rn. 44.

1217 BGH, NJW 2012, S. 2266, 2267; grundlegend BGH, NJW 1964, S. 661, 662 f.

1218 BGH, NJW 1995, S. 587, 588.

1219 BGH, NJW 2012, 2266, 2267.

1220 BGH, NJW 2012, 2427, 2433.

1221 BGH, NVwZ 1992, S. 1119, 1120.

1222 BGH, NJW 2012, S. 2427, 2433.

1223 Oetker, in: MüKo BGB, § 252, Rn. 40; Schiemann, in: Staudinger, BGB, § 252, Rn. 20.

gewissen Wahrscheinlichkeit zu berücksichtigenden Tatsachen, hat der Tatrichter nach freiem Ermessen vorzunehmen.[1224]

(v) Schadensminderungspflicht

§ 254 BGB statuiert den allgemeinen Rechtsgedanken, dass derjenige, der die Sorgfalt außer Acht lässt, die nach Lage der Dinge erforderlich erscheint, um sich selbst vor einem Schaden zu bewahren, die Kürzung oder sogar den Verlust seines Schadensersatzanspruches hinnehmen muss.[1225] § 254 Abs. 2 S. 1 BGB beinhaltet dabei Ausprägungen der allgemeinen Pflicht, den eingetretenen Schaden zu mindern (Warnpflicht, Schadensabwendung). Im Gegensatz zur Mitverursachung an der Schadenentstehung gemäß § 254 Abs. 1 BGB, setzt die allgemeine Schadenminderungspflicht erst auf der Ebene des schon entstandenen Schadens an und fragt danach, ob der Schaden der Höhe nach durch ein Verhalten des Geschädigten hätte abgewendet beziehungsweise gemindert werden können. Relevant sind in erster Linie die Abwendungs- beziehungsweise Minderungsobliegenheiten des Geschädigten gemäß § 254 Abs. 2 S. 1 Alt. 2 BGB. Sie gelten entweder direkt – oder als übergeordneter Rechtsgedanke entsprechend. Den Schadenersatzersatzgläubiger trifft nach § 254 Abs. 2 S. 1 Alt. 2 BGB die Obliegenheit, nach Möglichkeit und im Rahmen des Zumutbaren zur Minderung des ihm von dem anderen Teil zu ersetzenden Schadens beizutragen. Die Schadenersatzpflicht des anderen Teils wird insoweit eingeschränkt. Bei Nichtbeachtung der Obliegenheit muss der Geschädigte den Rechtsnachteil hinnehmen, nicht seinen gesamten Schaden ersetzt zu erhalten. Das Unterlassungsverschulden i.S.d. § 254 Abs. 2 S. 1 BGB setzt nicht die Verletzung einer besonderen Rechtspflicht voraus, sondern umfasst jeden Verstoß gegen Treu und Glauben, mithin ein Unterlassen derjenigen Maßnahmen, die ein vernünftiger, wirtschaftlich denkender Mensch nach Lage der Sache ergreifen würde, um Schaden von sich abzuwenden.[1226]

(vi) Leistungsbeschränkung bei Selbstverschulden (§ 52 Abs. 2 SGB V)

Nach § 52 Abs. 2 SGB V werden bei Personen, die sich bei einer medizinisch nicht indizierten ästhetischen Operation eine Krankheit zuziehen, die weitere Kosten verursacht, die Leistungen der gesetzlichen Krankenkassen beschränkt (Abweichung von der Leistungsverpflichtung gemäß § 2 Abs. 1, 27 Abs. 1 SGB V).[1227] Hierunter

---

1224 BGH, NJW 2012, S. 2427, 2433.

1225 BGH, NJW 1997, S. 2234, 2235.

1226 st. Rspr. des BGH, vgl. nur BGH, NJW 1951, S. 797, 798; BGH, NJW 1989, S. 290, 291 m.w.N.

1227 § 52 Abs. 2 SGB V lautet: „Haben sich Versicherte eine Krankheit durch eine medizinisch nicht indizierte ästhetische Operation, eine Tätowierung oder ein Piercing zugezogen, hat die Krankenkasse die Versicherten in angemessener Höhe an den Kosten zu beteiligen und das Krankengeld für die Dauer dieser Behandlung ganz oder teilweise zu versagen oder zurückzufordern." Zur Frage, inwieweit § 52 Abs. 2

fallen insbesondere kosmetische Operationen (Schönheitsoperationen), die alleine aus ästhetischen Gründen durchgeführt werden.[1228]

Die Krankenkassen haben sich bei medizinisch nicht indizierten ästhetischen Operationen, bei denen eine Krankheit hervorgerufen wurde, an die Regelung des § 52 Abs. 2 SGB V zu halten. Ein Ermessen steht den Krankenkassen bei § 52 Abs. 2 SGB V hinsichtlich des „ob" der Beteiligung des Versicherten nicht zu; sie sind an den Kosten zu beteiligen.[1229] Lediglich bei der Frage, an welchen Behandlungsmaßnahmen eine Kostenbeteiligung vorgesehen wird und in welcher Höhe die Kostenbeteiligung erfolgen soll, hat die Krankenkasse nach pflichtgemäßem Ermessen zu entscheiden.[1230] Die Krankenkassen haben die Versicherten im Falle des § 52 Abs. 2 SGB V daher an den Behandlungskosten angemessen zu beteiligen und das Krankengeld ganz oder teilweise zu versagen oder zurückzufordern.[1231]

Wie diese Kosten entstanden sind, ob beispielsweise durch einen Behandlungsfehler, eingriffsimmanente Risiken oder Komplikationen, die ohne jegliches Verschulden schicksalhaft entstehen können oder ein alleiniges Verschulden des Patienten, wie beispielsweise durch eine Nichtbefolgung ärztlichen Rates, ist für die Frage des „ob" einer Beteiligung unerheblich. In diesem Sinne haben die Krankenkassen sich bei medizinisch nicht indizierten Operationen, bei denen eine Krankheit durch fehlerhafte Medizinprodukte hervorgerufen wurde, somit ebenfalls grundsätzlich an der Regelung des § 52 Abs. 2 SGB V zu orientieren.

Bei ihrer Entscheidung soll sich die Krankenkasse jedoch unter Abwägung der Umstände des Einzelfalles mit den wohlverstandenen Interessen der Verssicherungsgemeinschaft daran orientieren, ob und in welchem Umfang die Leistungsbeschränkung dem Versicherten oder die uneingeschränkte Leistungserbringung der Krankenkasse zuzumuten ist; dabei sind insbesondere der Grad des Verschuldens, die Höhe der Aufwendungen der Krankenkasse, die finanzielle Leistungsfähigkeit des Versicherten und seine Unterhaltsverpflichtungen zu berücksichtigen.[1232] Hier wird die Krankenkasse zu berücksichtigen haben, dass der Patient in der Regel keine Schuld daran trägt, dass ein zertifiziertes Medizinprodukt fehlerhaft ist. Es sei denn,

---

SGB V verfassungsgemäß ist, vgl. bspw. die umfassende Analyse bei Prehn, NZS 2010, S. 260 ff.

1228 Nebendahl, in: Spickhoff, Medizinrecht, SGB V, § 52, Rn. 16; Krauskopf, Soziale Krankenversicherung, Pflegeversicherung, SGB V, § 52, Rn. 10.

1229 Nebendahl, in: Spickhoff, Medizinrecht, SGB V, § 52, Rn. 19; Lang, in: Becker/Kingreen, SGB V, § 52, RN. 9.

1230 Nebendahl, in: Spickhoff, Medizinrecht, SGB V, § 52, Rn. 19; Lang, in: Becker/Kingreen, SGB V, § 52, RN. 9.

1231 Entwurf eines Gesetzes zur Stärkung des Wettbewerbs in 2er gesetzlichen Krankenversicherung (GKV-Wettbewerbsstärkungsgesetz – GKV-WSG), BT-Drucks. 16/3100 vom 24.10.2006, S. 108.

1232 Entwurf eines Gesetzes zur Strukturreform im Gesundheitswesen (Gesundheits-Reformgesetz –GRG), BT-Drucks. 11/2237 vom 03.05.1988, S. 182; Krauskopf, Soziale Krankenversicherung, Pflegeversicherung, SGB V, § 52, Rn. 10.

der behandelnde Arzt hat beispielsweise von der Verwendung des Medizinproduktes eindringlich abgeraten.

Fraglich ist, ob dieser Gedanke auch auf andere Rechtsgebiete außerhalb des SGB V übertragen werden kann. Beispielsweise indem sich auch die haftende Körperschaft nach § 839 BGB in Haftungsfällen, wie denen des PIP-Skandals, unter den Voraussetzungen des § 52 Abs. 2 SGB V auf die Regelung des § 52 Abs. 2 SGB V berufen kann. Dies würde dem Sinn und Zweck der Regelung in § 52 Abs. 2 SGB V grundsätzlich entsprechen. Dieser ist es, nach dem Willen des Gesetzgebers, die Risiken, die entstehen, weil ein Versicherter sich aus eigenem Entschluss gesundheitlichen Risiken aussetzt, auch diesen Versicherten tragen zu lassen.[1233]

Soweit ersichtlich, hat bisher lediglich das LAG Köln in diesem Zusammenhang entschieden, dass es sich bei § 52 SGB V nicht um einen allgemeinen Rechtsgedanken handelt, der sich auf andere Rechtsgebiete übertragen lässt.[1234] Inwiefern dies unumstößlich gesagt werden kann, mag dahinstehen. Im Bereich der Haftung für fehlerhafte Medizinprodukte wäre eine Anwendung des Rechtsgedankens aus § 52 Abs. 2 SGB V jedenfalls unbillig. Es erscheint nicht gerechtfertigt, den Staat in diesem Maße bei einer Pflichtverletzung besser zu stellen als einen Unternehmer, der jedenfalls im Rahmen der Produkthaftung für Schäden seiner Medizinprodukte einstehen muss. Nimmt der Staat beziehungsweise nehmen auf dessen Veranlassung hin private Unternehmen eine Kontrolle von Produkten vor, so sind diese auch korrekt und gewissenhaft durchzuführen. Unterlaufen hierbei schuldhaft Fehler, so ist eine Haftung angemessen.

Zudem macht es keinen Unterschied, ob eine Operation medizinisch indiziert ist oder lediglich ästhetisch gewünscht, wenn es um die Frage der Schutzbedürftigkeit des jeweiligen Patienten geht. Patienten verlassen sich auf die Aussagekraft der CE-Kennzeichnung[1235] und nicht nur solche, deren Operation medizinisch indiziert ist. Auch machen weder die Richtlinien über Medizinprodukte, aktive implantierbare medizinische Geräte oder In-vitro Diagnostika noch die nationalen Regelungen zu Medizinprodukten hier eine Unterscheidung.

Würde man entgegen der hier vertretenen Ansicht eine Anwendung des § 52 Abs. 2 SGB V im Rahmen der Amtshaftung annehmen, so würden sich gerade im Falle des PIP-Skandals weitere Fragen anschließen. Insbesondere, in welchen Fällen eine Operation medizinisch nicht indiziert ist, wird hier oftmals schwer zu beantworten sein. Besonders problematisch dürften hier die Fälle sein, bei denen die vorgenommene Operation und das Einsetzen der PIP-Brustimplantate die Folge einer vorbeugenden Entfernung der Brüste (als Vorsorgemaßnahme einer Erkrankung

1233 Entwurf eines Gesetzes zur Stärkung des Wettbewerbs in der gesetzlichen Krankenversicherung (GKV-Wettbewerbsstärkungsgesetz –GKV-WSG) BT-Drucks. 16/3100 vom 24.10.2006, S. 108.

1234 LAG Köln, BeckRS 2013, 66855 unter 4.; Lang, in: Becker/Kingreen, SGB V, § 52, RN. 1.

1235 Vgl. zur Aussagekraft der CE-Kennzeichnung in diesem Kapitel A. I. 4. a) (iv).

mit Brustkrebs) war. Zudem sind Fälle denkbar, in denen eine Brustvergrößerung zur Behandlung eines psychischen Komplexes vorgenommen wird. Was genau die Beweggründe für gewisse Schönheitsoperationen und welche Gründe ausschlaggebend waren, wird am Einzelfall zu entscheiden und im Nachhinein oft schwer mit Gewissheit feststellbar sein. So gelten operative Eingriffe zur Behebung psychischer Störungen nur selten als medizinisch indiziert.[1236] Es kann jedoch nicht ausgeschlossen werden, dass in bestimmten Konstellationen eine medizinische Indikation sehr wohl vorliegt, um psychische Störungen zu behandeln.[1237]

8. *Haftende Körperschaft*

Die Frage nach dem Haftungssubjekt ist ausgehend von der Person des fehlsamen Amtsträgers zu beantworten. Zugerechnet wird das Fehlverhalten derjenigen Körperschaft, die ihm das Amt anvertraut hat, wer – mit anderen Worten – dem Amtsträger die Aufgaben, bei deren Wahrnehmung die Amtspflichtverletzung vorgekommen ist, übertragen hat (Anvertrauenstheorie).[1238] Dies gilt unabhängig davon, ob eine staatliche Aufgabe oder eine Selbstverwaltungsaufgabe wahrgenommen wird.[1239]

Übertragen werden die Aufgaben der Konformitätsbewertung den Benannten Stellen durch die deutsche Akkreditierungsstelle. Die Akkreditierungsstelle ist eine in Privatrechtsform organisierte Gesellschaft (GmbH). Insofern hilft die Anvertrauenstheorie hier nicht sehr viel weiter, da die Benannten Stellen hier in keinem direkten öffentlich-rechtlichen oder privatrechtlichen Dienstverhältnis zu einer juristischen Person des öffentlichen Rechts stehen.[1240] Es ist daher in solchen Fällen danach zu fragen, welche Körperschaft des öffentlichen Rechts dem Amtsträger das konkrete Amt übertragen oder anvertraut hat.[1241] Es haftet die Körperschaft, welche dem Beliehenen die amtliche Anerkennung erteilt hat. [1242] Da die Akkreditierung in Deutschland nach § 1 Abs. 1 AkkStelleG eine hoheitliche Aufgabe des Bundes darstellt, welche durch die nationale Akkreditierungsstelle wahrgenommen wird, ist es die Bundesrepublik Deutschland, die sich Pflichtverletzungen der Benannten Stellen zurechnen lassen muss.

1236 BSG, NJW 1993, S. 2398, 2399 – Keine Übernahme der Kosten bei Beinverlängerung.

1237 Vgl. bspw. BSG, NJW 1988, S. 1550 ff. –Transsexualität als Krankheit.

1238 BGH, NJW 1970, S. 750, 750; BGH, NJW 1987, S. 2737, 2738; BGH, NVwZ 2000, S. 963, 964; Ossenbühl/Cornils, Staatshaftungsrecht, S. 112; Schlick, NJW 2008, S. 127, 128.

1239 BGHZ 87, 202, 204; 99, 326, 332; Fischer, in: FS Deutsch, S. 156.

1240 Papier, in: MüKo BGB, § 839, Rn. 366a.

1241 Papier, in: MüKo BGB, § 839, Rn. 366.

1242 BGH, NVwZ 2012, S. 381, 384; Papier, in: MüKo BGB, § 839, Rn. 366a.

II. Haftungsausschlüsse und -beschränkungen

Das Ergebnis der Beleihung einer Benannten Stelle, wodurch die Bundesrepublik Deutschland im Wege der Amtshaftung grundsätzlich für Pflichtverletzungen der Benannten Stellen einzustehen hat, ist, gerade auf Grund der europaweiten Tätigkeiten der Benannten Stellen, nur bedingt befriedigend. Durch die Amtshaftung ist zweifelsohne dem Sinn und Zweck der Richtlinien und dem MPG, die Patienten hinreichend zu schützen und ihnen bei auftretenden Schäden einen hinreichend liquiden Haftungsschuldner zur Verfügung zu stellen, genüge getan. Das Ergebnis scheint auch insofern gerechtfertigt, als es dem Staat obliegt, die Benannten Stellen zu akkreditieren und auch zu überwachen. Es liegt damit insbesondere auch am Staat selbst, Haftungsfälle durch Pflichtverletzungen Benannter Stellen vorzubeugen und zu vermeiden.

Andererseits ist es vom Gesetzgeber sicher nicht gewollt gewesen, dass der Staat einer ausufernden Haftung für eine nicht überschaubare Anzahl von Fällen gegenüber steht. So könnten sich durch deutsche Benannte Stellen im Ausland zertifizierte Hersteller sowie jede Person, welche durch ein von einer deutschen Benannten Stelle zertifiziertes Medizinprodukt einen Schaden erlitten hat, vorausgesetzt es sind alle eben genannten Tatbestandsvoraussetzungen erfüllt, im Wege der Amtshaftung an den deutschen Staat wenden.

Dass die grundsätzliche Anwendbarkeit der Amtshaftung jedoch im Ergebnis nur beschränkt Auswirkungen für den Staat hat, ergibt sich zunächst aus der Subsidiarität der Amtshaftung und der Regressmöglichkeiten gegen die Beliehenen. Es gibt zudem einige Möglichkeiten, den Staat durch gesetzliche Regelungen auch in Fällen der Amtshaftung im Ergebnis von der Haftung frei zu stellen. Auffallend ist, dass der Gesetzgeber sich solcher Möglichkeiten zumeist nicht bedient.[1243] Aus diesen Gründen kann ein Fehlen solcher Regelungen auch nicht gegen eine Beleihung sprechen.[1244] Das es solche Möglichkeiten gibt, bestärkt das Ergebnis der Beleihung nur. Die Beleihung führt nicht zwangsweise zu einer Amtshaftung. Sie ist also für Fälle einer möglicherweise ausufernden Haftung nicht unpassend. Es liegt in diesen Fällen am Gesetzgeber, diese einzuschränken. Warum er dies in vielen Fällen der Beleihung oftmals nicht macht, ist schwer zu sagen. Es dürfte jedoch insbesondere daran liegen, dass die Beleihung in vielen Fällen erst von der Rechtsprechung angenommen wird, der Gesetzgeber sich daher anfangs keine Gedanken über die Haftung gemacht hat, und er erst im Anschluss daran im Hinblick auf die Haftungsregelung tätig wird, um die Haftung des Staates auszuschließen, einzuschränken oder jedenfalls den Innenregress zu regeln.[1245] So dürfte es auch im Fall der Benannten Stellen sein. Es wurden im Medizinprodukterecht weder gesetzliche Regelungen

---

1243 Vgl. hierzu bereits im 3. Kapitel B. III. 4.

1244 Vgl. auch hierzu bereits im 3. Kapitel B. III. 4.

1245 Vgl. hierzu die Gesetzesbegründung zum Entwurf eines Kraftfahrsachverständigen-Gesetzes der Bundesregierung vom 13.05.1971, Drucks. VI/2181, S. 10 zu § 2 und S. 11 zu § 10.

zur Haftungsverteilung im internen Beleihungsrechtsverhältnis getroffen, noch sind mögliche Haftungsausschlüsse oder -beschränkungen vorgesehen.

Die folgende Darstellung der Haftungsausschlüsse und -beschränkungen dient nicht nur der Vollständigkeit einer Prüfung des Amtshaftungsanspruch, es soll insbesondere auch darauf eingegangen werden, inwieweit der Staat sich im Innenverhältnis bei Pflichtverletzungen der Benannten Stellen ohnehin an diese halten kann und welche Möglichkeiten für den Gesetzgeber bestehen, die möglicherweise unüberschaubare Zahl von Amtshaftungsfällen bei der Zertifizierung von Medizinprodukten einzuschränken oder sich zumindest möglichst weitreichend an den Benannten Stelle schadlos zu halten.

1. Fehlen anderweitiger Ersatzmöglichkeiten (Verweisungsprivileg, Subsidiarität)

Die Staatshaftung nach § 839 BGB, Art. 34 GG ist nur subsidiär, d. h., sie tritt nur dann ein, wenn eine andere Möglichkeit für den Geschädigten, einen Ausgleich für den erlittenen Schaden – sei es aus tatsächlichen oder rechtlichen Gründen – zu erhalten, nicht besteht. Gemäß § 839 Abs. 1 S. 2 BGB besteht die Schadensersatzpflicht der öffentlichen Hand – sofern dem Amtsträger nur Fahrlässigkeit zu Last fällt – also lediglich dann, wenn der Verletzte nicht auf andere Weise Ersatz zu erlangen vermag.

Man spricht auch von einem „Verweisungsprivileg", da die öffentliche Hand den Geschädigten vorrangig auf die Inanspruchnahme eines Dritten verweisen kann. Darin liegt eine entscheidende Besserstellung des Schädigers gegenüber der normalen Haftung aus unerlaubter Handlung i. S. d. §§ 823 ff. BGB, die man als nicht mehr zeitgemäß kritisiert werden könnte,[1246] insbesondere, da der Schutz des haftenden Amtsträgers vor existenzvernichtenden Schadensersatzforderungen nicht mehr als Rechtfertigung für die Subsidiaritätsklausel herangezogen werden kann, soweit bei hoheitlicher Tätigkeit nach Art. 34 GG regelmäßig die Anstellungskörperschaft haftet. Dennoch hält der BGH an der Anwendbarkeit der Subsidiaritätsklausel – auch soweit die Haftung ausschließlich die Anstellungskörperschaft trifft – fest, weil sie der derzeitigen gesetzlichen Lage entspreche und die Rechtsprechung nicht befugt sei, aus rechtspolitischen Gründen hiervon abzuweichen.[1247]

Bei der Konformitätsbewertung von Medizinprodukten liegt die Verantwortlichkeit auch mit der Einbeziehung einer Benannten Stelle für die Qualitätssicherung und das Produkt an sich immer beim Hersteller.[1248] Somit werden geschädigte

---

1246 So auch schon anmerkend: BGHZ 42, 176, 181; Engelhardt, NVwZ 1985, S. 621, 626.

1247 vgl. zum Ganzen: Wöstmann, in: Staudinger, BGB, § 839, Rn. 260 und Ossenbühl/Cornils, Staatshaftungsrecht, S. 88 ff.

1248 Vgl. zur Herstellerverantwortlichkeit im 1. Kapitel C. V.

Patienten in den meisten Fällen zunächst an den Hersteller zu verweisen sein, wenn sie Schadensersatz geltend machen wollen.

a) Anforderungen an die „anderweitige Ersatzmöglichkeit"

Auf die Inanspruchnahme einer anderweitigen Ersatzmöglichkeit kann der Geschädigte nur verwiesen werden, soweit ihm dies zumutbar ist. Vollkommen ungewissen und nur theoretisch denkbaren Ansprüchen muss er nicht nachgehen. Ebenso braucht er sich nicht auf Ansprüche verweisen zu lassen, die er nicht in angemessener und absehbarer Zeit realisieren kann.[1249] Auch wenn sich erstmals während des Amtshaftungsprozesses herausstellt, dass doch noch weitere Ansprüche gegen Dritte bestehen könnten, kann sich der Amtsträger nicht mehr auf die Subsidiaritätsklausel berufen. Insoweit wäre es dem Geschädigten nicht zumutbar, einen zulässigerweise begonnenen Prozess nunmehr zu unterbrechen und gegen einen Dritten vorzugehen. Maßgeblich für den Zeitpunkt, zu dem ein Vorgehen gegen einen Dritten erfolgversprechend sein muss, ist derjenige der Klageerhebung gegen die öffentliche Hand.[1250]

In diesem Sinne wäre es in Fällen, wie beispielsweise denen im Zusammenhang mit dem PIP-Skandal, nicht möglich, die verletzten Patientinnen auf eine anderweitige Ersatzmöglichkeit zu verweisen, da eine solche im konkreten Fall nicht nach den an die anderweitige Ersatzmöglichkeit zu stellenden Anforderungen besteht. So scheiden die Ansprüche gegen die Firma PIP wegen der Insolvenz und der damit verbundenen Vermögenslosigkeit der Firma PIP aus. Die Patientinnen brauchen sich nicht auf diese möglichen Schadensersatzansprüche verweisen zu lassen, da sie aller Voraussicht nach nicht durchsetzbar sind, jedenfalls aber zweifelhaften Erfolg versprechen und zumindest nicht in absehbarer und angemessener Zeit durchsetzbar sind.

b) Darlegungs- und Beweislast

Das Fehlen einer anderweitigen Ersatzmöglichkeit ist (negative) Tatbestandsvoraussetzung des § 839 BGB. Dementsprechend hat der Verletzte das Vorliegen dieser zur Klagebegründung gehörenden (negativen) Voraussetzung des Amtshaftungsanspruchs darzulegen und im Streitfall zu beweisen.[1251] Stellt sich heraus, dass eine Ersatzmöglichkeit vor der Klageerhebung bestand, sie aber bei Klageerhebung nicht mehr vorhanden ist (z.B. wegen Eintritts der Verjährung), so muss der Geschädigte – entsprechend dem Grundsatz des § 254 Abs. 2 BGB – nachweisen, dass er die frühere Ersatzmöglichkeit nicht schuldhaft versäumt hat.[1252]

1249 BGH, NJW 1993, S. 1647, 1648; Wöstmann, in: Staudinger, BGB, § 839, Rn. 293 f.

1250 BGH, NJW 1993, S. 1647, 1649.

1251 BGH, NJW 2002, S. 1266, 1266; Wöstmann, in: Staudinger, BGB, § 839, Rn. 301.

1252 BGH, VersR 1978, S. 252, 252; BGH, NJW 2002, S. 1266, 1266; Wöstmann, in: Staudinger, BGB, § 839, Rn. 305.

Seiner Darlegungs- und Beweislast genügt der Anspruchsteller schon dann, wenn feststeht, dass in rechtlicher Hinsicht kein Anspruch besteht oder ihm faktisch keine Vermögenswerte von Dritten zur Kompensation zufließen konnten.[1253] Dies bedeutet im Ergebnis, dass – zumindest gedanklich – summarisch die Erfolgsaussichten eines Haftungsprozesses gegen den Dritten bis hin zur Frage der erfolgreichen Vollstreckung durchgespielt werden müssen. Nur so können die einer anderweitigen Ersatzmöglichkeit entgegenstehenden Umstände[1254] in ihrer notwendigen Gesamtheit gewürdigt werden.

Hinsichtlich seiner Darlegungslast kann sich der Geschädigte zunächst darauf beschränken, offensichtliche, sich aus dem Sachverhalt ergebende Ersatzmöglichkeiten auszuräumen.[1255] Es ist dann im Wechselspiel von Vortrag und Gegenvortrag Sache des/der Beklagten, substantiierte Tatsachen darzulegen, aus denen sich die anderweitige Ersatzmöglichkeit doch ergibt.[1256]

c) *Entfallen des Verweisungsprivilegs*

Vom Grundsatz der Pflicht zur Realisierung einer anderweitigen Ersatzmöglichkeit ist in vielen Fällen eine Ausnahme zu machen.[1257] So darf der Geschädigte beispielsweise nicht auf die Leistungen einer privaten[1258] oder gesetzlichen[1259] Versicherung oder seines Arbeitgebers verwiesen werden. Denn in diesen Fällen geht der Schadensersatzanspruch auf Grund gesetzlichen Forderungsübergangs auf den Leistenden über (§§ 86 VVG, 116 SGB X, 6 EFZG). Der Gesetzgeber hat damit deutlich gemacht, dass die Haftungsfolge nicht endgültig dem Versicherer zugewiesen wird, sondern beim Schädiger verbleiben soll.[1260] Der Staat soll nicht zu Lasten einer durch Prämienzahlungen erkauften Versicherung entlastet werden und damit im Ergebnis die Kosten auf die Versichertengemeinschaft abwälzen.[1261] Im Falle der Schädigung durch Medizinprodukte ist es damit insbesondere nicht möglich, die Patienten auf ihre Krankenversicherungen zu verweisen, um Folgebehandlungen zu übernehmen.

Auch ist es nicht möglich, dass die in Anspruch genommene öffentliche Hand sich auf eine Haftung einer anderen öffentlich-rechtlichen Körperschaft beruft,[1262]

1253 Wöstmann, in: Staudinger, BGB, § 839, Rn. 302 f.

1254 Dazu gehören z.B. auch etwaige Beweisschwierigkeiten des Geschädigten gegenüber Dritten, vgl. Wöstmann in: Staudinger, BGB, § 839, Rn. 302.

1255 Luckey, in: Baumgärtel/Laumen/Prütting, Hdb. der Beweislast BGB Teil III, § 839, Rn. 26.

1256 Luckey, in: Baumgärtel/Laumen/Prütting, Hdb. der Beweislast BGB Teil III, § 839 Rn. 24 ff.

1257 Ausführlich zu den einzelnen Ausnahmen vgl. Wöstmann, in: Staudinger, BGB, § 839, Rn. 261 ff.; Ossenbühl/Cornils, Staatshaftungsrecht, S. 80 ff.

1258 BGHZ 85, 230, 234.

1259 BGH, NJW 1974, S. 1767, 1767; BGH, NJW 1983, S. 2191, 2192.

1260 Rotermund/Krafft, Kommunales Haftungsrecht, S. 130, Rn. 118.

1261 Sprau, in: Palandt, BGB, § 839, Rn. 61.

1262 BGH, NJW 2003, S. 348, 350.

sofern der Anspruch gegen die andere Körperschaft, unabhängig von seinem Rechtsgrund, demselben Tatsachenkreis entspringt.[1263] Insoweit ist von einer haftungsrechtlichen Einheitlichkeit der öffentlichen Hand auszugehen.[1264] Anderenfalls würde keine Körperschaft haften, weil sie sich jeweils darauf berufen könnten, die andere Körperschaft sei vorrangig eintrittspflichtig.

Anders dürfte sich die Frage hinsichtlich eines vorrangigen Verweises gegen den Versicherer des Herstellers darstellen (vgl. § 115 Abs. 1 VVG).[1265] Hierbei handelt es sich gerade nicht um eine Versicherung, die der Geschädigte durch eigene Mittel erlangt hat. Zudem wird der Geschädigte auch nicht auf eine Versicherung verwiesen, die gegebenenfalls wieder bei der Benannten Stelle und damit im Ergebnis möglicherweise wieder bei einer Körperschaft nach § 839 BGB i.V.m. Art 34 GG Rückgriff nehmen könnte und es somit im Ergebnis nicht zu einer endgültigen Schadenverlagerung führen würde. Nach der gesetzlichen Regelung des § 3 MPG ist weiterhin der Hersteller für seine Produkte verantwortlich, unabhängig von einer Konformitätsbewertung durch eine Benannte Stelle. Bei einem Produktfehler hat daher die Haftpflichtversicherung des Herstellers einzustehen, die möglicherweise bei dem Hersteller, je nach versicherungsvertraglicher Vereinbarung, Regress verlangen kann, jedoch nicht bei den Benannten Stellen. Dies dürfte auch gerechtfertigt sein, da es den Haftpflichtversicherungen überlassen bleibt, solche möglichen Schadensfälle in die Versicherungsprämien einzupreisen. Eine teleologische Reduktion der Subsidiaritätsklausel scheint in diesem Falle also nicht gerechtfertigt.[1266] In dem Bereich in dem die Haftpflichtversicherung des Herstellers greift besteht damit kein Amtshaftungsanspruch gegenüber einem Hoheitsträger. Jenseits dessen, beispielsweise wenn Schmerzensgelder aus der Haftpflichtversicherung ausgeschlossen sind, kommt hingegen wieder eine Amtshaftung in Betracht.

d) *Schadensabwendung durch Gebrauch eines Rechtsmittels*

Der Geschädigte ist gemäß § 839 Abs. 3 BGB verpflichtet, zunächst die Möglichkeit in Anspruch zu nehmen, im Wege des Widerspruchs oder sogar der Klage[1267] gegen die ihn schädigende Handlung vorzugehen und auf diese Weise den Schaden

---

1263 BGHZ 62, 394, 396 f.; BGHZ 111, 272, 276.

1264 OLG Karlsruhe, NVwZ-RR 1996, S. 242, 244; OLG Frankfurt a.M., BeckRS 1999, 01897.

1265 Dementsprechend haben auch die Patientinnen im Falle des PIP-Skandals in Frankreich versucht, gegen die Allianz Aktiengesellschaft, als Versicherer der Firma PIP vorzugehen, vgl. Urteil des Handelsgerichtes (Tribunal de Commerce) Toulon vom 14. November 2013, MPR 2014, S. 1, 2.

1266 Vgl. hierzu die Parallelen Erörterungen von Listl, Die Zivilrechtliche Haftung für Fehler von Ethikkommissionen, S. 219 zur Probandenversicherung im Recht der medizinischen Forschung nach § 20 Abs. 1 S. 4 Nr. 9, Abs. 3 MPG; ebenso van der Sanden, Haftung medizinischer Ethikkommissionen bei klinischer Arzneimittelprüfung, S. 130 f.

1267 Aber auch die Anfechtung des Sofortvollzugs gemäß § 80 Abs. 5 VwGO (vgl. BGH, NJW 1986, 1107, 1108; BGH, BeckRS 2003, 09051).

abzuwenden oder zumindest gering zu halten (Vorrang des Primärrechtsschutzes). Die Verpflichtung zur Einlegung eines Rechtsmittels versetzt die Behörde in die Lage, ihre Entscheidung noch einmal zu überprüfen. Es besteht kein Wahlrecht dahin gehend, entweder eine belastende Maßnahme zunächst hinzunehmen und dann Schadenersatz zu fordern oder aber dagegen vorzugehen.[1268] § 839 Abs. 3 BGB ist ein gesetzlich geregelter Unterfall des Mitverschuldens,[1269] ohne die Möglichkeit einer Abwägung. Der Verstoß gegen den Vorrang des Primärrechtsschutzes führt zum Totalverlust des Anspruchs, und das sogar, wenn die Amtspflichtverletzung vorsätzlich begangen wurde. Dies gilt auch, wenn dem Geschädigten im Hinblick auf die Rechtsmittelversäumung nur leichte Fahrlässigkeit vorzuwerfen ist.[1270] Der Begriff des „Rechtsmittels" wird weit gefasst. Es gehören hierzu alle möglichen Behelfe, die geeignet sein können, den drohenden Schadenseintritt noch zu verhindern, also beispielsweise auch Verhandlungen mit der Benannten Stelle etc., die insbesondere im Rahmen der Anhörungspflicht nach § 18 Abs. 2 MPG möglich sind. Die Ersatzpflicht entfällt jedoch nur dann, wenn es der Geschädigte schuldhaft (vorsätzlich oder fahrlässig) unterlassen hat, den Schaden durch Gebrauch eines Rechtsbehelfs gegen die schädigende Maßnahme abzuwenden. Die Nichteinlegung eines Rechtsmittels ist für den Geschädigten schuldhaft, wenn ein begründeter Anlass bestanden hat, anzunehmen, dass die ihn schädigende Handlung des Amtsträgers rechtswidrig gewesen sein könnte. Nach der Rechtsprechung des BGH ist dies nach den Umständen des Einzelfalls und unter Berücksichtigung der Verhältnisse des Verkehrskreises, dem der Verletzte angehört zu beurteilen. Es ist darauf abzustellen, welches Maß an Umsicht und Sorgfalt von Angehörigen dieses Kreises verlangt werden muss. Grundsätzlich darf der Geschädigte auf die Rechtmäßigkeit des Handelns der Behörde vertrauen. Es obliegt ihm nicht, auf bloßen Verdacht hin jeden ihn belastenden Verwaltungsakt anzugreifen.[1271] Zwischen der schuldhaften Nichteinlegung des Rechtsmittels und dem eingetretenen Schaden muss immer auch ein Ursachenzusammenhang bestehen. Dies bedeutet, dass die Schadenersatzpflicht nur dann ausgeschlossen ist, wenn das Rechtsmittel auch zum Erfolg geführt hätte.

Fälle, in denen die Amtshaftung ausscheidet, da eine Schadensabwendung durch Gebrauch eines Rechtsmittels nicht vorgenommen wurde, sind nur denkbar, in denen ein Hersteller ein Rechtsmittel auf Grund einer der oben genannten Amtspflichtverletzungen einlegt. Er kann gegen die Versagung und Entziehung der Zertifizierung vorgehen. Die Patienten hingegen sind nur mittelbar durch die Tätigkeiten der Benannten Stellen betroffen. Es sind damit keine Fälle denkbar, in denen ein Patient es versäumt, direkt gegen eine Benannte Stelle ein Rechtsmittel einzulegen.

1268 BGHZ 113, 17, 22; Wöstmann in: Staudinger, BGB, § 839, Rn. 335.

1269 Rotermund/Krafft, Kommunales Haftungsrecht, S. 134, Rn. 124.

1270 Wöstmann, in: Staudinger, BGB, § 839, Rn. 336.

1271 BGH, NJW 1991, 1168, 1170; zu den Einzelheiten vgl. Wöstmann, in: Staudinger, BGB, § 839, Rn. 345 ff.

2. Regress des Staates gegen den Amtsträger

Im Innenverhältnis des Staates zu seinen Amtswaltern sieht Art. 34 S. 2 GG[1272] einen Rückgriff/Regress vor, soweit der Amtswalter vorsätzlich oder grob fahrlässig gehandelt hat. Der Staat kann sich in diesen Fällen also an den Amtswalter halten. Diese Fälle das Regresses sind jedoch selten, da der Amtswalter meistens allenfalls leicht fahrlässig einen Schadensfall verursacht hat und dann keinem Rückgriff ausgesetzt ist.[1273]

Art. 34 S. 2 GG findet bei Beliehenen jedoch keine Anwendung und es ist somit möglich, eine weitergehender Rückgriffshaftung vorzusehen, um auch bei lediglich leichter Fahrlässigkeit beim Beliehenen Regress nehmen zu können.

Die Rückgriffsbeschränkung des Art. 34 S. 2 GG ist aus teleologischen Gründen weder bei einem Verwaltungshelfer,[1274] noch bei einem Beliehenen[1275] unmittelbar anwendbar. Dies gilt jedenfalls, soweit diese selbstständige Unternehmer sind.[1276] Es ist also in den Fällen der Beleihung eine weitergehende Rückgriffshaftung möglich. Dies ist damit zu begründen, dass die verfassungsrechtliche Beschränkung der Innenhaftung bei haftungsrechtlichen Beamten nach Art. 34 S. 2 GG zum einen auf dem Gedanken beruht, deren Entschlussfähigkeit und Entschlussfreundlichkeit, insbesondere bei Eilmaßnahmen zu fördern, und zum anderen mit dem Gebot der Fürsorge gegenüber öffentlichen Bediensteten.[1277] Letzteres stellt eine Parallele zu den Haftungserleichterungen für Arbeitnehmer dar.[1278] Beide normativen Zielsetzungen erstrecken sich unmittelbar lediglich auf staatsrechtliche Beamte, Richter, Soldaten sowie auf Angestellte und Arbeitnehmer des öffentlichen Dienstes.[1279] Auch die Interessen der Geschädigten erfordern es nicht, einen Rückgriff des Staates gegen den Amtsträger zu beschränken.[1280]

Während für den Fürsorgegedanken bei einer Beleihung in der Regel kein Raum ist[1281], kann einem Beliehenen der Zweck durch die Haftungserleichterung, die

1272 Es sei darauf hingewiesen, dass Art. 34 S. 2 GG selbst keine Anspruchsgrundlage für einen Regress darstellt. Derartige Anspruchsgrundlagen ergeben sich im Innenverhältnis zwischen Amtswalter und Staat lediglich aus den speziellen gesetzlichen Vorschriften.

1273 Ahrens, Staatshaftungsrecht, S. 7.

1274 BGH, NJW 2005, S. 286, 287.

1275 BVerwG, NVwZ 2011, S. 368, 369; Papier, in: MüKo, BGB, Band 5, § 839, Rn. 369; Quantz, VersR 2004, S. 1244, 1248.

1276 Rotermund/Krafft, Kommunales Haftungsrecht, S. 794, Rn. 1243.

1277 BGH, NJW 2005, S. 286, 287; BVerwG, NVwZ 2011, S. 368, 369; von Danwitz, in v. Mangoldt/Klein/Starck, GG, Band 2, Art. 34, Rn. 125.

1278 BGH, NJW 1996, S. 1532; BAG, NJW 2003, S. 377 ff.; BGH, NJW 2005, S. 286, 287; Rotermund/Krafft, Kommunales Haftungsrecht, S. 794, Rn. 1243.

1279 Rotermund/Krafft, Kommunales Haftungsrecht, S. 794, Rn. 1243.

1280 BVerwG, NVwZ 2011, S. 368, 369.

1281 BGH, 2005, S. 286, 288; BVerwG, NVwZ 2011, S. 368, 370; Quantz, VersR 2004, S. 1244, 1248.

Entschlussfreudigkeit und Schlagkraft der öffentlichen Verwaltung zu stärken, eine Rolle spielen.[1282] Dieser Zweck knüpft nämlich nicht an die Person des Handelnden an, sondern an den hoheitlichen Charakter des Handelns als solchen. Er dient damit der Effizienz des hoheitlichen Handelns, das von bremsender Rücksicht auf mögliche Haftungsrisiken freigehalten werden soll. Er hat damit Bedeutung für jedwedes hoheitliches Verwaltungshandeln, unabhängig davon, ob der Staat durch eigenes Personal handelt oder durch einen privaten Beliehenen.[1283] Art. 34 S. 2 GG gebietet, diesen Gesichtspunkt auch außerhalb seines eigentlichen Anwendungsbereichs zu berücksichtigen.[1284] Der Gesetzgeber darf damit einen weiterreichenden Rückgriff nur vorsehen, wenn besondere Umstände die Annahme rechtfertigen, dass die Entschlussfreude des Amtsträgers gleichwohl ungetrübt bleibt.[1285] Dabei wird er in Rechnung stellen müssen, ob der gewerbliche Unternehmer, im Gegensatz zu den in der öffentlichen Verwaltung abhängig Beschäftigten, die Art und den Umfang seines Einsatzes selbst bestimmen kann.[1286] Auch wird er in Betracht ziehen müssen, ob und zu welchen Konditionen die Haftungsrisiken versicherbar sind und ob diese Kosten in das von ihm geforderte Entgelt eingepreist werden können.[1287] Schließlich kommt dem Umstand Bedeutung zu, ob der Private die Beleihung selbst oder bestimmte Amtshandlungen ablehnen kann und welche Auswirkungen dies für die gleichmäßige Erfüllung der ihm angesonnenen öffentlichen Aufgabe hat (vgl. etwa § 33 Abs. 2 des PostG a.F.)[1288].[1289]

Ein Haftungsrückgriff kann also grundsätzlich, zumindest bei Beliehenen wie den Benannten Stellen nach dem MPG, auch bei einfacher Fahrlässigkeit zugelassen werden. Zu den Modalitäten einer Beleihung, die dem Gesetzgeber vorbehalten sind, zählt die Zulassung des Haftungsrückgriffs auf den Beliehenen auch bei einfacher Fahrlässigkeit.[1290] Die Benannten Stellen lassen sich auf eigenen Wunsch akkreditieren. [1291] Sie sind in der Folge auch nicht verpflichtet, den Zertifizierungsantrag eines Herstellers anzunehmen. Weiter können die Benannten Stellen sich für ihre Haftungsrisiken versichern und damit absichern. Die Kosten hierfür können im Rahmen der Kostenvereinbarung mit den Herstellern eingepreist werden. Die Benannten Stellen sind zudem niemals einzelne Personen, sondern immer juristische Personen des Privatrechts. Diesen können die wirtschaftlichen Folgen einer Haftungsverlagerung auch eher zugemutet werden.[1292]

1282 BVerwG, NVwZ 2011, S. 368, 370.
1283 BVerwG, NVwZ 2011, S. 368, 370.
1284 BVerwG, NVwZ 2011, S. 368, 370.
1285 BVerwG, NVwZ 2011, S. 368, 370.
1286 BVerwG, NVwZ 2011, S. 368, 370.
1287 BVerwG, NVwZ 2011, S. 368, 370.
1288 Postgesetz (PostG) vom 22.12.1997, BGBl I, S. 3294 ff.
1289 BVerwG, NVwZ 2011, S. 368, 370 f.; Quantz, VersR 2004, S. 1244, 1248.
1290 BVerwG, NVwZ 2011, S. 368, 370.
1291 Vgl. im 2.Kapitel C.
1292 BVerwG, NVwZ 2011, S. 368, 370.

Der Gesetzgeber hat das Bedürfnis einer gesetzlichen Regelung der Haftungsfolgen einer Beleihung in der Vergangenheit jedoch zumeist nicht gesehen.[1293] Lediglich vereinzelt lassen sich solche Regelungen auffinden. Ein Beispiel findet sich etwa in § 10 Abs. 4 des KfSachvG.[1294] Dieser sieht eine vollständige Haftungsfreistellung des jeweiligen Landes durch die Technische Prüfstelle vor, für die die – persönlich beliehenen – Sachverständigen tätig werden. Umgekehrt eröffnet das Luftverkehrsgesetz[1295] den Rückgriff gegen die in §§ 31 a bis 31 c genannten Beauftragten – nicht aber unmittelbar gegen die für diese handelnden Organe und Beschäftigten – nur beschränkt auf Vorsatz und grobe Fahrlässigkeit, zudem nur bis zu einem bestimmten Höchstbetrag.

3. Sondergesetzliche Haftungsausschlüsse und -beschränkungen

Nach Art. 34 S. 1 GG trifft die Verantwortlichkeit für die Verletzung drittgerichteter Amtspflichten den Staat nur „grundsätzlich". Die Verfassung lässt damit Raum für etwaige Haftungsausschlüsse und -beschränkungen.[1296] Entgegen einiger Stimmern in der Literatur,[1297] geht die Rechtsprechung einhellig von einer Zulässigkeit sondergesetzlicher Haftungsausschlüsse und Haftungsbeschränkungen aus.[1298] Solche, die Staatshaftung einschränkenden oder ausschließenden Regelungen, sind jedoch nur zulässig, soweit sie auf sachgerechten Erwägungen beruhen, nicht willkürlich sind und sich an den Grundentscheidungen der Verfassung orientieren.[1299]

Haftungsausschlüsse finden sich unter anderem im Ausschluss der Staatshaftung für sog. Gebührenbeamte nach § 5 RBHG. Hierzu zählen insbesondere die bereits erwähnten Notare, für die in §§ 19, 46, 61, 114 f. BNotO eine besondere Haftungsgrundlage existiert.[1300] Notare sind zum Abschluss einer ausreichenden Haftpflichtversicherung verpflichtet (vgl. §§ 19 a, 67 Abs. 3 Nr. 3 BNotO), um das Liquiditätsrisiko für Drittgeschädigte abzudecken. Der Ausschluss der Staatshaftung

1293 Freitag, Das Beleihungsrechtsverhältnis, S. 208 ff.; A.a. BVerwG, NVwZ 2011, S. 368, 370, jedoch ohne weitere Belege; Vgl. hierzu auch bereits im 3. Kapitel B. III. 4.

1294 Kraftfahrsachverständigengesetz vom 22. Dezember 1971 (BGBl I, 2086).

1295 Luftverkehrsgesetz vom 10. Mai 2007 (BGBl I, 698).

1296 BVerfGE 61, 149, 199 f.; Ossenbühl/Cornils, Staatshaftungsrecht, S. 97; von Danwitz, in: v. Mangoldt/Klein/Starck, GG, Band 2, Art. 34, Rn. 105.

1297 Zimniok, DÖV 1953, S. 296, 299; Becker, DÖV 1954, S. 496, 497.

1298 BGHZ 9, 289; BGHZ 12, 89, 91; BGHZ 36, 193, 194; BGHZ 99, 62, 64; Ossenbühl/Cornils, Staatshaftungsrecht, S. 97.

1299 BGHZ 25, 231, 237; BGHZ 62, 372, 377; BGHZ 99, 62, 64; BVerfGE 69, 149, 200; Ossenbühl/Cornils, Staatshaftungsrecht, S. 97; von Danwitz, in: v. Mangoldt/Klein/Starck, GG, Band 2, Art. 34, Rn. 105.

1300 Ossenbühl/Cornils, Staatshaftungsrecht, S. 98; Ausführlich zur Haftung der Notare, vgl. Haug, Die Amtshaftung des Notars; Schlüter/Knippenkötter, Die Haftung des Notars.

ist wegen der Selbständigkeit der Notare auch vor Art. 34 S. 1 GG legitimiert.[1301] Mit derselben Begründung, nach der die Amtshaftung bei Notaren ausgeschlossen wurde, fand sich früher ein derartiger Haftungsausschluss auch im Atomgesetz. Nach § 9a Abs. 4 S. 4 AtG a.F.[1302] bestand keine Verantwortlichkeit des Bundes für Amtspflichtverletzungen anstelle des beliehenen Dritten. Der Dritte hatte vielmehr eine für etwaige Schäden ausreichende Haftpflichtversicherung abzuschließen.[1303] Eine derartige Überleitung auf den Bund war nach Ansicht des Gesetzgebers sachgerecht, da der Beliehene eigenverantwortlich handelte.[1304] Das Liquiditätsrisiko für Drittgeschädigte musste in diesem Fall ebenfalls durch eine ausreichende Haftpflichtversicherung für Pflichtverletzungen abgedeckt werden.[1305]

Daraus lässt sich zweierlei schließen. Der Ausschluss der Amtshaftung ist mit der Selbständigkeit und dem eigenverantwortlichen Handeln der Beliehenen zu rechtfertigen. Weiter ist bei einem Haftungsausschluss eine für etwaige Schäden eingreifende ausreichende Haftpflichtversicherung gesetzlich vorzusehen, um das Liquiditätsrisiko für Drittgeschädigte abzudecken. Einen Haftungsausschluss oder eine Haftungsbeschränkung bei Benannten Stellen nach dem MPG in das Gesetz aufzunehmen, wäre meiner Ansicht nach, entsprechend der für Notare (und früher nach dem AtG beliehenen Dritten) geltenden Regelungen möglich, solange der Patientenschutz auch hier durch eine gesetzliche Pflicht zum Abschluss einer Haftpflichtversicherung für die Benannten Stellen gewahrt wird. Die Benannten Stellen handeln auch eigenverantwortlich und selbständig. Zwar sind die Tätigkeiten der Benannten Stellen durch gesetzliche Regelungen genau vorgegeben, dennoch führen sie ihre Aufgaben innerhalb der gesetzlichen Grenzen selbständig aus und treffen in diesem Zusammenhang eigene Entscheidungen gegenüber den Herstellern. Sie sind keine Verwaltungshelfer, da sie entscheidend und nicht lediglich durchführend Handeln.[1306] Auch die ansonsten bestehende weitreichende Haftung auf Grund der europaweiten Tätigkeiten der Benannten Stellen und gerade

1301 BGH, NJW 1998, S. 142 ff.; Papier, in: Maunz/Dürig, GG, Band 4, Art. 34, Rn. 279.

1302 Atomgesetz in der Fassung der Bekanntmachung vom 15.07.1985 (BGBl. I S. 1565); Abs. 4 angef. durch G. v. 6.4.1998 (BGBl. I S. 694), Abs. 4 aufgeh. m.W.v. 27.4.2002 durch G. v. 22.4.2002 (BGBl. I S. 1351).

1303 Vgl. hierzu Freitag, Das Beleihungsrechtsverhältnis, S. 209.

1304 Begründung zum Gesetzentwurf der Bundesregierung zur Änderung des Atomgesetzes und des Gesetzes über die Errichtung eines Bundesamtes für Strahlenschutz vom 01.10.1997 BT-Drucks. 13/8641, S. 14.

1305 Weitere Beispiele für Haftungsausschlüsse sind unter anderem die zahlreichen und weitgehenden Haftungsbeschränkungen der ehemaligen Deutschen Bundespost (vgl. Ossenbühl/Cornils, Staatshaftungsrecht, S. 97; zur früheren Rechtslage vgl. Ossenbühl, Staatshaftungsrecht, 3. Auflage, S. 57 f.) und die besondere Haftungslage für den auswärtigen Dienst nach § 5 Nr. 2 RBHG.

1306 Vgl. hierzu im 3. Kapitel A. IV.

die in den Richtlinien vorgesehene Möglichkeit, eine Haftpflichtversicherung für die Benannten Stellen vorzusehen,[1307] würde einen Haftungsausschluss rechtfertigen.

4. *§ 7 Abs. 1 RBHaftG*

Anzumerken ist am Ende noch, dass die Bundesregierung nach § 7 Abs. 1 RBHaftG befugt ist:

> „*zur Herstellung der Gegenseitigkeit durch Rechtsverordnung* (zu) *bestimmen, daß einem ausländischen Staat und seinen Angehörigen, die im Geltungsbereich dieses Gesetzes keinen Wohnsitz oder ständigen Aufenthalt haben, Ansprüche aus diesem Gesetz nicht zustehen, wenn der Bundesrepublik Deutschland oder Deutschen nach dem ausländischen Recht bei vergleichbaren Schädigungen kein gleichwertiger Schadensausgleich von dem ausländischen Staat geleistet wird. Angehörigen eines ausländischen Staates stehen juristische Personen sowie Gesellschaften und Vereinigungen des bürgerlichen Rechts oder des Handelsrechts gleich; an die Stelle des Wohnsitzes oder des ständigen Aufenthaltsortes tritt bei ihnen der tatsächliche und, wenn ein solcher bestimmt ist, der satzungsmäßige Sitz.*“

Während § 7 Abs. 1 RBHaftG a.F. noch bestimmte, dass die Amtshaftung der Bundesrepublik gegenüber Ausländern nur bei einer ausdrücklichen Anwendbarkeitserklärung bestand, wurde dieses Regel-Ausnahmeprinzip nunmehr umgekehrt. Bisher hat die Bundesregierung jedoch keinen Gebrauch von dieser Verordnungsermächtigung gemacht. Hinsichtlich eines Haftungsausschlusses zu Lasten Staatsangehöriger von Mitgliedsstaaten der Europäischen Union, würde ein solcher Haftungsausschluss ohnehin aller Voraussicht nach gegen das allgemeine unionsrechtliche Diskriminierungsverbot aus Art. 18 AEUV verstoßen.[1308] Man könnte sich jedoch die Frage stellen, ob nicht auf Grund der unterschiedlichen Verwaltungsregime in den einzelnen Mitgliedsstaaten, in denen einige einen Staatshaftungsanspruch gar nicht kennen, es nicht möglich sein muss, dass für die Tätigkeiten Benannter Stellen, jedenfalls gegenüber Herstellern aus dem europäischen Ausland, diese auf Ansprüche gegen die Benannten Stellen selbst zu verweisen und eine Amtshaftung nach § 7 Abs. 1 RBHaftG auszuschließen,[1309] vorausgesetzt es wird auch hier der Abschluss zu einer Haftpflichtversicherung gesetzlich vorgeschrieben,[1310] sehen die Richtlinien eine Pflicht zum Abschluss einer Haftpflichtversicherung als Regelungsmöglichkeite doch ausdrücklich vor und hat ein Hersteller zudem die freie Wahl, in welchem Staat er eine Benannte Stelle beauftragt und kann sich damit auch für das ihm zu seinen Gunsten am sichersten erscheinende Haftungsregime entscheiden, was nicht dazu

1307 Vgl. zu dieser Möglichkeit im 3. Kapitel B. I.

1308 Papier, in: MüKo BGB, § 839, Rn. 345.

1309 Vgl. jedoch auch BVerfGE 30, 409, 414, welches die Differenzierung zwischen Deutschen und Ausländern im Rahmen der Staatshaftung auf Grund der internationalen Wirtschafts- und Handelsbeziehungen als fragwürdig erachtet.

1310 Vgl. hierzu auch in diesem Kapitel unter A. I. 8. c).

führen darf, dass ein Hersteller in Deutschland zertifizieren lässt, um im Anschluss gegebenenfalls die Vorzüge der Haftung des liquiden deutschen Staates zu genießen.

5. *Fazit*

Die gesetzlichen Regelungen des Medizinprodukterechts ermächtigen zwar dazu, privatrechtlich organisierten Benannten Stellen die selbständige Wahrnehmung der öffentlichen Aufgabe der Sicherheit von Medizinprodukten zu übertragen und sie mit den hierzu nötigen Befugnissen zu beleihen. Zu den Modalitäten der Beleihung und insbesondere zur Haftungsverteilung im internen Beleihungsrechtsverhältnis treffen sie indessen keine Aussage. Auch die supranationalen Rechtsbestimmungen treffen keine Regelungen hinsichtlich des rechtlichen (Innen-) Verhältnisses zwischen den Mitgliedsstaaten und der Benannten Stelle.

Es wäre jedoch wie eben dargestellt, sehr wohl möglich, die vom Gesetzgeber wahrscheinlich nicht gewollte, möglicherweise auf Grund der europaweiten Tätigkeiten der Benannten Stellen ausufernde und schwer zu überschauende Amtshaftung, auch wenn sie durch die Akkreditierung und staatliche Überwachung Benannter Stellen gerechtfertigt ist, jedenfalls im Innenregress zu modifizieren oder sogar ganz auszuschließen. Sollte die richtigerweise anzunehmende Beleihung der Benannten Stellen mit hoheitlichen Befugnissen nach dem MPG gerichtlich festgestellt werden, so ist davon auszugehen, dass sich der Gesetzgeber spätestens dann, wie es damals bei den TÜV-Sachverständigen für Kfz der Fall war, dieser Sache annehmen wird.[1311]

B. Gesamtergebnis und Ausblick

Kommen Patienten durch fehlerhafte aber dennoch zertifizierte und damit auf dem Markt befindliche Medizinprodukte zu Schaden, die durch eine schuldhafte Amtspflichtverletzung einer Benannten Stelle erst auf den Markt gelangt sind und liegen die weiteren Voraussetzungen des § 839 BGB vor, so kommt ein Amtshaftungsanspruch gegen die Bundesrepublik Deutschland in Betracht. Es hat sich gezeigt, dass die einer Benannten Stelle obliegenden Amtspflichten im Rahmen der Zertifizierung und Überwachung auch gerade zum Schutz der Patienten bestehen, die mit zertifizierten Medizinprodukten in Kontakt kommen und einen Schaden daraus erleiden. Ein Anspruch aus Amtshaftung ist daher gegen die Bundesrepublik Deutschland und nicht gegen die Benannte Stelle zu richten.

Es bleibt abzuwarten, wie der deutsche Gesetzgeber reagiert, wenn die Beleihung der Benannten Stellen erstmals durch ein Gericht festgestellt wird und damit die Amtshaftung im Raum steht. Wahrscheinlich wird er sich dann Gedanken über eine

---

1311 Zur Bindung der Zivilgerichte an verwaltungsgerichtliche Entscheidungen vgl. Papier, in: MüKo, BGB, § 839, Rn. 382; Ossenbühl/Cornils, Staatshaftungsrecht, S. 122 f.

Regelung des Innenregresses gegen die Benannten Stellen oder einer Haftungsbeschränkung beziehungsweise eines -ausschlusses machen, die wie gezeigt auch gesetzlich angeordnet werden könnten.

Möglicherweise löst sich dieses Problem aber auch auf europäischer Ebene durch die anstehende aber noch im Fluss befindliche und viel diskutierte Verordnung des europäischen Parlaments und des Rates über Medizinprodukte.[1312] Inwiefern es in diesem Zusammenhang möglicherweise ein einheitliches europäisches Überwachungssystem geben wird und im Rahmen dessen auch Haftungsprobleme und -fragen geklärt werden, bleibt abzuwarten. Bislang verbleibt die Überwachung jedoch bei der nationalen Zuständigkeit der Überwachungsbehörden und die Amtshaftung wird damit weiter im Raum stehen. Dass sich dies wohl auch in naher Zukunft nicht ändern wird, hat der Vorschlag für eine Verordnung des Europäischen Parlaments und des Rates über Medizinprodukte erneut gezeigt.[1313] Inwiefern der bestehende Verordnungsvorschlag in dieser Form oder auch abgeändert angenommen werden wird, kann nur spekuliert werden.

1312 Vgl. den Vorschlag für eine Verordnung des europäischen Parlaments und des Rates vom 26.9.2012 über Medizinprodukte zur Änderung der Richtlinie 2001/83/EG, der Verordnung (EG) Nr. 178/2002 und der Verordnung (EG) Nr. 1223/2009, COM (2012) 542 final.

1313 Vgl. Punkt 3.4., Seite 8 des Vorschlags für eine Verordnung des europäischen Parlaments und des Rates vom 26.9.2012 über Medizinprodukte zur Änderung der Richtlinie 2001/83/EG, der Verordnung (EG) Nr. 178/2002 und der Verordnung (EG) Nr. 1223/2009, COM (2012) 542 final.

Literaturverzeichnis

Ahrens, Michael, Staatshaftungsrecht, 2. Auflage, München/Heidelberg/u.a. 2013.

Anhalt, Erhard/Dieners, Peter (Hrsg.), Handbuch des Medizinprodukterechts, München 2003.

Anselmann, Norbert, Die Rolle der europäischen Normung bei der Schaffung des europäischen Binnenmarktes, RIW 1986, S. 936 ff.

Auel, Katrin, Europäisierung nationaler Politik, in: Bieling, Hans-Jürgen/Lerch, Marita (Hrsg.), Theorien der europäischen Integration, 3. Auflage, Wiesbaden 2012, S. 247 ff.

Bachmann, Walter/Schiwy, Peter, Das grüne Gehirn, Band I, Loseblattsammlung, 112. Ergänzungslieferung, Starnberg 2011.

Backherms, Joahnnes, Das DIN, Deutsches Institut für Normung e.V., als Beliehener, Köln/München/u.a. 1978 (zugleich Diss. Univ. Münster 1978).

Bamberger, Heinz-Georg/Roth, Herbert (Hrsg.), Beck'scher Online Kommentar BGB, Edition 35, Stand: Mai 2015, München 2015.

Bansch, Frank, Die Beleihung als verfassungsrechtliches Problem – Zur Zulässigkeit einer Übertragung hoheitlicher Befugnisse auf Private nach dem Grundgesetz, Dissertation Universität Frankfurt am Main 1973.

Battis, Ulrich: Beleihung anlässlich der Privatisierung der Postunternehmen, in: Schmidt, Karsten (Hrsg.), Unternehmen, Recht und Wirtschaftsordnung – Festschrift für Peter Raisch zum 70. Geburtstag, Köln/München 1995, S. 355 ff.

Bauer, Hartmut, Privatisierung von Verwaltungsaufgaben, VVDStRL Band 54 (1995), S. 243 ff.

Baumgärtel, Gottfried/Lauman, Hans-Willi/Prütting, Hanns, Handbuch der Beweislast, Bürgerliches Gesetzbuch, Schuldrecht Besonderer Teil III, §§ 812 – 853, 3. Auflage, München 2010.

Becker, Hans Joachim, Die Haftung des Staates für Amtspflichtverletzungen von Standesbeamten, DÖV 1954, S. 496 ff.

Becker, Ulrich, Harmonisierte Normen und Konformitätsbewertungsverfahren – Elemente der Neuen Konzeption, in: Anzinger, Rudolf/Wank, Rolf (Hrsg.), Entwicklungen im Arbeitsrecht und Arbeitsschutzrecht – Festschrift für Otfried Wlotzka zum 70. Geburtstag, S. 445 ff.

Becker, Ulrich/Kingreen, Thorsten (Hrsg.), SGB V Kommentar, 4. Auflage, München 2014.

Berg, Wilfried, Die verwaltungsrechtliche Entscheidung bei ungewissem Sachverhalt, Berlin 1985 (zugleich Habil. Univ. Bonn 1980).

Bergmann, Karl Otto/Pauge, Burkhard/Steinmeyer, Hans-Dietrich, Kommentar Gesamtes Medizinrecht, 2. Auflage, 2014.

Bieback, Karin, Zertifizierung und Akkreditierung – Das Zusammenwirken staatlicher und nichtstaatlicher Akteure in gestuften Prüfsystemen, Baden-Baden 2008 (zugleich Diss. Univ. Hamburg 2008).

Blasius, Hans/Büchner, Hans, Verwaltungsrechtliche Methodenlehre, Stuttgart/Berlin/Köln/Mainz 1984.

Bleckmann, Albert, Die actus-contrarius-Doktrin, Jus 1988, S. 174 ff.

von Bogdandy, Armin/Cassese, Sabine/Huper, Peter (Hrsg.), Handbuch Ius Publicum Europaeum, Band IV – Verwaltungsrecht in Europa: Wissenschaft, Heidelberg 2011.

Böhme, Markus, Staatshaftung für fehlerhafte Bankaufsicht nach deutschem und europäischem Recht, Baden-Baden 2009 (zugleich Diss. Univ. Bonn 2008).

Bohne, Eberhard, Versicherungsmodelle zur Investitionsbeschleunigung und zum Abbau von Vollzugsdefiziten im Anlagenzulassungsrecht, DVBl. 1994, S. 195 ff.

Breuer, Rüdiger, Gefahrenabwehr und Risikovorsorge im Atomrecht, DVBl. 1978, S. 829 ff.

– Anlagensicherheit und Störfälle – Vergleichende Risikobewertung im Atom- und Immissionsschutzrecht, NVwZ 1990, S. 211 ff.

Brohm, Winfried, Soziale Grundrechte und Staatszielbestimmungen in der Verfassung, JZ 1994, S. 213 ff.

Bull, Hans Peter, Die Staatsaufgaben nach dem Grundgesetz, 2. Auflage, Kronberg 1977.

Burgi , Martin, der praktische Fall – Öffentliches Recht: Die Polizei – Dein Freund und Helfer, JuS 1997, S. 1106 ff.

– Funktionale Privatisierung und Verwaltungshilfe, Tübingen 1999 (zugleich Habil. Univ. Konstanz 1998).

– Mitgliedsstaatliche Garantenpflicht statt unmittelbare Drittwirkung der Grundfreiheiten, EWS 1999, S. 327 ff.

– Möglichkeiten und Schranken der Zusammenarbeit im Rahmen von Sicherheitspartnerschaften in: Stober, Rolf (Hrsg.), Public-Private-Partnerships und Sicherheitspartnerschaften, Köln/Berlin/Bonn/München 2000, S. 65 ff.

– Der Beliehene – ein Klassiker im modernen Verwaltungsrecht, in: Geis, Max Emanuel/Lorenz, Dieter (Hrsg.), Staat, Kirche, Verwaltung – Festschrift für Hartmut Maurer zum 70. Geburtstag, München 2001, S. 581 ff.

– Privatisierung öffentlicher Aufgaben – Gestaltungsmöglichkeiten, Grenzen, Regelungsbedarf, Gutachten für den 67. Deutschen Juristentag (Erfurt 2008), abrufbar im Internet unter: www.bppp.de/media/file/65.DJT-Gutachten_Prof._Burgi.pdf (Abruf vom 25.08.2014).

Burmeister, Günter Cornelius, Herkunft, Inhalt und Stellung des institutionellen Gesetzesvorbehalts, Berlin 1991 (zugleich Diss. Univ. Regensburg 1991).

Burmester, Gabriele, Grundlagen internationaler Regelungskumulation und-kollision, unter besonderer Berücksichtigung des Steuerrechts, Baden-Baden 1993 (zugleich Habil. Univ. Hamburg 1992).

Calliess, Christian, Die verfassungsrechtliche Zulässigkeit von fachgesetzlichen Rechtsverordnungsermächtigungen zur Umsetzung von Rechtsakten der EG, NVwZ 1998, S. 8 ff.

– Rechtsstaat und Umweltstaat, Tübingen 2001 (zugleich Habil. Univ. Saarbrücken 2000).

Calliess, Christian/Ruffert, Matthias (Hrsg.), EUV/AEUV Kommentar, 4. Auflage, München 2011.

Canaris, Claus-Wilhelm, Verstöße gegen das verfassungsrechtliche Übermaßverbot im Recht der Geschäftsfähigkeit und im Schadensersatzrecht, JZ 1987, S. 993 ff.

von Czettritz, Peter, Rechtsschutz im Fall des Widerrufs der Akkreditierung der Benannten Stelle gemäß § 21 MPG und im Fall des Widerrufs des erteilten CE-Zeichens durch die Benannte Stelle, PharmaR 2000, S. 321 ff.

Dauner-Lieb, Barbara/Langen, Werner/Ring, Gerhard (Hrsg.), BGB Schuldrecht Kommentar Band 2/2 §§ 611–853, Baden-Baden 2012.

Dederer, Hans-Georg: Die Stellung des Gutes Gesundheit im Verfassungsrecht, in: Jahrbuch für Wissenschaft und Ethik 9 (2004), S. 193 ff.

Dettling, Heinz-Uwe, Zur Abgrenzung von Arzneimitteln und Medizinprodukten, PharmR 2006, S. 578 ff.

Detterbeck, Steffen, Allgemeines Verwaltungsrecht und Verwaltungsprozessrecht, 11. Auflage, München 2013.

Deutsch, Erwin/Lippert, Hans-Dieter/Ratzel, Rudolf/Tag, Brigitte, Kommentar zum Medizinproduktegesetz, 2. Auflage, Berlin/Heidelberg 2010.

Deutsch, Erwin/Spickhoff, Andreas, Medizinrecht, 7. Auflage, Berlin/Heidelberg 2014.

de Witt, Siegfried/Burmeister, Thomas, Amtshaftung für rechtswidrig erteilte Genehmigungen, NVwZ 1992, S. 1039 ff.

Dieners, Peter/Reese, Ulrich (Hrsg.), Handbuch des Pharmarechts, München 2010.

Dietlein, Johannes, Die Lehre von den grundrechtlichen Schutzpflichten, Berlin 1991 (zugleich Diss. Univ. Münster 1991).

Di Fabio, Udo, Verwaltungsentscheidung durch externen Sachverstand – Am Beispiel des arzneimittelrechtlichen Zulassungs- und Überwachungsverfahrens, VerwArch 81 (1990), S. 193 ff.

– Risikoentscheidungen im Rechtsstaat, Tübingen 1994 (zugleich Habil. Univ. Bonn 1992/93).

– Produktharmonisierung durch Normung und Selbstüberwachung, Köln/Berlin/Bonn/München 1996.

– Verwaltung und Verwaltungsrecht zwischen gesellschaftlicher Selbstregulierung und staatlicher Steuerung, VVDStRL Band 56 (1997), S. 235 ff.

– Privatisierung und Staatsvorbehalt, JZ 1999, S. 585 ff.

Dreier, Horst, Hierarchische Verwaltung im demokratischen Staat – Genese, aktuelle Bedeutung und funktionelle Grenzen eines Bauprinzips der Exekutive, Tübingen 1991 (zugleich Habil. Univ. Würzburg 1989).

– (Hrsg.), Grundgesetz Kommentar, Band I Artikel 1 – 19, 3. Auflage, Tübingen 2013.

– (Hrsg.), Grundgesetz Kommentar, Band II Artikel 20 – 82, 2. Auflage, Tübingen 2013.

– (Hrsg.), Grundgesetz Kommentar, Band III Artikel 83 – 146, 2. Auflage, Tübingen 2008.

Drews, Bill/Wacke, Gerhard/Vogel, Klaus/Martens, Wolfgang, Gefahrenabwehr, 9. Auflage, Köln/Berlin/Bonn/München 1986.

Ebsen, Ingwer, Verfassungsrechtliche Implikationen der Ressourcenknappheit im Gesundheitswesen, NDV (Nachrichtendienst des Deutschen Vereins für öffentliche und private Fürsorge) 1997, S. 71 ff.

Ehlers, Dirk, Die Europäisierung des Verwaltungsprozeßrechts, Köln/Berlin/Bonn/München 1999.

– Jura 2012, Rechtsprobleme der Nutzung kommunaler Einrichtungen – Teil 1, S. 692 ff.

Engelhardt, Hans, Die neueste Entwicklung der Rechtsprechung zum Staatshaftungsrecht, NVwZ 1985, S. 621 ff.

Engelmann, Klaus, Die Kontrolle medizinischer Standards durch die Sozialgerichtsbarkeit – Zur Anerkennung neuer Untersuchungs- und Behandlungsmethoden und zur Stellung des IQWiG, MedR 2006, S. 245 ff.

Engisch, Karl (Hrsg.), Einführung in das juristische Denken, 10. Auflage, Stuttgart 2005.

Ensthaler, Jürgen/Strübbe, Kai/Bock, Leonie, Zertifizierung und Akkreditierung technischer Produkte – Ein Handlungsleitfaden für Unternehmen, Berlin/Heidelberg 2007.

Erichsen, Hans-Uwe/Ehlers, Dirk (Hrsg.), Allgemeines Verwaltungsrecht, 14. Auflage, Berlin, New York 2010.

Everling, Ulrich, Sind die Mitgliedsstaaten der Europäischen Gemeinschaft noch Herren der Verträge?, in: Bernhardt, Rudolph (Hrsg.), Völkerrecht als Rechtsordnung, internationale Gerichtsbarkeit, Menschenrechte, Festschrift für Hermann Mosler, Berlin/Heidelberg/New York 1983, S. 173 ff.

Eyermann, Erich (Hrsg.), Verwaltungsgerichtsordnung Kommentar, 14. Auflage, München 2014.

Eylmann, Horst/Vaasen, Hans-Dieter, Bundesnotarordnung und Beurkundungsgesetz Kommentar, 3. Auflage, München 2011.

Fastenrath, Ulrich, Die veränderte Stellung der Verwaltung und ihr Verhältnis zum Bürger unter dem Einfluss des Europäischen Gemeinschaftsrechts, Die Verwaltung 1998, S. 277 ff.

Finke, Katja, Die Auswirkungen der europäischen technischen Normen und des Sicherheitsrechts auf das nationale Haftungsrecht, München 2001 (zugleich Diss. Univ. Köln 2000).

Fleischer, Holger (Hrsg.), Mysterium „Gesetzesmaterialien" – Bedeutung und Gestaltung der Gesetzesbegründung in Vergangenheit, Gegenwart und Zukunft, Tübingen 2013.

Freitag, Oliver, Das Beleihungsrechtsverhältnis – Rahmen, Begründung und Inhalt, Baden-Baden 2005 (zugleich Diss. Univ. Bochum 2004).

Frenz, Walter, Handbuch Europarecht, Band 6 – Institutionen und Politiken, Berlin/Heidelberg 2011.

– Emissionshandelsrecht – Kommentar zum TEHG und ZuG, 2. Auflage, Heidelberg/Dordrecht/u.a. 2008.

Forsthoff, Ernst, Lehrbuch des Verwaltungsrechts, 1. Band, Allgemeiner Teil, 9. Auflage, 1966.

Gall, Andrea B., Vergleich von Medizinproduktegesetz und Arzneimittelgesetz unter besonderer Berücksichtigung des Inverkehrbringens und der klinischen Prüfung, Dissertation Universität Bonn 2009, abrufbar im Internet unter: http://hss.ulb.uni-bonn.de/2010/2135/2135.htm (Abruf 25.08.2015).

Gassner, Ulrich, Das Zweite Gesetz zur Änderung des Medizinproduktegesetzes, NJW 2002, S. 863 ff.

Geigel, Robert, Der Haftpflichtprozess, 26. Auflage, München 2011.

Geiger, Rudolf/Khan, Daniel-Erasmus/Kotzur, Markus, Kommentar zur EUV/AEUV, 5. Auflage, München 2010.

Goecke, Klaus, Verfassungsrechtliche Vorgaben für die Leistungspflicht der Krankenkassen beim Off-Label-Use von Arzneimitteln, NZS 2006, S. 291 ff.

Görgmeier, Dietmar, Möglichkeiten und Grenzen der Entstaatlichung öffentlicher Aufgaben, DÖV 1977, S. 356 ff.

Götz, Volkmar, Allgemeines Polizei- und Sicherheitsrecht, 14. Auflage, München 2008.

Gramm, Christof, Privatisierung und notwendige Staatsaufgaben, Berlin 2001 (zugleich Habil. Univ. Freiburg 1998).

Grimm, Dieter (Hrsg.), Staatsaufgaben, 1. Auflage, Baden-Baden 1994.

von der Groeben, Hans, Zur Politik der Rechtsangleichung in der Europäischen Wirtschaftsangleichung, ZfRV 1967, S. 129 ff.

Gromitsaris, Athanasios, Die Unterscheidung zwischen präventivem Verbot mit Erlaubnisvorbehalt und repressivem Verbot mit Befreiungsvorbehalt, DÖV 1997, S. 401 ff.

Groß, Thomas, Die administrative Föderalisierung der EG, JZ 1994, S. 596 ff.

Grünewald, Klaus, Handbuch des Tierkörperbeseitigungsrechts, Stuttgart/München/Hannover/u.a. 1994.

Grupp, Klaus, CE-Kennzeichnung, in: Bergmann, Jan (Hrsg.), Handlexikon der Europäischen Union, 5. Auflage, Baden-Baden 2015, S. 51 ff.

Hacks, Susanne/Wellner, Wolfgang/Häcker Frank, Schmerzensgeldbeträge 2014, 32. Auflage, Bonn 2014.

Handorn, Boris, Industriesilikon in Brustimplantaten – OLG Zweibrücken bestätigt fehlende Haftung der Benannten Stelle, MPR 2014, S. 84 ff.

Harings, Lothar, Grenzüberschreitende Zusammenarbeit der Polizei- und Zollverwaltung und Rechtsschutz in Deutschland, Berlin 1998 (zugleich Diss. Univ. Heidelberg 1997/98).

Hassold, Gerhard, Wille des Gesetzgebers oder objektiver Sinn des Gesetzes – subjektive oder objektive Theorie der Gesetzesauslegung, ZZP Band 94 (1981), S. 192 ff.

Hatje, Armin, Die gemeinschaftsrechtliche Steuerung der Wirtschaftsverwaltung – Grundlagen, Erscheinungsformen, verfassungsrechtliche Grenzen am Beispiel der Bundesrepublik Deutschland, Baden-Baden 1998 (zugleich Habil. Univ. Freiburg 1996).

Haug, Karl, Die Amtshaftung des Notars, München 1989.

von Heimburg, Sybille, Verwaltungsaufgaben und Private, Berlin 1982 (zugleich Diss. Univ. Berlin 1981).

Heinig, Hans Michael, Hüter der Wohltaten?, NVwZ 2006, S. 771 ff.

Heintzen, Markus, Beteiligung Privater an öffentlichen Aufgaben und staatliche Verantwortung, VVDStRL Band 62 (2003), S. 220 ff.

Heitsch, Christian, Verfassungs- und verwaltungsrechtliche Fragen der Akkreditierung von Studiengängen, DÖV 2007, S. 770 ff.

Hentschel, Peter/König, Peter/Dauer, Peter, Kommentar zum Straßenverkehrsrecht, 41. Auflage, München 2011.

Hermes, Georg, Das Grundrecht auf Schutz von Leben und Gesundheit – Schutzpflicht und Schutzanspruch aus Art. 2 Abs. 2 Satz 1 GG, Heidelberg 1987 (zugleich Diss. Univ. Freiburg 1987/88).

Herschel, Wilhelm, Die Haftung der Technischen Überwachungs-Vereine, NJW 1969, S. 817 ff.

Herzberg, Rolf, Die ratio legis als Schlüssel zum Gesetezsverständnis? – Eine Skizze und Kritik der überkommenen Auslegungsmethodik, JuS 2005, S. 1 ff.

Hilger, Claus, Medizinprodukte im Schadensfall – Teil I, Machen gesetzliche Regelungen einen speziellen Umgang notwendig?, Der Sachverständige 2006, S. 103 ff.

Hill, Rainer/Schmitt, Joachim, Wiesbadener Kommentar (WiKo) – Medizinprodukterecht, Köln 2014.

Hoffmann-Riem, Wolfgang, Vom Staatsziel Umweltschutz zum Gesellschaftsziel Umweltschutz – Zur Notwendigkeit hoheitlicher Regulierung gesellschaftlicher Selbstregulierung, illustriert an Beispielen aus der Energiewirtschaft, DV Band 23 (1995), S. 425 ff.

– Tendenzen in der Verwaltungsrechtsentwicklung, DÖV 1997, S. 433 ff.

Hoffmann-Riem, Wolfgang/Schmidt-Aßmann, Eberhard/Voßkuhle, Andreas, Grundlagen des Verwaltungsrechts Band I – Methoden, Maßstäbe, Aufgaben, Organisation, 2. Auflage, München 2012.

Höfling, Wolfram/Krings, Günter, Der verwaltungsrechtliche Vertrag: Begriff, Typologie, Fehlerlehre, JuS 2000, S. 625 ff.

von Hoyningen-Huene, Gerrick/Compensis, Ulrike, Deutsche Unfallverhütungsvorschriften im EG-Binnenmarkt, NZS 1993, S. 233 ff.

Huber, Ernst Rudolf, Wirtschaftsverwaltungsrecht, 2. Auflage, 1954.

Huster, Stefan, Anmerkung zu BVerfG, Beschluss vom 06.12.2005 – 1 BvR 347/98, JZ 2006, S. 466 ff.

Igl, Gerhard/Welti, Felix (Hrsg.), Gesundheitsrecht – Eine Einführung, München 2012.

Ipsen, Jörn, Die Bewältigung der wissenschaftlichen und technischen Entwicklung durch das Verwaltungsrecht, VVDStRL Band 48 (1990), S. 177 ff.

Ipsen, Knut (Hrsg.) Völkerrecht, 6. Auflage, München 2014.

Isensee, Josef/Kirchhof, Paul (Hrsg.), Handbuch des Staatsrechts, Band III – Das Handeln des Staates, Heidelberg 1988.

Isensee, Josef/Kirchhof, Paul (Hrsg.), Handbuch des Staatsrechts, Band III – Demokratie, Bundesorgane, Heidelberg 2005.

Isensee, Josef/Kirchhof, Paul (Hrsg.), Handbuch des Staatsrechts, Band V – Rechtsquellen, Organisation, Finanzen, 3. Auflage, Heidelberg 2007.

Isensee, Josef/Kirchhof, Paul (Hrsg.), Handbuch des Staatsrechts, Band VII – Freiheitsrechte, 3. Auflage, Heidelberg 2009.

Isensee, Josef/Kirchhof, Paul (Hrsg.), Handbuch des Staatsrechts, Band IX – Allgemeine Grundrechtslehren, 3. Auflage, Heidelberg 2011.

Jachmann, Monika/Drüen, Klaus-Dieter, Allgemeines Verwaltungsrecht, 3. Auflage, München 2010.

Jäde, Henning, Zum Stand der Bauordnungsreform, ZfBR 2000, S. 519 ff.

Jaeger, Lothar/Luckey, Jan, Schmerzensgeld, 7. Auflage, Köln 2013.

Jarass, Hans/Pieroth, Bodo, Grundgesetz für die Bundesrepublik Deutschland – Kommentar, 12. Auflage, München 2012.

Joerges, Christian/Falke, Josef/Micklitz, Hans-Wolfgang/Brüggemeier, Gert, Die Sicherheit von Konsumgütern und die Entwicklung der Europäischen Gemeinschaft, Baden-Baden 1988.

Kadelbach, Stefan, Allgemeines Verwaltungsrecht unter europäischem Einfluss, Tübingen 1999 (zugleich Habil. Univ. Frankfurt am Main 1998).

Kage, Uwe, Das Medizinproduktegesetz: Staatlich Risikosteuerung unter dem Einfluss europäischer Harmonisierung, Berlin 2005 (zugleich Diss. Univ. Heidelberg 2005).

Kahl, Wolfgang, Risikosteuerung durch Verwaltungsrecht: Ermöglichungen oder Begrenzungen von Innovationen?, DVBl. 2003, S. 1105 ff.

Kämmerer, Axel, Verfassungsstaat auf Diät?, JZ 1996, S. 1042 ff.

Kämmerer, Ullrich, Die Umsetzung des Umwelt-Audit-Rechts – Unter besonderer Berücksichtigung des Umweltgutachters, Berlin 2001 (zugleich Diss. Univ. Münster 2000).

Kapoor, Arun/Klindt, Thomas, Die Reform des Akkreditierungswesens im Europäischen Produktsicherheitsrecht, EuZW 2009, S. 134 ff.

Kiefer, Günther, Regelungsbedarf und Gestaltungsspielräume bei der Beleihung, LKRZ 2009, S. 441 ff.

Kingreen, Thorsten, Verfassungsrechtliche Grenzen der Rechtsetzungsbefugnis des Gemeinsamen Bundesausschusses im Gesundheitsrecht, NJW 2006, S. 877 ff.

Kirchhof, Paul, Kontrolle der Technik als staatliche und private Aufgabe, NVwZ 1988, S. 97 ff.

Kissel, Otto Rudolf/Mayer, Herbert, Gerichtsverfassungsgesetz Kommentar, 7. Auflage, München 2013.

Klein, Hans, Die grundrechtliche Schutzpflicht, DVBl. 1994, S. 489 ff.

Klement, Jan Henrik, Ungereimtes in der Beleihungsdogmatik des BGH, VerwArch 101 (2010), S. 112 ff.

Klindt, Thomas, Der „new approach“ im Produktrecht des europäischen Binnenmarkts: Vermutungswirkung technischer Normen, EuZW 2002, S. 133 ff.

– (Hrsg.), Produktsicherheitsgesetz Kommentar, 2. Auflage, München 2015.

Kloepfer, Michael, Umweltschutz und Verfassungsrecht – Zum Umweltschutz als Staatspflicht, DVBl. 1988, S. 305 ff.

– Umweltrecht, 3. Auflage, München 2004.

– Umweltschutzrecht, München 2008.

Knauff, Matthias, Der Regelungsverbund: Recht und Soft Law im Mehrebenensystem, Tübingen 2010 (zugleich Habil. Univ. Tübingen 2009).

Köck, Wolfgang, Mobilfunksendeanlagen und grundrechtliche Schutzpflichten des Staates, ZUR 2002, S. 349 ff.

Kopp, Ferdinand/Ramsauer, Ulrich, Verwaltungsverfahrensgesetz Kommentar, 14. Auflage, München 2013.

Kopp, Ferdinand/Schenke, Ralf Peter, Verwaltungsgerichtsordnung Kommentar, 20. Auflage, München 2014.

Korioth, Stefan, Der Abschied von der Baugenehmigung nach § 67 BauO NW 1995, DÖV 1996, S. 665 ff.

Kramer, Ernst A., Juristische Methodenlehre, 4. Auflage, Bern 2013.

Krauskopf, Dieter (Hrsg.), Soziale Krankenversicherung, Pflegeversicherung – Kommentar, Loseblattsammlung, 87. Ergänzungslieferung, München 2015.

Krautzberger, Michael, Die Erfüllung öffentlicher Aufgaben durch Private, Berlin 1971 (zugleich Diss. Univ. München 1970).

Krölls, Albert, Rechtliche Grenzen der Privatisierungspolitik, GewArch 1995, S. 129 ff.

Krüger, Matthias, Haftung von Ethikkommissionen und MPG-Novelle, VersR 2009, S. 1048 ff.

Küppersbusch, Gerhard/Höher, Otto, Ersatzansprüche bei Personenschäden, 11. Auflage, München 2013.

Landau, Herbert, Gesundheit als Staatsziel? Verfassungsrecht und Staatsaufgaben, S. 589 ff., in: Konrad-Adenauer-Stiftung e.V. (Hrsg.), Volkskrankheiten – Gesundheitliche Herausforderungen in der Wohlstandsgesellschaft, Freiburg im Breisgau/München 2009.

Lang, Heinrich, Gesetzgebung in eigener Sache, Tübingen 2007 (zugleich Habil. Univ. Köln 2003).

Lange, Klaus, Die Abgrenzung des öffentlich-rechtlichen Vertrages vom privatrechtlichen Vertrag, NVwZ 1983, S. 313 ff.

Lange, Wilfried, Rechtsprobleme der Privatisierung öffentl. Unternehmen, JZ 1981, S. 698 ff.

Lisken, Hans/Denninger, Erhard (Hrsg.), Handbuch des Polizeirechts, 4. Auflage, München 2007.

Listl, Susanne, Die zivilrechtliche Haftung für Fehler von Ethikkommissionen, Heidelberg/Dordrecht/London/New York 2012 (zugleich Diss. Univ. Göttingen 2011).

Lukes, Rudolf, Der Entwurf eines Gesetzes zur Regelung von Fragen der Gentechnik, DVBl. 1990, S. 273 ff.

von Mangoldt, Hermann/Klein, Friedrich/Starck, Christian (Hrsg.), GG Kommentar, Band 2, Art. 20 – 82, 6. Auflage, München 2010.

Marburger, Peter/Enders, Rainald, Technische Normen im Europäischen Gemeinschaftsrecht, UTR 1994, S. 333 ff.

Martens, Wolfgang, Öffentlich als Rechtsbegriff, Bad Homburg/Berlin/Zürich 1969 (zugleich Habil. Univ. Münster 1968).

Maunz, Theoder/Dürig, Günter (Hrsg.), Grundgesetz Kommentar, Band IV, Art. 23 – 53a, Loseblattsammlung, Stand: Juli 2014, München 2014.

Maurer, Hartmut, Allgemeines Verwaltungsrecht, 18. Auflage, 2011.

Maurer, Joachim, Aufgaben, Rechtsstellung und Haftung der Technischen Überwachungsvereine, Dissertation Universität Mainz 1978.

Meder, Theoder/Brechmann, Winfried (Hrsg.), Die Verfassung des Freistaates Bayern – Kommentar, 5. Auflage, Stuttgart 2014.

Medicus, Dieter, Der Grundsatz der Verhältnismäßigkeit im Privatrecht, Archiv für die deutsche civilistische Praxis (AcP), Band 192, S. 35 ff.

Meier, Alexander/von Czettritz, Peter/Gabriel, Marc/Kaufmann, Marcel, Pharmarecht, München 2014.

Meng, Werner, Extraterritoriale Jurisdiktion im öffentlichen Wirtschaftsrecht, Berlin/Heidelberg/New York 1994 (zugleich Habil. Univ. Mainz 1993).

Merten, Jan Oliver, Private Entscheidungsträger und Europäisierung der Verwaltungsrechtsdogmatik, Berlin 2004 (zugleich Diss. Univ. Köln 2004).

Meyer, Jürgen (Hrsg.), Charta der Grundrechte der Europäischen Union, 3. Auflage, Baden-Baden 2011.

Michaelis, Rüdiger, Der Beliehene, Dissertation Universität Münster 1969.

Moritz, Dirk, Geräte- und Produktsicherheitsgesetz – Gesetzestext mit Erläuterungen, Berlin 2004.

von Münch/Kunig, Philip (Hrsg.), Grundgesetz Kommentar, Band 2, Art. 70–146, 6. Auflage, München 2012.

Murswiek, Dietrich, Die staatliche Verantwortung für die Risiken der Technik, Berlin 1985 (zugleich Habil. Univ. Saarbrücken 1984).

Musielak, Hans-Joachim/Voit, Wolfgang (Hrsg.), Zivilprozessordnung Kommentar, 12. Auflage, München 2015.

Neßler, Volker, Europäisches Richtlinienrecht wandelt deutsches Verwaltungsrecht, Berlin 1994 (zugleich Diss. Univ. Heidelberg 1994).

– Der transnationale Verwaltungsakt – Zur Dogmatik eines neuen Rechtsinstituts, NVwZ 1995, S. 863 ff.

Nettesheim, Martin, Rationierung in der Gesundheitsversorgung – verfassungsrechtliche Möglichkeiten und Grenzen, VerwArch 93 (2002), S. 315 ff.

Nöthlichs, Matthias, Sicherheitsvorschriften für Medizinprodukte, Loseblattsammlung, Berlin, Stand: 3/2007.

Neumann, Volker, Der Grundrechtsschutz von Sozialleistungen in Zeiten der Finanznot, NZS 1998, S. 401 ff.

Okresk, Wolf, Hoheitsakte auf fremdem Staatsgebiet – Eine Betrachtung anhand praktischer Fälle, ÖZöRV 35 (1985), S. 325 ff.

Oppermann, Thomas/Classen, Claus Dieter/Nettesheim, Martin, Europarecht, 5. Auflage, München 2011.

Ossenbühl, Fritz, Die Erfüllung von Verwaltungsaufgaben durch Private, VVDStRL Band 29 (1971), S. 137 ff.

– Rechtliche Probleme der Zulassung öffentlicher Stadthallen, DVBl. 1973, S. 289 ff.

– Vorsorge als Rechtprinzip im Gesundheits-, Arbeits- und Umweltschutz, NVwZ 1986, S. 161 ff.

– Staatliches Fernmeldemonopol als Verfassungsgebot?, in: Leßmann, Hebert (Hrsg.), Festschrift für Rudolf Lukes zum 65. Geburtstag, Köln/München 1989, S. 525 ff.

– Maßhalten mit dem Übermaßverbot, in: Badura, Peter/Scholz, Ruppert (Hrsg.), Wege und Verfahren des Verfassungslebens, Festschrift für Peter Lerche zum 65. Geburtstag, München 1993, S. 151 ff.

– Der Grundsatz der Verhältnismäßigkeit (Übermaßverbot) in der Rechtsprechung der Verwaltungsgerichte, Jura 1997, S. 617 ff.

– Öffentliches Recht in der Rechtsprechung des BGH, NJW 2000, S. 2945 ff.

– Staatshaftungsrecht, 3. Auflage, München 1983.

Ossenbühl, Fritz/ Cornils, Matthias, Staatshaftungsrecht, 6. Auflage, München 2013.

Pache, Eckhard, Der Grundsatz der Verhältnismäßigkeit in der Rechtsprechung der Gerichte des Europäischen Gemeinschaften, NVwZ 1999, S. 1033 ff.

Palandt, Otto (Hrsg.), Kommentar zum Bürgerlichen Gesetzbuch, bearbeitet von Peter Bassenge u.a., 74. Auflage, München 2015.

Pape, Jens, Umweltmanagementsysteme zwischen Anspruch und Wirklichkeit, Dissertation, Berlin/Heidelberg 1999.

Peine, Franz-Joseph, Grenzen der Privatisierung – verwaltungsrechtliche Aspekte, DÖV 1997, S. 353 ff.

– Gesetz über technische Arbeitsmittel (Gerätesicherheitsgesetz), 3. Auflage, Köln/Berlin/Bonn/München 2002.

Pernice, Ingolf/ Kadelbach, Stefan, Verfahren und Sanktionen im Wirtschaftsverwaltungsrecht, DVBl. 1996, S. 1100 ff.

Pestalozza, Christian, Das Recht auf Gesundheit – Verfassungsrechtliche Dimensionen, Bundesgesundheitsblatt – Gesundheitsforschung – Gesundheitsschutz (2007), S. 1113 ff.

Peters, Hans, Öffentliche und staatliche Aufgaben, in: Dietz, Rolf/Hübner, Heinz (Hrsg.), Festschrift für Hans Carl Nipperdey, Band II, München und Berlin 1965, S. 877 ff.

Pfab, Susanne, Die Staatshaftung in Deutschland, München 1997 (zugleich Diss. Univ. München 1997).

Pieroth, Bodo/Schlink, Bernhard, Grundrechte – Staatsrecht II, 28. Auflage, Heidelberg/München/u.a. 2012.

Pitschas, Rainer, Die Bewältigung der wissenschaftlichen und technischen Entwicklungen durch das Verwaltungsrecht, DÖV 1993, S. 785 ff.

Posser, Herbert/Wolff, Heinrich Amadeus (Hrsg.), Beck'scher Online Kommentar VwGO, Edition. 34, München 2015.

Pünder, Hermann, Zertifizierung und Akkreditierung – private Qualitätskontrolle unter staatlicher Gewährleistungsverantwortung, ZHR Band 170 (2006), S. 567 ff.

Quaas, Michael, Zur Zukunft kommunaler Krankenhäuser – rechtliche Risiken und Verfahrensschritte, Das Krankenhaus 2001, S. 40 ff.

Quantz, Tobias, Die Rückgriffsbeschränkung des Art. 34 S. 2 GG im Innenregress gegen Private, VersR 2004, S. 1244 ff.

Raschauer, Nicolas, Aktuelle Strukturprobleme des europäischen und österreichischen Bankenaufsichtsrechts, Wien/NewYork 2010 (zugleich Habil. Univ. Wien 2009).

Ratzel, Rudolf/Lippert, Hans-Dieter, Medizinproduktegesetz: Eine Einführung, Neuwied/Kriftel 2000.

Redeker, Martin/ von Oertzen, Joachim (Hrsg.), Verwaltungsgerichtsordnung Kommentar, 16. Auflage, Stuttgart 2014.

Rehmann, Wolfgang, Arzneimittelgesetz Kommentar, 4. Auflage, München 2014.

Rehmann, Wolfgang/Wagner, Susanne, Medizinproduktegesetz Kommentar, 2. Auflage, München 2010.

Reihlen, Helmut, Technische Normung und Zertifizierung für den EG-Binnenmarkt, EuZW 1990, 444 ff.

Reinhardt, Michael, Die Überwachung durch Private im Umwelt- und Technikrecht, AöR Band 118 (1993), S. 617 ff.

Rengeling, Hans-Werner, Rechtsgrundsätze beim Verwaltungsvollzug des europäischen Gemeinschaftsrechts, Köln/Berlin/Bonn/München 1977 (zugleich Habil. Univ. Münster 1976).

Reuß, Wilhelm, Öffentliche Verwaltung durch Private, DVBl. 1976, S. 927 ff.

Rinne, Eberhard/Schlick, Wolfgang, Die Rechtsprechung des BGH zu den öffentlich-rechtlichen Ersatzleistungen, NJW 2005, S. 3541 ff.

Ritter, Jochen, Die rechtliche Stellung des Umweltgutachters, Mainz 1998 (zugleich Diss. Univ. Mainz 1998).

Röhl, Hans Christian, Akkreditierung und Zertifizierung im Produktsicherheitsrecht, Berlin/Heidelberg/u.a. 2000.

Röhl, Hans Christian/Yvonne, Schreiber, Konformitätsbewertung in Deutschland (vorgelegt im Rahmen des Projekts Nr. 57/03 für das Bundesministerium für Wirtschaft und Technologie), April 2006.

Ronellenfitsch, Michael, Schranken einer Privatisierung der staatlichen Unfalluntersuchung im Bereich der Eisenbahn, NVwZ 1998, S. 1021 ff.

Roßnagel, Alexander, Europäische Techniknormen im Lichte des Gemeinschaftsrechts, DVBl. 1996, 1181 ff.

Rotermund, Karsten/Krafft, Georg, Kommunales Haftungsrecht, 5. Auflage, Berlin 2013.

Ruffert, Matthias, Der transnationale Verwaltungsakt, DV Band 34 (2001), S. 453 ff.

Sachs, Michael, Die Entstehungsgeschichte des Grundgesetzes als Mittel der Verfassungsauslegung in der Rechtsprechung des Bundesverfassungsgerichts, DVBl. 1984, S. 73 ff.

– (Hrsg.), Grundgesetz Kommentar, 6. Auflage, München 2011.

Säcker, Franz, Jürgen/ Rixecker, Roland/ Oetker, Hartmut (Hrsg.), Münchener Kommentar zum Bürgerlichen Gesetzbuch, Band 2: Schuldrecht – Allgemeiner Teil, §§ 241- 432, 6. Auflage, München 2012.

Säcker, Jürgen/Rixecker, Roland/Oetker, Hartmut (Hrsg.), Münchner Kommentar zum Bürgerlichen Gesetzbuch, Band 5: Schuldrecht Besonderer Teil III, §§ 705–853 PartGG, ProdHaftG, 6. Auflage, München 2013.

Scheel, Kurt-Christian, „Benannte Stellen“: Beliehene als Instrument der Verwirklichung des Binnenmarktes, DVBl. 1999, S. 442 ff.

– Privater Sachverstand im Verwaltungsvollzug des europäischen Rechts, Berlin/Wien 1999.

Scherzberg, Arno, Grundfragen des verwaltungsrechtlichen Vertrages, JuS 1992, S. 205 ff.

Schippel, Helmut/Bracker, Ulrich (Hrsg.), Bundesnotarordnung Kommentar, 9. Auflage, München 2011.

Schlag, Martin, Grenzüberschreitende Verwaltungsbefugnisse im EG-Binnenmarkt, Baden-Baden 1998 (zugleich Diss. Univ. Freiburg 1997).

Schlehofer, Horst, Juristische Methodologie und Methodik der Fallbearbeitung. 1. Teil: Plädoyer für die Ablösung der üblichen Methodik, JuS 1992, S. 572 ff.

Schlick, Wolfgang, Die Rechtsprechung des BGH zu den öffentlich-rechtlichen Ersatzleistungen Teil 2: Amtshaftung, NJW 2008, S. 127, 128.

Schlochauer, Hans-Jürgen, Die extraterritoriale Wirkung von Hoheitsakte nach dem öffentlichen Recht der Bundesrepublik Deutschland und nach internationalem Recht, Frankfurt am Main 1962.

Schlüter, Martin/Knippenkötter, Hermann, Die Haftung des Notars, Köln/Berlin/München 2004.

Schmidt, Rolf, Allgemeines Verwaltungsrecht, 15. Auflage, Grasberg bei Bremen 2011.

– Besonderes Verwaltungsrecht II, 12. Auflage, Grasberg bei Bremen 2008.

Schmidt, Thorsten Ingo, Gesetzliche Regelungen der Rechtsverhältnisse der Beliehenen, ZG 2002, S. 353 ff.

Schmidt am Busch, Birgit, Die Beleihung: Ein Rechtsinstitut im Wandel, DÖV 2007, S. 533 ff.

Schmidt-Aßmann, Eberhard, Deutsches und Europäisches Verwaltungsrecht, DVBl. 1993, S. 924 ff.

– Verwaltungskooperation und Verwaltungskooperationsrecht in der Europäischen Gemeinschaft, EuR 31 (1996), S. 270 ff.

– Verfassungsfragen der Gesundheitsreform, NJW 2004, S. 1689 ff.

– Das allgemeine Verwaltungsrecht als Ordnungsidee, Berlin/Heidelberg/New York 2004.

– Verwaltungsrechtliche Dogmatik, Tübingen 2013.

Schmidt-Aßmann, Eberhard/Schöndorf-Haubold, Bettina (Hrsg.), Der Europäische Verwaltungsverbund, Tübingen 2005.

Schmidt-Aßmann, Eberhard/Schoch, Friedrich (Hrsg.), Besonderes Verwaltungsrecht, 14. Auflage, 2008.

Schmidt-Preuß, Matthias, Verwaltung und Verwaltungsrecht zwischen gesellschaftlicher Selbstregulierung und staatlicher Steuerung, VVDStRL Band 56 (1997), S. 160 ff.

– Steuerung durch Organisation, DÖV 2001, S. 45 ff.

Schoch, Friedrich, Privatisierung von Verwaltungsaufgaben, DVBl. 1994, S. 962 ff.

Schoch, Friedrich/Schneider, Jens-Peter/Bier, Wolfgang (Hrsg.), Verwaltungsgerichtsordnung Kommentar, Loseblattsammlung, Stand: 28. Ergänzungslieferung (03/2015), München 2015.

Scholl, Patrick, Der private Sachverständige im Verwaltungsrecht, Baden-Baden 2005 (zugleich Diss. Univ. Freiburg 2004).

Schorn, Gert, Aktive implantierbare Medizinprodukte, Stuttgart 1993.

– Das Medizinproduktegesetz – Anwendung im ärztlichen Bereich, Deutsches Ärzteblatt 1995, A/2890 ff.

– CE-Kennzeichnung, Das Qualitätskennzeichen für Medizinprodukte, MPJ 1996, S. 24 ff.

– Akkreditierungsgesetz oder Diskreditierungsgesetz?, MPJ 2008, S. 155 ff.

– Jetzt nur noch eine einzige Akkreditierungsstelle, MPJ 2009, S. 205 ff.

– Kommentar Medizinprodukte-Recht, Loseblattsammlung, Stand: Oktober 2013.

Schulte, Martin, Gefahrenabwehr durch private Sicherheitskräfte im Lichte des staatlichen Gewaltmonopols, DVBl. 1995, S. 130 ff.

Schulze, Reiner/Zuleeg, Manfred (Hrsg.), Europarecht – Handbuch für die deutsche Rechtspraxis, 1. Auflage, Baden-Baden 2006.

Schulze-Fielitz, Staatsaufgabenentwicklung und Verfassung – Zur normativen Kraft der Verfassung und Begrenzung der Staatsaufgaben in: Grimm, Dieter (Hrsg.), Wachsende Staatsaufgaben – sinkende Steuerungsfähigkeit des Rechts, Baden-Baden 1990, S. 11 ff.

Schuppert, Gunnar Folke, Die Erfüllung öffentlicher Aufgaben durch verselbständigte Verwaltungseinheiten, Göttingen 1981 (zugleich Habil. Univ. Göttingen 1981).

Schwabe, Jürgen, Probleme der Grundrechtsdogmatik, Darmstadt 1977.

Schwartz, Ivo, 30 Jahre EG-Rechtsangleichung, in: Mestmäcker, Ernst Joachim/ Möller, Hans/ Schwarz, Hans-Peter (Hrsg.), Eine Ordnungsidee für Europa – Festschrift für Hans von der Groeben, Baden-Baden 1987, S. 333 ff.

Schwarz, Joachim, Leitfaden Klinische Prüfungen von Arzneimitteln und Medizinprodukten, 4. Auflage, Aulendorf 2011.

Schwarze, Jürgen, Das allgemeine Völkerrecht in den innergemeinschaftlichen Rechtsbeziehungen, EuR 1983, S. 1 ff.

Schwarze, Jürgen, Soft Law im Recht der Europäischen Union, EuR 2011, S. 3 ff.

Schwarze, Jürgen (Hrsg.), EU-Kommentar, 3. Auflage, Baden-Baden 2012.

Schweer, Carl-Stephan/von Hammerstein, Christian, Treibhausgas-Emmissionshandelsgesetz Kommentar, Hürth 2008.

Schwintowsi, Hans-Peter/Brömmelmeyer, Christoph, Praxiskommentar zum Versicherungsvertragsrecht, Münster 2008.

Seewald, Otfried, Zum Verfassungsrecht auf Gesundheit, Köln/Berlin/Bonn/München 1981 (zugleich Habil. Univ. Hamburg 1978).

– Gesundheit als Grundrecht, Königstein/Ts. 1982.

Seidel, Achim, Privater Sachverstand und staatliche Garantenstellung im Verwaltungsrecht, München 2000 (zugleich Diss. Univ. München 1999/2000).

Sellner, Dieter/Schnutenhaus, Jörg, Umweltmanagement und Umweltbetriebsprüfung („Umwelt-Audit“) – ein wirksames, nicht ordnungsrechtliches System des betrieblichen Umweltschutzes?, NVwZ 1993, 928.

Siegrist, Dave, Hoheitsakte auf fremdem Staatsgebiet, Zürich 1987 (zugleich Diss. Univ. Zürich 1987).

Simon, Alfons/Busse, Jürgen, Bayerische Bauordnung Kommentar, Loseblattsammlung, 118. Ergänzungslieferung, Stand: November 2014.

Skouris, Wassilios, Der Einfluss des Europäischen Gemeinschaftsrechts auf die Unterscheidung zwischen Privatrecht und Öffentlichem Recht, EuR 1998, S. 111 ff.

Slizyk, Andreas, Schmerzengeldtabelle 2015: Von Kopf bis Fuß, 11. Auflage, München 2015.

Sodan, Helge/Ziekow, Jan (Hrsg.), Verwaltungsgerichtsordnung Großkommentar, 4. Auflage, Baden-Baden 2014.

Spickhoff, Andreas (Hrsg.), Kommentar zum Medizinrecht, 2. Auflage, München 2014.

Stadler, Gerrit, Die Beleihung in der neueren Bundesgesetzgebung, Hamburg 2004 (zugleich Diss. Univ. Regensburg 2002).

von Staudinger, Julius (Hrsg), Kommentar zum Bürgerlichen Gesetzbuch, Buch 2, Recht der Schuldverhältnisse §§ 249, 254 (Schadensersatzrecht), Berlin 2005.

– (Hrsg), Kommentar zum Bürgerlichen Gesetzbuch, Buch 2, Recht der Schuldverhältnisse §§ 839, 839a (Unerlaubte Handlungen 4 – Amtshaftung), Berlin 2013.

Steiner, Udo, Der „beliehene Unternehmer", JuS 1969, S. 69 ff.

– Öffentliche Verwaltung durch Private, DÖV 1970, S. 526 ff.

– Öffentliche Verwaltung durch Private, Hamburg 1975 (zugleich Habil. Univ. Erlangen/Nürnberg 1972).

– Anmerkung zu VGH München, Urteil vom 11. 2. 1974 – Nr. 5 VII 72, NJW 1975, S. 1795 ff.

– Fragen der Beleihungsdogmatik aus österreichischer und deutscher Sicht, in: Schäffer, Heinz/Walter, Berka/Stolzlechner, Harald/Werndl, Josef (Hrsg.), Staat –Verfassung – Verwaltung: Festschrift anlässlich des 65. Geburtstages von Prof. DDr. DDr. h.c. Friedrich Koja, S. 603 ff., Wien/New York 1998.

Stelkens, Paul/Bonk, Heinz Joachim/ Sachs, Michael (Hrsg.), Verwaltungsverfahrensgesetz Kommentar, 8. Auflage, München 2014.

Stelkens, Ulrich, Amtshaftung und Regress bei Schädigungen durch Verwaltungshelfer, JZ 2004, S. 656 ff.

Stern, Klaus, Staatsrecht, Band I, 2. Auflage, München 1984.

– Staatsrecht, Band III/1, München 1988.

Stober, Rolf, Staatliches Gewaltmonopol und privates Sicherheitsgewerbe, NJW 1997, S. 889 ff.

– Allgemeines Wirtschaftsverwaltungsrecht, Berlin/Köln/Stuttgart 1998.

Stockmann, Kurt, Kartellbehördliche Ermittlungen im Ausland, WuW 1975, S. 243 ff.

Streinz, Rudolf (Hrsg.), Kommentar EUV/AEUV, 2. Auflage 2012.

– Europarecht, Heidelberg/München/Landsberg/u.a. 2012.

Stuible-Treder, Jutta, Der Beliehene im Verwaltungsrecht, Tübingen 1986 (zugleich Diss. Univ. Tübingen 1986).

Stürner, Michael, Der Grundsatz der Verhältnismäßigkeit im Schuldvertragsrecht, Tübingen 2010 (zugleich Habil. Univ. Köln 2009).

Sydow, Gernot, Verwaltungskooperation in der Europäischen Union, Tübingen 2004 (zugleich Habil. Univ. Freiburg 2004).

- Anmerkung zu BVerwG, Beschluss vom 13. 6. 2006, 3 BN 1.06 (Zur Kontrolle von Öko-Landbau-Unternehmen durch Beliehene), ZLR 2006, S. 718 ff.

Terbille, Michael/Tilman, Clausen/Schroder-Printzen, Jörn (Hrsg.), Münchener Anwaltshandbuch Medizinrecht, 2. Auflage, München 2013.

Terhechte, Jörg Philipp (Hrsg.), Verwaltungsrecht der Europäischen Union, 1. Auflage, Baden-Baden 2011.

Tiede, Wolfgang/Ryczewski, Christoph/Yang, Maximilian, Einführung in das Akkreditierungsrecht Deutschlands, NVwZ 2012, 1212 ff.

Tünnessen-Harmes, Christian, Die CE-Kennzeichnung zum Abbau technischer Handelshemmnisse in der Europäischen Union, DVBl. 1994, S. 1334 ff.

Tremel, Bernd/Karger, Michael/Luber, Michael, Der Amtshaftungsprozess, 3. Auflage, München 2009.

Umbach, Dieter/Clemens, Thomas (Hrsg.), Grundgesetz Mitarbeiterkommentar und Handbuch, Band I Art. 1 – 37 GG, Heidelberg 2002.

Vaubel, Deitrich, Der Beliehene Unternehmer – aktuelle Trends, AWV-Informationen 6/2008, S. 18 ff.

Verdross, Alfred/Simma, Bruno, Universelles Völkerrecht, 3. Auflage, Berlin 1984.

Vitzthum, Wolfgang Graf, Gemeinderechtliche Grenzen der Privatisierung kommunaler Wirtschaftsunternehmen, AöR Band 104 (1979), S. 580 ff.

- (Hrsg.), Völkerrecht, 5 Auflage, Berlin/New York 2010.

Voit, Wolfgang, Abgrenzung von Medizinprodukten zu Arzneimitteln – eine unlösbare Aufgabe?, PharmaR 2010, 501 ff.

Wahl, Rainer/Masing, Johannes, Schutz durch Eingriff, JZ 1990, S. 553 ff.

Webel, Dirk J., Medizinprodukterecht – Nationale Maßstabsbildung im Lichte der europäischen Harmonisierung, Berlin 2009 (zugleich Diss. Univ. Köln 2008).

Weber, Katharina, Europäische Einwirkungen auf die Aufgabenerfüllung von Ordnungsbehörden, Würzburg 2003 (zugleich Diss. Univ. Würzburg 2002).

Wolff, Hans, Verwaltungsrecht II, 2. Auflage, 1967.

Wolff, Hans/Bachof, Otto/Stober, Rolf, Verwaltungsrecht I, 11. Auflage, München 1999.

Wolff, Hans/Bachof, Otto/Stober, Rolf/Kluth, Winfried, Verwaltungsrecht II, 7. Auflage, München 2010.

Wolff, Hans/Bachof, Otto/Stober, Rolf, Verwaltungsrecht III, 5. Auflage, München 2004.

Würtenberger, Thomas, Anmerkung zu BGHZ 121, 161 ff., JZ 1003, S. 1003 ff.

Zimniok, Klaus, Die Verfassungsmäßigkeit der Amtshaftungsnormen der Länder, DÖV 1953, S. 296 ff.

www.ingramcontent.com/pod-product-compliance
Ingram Content Group UK Ltd.
Pitfield, Milton Keynes, MK11 3LW, UK
UKHW021911290926
8980IPUK00015B/1199

9 783631 675458